ÜBER DEN VERFASSER

Klaus Amann, geboren 1949 in Mittelberg / Kleinwalsertal, Studium der Germanistik und Anglistik an der Universität Wien. Promotion 1976 in Wien, Habilitation 1986 an der Universität Klagenfurt. Professor für Neuere deutsche Literatur und seit 1994 Leiter des Robert Musil-Instituts für Literaturforschung an der Universität Klagenfurt. Gemeinsam mit Walter Fanta und Karl Corino Herausgeber der ‹Kommentierten digitalen Edition sämtlicher Werke, Briefe und nachgelassener Schriften› Robert Musils, die 2008 erscheinen wird (Klagenfurter Digitale Ausgabe).

Buchveröffentlichungen (Auswahl): Adalbert Stifters ‹Nachsommer› (Wien 1977); P. E. N. Politik, Emigration, Nationalsozialismus. Ein österreichischer Schriftstellerclub (Wien 1984); Österreichische Literatur der dreißiger Jahre (Hg. gem. mit A. Berger. Wien 1985, 2. Aufl. 1990); Der Anschluß österreichischer Schriftsteller an das Dritte Reich (Frankfurt / M. 1986, 2. erw. Aufl. 1996); Österreich und der Große Krieg 1914–1918 (Hg. gem. mit H. Lengauer. Wien 1989); Die Wiener Bibliothek Hermann Brochs (gem. mit H. Grote. Wien 1990); Die Dichter und die Politik (Wien 1992); Expressionismus in Österreich (Hg. gem. mit A. Wallas. Wien 1994); Literatur und Nation (Hg. gem. mit K. Wagner. Wien 1996); Ingeborg Bachmann und die literarische Öffentlichkeit (Klagenfurt 1997); Autobiographien in der österreichischen Literatur (Hg. gem. mit K. Wagner. 1998); Gert Jonke (Hg. Wien 1998); Werner Kofler (Hg. Wien 2000); Literarisches Leben in Österreich 1848–1890 (Hg. gem. mit H. Lengauer und K. Wagner. Wien 2000); Kärnten. Literarisch (Hg. Klagenfurt 2002); Wut und Geheimnis (gem. mit P. Handke. Klagenfurt 2003); Peter Handke. Poesie der Ränder (Hg. gem. mit F. Hafner und K. Wagner. Wien 2006).

INHALT

ROBERT MUSIL

AUSGEWÄHLTE POLITISCHE SCHRIFTEN
AUS DEM NACHLASS

ESSAYS

Aphorismen

Reden

Anhang

Das Sommererlebnis 1914
und die Folgen

In einem seiner Arbeitshefte, die Musil zwischen 1937 und Ende 1941, also bis kurz vor seinem Tod im Schweizer Exil, führte, sammelte er Materialien für eine Autobiographie. Darin findet sich die Feststellung: «Ich war 1914 in einer Krise. [...] Der Krieg kam wie eine Krankheit, besser wie das begleitende Fieber, über mich.»[1] Das Fieber, von dem Musil da spricht, hat er im selben Heft an anderer Stelle als «atavistisch mystische[s] Moberlebnis 1914» (T 947) bezeichnet und damit in die Dimension einer kollektiven Psychose gerückt. 20 Jahre zuvor, kurz nach dem Ersten Weltkrieg, hatte Musil in seinem Essay *Die Nation als Ideal und als Wirklichkeit* (1921) noch weniger die pathologische als vielmehr die soziale Dimension der Massenbegeisterung rund um die Mobilisierung vom August 1914 als «ein seltsames, dem religiösen verwandtes Erlebnis» betont: die Lust am Aufgehen in der Masse, ja an der körperlichen Auflösung im Heldentod für die Nation:

«Darin war auch das berauschende Gefühl enthalten, zum erstenmal mit jedem Deutschen etwas gemeinsam zu haben. Man war plötzlich Teilchen geworden, demütig aufgelöst in ein überpersönliches Geschehen, und spürte, von ihr eingeschlossen, die Nation geradezu leibhaft; es war, als ob mystische Ureigenschaften, welche in einem Wort eingeschlossen die Jahrhunderte verschlafen hatten, plötzlich so real erwachten wie die Fabriken und Kontore am Morgen. Man muß schon ein kurzes Gedächtnis oder ein weites Gewissen haben, um über späterer Besinnung das zu vergessen. [...]

Will man nun glauben, daß es nichts gewesen sei, wenn Millionen Menschen, die zuvor nur für den Eigennutz und in übertünchter Angst vor dem Tode gelebt hatten, plötzlich mit Jubel dem Tod für die Nation entgegenliefen? [...] Und selbst wenn Millionen von Menschen sich, ihre Existenz, ihre Lebensziele, ihre Nächsten, ihren Gesamtbesitz an Heroismus bloß einem Phantom geopfert haben sollten: kann man denn da einfach wieder zu Bewußtsein erwachen, aufstehen und weggehen wie nach einem Rausch, das Ganze eine Trunkenheit, eine Psychose, eine Massensuggestion, ein Blendwerk des Kapitalismus, Nationalismus oder was immer nennend? – Man kann es ganz gewiß nicht...»[2]

Das Gewicht dieser Bemerkungen über das «Sommererlebnis im Jahre 1914, den sogenannten Aufschwung zur großen Zeit»,[3] ist daran zu ermessen, dass Musils schriftstellerisches Werk nach dem Ersten Weltkrieg im weitesten Sinn der Vorgeschichte und der Verarbeitung dieser Erfahrung oder, mit seinem späteren Wort aus dem Exil, dieser ‹Krankheit› gewidmet war. *Der Mann ohne Eigenschaften (MoE)*, mit dem Kriegsausbruch als geplantem Schluss, setzt sich ja die «Schilderung der auf den Krieg zutreibenden Zeit [...], die zur Katastrophe geführt hat»,[4] zum Ziel – einschließlich der Versuche und Experimente einiger seiner Figuren, sich durch alternative Lebensentwürfe dem Sog der Ereignisse zu entziehen.[5] Die Erfahrung des Krieges bringt Musil auf die «Grundidee», im *MoE* die Vorkriegsepoche aus der Perspektive ihres Zusammenbruchs zu zeigen, den «Krieg im Frieden» darzustellen.[6] Bis zu seinem plötzlichen Tod am 15. April 1942 im Genfer Exil wird ein beträchtlicher Teil seiner literarischen Anstrengungen darauf gerichtet bleiben, Ursachen und Folgen dieses Krieges zu deuten, dem nach nur zwei Jahrzehnten ein anderer folgen sollte. Während Musil sich mühte, die geistige Physiognomie der auf den Krieg zutreibenden Monarchie im Roman literarisch und kompositorisch in den Griff zu bekommen, war seine Wahrnehmung, ja seine gesamte Existenz gefangen und bedroht von politischen Vorgängen und Verhältnissen, die mit unheimlicher Dramatik auf einen neuen Krieg und eine Katastrophe ganz anderer Art zutrieben. Im Januar 1940, mitten im «zweiten großen Krieg», schrieb er, auf sein Leben zurückblickend: «Man wohnte also auf einem Vulkan.» (T 1005) Diese Brechung und gleichzeitige Verdoppelung der Perspektive auf den Krieg ist dem *MoE* in vielfältiger und vielschichtiger Weise zugutegekommen. Die Arbeit am Roman wurde dadurch nicht erleichtert. Möglicherweise ist die schicksalhafte Verschränkung der Zeitebenen im Alltag und im Kopf des Autors nach und nach auch einer der Hauptgründe für die Unabschließbarkeit des Romanprojekts geworden. Insofern berühren die mit dem Krieg verknüpften Erfahrungen bei Musil ein doppeltes Trauma. Und sie führen ins Zentrum seiner schriftstellerischen Arbeit.

In der intensiven Auseinandersetzung mit dieser vielleicht wichtigsten und zutiefst ambivalenten persönlichen Erfahrung gewann Musil jedoch nicht nur sein literarisches Lebensthema. Er erarbeitete sich damit auch jene analytischen Kategorien und theoretischen Konzepte, die es ihm, im Unterschied zu vielen anderen, erlaubten, dem kollektiven Bekenntnisdruck von links und von rechts zu widerstehen, der die politische und die literarische Öffentlichkeit in den 1920er und 1930er Jahren in zuvor nicht gekannter Weise belastete und in zwei einander feindlich gegenüberstehende Lager spaltete. Musil bewertete schon Anfang der zwanziger Jahre, in dem erwähnten Aufsatz über die Nation, das, was er 1914 bei den beteiligten Völkern an Trunkenheit, Psychotischem und Wahnhaftem, an «Irrationalem, Unvernünftigem, aber Ungeheurem»[7] erlebt und beobachtet hatte, nicht als etwas Singuläres und Vergangenes. Es war für ihn «nicht erledigt». (1061) Eine Wiederholung schien ihm, vor allem was die psychologischen Voraussetzungen und Dispositionen betraf, durchaus möglich. Dies auch deshalb, weil sich 1918 die «österliche Weltstimmung», die Perspektiven auf «eine neue Zeit für die Menschheit» (ebd.) – ebenso wie schon die Erwartungen von 1914 – als Illusion erwiesen hätten. «Wir haben also zwei große, einander entgegengesetzte Illusionen und beider Zusammenbruch erlebt, empfindlicher erlebt als andere Nationen: ist es zu verwundern, daß wir daran geistig niedergebrochen sind?» (Ebd.) Musil stellte das Scheitern aller Versuche einer revolutionären Erneuerung am Ende des Krieges auf eine Stufe mit dem Erlebnis des Kriegsausbruchs. Beides sei letztlich nur «eine Trunkenheit, eine Psychose, eine Massensuggestion, ein Blendwerk gewesen». (Ebd.)[8] Das 14-Punkte-Programm des amerikanischen Präsidenten Woodrow Wilson vom Januar 1918, mit dem sich viele Hoffnungen auf eine gerechte und demokratische Neuordnung Europas verbunden hatten, das aber aufgrund widersprüchlicher politischer Forderungen, divergierender Interessen und atavistischer Rachegefühle unter den Siegermächten in den Friedensverträgen von Versailles und St-Germain nur bruchstückhaft und inkonsequent verwirklicht wurde, sei ein «trojanisches Pferd» gewesen, ein «Betrug» (ebd.) an den Deutschen, denen «die Solidarität der Entrechtung, Ausbeutung und Verschleppung in Sklaverei auferlegt» worden sei. (1071)[9] Im April 1921 schrieb Musil an den Chefredakteur der *Prager Presse* (und ehemaligen, ihm untergebenen Mitarbeiter im Wiener Kriegspressequartier), Arne Laurin:

> «Für uns sind die Friedensverträge unentschuldbarer als es die Kriegserklärungen waren. Denn der Krieg war die Katastrophe einer alten Welt, die Friedensverträge die Verhinderung der Geburt einer neuen. [...]
>
> Uns Deutschen ist ein unerträgliches Unrecht zugefügt worden. Es ist unvermeidlich, dass wir nach einer Neugestaltung Europas streben. [...] Statt der Konstitution Europas in rivalisierenden Bestialstaaten muß eine Form der Vereinigung der in sich geeinten Völker untereinander gefunden werden, überstaatlich und möglichst unstaatlich.» (B 227 f.)

Musil, der Kriegsfreiwillige und mehrfach dekorierte,[10] demobilisierte Landsturm-Hauptmann der k. u. k. Armee, der ab Januar 1919 als Mitarbeiter im Pressedienst des österreichischen Staatsamts für Äußeres (durchaus im Geiste des Wilson'schen Selbstbestimmungsrechts der Völker) publizistisch für den Anschluss Österreichs an Deutschland eingetreten war,[11] traf sich in seiner kritischen Einschätzung der Friedensverträge von Versailles und St-Germain, die in der zeitgenössischen Publizistik bald als ‹Friedensdiktat› figurierten, mit der Mehrheit der Deutschen und der Österreicher jener Tage. Auf die Folgerungen, die er aus dieser Bewertung zog, trifft dies mit Sicherheit jedoch nicht zu. Durch «jene Illusionen und ihr[en] Zusammenbruch», so Musil, litten die Menschen an einem «seelischen Vakuum»; der Einzelne sei trotz allem Ungeheuren, das er erlebt habe, der Gleiche geblieben: «er hat sich bloß als zu allem fähig erwiesen und hat es gewähren lassen; bei voller Illusion eigenen Willens folgte er willenlos. Wir haben's getan, sie haben's getan; das ist keiner, das ist ‹Es›». (1062)

Vier Fünftel des *Nation*-Aufsatzes, der im Dezember 1921 in der *Neuen Rundschau* erschien, als deren Redakteur Musil beim Kriegsausbruch 1914 seiner Begeisterung freien Lauf gelassen und zu «Treue, Mut, Unterordnung, Pflichterfüllung» aufgerufen hatte,[12] befassen sich damit, was dieses ‹Es› ausmachte und repräsentierte, das nun allerorten das entstandene Vakuum zu füllen begann. Musils Antwort: Es ist der falsch verstandene Idealismus, der den Staat, die Nation, die Rasse, die Gemeinschaft überhöht und mystifiziert. Er wolle, so Musil programmatisch zu seiner Methode, «die Frage des Nationalgefühls als eine Frage [...] behandeln, während sie seit 1914 nur als Antwort zu existieren scheint». (1059) Drei Begründungszusammenhänge oder, wie Musil formulierte, ‹ideologische Bekleidungsstücke› (1066) für den Begriff der Nation nahm er sich vor: Rasse, Staat und Geist. Mit anderen Worten (die Musil nicht verwendet): die Konzepte von Volksnation, Staatsnation und Kulturnation.

Zunächst führte er die ‹Rassentheorie›, die er als ‹anthropologisches Küchenlatein› (1064) definierte, ad absurdum, indem er die «theoretische Eigenart des Rassegedankens» an einem hypothetischen Beispiel erläuterte. Wenn sich von einem bestimmten Augenblick an, so Musil,

«die Tische durch Zeugung statt durch Bestellung vermehren würden, so würden wir alsbald aus den jetzt lebenden Tischen (und zwar mit der gleichen Evidenz, mit der wir in einem Friesen den Friesen erkennen) die Rassen der vierbeinig-rechteckigen, der einbeinig-ovalen und dergleichen mehr Tischrassen entstehen sehn.» (1063)

Daraus folgt: Es sind die Merkmale und Eigenheiten der Individuen, die die «angeblichen Rassen» bilden und nicht umgekehrt. Der Begriff der Rasse habe demnach eine «nur gedachte» Evidenz. Dennoch könne man nicht leugnen, dass «ein gut Teil unseres nationalen Idealismus in dieser Denkkrankheit besteht». (1064) Wohin das führe, sei unschwer zu erkennen. Wenn im Guten wie im Bösen «nicht der Einzelne verantwortlich gemacht wird, sondern die Rasse, wirkt das genau so, wie wenn man sich immer auf einen anderen ausredet...». (1064 f.) Die Folgen seien Abstumpfung der Wahrhaftigkeit, der intellektuellen Feinheit und des moralischen Empfindens. Dem Einzelnen werde «vorgeschmeichelt, er besitze alles Wünschenswerte, so er sich nur auf die Tugenden seiner Rasse besinne». (1065) Der Grund für die Entstehung und Verbreitung dieser Denkkrankheit liege einerseits im Antisemitismus, der «fast nur ein anderes Wort für die Erscheinung selbst» sei; andererseits sei der Rassengedanke ein «typischer Fall jenes regressiven Ideenbedürfnisses, das jeden Gedanken auf ältere, ewige, für erhaben geltende zurückbezieht statt ihn auszudenken». Weite Kreise des Volks hätten es «verlernt, eine Leistung nach ihrem Gehalt zu empfinden, und prüfen sie nur nach ihrer Herkunft und darauf, wie sie ins System der Vorurteile paßt». Auf diesem Wege sei «der Rassengedanke zur deutschen Selbstbeschädigung geworden und saugt der Nation in jahrzehntelangem Mißbrauch das Mark aus.» (Ebd.)

Der Staat, der unter «allen ideologischen Bekleidungsstücken der Nation» das «leibhafteste» (1066) sei, lieferte Musil den zweiten Argumentationsansatz. Einmal als höchste menschliche Erziehungsanstalt gepriesen, dann wieder als ein alles Höhere verschlingender Leviathan verdammt, symbolisiere er den Gegensatz von Einzel- und Gesellschaftswesen. Der Staat

«denkt, fühlt, entscheidet, handelt [...] in den meisten Fällen für die Einzelnen mit einer Generalprokura, die sich jeder Kontrolle entzieht; denn die Kontrolle ist, wenn man den Begriff des Staates nur in genügend weitem Sinn nimmt, wieder er selbst. Es bilden ja nicht nur die Regierung und die Exekutive diesen Apparat des sogenannten gemeinsamen Willens, sondern auch die Parteien und Interessenvertretungen jeder Art; [...] Demokratie ist nicht Herrschaft des Demos, sondern seiner Teilorganisationen.

Immer aber, wenn eine Gruppe für die Einzelnen handelt, wird ein Rest zu finden sein, ein Opfer, eine Duldung; [...] gewöhnlich ‹drückt› der Staat den Menschen, wo er mit ihm in Berührung kommt.» (1067)

Angesichts dieser Voraussetzungen sei es eine «tatsachenwidrige Ideologie», im Staat den «Vertreter der höchsten, weil allen gemeinsamen Güter zu sehn» oder ihn für eine «Art menschlicher Vervollkommnungsanstalt» zu halten. Das sei ein «Ideenrest aus der Zeit des Obrigkeitsstaats», der leider auf dem besten Weg sei, «im Sozialismus wieder aufzuleben». Das Bedürfnis nach solchen Überhöhungen des Staates sei ein Fall «jenes ‹Überwälzungsidealismus›, der die Würde, die der Mensch für sein persönliches Leben nicht zu gewinnen vermag, auf dessen Hintergrund überträgt, auf die Rasse, auf seinen Kaiser, auf einen Verein [...] oder sonst eine Tapete.» (1067 f.)

Die «Nation als Geist» schließlich, ihre Begründung aus der gemeinsamen Kulturtradition, den gemeinsam geschaffenen Einrichtungen, den überpersönlichen ideellen Gütern einer Gemeinschaft usw. kranke daran, «daß es da zuhauf viele Millionen Einzelner gibt, die innerhalb eines recht auseinanderklaffenden Zeitraums den Kopf in eine Welt gesteckt haben, [...] von der sie ganz Verschiedenes wollen». (1069 f.) Die Begründung der Nation aus gemeinsamen Interessen sei «ideelle Einkleidung als ein falsches ‹Wir›». Es sei dies ein ‹Wir›, dem keine Realität entspreche, die «Fiktion einer Gemeinsamkeit» zwischen Handarbeitern und Professoren, Schiebern und Idealisten usw.

«Das wahre Wir ist: Wir sind einander nichts. Wir sind Kapitalisten, Proletarier, Geistige, Katholiken … und in Wahrheit viel mehr in unsere Sonderinteressen und über alle Grenzen weg verflochten als untereinander. Der deutsche Bauer steht dem französischen Bauern näher als dem deutschen Städter, wenn es auf das ankommt, was reell ihre Seelen bewegt. Wir – jede Nation für sich allein – verstehen einander wenig und bekämpfen und betrügen uns wo wir können.» (1070)

Immer und zu allen Zeiten bleibe ein Gefühl «mangelnder Deckung zwischen öffentlichem und eigentlichem Leben». Die «unnatürliche Interessenverknüpfung» zwischen beidem könne nur durch ein «gemeinsames Interesse an der Gewalt gegen andre zusammengehalten werden, es muß nicht gerade die Gewalt des Krieges sein». Aber auch der Krieg sei als ein «Zerbersten einer Ordnung an ihren ungewollten vernachlässigten Spannungen zu verstehn.» (1070 f.)

Musils Resümee: Die Nation ist eine «Einbildung in allen Fassungen, die man ihr gab», und jeder der drei von ihm analysierten Versuche, sie zu begründen, nichts als ein «Spezialfall eines falschen Gebrauchs vom Idealen». (1071) [13] Weil aber, wie in den besprochenen Fällen, die Wirklichkeit den Idealen nicht entspreche, sie demnach nur als «‹unreine› Verwirklichung» jener Ideale erscheine, werde sie eben entsprechend hergerichtet. «Man sehe nur endlich ein», so Musil, «daß das Leben nicht aus Unfolgsamkeit nicht folgt, wie in der Schule, sondern daß die Fehler bei den Idealen liegen müssen». (1072) Seine politische und praktische Schlussfolgerung:

«Einer natürlichen Gliederung der menschlichen Gesellschaft steht aber nichts ärger im Weg als die Überhebung der beiden Ideale Nation und Staat über den Menschen. Es bleibt nichts übrig, als an der Verstärkung des an ihnen sich vorbei Entwickelnden zu arbeiten und den Gedanken an ihre Überholtheit zu wecken und wach zu erhalten.» (1074)

Zeitgleich mit der zunehmenden Vergottung von Volk, Staat, Rasse und Nation, den ideologischen Eckpfeilern aller erfolgreichen politischen Bewegungen der zwanziger Jahre, und zeitgleich mit der Formierung und dem Aufstieg der NSDAP als politischer Partei, die mit diesen ‹Idealen› ihren Anspruch fundierte, das ‹Dritte Reich› zu errichten und, notfalls mit Krieg, die ‹Schmach› von Versailles zu tilgen, dem deutschen Volk Lebens- und Wirtschaftsraum zu schaffen und die ‹Judenfrage› endgültig zu lösen, zerlegte (‹zersetzte› im zeitgenössischen Jargon) Musil die zentralen politischen Dogmen der Kriegs- und Nachkriegsjahre in ihre fragwürdigen Bestandteile und Substanzen. Musils *Nation*-Essay ist jedoch nicht nur eine brillante (und nach wie vor aktuelle [14]) Analyse der ideologischen Basis nationaler, autoritärer und rassistischer Haltungen, es ist auch ein Text von stupender Hellsichtigkeit und großer prognostischer Qualität. Ausgestattet mit dem «in menschlichen Angelegenheiten» angebrachten «optimistischen Pessimismus», plädierte Musil zwar dafür, «es den Menschen selbst zu überlassen, soweit es nur irgend mit dem Zusammenleben verträglich ist, sich ihren Weg für sich zu suchen und ihren eigenen Interessen zu folgen» (1073), gleichzeitig hegte er jedoch Zweifel, was die moralischen Voraussetzungen, Ausstattungen und Möglichkeiten bei den Akteuren anlangte:

«Ich glaube, daß das seit 1914 Erlebte die meisten gelehrt haben wird, daß der Mensch ethisch nahezu etwas Gestaltloses, unerwartet Plastisches, zu allem Fähiges ist; Gutes und Böses schlagen bei ihm gleich weit aus, wie der Zeiger einer empfindlichen Waage. Es wird voraussichtlich damit noch ärger werden, und die Menschen werden den heute um sie gelegten, ohnedies halb ohnmächtigen ethischen Klammern immer mehr entgleiten. Denn man darf sich den Menschen wohl ursprünglich als ein Geschöpf denken, das ebenso gern gut wie bös ist, nämlich sozial wie egoistisch ...» (1072 f.) [15]

Auch in Musils Essay *Das hilflose Europa oder Reise vom Hundertsten ins Tausendste*, der im folgenden Jahr erschien, spielte der Aspekt der menschlichen ‹Plastizität›, die Tatsache, dass der Mensch sich «seit 1914 als eine überraschend viel bildsamere Masse» erwiesen habe, «als man gemeinhin annahm», eine zentrale Rolle bei der Analyse der Kriegs- und Nachkriegsrealität.[16] Man habe im Krieg zwar vieles gesehen, sei an vielem beteiligt gewesen, doch man habe sich dadurch nicht geändert: «… wir waren früher betriebsame Bürger, sind dann Mörder, Totschläger, Diebe, Brandstifter und ähnliches geworden: und haben doch eigentlich nichts erlebt. Oder ist es nicht so? Das Leben geht doch genau so dahin wie früher …». (1075) Musil suchte für das Ungeheuerliche und Unfassbare, das er gesehen, erlebt und erfahren hatte, für die «menschlichen Unmöglichkeiten, die der Krieg zeitigte» (T 350),[17] eine Erklärung, die den Mechanismus des Antithetischen, das Denken in den Gegensätzen des Entweder-oder: Opfer oder Täter, Verbrecher oder Unschuldiger, gut oder böse, meidet. Er wehrte sich gegen die weitverbreitete biologisierende Charaktertypologie, die von der Vorstellung eines genetisch geprägten, mehr oder minder unveränderlichen Charakters ausgeht.[18] Die «Fiktion des konstanten seelischen Habitus», so Musil, widerspreche den Erfahrungen der Psychologie und denen unseres Lebens. Beide zeigten, dass

«die Phänomene vom übernormalen bis zum unternormalen Menschen stetig und ohne Sprung sich aneinanderbreiten, und die Erfahrung des Krieges hat es in einem ungeheuren Massenexperiment allen bestätigt, daß der Mensch sich leicht zu den äußersten Extremen und wieder zurück bewegen kann, ohne sich im Wesen zu ändern. Er ändert sich, aber er ändert nicht *sich*. […]

Dieses Wesen ist ebensoleicht fähig der Menschenfresserei wie der Kritik der reinen Vernunft. Man soll nicht immer denken, daß es das tut, was es ist, sondern es wird das, was es – aus Gott weiß welchen Gründen – tut.» (1080 f.)[19]

In den umfangreichen Entwürfen zu dem erst aus dem Nachlass edierten Essay *Der deutsche Mensch als Symptom* fasste Musil 1923 die verstreuten Überlegungen zu den Voraussetzungen menschlichen Handelns «und zur richtigen Bewertung kultureller Erscheinungen» unter dem Titel ‹Das Theorem der menschlichen Gestaltlosigkeit› noch einmal zusammen.[20] Kern seiner Überlegungen sind die aus den beiden 1921 / 1922 veröffentlichten Essays bereits vorgestellten Grundannahmen: Der Mensch ist nicht das Substrat von Rassen, Nationen oder Kulturen: «Ich glaube nicht an den Unterschied des deutschen Menschen vom Neger.» (1364)[21] Das Substrat, der Mensch, sei überhaupt «nur eines und das gleiche durch alle Kulturen und historischen Formen hindurch; wodurch sie und somit auch er sich unterscheiden, kommt von außen und nicht von innen». (1368) Das sei nicht im Sinne einer alles andere ausschließenden Milieutheorie zu deuten, «aber die Abhängigkeit des Menschen von den Einflüßen seiner Umgebung ist außerordentlich groß. Ich persönlich glaube, daß nur wenige Determinanten in ihm selbst liegen ...» (1373) Die Übergänge zwischen den menschlichen Typen seien «fließend, und wie einige Dichter wissen, ist auch die einzelne moralische Persönlichkeit etwas sehr Labiles, das viel mehr Möglichkeiten des Guten und des Schlechten hat, als deren alltägliche Ruhelagerung annehmen läßt.» Welcher Ausschreitungen und Grausamkeitsvergehen auch «gute Durchschnittsmenschen» fähig seien, das habe die Zeit seit 1914 gelehrt. (1372 f.)

Die ‹Banalität des Bösen›,[22] die hunderttausendfache Verwandlung des Durchschnittsmenschen in den Massenmörder, den KZ-Sadisten, den ‹Schreibtischtäter› oder Denunzianten und seine folgenlose Rückverwandlung in den nicht weiter auffälligen Zeitgenossen und guten Nachbarn sollten die folgenden Jahrzehnte im denkbar größten Ausmaß zeigen. Damit war auch das Theorem der ‹menschlichen Gestaltlosigkeit›, die Annahme einer buchstäblich grenzenlosen ‹Plastizität› des Menschen, ein für alle Mal unter Beweis gestellt. Musil hat seine Theorie ganz bewusst und in direkter Opposition gegen das philosophische Pathos eines Oswald Spengler «eine Philosophie der Niedrigkeit» (1375) genannt.[23] Er konnte wohl kaum ahnen, bis zu welchem Grad er, im Doppelsinn des Wortes, damit recht behalten sollte. Das Theorem der menschlichen Gestaltlosigkeit bietet jedoch nicht nur eine Erklärung für das Mitläufersyndrom, die Verführbarkeit, Wandlungsfähigkeit und Enthemmung der Menschen unter den Bedingungen einer Diktatur – sei es jene Adolf Hitlers, Josef Stalins oder eine beliebige andere. Musils Theorem ist darüber hinaus konstitutiv für die Struktur und die Grundidee des *MoE*. Nicht zuletzt bildet es auch eine der wesentlichen Grundlagen des ‹anderen Zustands› (‹aZ›) und für die Profilierung seiner literarischen Charaktere, für deren «Labilität», deren vielfältige und irritierend uneindeutigen «Möglichkeiten des Guten und des Schlechten». Clarisse und Moosbrugger sind dabei für die stufenlosen Übergänge «vom übernormalen bis zum unternormalen Menschen» nur die eindrucksvollsten Beispiele.

Der politisch Unzufriedene

Kern und Antrieb der Musil'schen Zeitdiagnosen nach dem Ersten Weltkrieg ist seine Wahrnehmung, dass mit dem Ende des Krieges die Krise, deren Ausdruck und Folge er war, nicht überwunden wurde. Die Hoffnungen auf eine Erneuerung waren gescheitert. Musil sah das öffentliche Leben zerrissen von Lagerkämpfen, ideologischen Polarisierungen und geistiger Desorientierung. «Unsre Zeit», schrieb er in seinem Essay mit dem bezeichnenden Titel *Das hilflose Europa oder Reise vom Hundertsten ins Tausendste*,

«beherbergt nebeneinander und völlig unausgeglichen die Gegensätze von Individualismus und Gemeinschaftssinn, von Aristokratismus und Sozialismus, von Pazifismus und Martialismus, von Kulturschwärmerei und Zivilisationsbetrieb, von Nationalismus und Internationalismus, von Religion und Naturwissenschaft, von Intuition und Rationalismus und ungezählt viele mehr. […]

Es ist ein babylonisches Narrenhaus; […] und es ist klar, daß das Individuum dabei der Tummelplatz anarchischer Motive wird, und die Moral mit dem Geist sich zersetzt.» [24]

Mit der dramatischen Entwicklung der politischen Verhältnisse während der zwanziger Jahre, die mit der ‹Machtergreifung› der Nationalsozialisten im Januar 1933 in Deutschland und der Errichtung des autoritären, ‹austrofaschistischen› Ständestaates in Österreich (1933/1934) fürs Erste kulminieren sollte, spitzte sich die Situation auch für Musil stetig zu, und die Beschäftigung mit der politischen Situation gewann noch eine zusätzliche, dringliche Bedeutung für ihn. Nicht nur weil er sich, wie viele andere auch, in politische und private Entscheidungssituationen gezwungen sah, sondern vor allem deshalb, weil der Zwang zur persönlichen politischen Entscheidung und deren Begleitumstände ihn in seinem Selbstverständnis und in seiner Rolle als Schriftsteller existenziell berührten und bedrohten. Zur Beunruhigung durch die mit sichtbaren Zeichen von Gewalt einhergehenden politischen Veränderungen kam die verstärkte Sorge um die eigene Zukunft als Autor. Dass die politischen Rahmenbedingungen in Deutschland wie auch in Österreich seine ohnehin bescheidenen Arbeits- und Wirkungsmöglichkeiten in bedrohlicher Weise einschränkten und reduzierten, wurde Musil schnell bewusst. Den Antworten, die er auf diese Situation gab, und der Rolle, die er in dieser bedrängenden Situation seines letzten Lebensjahrzehnts für sich definierte, soll hier nachgegangen werden. Im Zentrum stehen zwei Kernfragen des literarischen Lebens: die Frage nach dem Verhältnis zwischen Staat bzw. Politik und Literatur und die Frage nach dem gesellschaftlichen Standort des Schriftstellers zwischen politischer Verantwortung und künstlerischer Autonomie. Eine der Voraussetzungen für die Beantwortung dieser Fragen ist dabei die Klärung seiner politischen Haltung.

Ungewohnt und irritierend für den nachgeborenen Leser, der durch die Praxis des öffentlichen Diskurses gewohnt ist, die politische Hemisphäre in ‹links› und ‹rechts› einzuteilen, bleiben bei der Lektüre der einschlägigen Äußerungen Musils seine programmatische politische Ortlosigkeit, sein Widerwille und sein Widerstand dagegen, einem politischen oder ideologischen Lager zurechenbar zu sein. Es scheint zwar bei ihm schon seit den Brünner Jahren um 1900 so etwas wie eine rationale Anziehung durch die Sozialdemokratie gegeben zu haben, gleichzeitig blieb er jedoch auf Distanz, weil er sich «ästhetisch von ihrem Milieu abgestoßen» fühlte.[25] In dem Essay von 1913, *Politisches Bekenntnis eines jungen Mannes*, offenbart er, ein «konservativer Anarchist» zu sein, der in Zukunft, «jenachdem» es die Umstände fordern, sozialdemokratisch oder liberal wählen werde.[26] Der Krieg dürfte jedoch bei dem etwas elitär angehauchten und mit dem Gedanken des geistigen Führertums sympathisierenden Nietzsche-Leser Musil einiges in Bewegung gebracht haben. Die Arbeits- und Tagebuchhefte aus den Kriegsjahren belegen anschaulich, wie der direkte Kontakt mit der Landbevölkerung und der tägliche Umgang mit den Soldaten seiner Landsturm-Kompagnie an der Südtiroler Front und (ab Mai 1917) bei der Isonzo-Armee seine Wahrnehmung veränderten und sein soziales Interesse förderten. Öfter als in den früheren Heften tauchen nun scharf gezeichnete Szenen aus dem (Soldaten-)Alltag oder der bäuerlichen Arbeitswelt auf, kleine Dialoge, Redewendungen, Begriffe und Dialektausdrücke werden notiert. Der für gewöhnlich methodisch kalte Beobachter der Aufzeichnungen zeigt Neugierde an seiner neuen Umgebung, zuweilen auch spürbar Sympathie.[27] Im Autobiographie-Heft Ende der dreißiger, Anfang der vierziger Jahre erwähnt er als einen der «stärksten alten Kriegseindrücke», dass er «plötzlich von lauter Menschen umgeben war, die nie ein Buch lasen […]. Welch unerwartete u.[nd] breite Berührung mit dem Durchschnittsleben!» (T 945)

Die Nachkriegsjahre in Wien mit Flüchtlingselend, Kriegsinvaliden, Waisen, Hunger, extremer Wohnungsnot, Arbeitslosigkeit, Epidemien wie der Spanischen Grippe mit Abertausenden von Toten, Syphilis, Tuberkulose (‹Wiener Krankheit›) taten ein Übriges, Musil die Bedeutung einer um sozialen Ausgleich bemühten Politik vor Augen zu führen. «Neuordnung» hieß für ihn 1919 denn auch: «Rascheste Durchführung der sozialen Umformung, der Gesellschaftskörper muß in stabiles Gleichgewicht kommen.» (T 530) Dazu kam die Erfahrung des Verlustes ökonomischer Sicherheit durch die exorbitante Nachkriegsinflation. 1920 notierte er im Tagebuch: «Ein Fleischhauer mietet ein Zimmer, das ich mir nicht leisten kann […]. Die *ungeheure Geduld* mit der wir uns gefallen lassen, aus einer geistigen Oberschicht zu Parias herabgedrückt zu werden.» (T 404) Schon 1918 hatte er politisch ein deutliches Zeichen gesetzt und, gemeinsam mit Kasimir Edschmid, Otto Flake, Magnus Hirschfeld, Annette Kolb, Heinrich Mann, Alexander Moissi, Kurt Pinthus, Robert Müller, René Schickele, Bruno Taut, Kurt Wolff, Paul Zech und vielen anderen, das Programm des ‹Politischen Rates geistiger Arbeiter› in Deutschland unterzeichnet. Das Programm beruhte auf einem Entwurf, den Kurt Hiller, einer der maßgeblichen Publizisten der Zeit, Pionier des literarischen Expressionismus und Pazifist, 1916 konzipiert hatte. Gefordert wurde die «Vergesellschaftung von Grund und Boden; Konfiskation der Vermögen von einer bestimmten Höhe an; Umwandlung kapitalistischer Unternehmungen in Arbeitergenossenschaften», «gerechte Verteilung der äußeren Lebensgüter», «Freiheit des Geschlechtslebens», «Radikale Reform der öffentlichen Erziehung», «Trennung von Kirche und Staat» etc.[28] Über Aktivitäten und Erfolge des ‹Politischen Rates geistiger Arbeiter› und über Musils Rolle dabei ist nicht allzu viel bekannt. Musils Unterschrift unter diesem Programm ist jedoch ein konkreter Hinweis auf das, womit er sich, unabhängig von der politischen Realisierbarkeit, 1918 inhaltlich identifizieren konnte. Das Gleiche gilt für seine Mitgliedschaft bei der ‹Katakombe›, einer kleinen, ‹linken› Geheimgesellschaft, die von dem mit Musil befreundeten Schriftsteller Robert Müller 1918 gegründet worden war. Sie sollte, im Verein mit der ebenfalls von Müller gegründeten Zeitschrift *Neue Wirtschaft* und einer literarischen ‹Vertriebs- und Propaganda-Gesellschaft m. b. H.›, die «pazifistisch-antimilitaristischen und marxistischen Ideen des Umsturzes durch breite Kulturprogramme auf alle Gebiete» übertragen.[29]

In beiden Fällen sind Musils Interesse und seine Beteiligung bezeichnend für sein Selbstverständnis am Beginn der Republik. Die persönliche Erfahrung des Krieges im Verein mit den intensiven theoretischen Bemühungen, Ursachen und Folgen der Geschehnisse zu begreifen, bewirkte bei ihm einen tiefgreifenden Prozess der Politisierung, der sich in einem gesteigerten Interesse an politischen Vorgängen und in der Bereitschaft, öffentlich Stellung zu nehmen, manifestierte. Auf diese Weise wird die Reflexion der Kriegserfahrung zur Basis einer umfassenden Zeitkritik. Zu keiner anderen Zeit hat Musil sich so häufig und so ausführlich zu gesellschaftlichen und politischen Fragen geäußert wie in den ersten Nachkriegsjahren. Zu keiner anderen Zeit hat Musil in seinen Arbeitsheften ökonomischen, soziologischen und statistischen Fragen und Fakten derart breiten Raum gegeben.[30] Sein öffentliches Eintreten für die Forderungen des ‹Politischen Rates› ist allerdings nicht als Engagement für eine politische Richtung oder Partei zu verstehen, mögen die Forderungen in Teilen auch noch so stark der sozialistischen Programmatik entsprechen. «Man darf sich nicht durch die Parteiprogramme täuschen lassen», notierte er um 1920, «das sind Atavismen.» (T 528) Was Musil mit seinem Engagement anstrebte, ist, neben der freundschaftlichen Solidarität mit Robert Müller, etwas, das er als ‹geistige Organisationspolitik› bezeichnete. Das kann auch bedeuten, mit essayistischen Analysen und politischer Aufklärung dort anzusetzen, wo die Parteien und öffentlichen Einrichtungen versagen. Die Zielrichtung ist allerdings noch eine andere, die gleichwohl untrennbar mit der primären Intention verknüpft ist: Musils kritische Stellungnahmen zu den Problemen der Gegenwart sind Beiträge zu einer ‹Lebenslehre›,[31] die weniger an der praktischen politischen Umsetzbarkeit als vielmehr an ihrem ‹geistigen›, d. h. an ihrem utopischen Potenzial zu messen sind. Ihre ‹praktische› Erprobung finden sie im literarischen Werk des Autors, beispielsweise im *MoE* und in Musils literarischem Konzept des ‹anderen Zustands›, der als alternative Form ethischen und ästhetischen Wahrnehmens und Verhaltens einen bewussten Gegenentwurf zu den Erfahrungen der Kriegs- und Nachkriegszeit, zur «absolute[n] Verkehrtheit der jetzigen Zustände» (T 661) bildet. Musils Zeitkritik nach dem Krieg wird so zum Ausgangspunkt und zur Grundlage seiner dichterischen Erforschung der Voraussetzungen und Bedingungen eines ‹anderen› Menschen und der «Fragment[e] eines anderen Lebens»,[32] eines Lebens, «das uns innerlich […] berührt»,[33] eines, in dem die Polaritäten und Zerrissenheiten aufgehoben sind und ein ausgewogenes Verhältnis zwischen ‹Verstand› und ‹Seele› hergestellt wäre.[34] In einer Art ‹Schaffensbilanz› resümierte er im ‹Autobiographie›-Heft aus dem Exil: «Da ich nichts weniger als ein Skeptiker bin, bin ich […] auf Versuche der Begriffsbildung wie Ratioïd u.[nd] Nichtratioïd gekommen und späterhin auf das mannigfaltige Verhältnis von Gefühl u[nd] Wahrheit, wie es im M.oE. angedeutet ist. Ja, ich habe eine ganze Lebensphilosophie angebaut.» (T 929)

Anfang der zwanziger Jahre überlegte Musil, eine Sammlung seiner

Essays zur «Frage der Nation, des Blutes, der Kultureinheiten» als Buch zu publizieren.[35] Eine der ins Auge gefassten Titelvarianten lautete: «Versuche einen andren Menschen zu finden». (T 643) In den Entwürfen für das Vorwort zu dem geplanten Sammelband präzisierte er: «Anderer Mensch: Erklärung des Titels. Könnte eigentlich über meinem Gesamtwerk stehn, so daß dies hier nur ein Teil der Versuche ist.» (T 667) Diese Suche nach dem ‹anderen›, dem ‹neuen› Menschen wird für Musil das zentrale literarische Anliegen bleiben. Und es wäre nicht er, würde er diese Intention nicht sogleich von jenen abgrenzen, «die auch einen andren Menschen wollen», den von politischen Revolutionären nämlich, denen er in «vielem dankbar für ihren heiligen Eifer» sei, die aber glaubten, «der neue Mensch sei bloß ein zu befreiender alter.» (T 668)

Im Zusammenhang mit dem Theorem der menschlichen Gestaltlosigkeit, das dem Konzept eines ‹anderen›, eines ‹neuen› Menschen wohl am hartnäckigsten im Weg steht, nannte Musil als einen der Hauptgründe für die generelle gesellschaftliche «Undurchdringlichkeit» und den ethischen Relativismus der Gegenwart «die ungenügende geistige Reizleitungsfähigkeit des sozialen Körpers».[36] Mit der wachsenden Zahl an Menschen halte «die geistige Organisation nicht Schritt: darauf sind achtundneunzig vom Hundert aller [negativen] Zivilisationserscheinungen zurückzuführen. [...] Die Frage auf Leben und Tod ist: geistige Organisationspolitik.»[37] Musil sieht es als genuine Aufgabe, ja als Verpflichtung denkender, mündiger Menschen, also auch als seine eigene, an der Verbesserung der geistigen Reizleitungsfähigkeit zu arbeiten: Erkennen und Aussprechen der Probleme, Defizite und Notwendigkeiten und der zukünftigen (utopischen) Möglichkeiten; außerhalb und neben der organisierten und institutionalisierten Politik, vorzüglich auch gegen sie, als Kritiker, als Theoretiker, als Erzieher, als Vordenker, als Dichter, als Utopisten. ‹Geistige Organisationspolitik› ist die notwendige Reaktion auf das ‹Gewährenlassen›, in dem Musil, wie er in *Das hilflose Europa* formuliert hat, nicht nur «ein sehr bezeichnendes Symptom der Katastrophe» des Krieges erkannte, sondern auch den Ausdruck «einer bestimmten ideologischen Lage», die jederzeit wieder eintreten kann: «das völlige Gewährenlassen gegenüber den an der Staatsmaschine stehenden Gruppen von Spezialisten, so daß man wie im Schlafwagen fuhr und erst durch den Zusammenstoß erwachte.» Gewährenlassen sei nicht nur das Übliche zwischen ‹denkenden Bürgern› und ‹handelnden Organen› des Staates, sondern auch zwischen den vordergründig konkurrierenden Ideologien.

«Es ist die Kehrseite der Einordnung des einzelnen in die Gesellschaft, und man würde ein Narr vor Überbürdung, wenn man jede Gewissensfrage selbst lösen wollte; aber andererseits gibt es deren welche, die man so wenig dem ‹Fachmann› überläßt wie das Heiraten oder die Ewigkeit, und solche Fälle müssen sich durch ein deutlich wahrnehmbares Signal auszeichnen. So lag auch in der Art wie die Welt auf den Krieg zutrieb, vor allem ein Mangel an geistiger Organisation; das Nichternstnehmen der Anzeichen und hintertreibenden Kräfte …».[38]

Im Tagebuchheft von 1920, wohl noch unter dem Eindruck des Kriegsgeschehens, heißt es lapidar: «Eine Formel für menschliche Gemeinheit: der einzelne kann sich kein Urteil bilden u.[nd] läßt gewähren. Gewährenlassen ist überhaupt gefährlicher als Tun.»[39] Das Mittel dagegen ist in Musils Augen ein «Weg in der Richtung Ermöglichung der Urteilsbildung». (T 385) Es gehe darum, den «Durchschnittsmenschen […] für Geistiges zu interessieren». (T 649) Anders gesagt, politische Katastrophen wie der Krieg sind auch oder sogar vornehmlich eine Bildungsfrage, und «Demokratie ohne besondere Einrichtung zur Willens- u.[nd] Geistbildung ist unmöglich.» (T 819) Musil, der von September 1920 bis Ende 1922 als Fachbeirat des Bundesministeriums für Heereswesen für Fragen der «nichtmilitärischen Ausbildung»[40] zuständig gewesen war, hegte damals die Überzeugung, dass die «politische Zukunft […] in der Schule» liege. «Die Schulfrage ist nur als Teil der geistigen Fortbildungsfrage zu lösen.» (T 547)[41] Den «Ethikern», den Philosophen und Dichtern, aber auch den Essayisten teilte er dabei eine besondere Rolle zu: «Sie sind die Lehrer des Menschen.» (T 645) Unter Anspielung auf die vertane Chance am Ende des Krieges: «Beinahe wäre eine andre Welt dagewesen. Daß sie ausblieb war keine Notwendigkeit» formuliert er die Aufgabe: «Damit unser Volk an dem nächsten Tage der Utopie gerüstet sei, müssen wir es vorbereiten. […] Wir müssen voraus denken.» (T 545) Mit anderen Worten, es ist die Aufgabe der ‹Geistigen›, der Intellektuellen und der Künstler, an der Herausbildung der Urteilsfähigkeit des ‹Volkes› zu arbeiten. Dabei betonte Musil, dass diese «Aufgabe der Geistigen» keine «aktivistische» sei, «womit sie sich auf eine Stufe mit den Parteien stellen, sondern eine rein sachliche». (T 724) Wie weit Musils Blick auf das ‹Volk› von jeder nationalen, nationalistischen oder parteipolitischen Pragmatik entfernt war, zeigt der abschließende Satz des Tagebucheintrags: «Unser Volk das muß heißen: der uns zugängliche Teil der Menschheit.» (T 545) [42]

Der Musil zugängliche Teil der Menschheit war wohl im Wesentlichen auf die Leser seiner Bücher, Essays und Kritiken beschränkt, im Einzelfall konnten es jedoch auch die Abonnenten der Wiener *Arbeiter-Zeitung* und damit die potenziellen Wähler der Sozialdemokratischen Arbeiterpartei Österreichs sein. Am 20. April 1927 erschien in dieser Zeitung, dem offiziellen Organ der österreichischen Sozialdemokratie, ‹Eine Kundgebung des geistigen Wien. Ein Zeugnis für die große soziale und kulturelle Leistung der Wiener Gemeinde›. Unterzeichner waren 39 Künstler und Wissenschaftler, darunter Alfred Adler, Karl Bühler, Sigmund Freud, Fritz Grünbaum, Anton Hanak, Hans Kelsen, Wilhelm Kienzl, Alma Mahler, Robert Musil, Alfred Polgar, Oskar Strnad, Anton Webern und Franz Werfel. Das Verbindende dieser bunten Versammlung, die im Einzelnen durch allerlei persönliche Animositäten, Konkurrenzen und Feindseligkeiten getrennt war (u. a. Freud und Adler, Musil und Werfel respektive Alma Mahler, die als Dichter Feuermaul und Mme. Drangsal im *MoE* ja eher unrühmliche Auftritte absolvieren), ist nicht die Parteigängerschaft bei der Sozialdemokratie, eher schon die geflissentliche Vermeidung dieses Eindrucks. Der «geistige wirkende Mensch», heißt es in der Proklamation demonstrativ, stehe über und zwischen den Klassen, er könne sich keinem politischen Dogma beugen, «denn der Geist allein ist es, der die neuen Wirklichkeiten schafft», deren sich die Politik erst später bemächtige. Wenn diese Formulierungen nicht ohnehin von Musil stammten (wer den Text des Aufrufs verfasste, ist nicht bekannt), so waren sie zumindest ganz in seinem Sinn. Seine Tagebuchhefte und seine Briefe enthalten zahlreiche Stellen, die das Verhältnis von Geist und Politik in exakt dieser Weise bestimmen. Es ist ein im Grunde antagonistisches Verhältnis, das sich aus der bloßen Definition dessen ergibt, was Musil unter ‹Geist› versteht. «Der Sinn in dem ich [...] das Wort Geist gebrauche, besteht aus Verstand, Gefühl und ihrer gegenseitigen Durchdringung.»[43] Für die Literatur bedeutet dies: «*Der Dichter eilt der polit.[ischen] Entwicklung voraus.* (Was Dichtung ist, ist etwas später Politik.)»[44]

Hintergrund und Anlass des Aufrufs waren offenbar die Nationalratswahlen, die vier Tage später, am 24. 4. 1927, stattfanden, auf die aber an keiner Stelle verwiesen oder angespielt wird. Im Text der ‹Kundgebung› wird jedoch auf einen finanzpolitischen Sachverhalt Bezug genommen, der auf diese Wahlen hindeutet. Es geht um eine Wahlparole der ‹Einheitsliste› (Christlichsoziale Partei und Großdeutsche Volkspartei), die die Wahlen schließlich knapp gewinnen sollte und mit Ignaz Seipel, dem ‹Prälaten ohne Milde›, wie er nach den Schüssen auf die Demonstranten vor dem Wiener Justizpalast vom 15. 7. 1927 genannt wurde, den Bundeskanzler stellte. Diese Parole war, nach den Wahlplakaten zu schließen, die zentrale Aussage des Wahlkampfs der Einheitsliste und erschöpfte sich in der Behauptung, dass die Wiener Sozialdemokratie (in Person des Finanzstadtrates Hugo Breitner) «die gesamte Wirtschaft durch eine wahnsinnige Steuerpolitik zugrunde» richte und dass diese Partei nun anstrebe, «ihre Diktatur im Staate aufzurichten».[45] Es wäre, so die Vertreter des «geistigen Wien» dagegen, ein «wahres Versäumnis, wenn man im Abwehrkampf gegen Steuerlasten die große soziale und kulturelle Leistung der Wiener Stadtverwaltung übersähe», die die Bedürftigen betreue, die Jugend nach besten Prinzipien erziehe und den Strom der Kultur in die Tiefe leite; «diese Taten wollen gerade wir anerkennen, dieses überpolitische Werk möchten gerade wir erhalten und gefördert wissen.» Deshalb träten sie auch «dem Versuch entgegen, die Öffentlichkeit durch eine wirtschaftliche Kampfparole zu blenden, die aber in Wirklichkeit nur auf Stillstand und Rückschritt abzielt.» Das Wesen des Geistes sei Freiheit, «die jetzt gefährdet ist und die zu schützen wir uns verpflichtet fühlen.»[46]

Musil gab also nicht, wie hin und wieder zu lesen ist, eine Wahlempfehlung für die Sozialdemokratie ab, sondern er verteidigte im Verein mit anderen Künstlern und Intellektuellen und unter expliziter Distanzie-

rung von Parteidogmen und Klassenstandpunkten öffentlich einige
«überpolitische» Prinzipien und politische Strategien, die die Wiener So-
zialdemokratie zwischen dem Kriegsende 1918 und der Ausschaltung des
Parlaments durch Bundeskanzler Engelbert Dollfuß 1933 / 1934 äußerst
erfolgreich und, in manchen Aspekten, vorbildlich und zukunftweisend
umsetzte. Was die Wiener Sozialdemokraten im Bereich des Arbeitsrechts
(Acht-Stunden-Tag, Arbeitslosenversicherung), des Mieterschutzes, der
Gesundheitspolitik (Horte, Kindergärten, Kinderfreibäder), des sozialen
Wohnbaus (‹Gemeindebau› mit mehr als 60000 Wohnungen), der
Finanzpolitik (einkommensabhängige Steuern mit starker Progression,
Luxussteuer zur Finanzierung der Wohnbauprogramme), der Bildungs-
und Kulturpolitik (Schulreform, Arbeiterbüchereien, Volkshochschulen)
initiierten, schufen oder weiter ausbauten, war Musil nicht verborgen
geblieben, und einiges davon wird auch dem entsprochen haben, was er
unter «rascheste[r] Durchführung der sozialen Umformung» sich vorgestellt hatte.

Trotz seiner zeitweiligen, partiellen Sympathien für die Politik der
Wiener Sozialdemokraten der zwanziger Jahre ist Musils politische Haltung in den gängigen Kategorien der politischen Farbenlehre nicht zu
fassen. Seine politische Maxime, formuliert gegen Ende 1933, in einer
Zeit stärksten Bekenntnisdruckes und Entscheidungszwangs, lautete:
«*Ich nehme nicht Stellung*, ich weiß nicht, wo ich stehen werde, wohin wird
mich der Geist führen? Ist das Daimon oder Objektivität?» (T 852) Wo
immer er zu stehen kommen wird, er ist entschlossen, dem ‹Geist› zu folgen. Das heißt bei Musil: Unabhängigkeit und Autonomie, Ausgewogen-
heit von Intellekt und Gefühl, Integrität und Einsamkeit in dem Sinn,
dass er allein, ohne den Rückhalt einer Gruppe, einer Partei oder einer
Clique zu überlegen und zu entscheiden hat. Demgemäß äußerte er Lob
und Kritik, Wohlwollen und Abneigung von Fall zu Fall und frei von Vor-
eingenommenheiten, taktischen Rücksichten oder ideologischen Bindungen. Das Resultat sind zahlreiche Belege einer relativ gleichförmig
verteilten Enttäuschung mit sparsamen, punktuellen Wertschätzungs-
oder Anerkennungsgesten in die eine oder andere Richtung. Die Begründung lieferte der jeweilige Anlass.

Das Argument, dass ausschließlich der «Kapital=Imperialismus» für den Krieg verantwortlich sei, brachte ihn zum Urteil: «Kapitalist u[nd] Bolschewik sind nur ganz unmerklich kleine Verschiedenheiten des rezenten Menschentypus.» (T 530) Mit Blick auf die Befangenheiten der Verhandlungsführer in Versailles resümierte er generalisierend, dass der Konservativismus «eine Sturmflut von Schmach, Dummheit, Niedrigkeit und Unglück über die Welt gebracht hat» – freilich nicht ohne anzufügen, dass man seinem «extremen Gegenteil», der Linken also, «den gleichen Vorwurf nicht ersparen» könne. Ausnehmen wollte er davon nur den «Bolschewismus […], denn er wird zuviel verleumdet und wir haben die Schuld, keine Aufklärung eingeholt zu haben». (T 542) Musil also auch ein Sympathisant der Bolschewiki? 1923 bekannte er öffentlich, ein «politischer Anhänger der Proletarierbewegung» zu sein – und kritisierte bei gleicher Gelegenheit die in «die kommunistische Kirche geflüchtete[n]» Intellektuellen, die damit «heute ihre Aufgabe» verrieten.[47] 1932 antwortete er auf die Frage der Moskauer Literaturzeitschrift *Literaturnaja Gazeta* nach der Bedeutung der Oktoberrevolution: «Ich bewundere Ihre Revolution als einen entscheidenden Schritt in die Zukunft der Menschheit. Ich glaube nicht, daß unter den Voraussetzungen des Kapitalismus noch eine geistige Organisation möglich ist, die den Namen Kultur verdient.» (B 542) Ende der dreißiger Jahre, Stalins ‹Säuberungen› waren in vollem Gange und die ‹nationale› Revolution in Deutschland kulminierte in einem Weltkrieg, notierte er, als Emigrant, im Tagebuch: «Was ich im Grunde hasse, ist das Revolutionäre? Ich mag es nicht in der einen u.[nd] anderen Form. […] Ich mag aber auch das Stationäre, das Konservative nicht. […] Was folgt aus beidem? ‹Evolutionäre› Gesinnung?» (T 985 f.) Was das Scheitern einer auf Evolution und friedliche Entwicklung gerichteten Politik nach dem Ersten Krieg betraf, so meinte er im Dezember 1919, das «Versagen der Sozialisten u.[nd] der Bürgerlichen» halte sich darin die Waage. Er ermahnte sich aber gleichzeitig selber: «Nicht prophezeien, daß das Bürgertum abgewirtschaftet hat; es könnte doch noch eine Kultur hervorbringen.» Was aber als Pluspunkt auch nicht wirklich ausreichte, denn man sollte sehr wohl «zeigen, wie ungünstig es dafür organisiert ist.» Das Hindernis sei nicht der

Großkapitalismus, sondern der Kleinkapitalismus. Es sei daher auch kein Zufall, dass die «Rückschrittsparteien» wie die Christlichsozialen sich aus dem Kleinbürgertum ergänzten. Und da er schon dabei war, zu einem politischen Rundumschlag auszuholen, wollte er auch «nicht verschweigen, wie wenig versprechend die Radikalen» vom «Typus [Emil] Fey» (des nachmaligen Führers der 1919 gegründeten austrofaschistischen Wiener ‹Heimwehr›) sind, deren Motto laute: «alle aufhängen». Schließlich fehlten in seiner Aufzählung nur noch die Kommunisten, die er mit dem lapidaren Halbsatz «Die Korruption in der KP» abtat. Mit seiner abschließenden Prognose sollte er recht behalten: «Wenn sich das Bürgertum der Entwicklung verweigert, so züchtet es diesen Typus [des Radikalen] groß.» (T 544) [48]

Die Liste ambivalenter, scheinbar widersprüchlicher Urteile und Eigendefinitionen ließe sich beträchtlich verlängern. Die Vermehrung der Beispiele würde nur eines unterstreichen: den letztlich völlig illusionslos-pragmatischen Zugang Musils zur Politik. Sein politischer Ansatz ist funktional. Er beurteilte politische Strömungen, Parteien und auch die Regierungsform der parlamentarischen Demokratie [49] punktuell und unabhängig von einer übergreifenden Ideologie jeweils danach, wie sie konkrete Probleme angingen, lösten oder negierten. Absolute Priorität beanspruchte für Musil neben den ethischen Voraussetzungen politischen Handelns (Rechtlichkeit, Gerechtigkeit, Toleranz, Humanität, Gemeinwohl etc.) dabei die Frage, welche Rolle und welche Spielräume die Politik dem ‹Geist› im weitesten Sinn einräumte. Unter ‹Geist› verstand er den sowohl historischen als auch aktuellen gesellschaftlichen Gesamtprozess, der Bildung und Wissenschaft, Kunst und Kultur ausmacht und ermöglicht. Dieser Begriff von ‹Geist› im Sinne einer Synthese von Intellekt und Gefühl schließt den einzelnen Menschen, seine Arbeits-, Bildungs- und Entwicklungsmöglichkeiten ebenso mit ein wie die dafür nötigen strukturellen und institutionellen Einrichtungen und Maßnahmen, die nach Musil zu den Hauptaufgaben des Staates zählen.

Musil dachte nach dem Ersten Weltkrieg vorzüglich in ideologischen Fragen (Rasse, Staat, Nation etc.) und in Fragen der ‹geistigen Organisationspolitik› progressiver und radikaler als viele seiner Kollegen mit vergleichbarer Herkunft, Ausbildung und (Kriegs-)Erfahrung. Nicht nur der Blick auf Thomas Manns *Betrachtungen eines Unpolitischen* (1918), eine Schrift, die Musil intensiv rezipierte und exzerpierte, erweist, dass er sich mit seiner Deutung des Weltkriegs und der politischen Situation der Nachkriegszeit in beträchtlichem Abstand von seinen bürgerlich-konservativen Kollegen bewegte. Er entwickelte eine durch genaue Beobachtung politischer Vorgänge und umfangreiche Lektüre der Tagespresse und einschlägiger theoretischer Literatur fundierte, kritische Haltung, die ihn bei allen politischen Richtungen in prinzipiellen Fragen entscheidende Defizite sehen ließ. «Ich bin», notierte er um 1920, «als Einzelner revolutionär. Das kann gar nicht anders sein, denn der schöpferische Einzelne ist es immer. Ich bin aber in politicis evolutionär. Nur muß etwas für die Evolution geschehen.» (T 544) Seine in den Tagebuchheften und in den Essays ausführlich dokumentierte Erfahrung war aber, dass nach dem Krieg politisch ganz allgemein, und davon nahm er keine der Parteien aus, «die Heilung regressiv gesucht» wurde: «(Nation, Tugend, Religion, Antiwissenschaftlichkeit.)»[50] Dass er hin und wieder Sympathie für die (österreichische) Sozialdemokratie signalisierte, hängt damit zusammen, dass er die Interessen des ‹Geistes›, und wohl auch das, was er unter dem ethischen Grundsatz «Handle solidarisch» (T 491) verstand, zumindest in einzelnen Bereichen, bei ihr besser vertreten sah als bei den konservativen und klerikalen Gruppierungen. Es habe sich, so Musil 1928 in einem Gespräch mit einer großen Wiener Tageszeitung, «auf kulturellem Gebiet der paradoxe Zustand ergeben, daß die Verteidigung und Weiterbildung des freigeistigen, humanen, ursprünglich bürgerlichen Ideenkreises heute von der Sozialdemokratie – vielfach gegen den Widerstand der Bürgerlichen – besorgt wird.»[51] Ein gutes Jahrzehnt später stellte er im Schweizer Exil resigniert fest:

«Eine Hauptidee oder =illusion meines Lebens ist es gewesen, daß der Geist seine eigene Geschichte habe u[nd] sich unbeschadet alles [dessen], was praktisch geschehe, schrittweise erhöhe. Ich habe geglaubt, daß die Zeit seiner Katastrophen vorbei sei. Daraus ist mein Verhältnis zur Politik zu verstehen.» (T 928)

Der Widerspruch zwischen seinem ‹revolutionären› Bewusstsein als Künstler, den evolutionären ‹Illusionen› als Staatsbürger und einer Realität, die sich als zunehmend reaktionärer und gewalttätiger darstellte, erzeugte Enttäuschungen und Unzufriedenheiten, deren beträchtliche oppositionelle Energien sich in den scharfen Urteilen und zuweilen auch überraschenden Wertungen der Arbeitshefte manifestieren. Musil hat sein Verhältnis zur Politik rückblickend und gleichsam abschließend im Autobiographie-Heft als das eines prinzipiell ‹Unzufriedenen› beschrieben:

> «Ich bin ein Unzufriedener. Die Unzufriedenheit mit dem Vaterland hat sich sanft ironisch niedergeschlagen im MoE. Ich bin aber auch von der Untauglichkeit des Kapitalismus oder des Bürgertums überzeugt, ohne daß ich mich ja für seine politischen Gegner hätte entschieden. Gewiß darf der Geist unzufrieden mit der Politik sein, aber der Geist, der da keine Kompromisse versteht, wird ausgleichenden Männern als zu individualistisch erscheinen.» (T 950)

‹Unzufriedenheit›, nicht missverstanden als psychische Disposition oder als Charaktermangel, sondern verstanden und begriffen als theoretisch reflektierte Haltung und methodisch bewusste Form der Wahrnehmung ist die Basis für Musils Denken und Schreiben. ‹Unzufriedenheit› bedeutet in dieser Sicht, die Wirklichkeit nach ihren Potenzialen, d. h. nach ihren noch unentdeckten und unverwirklichten Möglichkeiten zu beurteilen. Dies gilt für den Bereich der Politik in der gleichen Weise wie für die Literatur.

SCHREIBGESTUS

In den nicht für die Öffentlichkeit bestimmten Notizen und Erwägungen der Arbeits- und Tagebuchhefte, die gleichwohl und häufig etwas unreflektiert die Hauptquelle für die Beurteilung seiner politischen Haltungen bilden, mag für Leser, die diese methodischen Voraussetzungen des

Musil'schen Schreibens nicht erkennen, sein ‹Individualismus› bisweilen etwas befremdliche Züge annehmen. So, wenn er in den frühen zwanziger Jahren notiert: «Die Hauptsache ist aber den Durchschnittsmenschen als Bazillenträger aller Gräuel der Welt zeichnen» (T 443) oder: «Das Antihumane, Antieuropäische, Antiidealische der heutigen Jugend braucht kein übler Anfang zu sein. Idealisten von Anfang an werden später weichlich und schwatzhaft.» (T 659) So, wenn er meint, unter bestimmten Voraussetzungen könnte man, «wenn man will», Hitlers Pakt mit Stalin vom 23. 8. 1939 «genial» (T 986) nennen – ein bei Musil bekanntlich hochbesetzter Begriff. So, wenn er «Die Hauptschwäche des demokrat.[ischen] Systems» im «Verfall der Disziplin» sieht und dann fragt: «Also ist der Fasch[ismu]s in seiner Überspannung dieses Prinzips nicht nur verständlich sondern auch eine richtige instinktive Abwehrbewegung?» (T 827) So, wenn er folgert, die «H[itler]J[ugend] ist vielleicht wertvoll als gr.[oßer] gem.[einsamer] Nenner. Das hochbürgerliche Bildungsprinzip hat ja völlig versagt.» (T 908) Es mag irritieren, dass Musil, trotz genereller und vehementer Ablehnung des Nationalsozialismus und des Kommunismus Stalin'scher Prägung einzelne Seiten oder Einrichtungen dieser Regime positiv bewertete. Eine solche Irritation wäre als spontane Reaktion auf einen ‹Geist› zu verstehen, der in seinen Ansichten und Urteilen tatsächlich keine Kompromisse kennt und keinerlei Konzessionen macht, der, anders gesagt, prinzipiell alles für ‹fragwürdig› und befragenswert hält. Es gilt jedoch auch anzuerkennen, dass Musils Urteile folgerichtige Resultate seines ‹unzufriedenen›, methodisch konsequenten und deshalb eben kompromisslosen Bedenkens und Analysierens politischer Verhältnisse und Veränderungen sind, seines voraussetzungslosen Erforschens von Positionen, Verhaltensweisen und Situationen. Sie sind Markierungen, Stationen, Teilergebnisse einer kontinuierlichen, dynamischen Denkbewegung.

Musil war sich des scheinbar Skandalösen seiner Methode des Denkens und Schreibens durchaus bewusst, und er hat sie aus systematischen Gründen verteidigt. Im Entwurf eines Vorworts zur nicht zustande gekommenen Publikation seiner Essays erläuterte er diese Eigentümlichkeit seines Arbeitens: «So wie ein schlechter Mensch mit fremdem Geld kühner spekuliert als mit eigenem, will ich meinen Gedanken auch über die Grenze dessen nachhängen, was ich unter allen Umständen verantworten könnte; das nenne ich Essay, Versuch.» (T 643) Für die ungeschützten Notate der Arbeitshefte gilt dieser Versuchs-Charakter begreiflicherweise stärker als für die veröffentlichten Texte. Abgesehen davon werden die Positionen in den Heften ständig revidiert, ergänzt und auch wiederaufgehoben. Die Urteile verändern sich mit den Kontexten und Umständen. Darüber hinaus gibt sich Musil, mit seiner, wie er selber am besten weiß, «nach widersprechenden Richtungen beweglichen Intelligenz», (T 973) auch in den theoretischen und kritischen Äußerungen nur selten mit einer einmal formulierten Position zufrieden. Sein Movens ist der Zweifel und sein Stachel das Fragezeichen, und das bedeutet für das Schreiben ständige Revision und neues Ansetzen. Das Prinzip Unzufriedenheit gilt zuallererst dem eigenen Schreiben. Anfang der vierziger Jahre blätterte er, 20 Jahre nach der Entstehung, noch einmal in den *Nation*-Aufsatz hinein. Seine Reaktion:

«Gespaltener Eindruck: Was ich lese ist mir sehr unsympathisch, aber ich möchte es nicht ändern [...]; ich möchte alles desavouieren; u.[nd] doch ist es eine Art Leistung, die schwer oder nicht nachzuahmen wäre.

Ich glaube, diesen Eindruck habe ich in Varianten bei allem, was ich später wieder lese.

Ich bin mir völlig fremd u.[nd] könnte mich kritisieren wie auch kommentieren.» (T 985)

Über die ‹Durchschnittsmenschen› heißt es dann eben bei anderer Gelegenheit, sie seien «begabt in dem, was sie interessiert», nur müsse man eben ihr Interesse «für Geistiges» wecken (T 649), und auch die Anfang der zwanziger Jahre für ihre antihumanen, antiidealistischen und antieuropäischen Attitüden mit Vorschusslorbeeren bedachte Jugend kommt ihm zehn Jahre später, nach der nationalsozialistischen ‹Revolution der Jungen›, wieder ins Visier: «Hohn u.[nd] Scherztreiben mit Tod u.[nd] Grauen, d. i. ein urmenschliches Bedürfnis, wiederholt sich jedes Mal in der Jugend. Es hat heute kulturell keine Bindung u.[nd] auch davon kommen die hemmungslosen Grausamkeiten.» (T 826) Die antikulturellen

Affekte der Jugend, die er Jahre zuvor nicht ohne Interesse registriert hatte, erweisen sich nun als Nährboden für die hemmungslosen Grausamkeiten, mit Hilfe deren die Nationalsozialisten ihr Regime errichteten und sicherten. Das Prinzip ist das wiederholte, genaue Hinschauen und die neuerliche Analyse der Phänomene im Zusammenhang.

Als noch nicht 20-Jähriger hatte Musil notiert:

«Neulich habe ich für mich einen sehr schönen Namen gefunden: monsieur le vivisecteur. [...]

Mein Leben: – Die Abenteuer und Irrfahrten eines seelischen Vivisectors zu Beginn des zwanzigsten Jahrhunderts!

[...] mein eigener Historiker sein zu können, oder der Gelehrte zu sein der seinen eigenen Organismus unter das Mikroskop setzt ...» (T 2 f.)

Musil hat die Haltung eines ‹monsieur le vivisecteur› nie mehr aufgegeben. Er hat bloß sein Forschungsfeld erweitert und seinen Blick auf eine Vielzahl von Objekten und Phänomenen außerhalb des ‹eigenen Organismus› gelenkt, insbesondere, nach dem Ersten Weltkrieg, auch auf den Bereich des öffentlichen Lebens, der Politik und im Speziellen der Kulturpolitik. Er bleibt aber zeitlebens der distanzierte Beobachter, der Zergliederer des Lebens. Jahrzehnte später wird er diese Haltung in einer programmatisch anmutenden Formulierung mit «Sachlichkeit als Teilnahmelosigkeit» (T 903) umreißen. Distanz als Methode. Die Tagebuchhefte sind dafür das Laboratorium und das Versuchsfeld. Man könnte sie auch mit jener Formel charakterisieren, die Musil für sein Romanprojekt *Das Land über dem Südpol*, das er nach Vollendung des *MoE* angehen wollte, verwendet hat: «Moralische Experimentallandschaft». (T 840) Hier zergliedert und mikroskopiert er Wahrnehmungen, Gefühle, Haltungen, Rollen und Sichtweisen, hier analysiert er die Substanz und die Wirkungen von Ereignissen und Entscheidungen. Hier sammelt, ordnet und deutet er den Lebensstoff im Hinblick auf seine psychologische, philosophische und historische Bedeutung, und das heißt bei Musil immer auch: im Hinblick auf seine mögliche literarische Eignung und Darstellbarkeit, sei es für theoretische oder literarische Arbeiten. Seinem Freund Johannes von Allesch, den er Ende der zwanziger Jahre als «flankierende Maßnahme» für das Erscheinen des *MoE* zu einer Broschüre über den Roman animieren wollte,[52] erklärte er den engen Zusammenhang zwischen dem kritischen und dem literarischen Werk mit dem Argument, dass «die großen Aufsätze aus dem gleichen Ideenkreis gespeist sind wie der Roman. Sie wiederholen einander teilweise und im Roman wiederhole ich manches noch einmal». (B 454) Im fallengelassenen ‹Vorwort› zum *Nachlaß zu Lebzeiten* definierte er diesen Transfer zwischen der Literatur, der Theorie und den Realien in der folgenden Weise:

«Die Dichtung hat nicht die Aufgabe das zu schildern, was ist, sondern das, was sein soll; oder das, was sein könnte, als eine Teillösung dessen, was sein soll. Mit anderen Worten: Dichtung gibt Sinnbilder. Sie ist Sinngebung. Sie ist Ausdeutung des Lebens. Die Realität ist für sie Material. (Aber: Sie gibt auch Vorbilder. Und sie macht Teilvorschläge)».[53]

Diese Perspektive bestimmt grundsätzlich auch Musils Verhältnis zu seinem ‹Material›, das er in den Arbeitsheften sammelt und kommentiert.

Das lässt sich an einem Schlüsselereignis des Jahres 1933 zeigen. Die Bücherverbrennung vom 10. Mai 1933 muss für Musil, der seit Ende November 1931 in Berlin, dem zentralen Ort des Geschehens, lebte, zweifellos ein unmissverständliches Zeichen dafür gewesen sein, wie die neuen Machthaber mit Leuten wie ihm zu verfahren gedachten. Der studentische Vandalenakt stand unter der Schirmherrschaft des Propagandaministers Joseph Goebbels und wurde als gleichsam offizielle kulturpolitische Kundgebung vom Reichsrundfunk übertragen. Die Aktion, bei der auch die Werke Alfred Kerrs, des Entdeckers, Förderers und «größten kritischen Lehrer[s]»[54] Musils, auf dem Scheiterhaufen landeten, war ein frühes, weithin sichtbares und internationales Aufsehen erregendes Zeichen, das den aggressiv gewalttätigen Charakter des Regimes auch auf dem Feld der Kultur sichtbar machte.[55] Wer nun in den Tagebuchheften Musils einen Hinweis darauf erwartet, was das Geschehen für ihn als Person bedeutete, wird enttäuscht. Dort findet sich zu dem spektakulären Ereignis der folgende Eintrag:

«*Zweideutigkeit.* Es ist mir spontan als ein Symbol der Anmaßung u.[nd] Unwissenheit erschienen, noch dazu als ein unfreiwilliges, daß die Berliner ‹Studenten› mit Ochsenkarren auszogen, die Bücher zu verbrennen. Erst jetzt ist mir aufgefallen, daß eine Jugend, welche die falsche u.[nd] hinderliche Weisheit der Vergangenheit verbrennt, auch gefallen und den Eindruck eines großen Aufbruchs erwecken kann.

Es liegt nahe, dieses Beispiel im Sinne der Zweideutigkeit des Geistes auszulegen; zwischen 1890 u.[nd] 1910 hätte man auch gesagt, seiner ‹Doppelbodigkeit›.

In Wahrheit ist es ein Beispiel dafür, daß es nicht auf das Was, sondern auf das Wie ankommt in moralischen Fragen. Dieses Wie wäre wohl aus Begleitumständen, Gesichtern, Reden, zu erkennen gewesen, in der Hauptsache ist es das aber erst aus Folge u.[nd] Entwicklung.

Wie kommt man aber, wenn man immer erst die Folgen entscheiden läßt, zu einem bestimmten Verhalten? Soll man sich seiner Affektivität überlassen, aber das Urteil sich vorbehalten? Gewiß nicht usw.»[56]

Musils Analyse verrät an keiner Stelle, dass er selber von dem Vorgang schockiert oder betroffen gewesen sein könnte oder dass er sich in seiner Existenz als Schriftsteller bedroht fühlte. Die Notiz ist, auch in ihrer expliziten Distanz zum eigenen Erleben, ein Musterbeispiel für ‹Sachlichkeit als Teilnahmelosigkeit›. Dass er andererseits die politischen Umstände, für die die Bücherverbrennungen ja nur ein unübersehbares Symbol waren, sehr wohl richtig einzuschätzen wusste, zeigen seine Briefe. Knapp einen Monat zuvor, Mitte April 1933, hatte er an den Freund Franz Blei geschrieben, dass sich «alle Menschen, die nicht mit der Welle schwimmen, in plötzlicher Sorge um ihre eigene Erhaltung befinden.» Er habe, so Musil, vorgehabt, «nach Berlin zu übersiedeln, aber vielleicht muß ich im Ausland ein sogenanntes neues Leben beginnen […]. Wenn Sie mir wieder schreiben, wird es wohl das Beste sein, den Brief nach Wien zu richten.» (B 567) Musil ahnte, dass er sich im Dritten Reich nicht mehr lange werde halten können. Die Bücherverbrennung muss da wie eine Bestätigung dieser Vorahnungen gewirkt haben. Doch im Tagebuch ist das symbolträchtige Ereignis für ihn, wie vieles andere auch, das er notierte, interessant offenbar nur als Material, als auslegungsbedürftiges Phänomen, als heuristische Aufgabe, als Exempel für eine Kasuistik menschlicher Wahrnehmung und menschlichen Verhaltens – als Stoff für seine literarischen Vorhaben. Bei genauerer Betrachtung ist die Notiz für Musil wohl vor allem unter dem Aspekt der ‹Affektivität› von Interesse. Musil setzte die Bücherverbrennung nämlich nicht nur in direkte, sofort als vorschnell und oberflächlich revidierte Beziehung zur antiidealistischen Jugend, die Gefallen erwecken kann, weil sie den Ballast der Tradition abwirft, sondern in der zentralen Frage nach der Rolle der ‹Affektivität› auch zu jener schließlich völlig außer Kontrolle geratenen Zeit, die in das «Sommererlebnis im Jahre 1914» mündete.

In dieser Arbeitsweise Musils, in seiner vom konkreten Anlass abstrahierenden Analyse des Vorgangs, die auf die unmittelbar biographische oder vordergründig politische Einbettung oder Bewertung verzichtet, sind für den Leser Missverständnisse angelegt. Musil notiert eine Beobachtung, deutet, im abgekürzten Verfahren gleichsam, einige theoretische Überlegungen an, stellt einige weitläufige historische Beziehungen her und lässt vieles offen und unausformuliert – oft auch seine persönliche Einstellung und Bewertung. Wem hätte er sie in diesen Arbeitsheften auch erläutern sollen. Sich selber? Er notiert nur, was ihm an dem Vorgang bemerkenswert erscheint, was in seinen Augen von theoretischer oder symptomatischer Bedeutung ist – als Gedächtnisstütze, zur späteren Verwendung oder für eine weitere Bearbeitung. Als isoliert veröffentlichter Text, als ‹Tagebucheintrag›, als der er nicht gedacht war, wird Musils Notat zur Bücherverbrennung anders gelesen: als ein für sich stehendes, biographisches Dokument, als politischer Kommentar, als Beleg für die (fehlende) persönliche Reaktion des Autors auf das Ereignis. In dieser Lesart ist es missverständlich. Es könnte unter Umständen selber als Beispiel einer ‹Zweideutigkeit› Musils oder als Zeugnis für die politische Unentschiedenheit des Autors interpretiert werden. Ein Interpret, der nicht berücksichtigt, dass Musil in seiner Analyse unterschiedliche Perspektiven ausprobiert, die keineswegs die seinen sein müssen, könnte aus dem Text schlimmstenfalls sogar Sympathie mit dem staatlich sanktionierten Vandalenakt, zumindest aber politische Indifferenz des Schreibenden herauslesen. So gesehen wirkt die Notiz über die Bücherverbrennung wie ein nachgelieferter Beleg für die Position des Erzählers im *MoE*, die Musil einige Jahre zuvor in dem berühmten Interview mit Oskar Maurus Fontana folgendermaßen beschrieben hatte:

«Die reale Erklärung des realen Geschehens interessiert mich nicht. Mein Gedächtnis ist schlecht. Die Tatsachen sind überdies immer vertauschbar. Mich interessiert das geistig Typische, ich möchte geradezu sagen: das Gespenstische des Geschehens.» [57]

So gesehen wäre das ‹Gespenstische› an der Bücherverbrennung eben jenes Moment des Affektiven, das für Musil das Ereignis rückbindet an das kollektive Phänomen der Kriegsbegeisterung von 1914, das er im Übrigen keineswegs auf das Deutsche Reich und die Habsburgermonarchie beschränkt sah.

Es geht Musil in den Arbeitsheften, seinem wichtigsten Instrument – auch zur Klärung seines Verhältnisses zur Politik –, also, ganz im Unterschied zu den planvollen Tagebuchschreibern, nicht um das autobiographisch zentrierte Protokollieren von Ereignissen und Erlebnissen, nicht um Bekenntnisse und nur selten um die Festlegung und Dokumentation persönlicher Positionen. Es geht ihm, mit anderen Worten, bei den einzelnen Einträgen nicht um eine literarische oder biographische Zentralperspektive, aus der seine politische Haltung ohne weiteres extrahiert werden könnte. Musil verfasste seine Notizen und Entwürfe nicht mit dem Blick auf zukünftige Leser. Der Großteil der Texte, die wir heute als seine *Tagebücher* lesen, war von ihm nie für eine Publikation vorgesehen, auch wenn er am Ende seines Lebens einen Ausweg aus den jahrelangen Überlegungen zu einer Autobiographie schließlich in der Möglichkeit sah, nicht sein Leben, sondern die Aufschreibung seines Lebens in den Tagebuchheften zum Gegenstand dieser Autobiographie zu machen:

«Wenn es noch eine Rettung geben sollte, müßte ich wohl nicht aus diesen Heften schreiben, denn zu Ende werde ich diese Gedanken niemals führen können, ja nicht einmal zur Bedeutung; sondern ich müßte über diese Hefte schreiben, mich u.[nd] ihren Inhalt beurteilen, die Ziele u.[nd] Hindernisse darstellen. Das ergäbe eine Vereinigung des Biographischen mit dem Gegenständlichen, also der beiden lange miteinander konkurrierenden Pläne.

Titel: Die 40 Hefte.

Haltung: die eines Mannes, der auch mit sich nicht einverstanden ist.» (T 944)

Er selber hätte das Autobiographische also nicht *aus* diesen Heften, sondern im Schreiben *über* diese Hefte gewonnen. Er empfand sie in biographischer Hinsicht selber als interpretationsbedürftig. Musil sammelt und untersucht in diesen Aufzeichnungen ganz bewusst unterschiedliche und divergierende Blickwinkel, er probiert abweichende Sehweisen und alternative Deutungsmöglichkeiten aus. Sie sind grundsätzlich perspektivisch angelegt. Es geht ihm, kurz gesagt, darum, zu begreifen, wie ein Phänomen, ein Ereignis, eine Person ‹überhaupt› – und keineswegs nur aus seiner persönlichen Perspektive – wahrgenommen, aufgefasst oder verstanden werden kann. Es geht ihm um die Fragen, was Ereignisse und Erlebnisse ‹bedeuten›, wie und auf welchem Wege es möglich wäre, zu Ansichten und festen Standpunkten zu gelangen, und was dies jeweils für seine literarischen Projekte bedeuten könnte. So notierte er unter dem Stichwort «Verhältnis zur Politik» u. a.:

«Nicht einmal die Wissenschaft ist sicher, geschweige denn der Dichter. [...] die Entscheidung, was ich glaube, fällt beim Schreiben. Ich glaube vorher, manches zu glauben, aber im Augenblick der Darstellung wird es mir unmöglich. Mit Fehlerquellen ist dieses Verhalten gewiß behaftet, aber man muß den Dichter nehmen, wie er ist ...» (T 924)

Musil geht methodisch so vor wie der Mann ohne Eigenschaften, für den auch «erst ein möglicher Zusammenhang entscheiden [wird], wofür er eine Sache hält. Nichts ist für ihn fest. Alles ist verwandlungsfähig, Teil in einem Ganzen, in unzähligen Ganzen [...]. So ist jede seiner Antworten eine Teilantwort ...»[58] Musil geht nicht von Konzepten, Wahrheiten, Überzeugungen oder Ideologien aus, sondern er versteht das Schreiben selber als Methode und als Instrument, um über Wahrheiten, Überzeugungen und Ideologien, aber auch um über Gefühle und Wahrnehmungen etwas zu erfahren und mitzuteilen. Der «Dichter», sagt Musil, «weiß, was er meint, erst nachdem er geschrieben hat»,[59] und: «Eine fertige Weltanschauung verträgt keine Dichtung».[60] Die Tagebuchhefte dokumentieren daher in erster Linie die Wege, Umwege und manchmal auch die Abwege, die er auf der Suche nach dem, was er ‹wissen› und ‹erkennen› wollte, zurückgelegt hat. Dabei hielt er sich sein Leben lang an jene Überzeugung, die er als 20-Jähriger, unter dem Einfluss Friedrich Nietzsches, der für ihn folgenreichsten geistigen Begegnung, formuliert hatte: «Es giebt Wahrheiten aber keine Wahrheit. Ich kann ganz gut zwei einander völlig entgegengesetzte Dinge behaupten und in beiden Fällen Recht haben.» (T 12) Musils Denken ist kein auf ein schlüssiges Ergebnis orientiertes Sortieren von Wahrnehmungen oder vorgegebenen Meinungen. Es ist prinzipiell ein unabgeschlossener Vorgang, ein Weg ins Offene, Unerwartete, nicht Vorhersehbare. Der Ausgang ist ungewiss, wie es – jahrzehntelangen Lösungsversuchen und Revisionen zum Trotz – auch das Ende seines Romans ist. Im Entwurf einer ‹Vorrede› zur Fortsetzung des Romans aus den dreißiger Jahren schreibt Musil über den Zusammenhang zwischen dem Standpunkt des Autors und der Methode der Darstellung:

«Mancher wird fragen: Welchen Standpunkt nimmt denn nun der Autor ein u[nd] welches ist sein Ergebnis? Ich kann mich nicht ausweisen. Ich nehme das Ding weder allseitig (was unmöglich ist im Roman), noch einseitig; sondern von verschiedenen zusammengehörigen Seiten. Man darf die Unfertigkeit einer Sache aber nicht mit der Skepsis des Autors verwechseln. Ich trage meine Sache vor, wenn ich auch weiß, daß sie nur ein Teil der Wahrheit ist u.[nd] ich würde sie ebenso vortragen, wenn ich wüßte, daß sie falsch ist, weil gewisse Irrtümer Stationen der Wahrheit sind. Ich tue in einer bestimmten Aufgabe das Möglichste.» [61]

Musils Denken schließt das Widersprüchliche, Unvereinbare und scheinbar Skandalöse immer mit ein. Seine Denkexperimente beschränken sich nicht auf die ‹exotischen› Themen von Mystik und Geschwisterliebe im *MoE*. Musils Schreiben ist generell ein Prozess der Problematisierung alles scheinbar Festen, ein Prozess der Problematisierung von Wahrnehmung und Wirklichkeit. Es geht ihm nicht um Positionsbestimmungen, sondern darum, Methoden, Verfahren, Wege des Denkens und Erkennens zu erkunden. Dies gilt insbesondere für die Frage des Politischen, wo Musil, abhängig von Zeit, Raum und Umständen, immer wieder zu Einschätzungen kommt, die frühere Positionen aufheben, umdrehen oder völlig neu fassen. Das bedeutet nicht, dass er inkonsequent, ideologisch anfällig, ‹unpolitisch› oder was der moralischen Verdikte mehr sind, wäre. Es bedeutet lediglich, dass er der Methode seines Denkens treu bleibt, das analytisch und radikal ist, keine Denkverbote und Tabus kennt und das prinzipiell prozesshaft und dynamisch ist.[62] Es ist, in den Tagebuchheften ebenso wie in den literarischen und den essayistischen Texten, ein beständiges Ergründen und Prüfen der Vielfalt und der Perspektiven von Tatsachen, Verhältnissen, Standpunkten, Affekten, Empfindungen und Anschauungen. Es ist, so wie er es in seiner *Skizze der Erkenntnis des Dichters* aus dem Jahre 1918 programmatisch formuliert hat, das Gebiet des Nicht-Ratioïden, das ihn interessiert, das Gebiet das Nicht-Festen und der «Herrschaft der Ausnahmen über die Regel»:

«Auf diesem Gebiet ist das Verständnis jedes Urteils, der Sinn jedes Begriffs von einer zarteren Erfahrungshülle umgeben als Äther, von einer persönlichen Willkür und nach Sekunden wechselnden persönlichen Unwillkür. Die Tatsachen dieses Gebiets und darum ihre Beziehungen sind unendlich und unberechenbar.

Dieses ist das Heimatgebiet des Dichters, das Herrschaftsgebiet seiner Vernunft. Während sein Widerpart das Feste sucht […], ist hier von vornherein der Unbekannten, der Gleichungen und der Lösungsmöglichkeiten kein Ende. Die Aufgabe ist: immer neue Lösungen, Zusammenhänge, Konstellationen, Variable zu entdecken, Prototypen von Geschehensabläufen hinzustellen, lockende Vorbilder, wie man Mensch sein kann, den inneren Menschen *erfinden*.»[63]

Ein nicht unwesentlicher Beleg für die Bedeutung und Tragweite dieser theoretischen Voraussetzungen seines Schreibens – speziell auch im politischen Sinn – scheint mir die Zustimmung zu sein, die Musil von politisch wachen Autorinnen und Autoren unmittelbar nach dem Zweiten Weltkrieg erhalten hat. Es ist gewiss kein Zufall, dass Ingeborg Bachmann, die sich durch ihre literarische Selbstbefreiung aus den familiären und politischen Väterordnungen des Nationalsozialismus den Blick für das Ideologische und Zwanghafte in den gesellschaftlichen Verhältnissen geschärft hatte, von der Offenheit des Musil'schen Denkens und Schreibens in außerordentlichem Maß angezogen und fasziniert war. Musil ist für sie Anfang der fünfziger Jahre, auf dem Höhepunkt der wechselseitigen ideologischen Gewissheiten des Kalten Krieges, interessant vor allem als der Inbegriff des nichtideologischen, des undogmatischen, des kritischen und analytischen Schriftstellers. In ihrem frühen Essay über den *MoE* (erschienen 1954, im ersten Heft des ersten Jahrgangs der *Akzente*) beschreibt sie Musil (z. T. unter Verwendung seiner eigenen Termini) als einen, der «nicht ‹aufs Ganze›» gehe, der nur «Vor- und Richtbilder» gegeben habe, «Partiallösungen, nicht *die* Lösung». Musils Denken sei «ziel-feindlich, beweglich, es rennt gegen die herrschenden Ordnungen an, in denen jedes Ding ein ‹erstarrter Einzelfall seiner Möglichkeiten› ist».[64] Nicht nur der «Fall Kakanien» habe gezeigt, so ihre für die damalige Zeit ungewöhnliche und im politischen Kontext der fünfziger Jahre durchaus brisante Lesart des Romans,

«daß das Denken in geschlossenen Ideologien direkt zum Krieg führt; und noch immer ist der permanente Glaubenskrieg aktuell.

Musils Richtbilder nun wollen uns zu nichts verführen, nur herausführen aus einem schablonenhaften und konventionellen Denken. Sie zwingen uns, nachzudenken, genau zu denken und mutig zu denken.»[65]

Ingeborg Bachmann war mit ihrer Sensibilität für die Eigenart und Besonderheiten des Musil'schen Schreibens, dessen poetologische Grundlagen und Verfahren allen ideologischen Verfestigungen nicht nur tendenziell, sondern auch in ihren konkreten literarischen Ausprägungen widersprechen, der akademischen und fachwissenschaftlichen Rezeption um Jahrzehnte voraus.

Im Grunde bedeutet Schreiben für Musil das beharrliche Üben des ‹Möglichkeitssinnes›, wie er im vierten Kapitel des *MoE* vorgestellt wird:

«Wer ihn besitzt, sagt beispielsweise nicht: Hier ist dies oder das geschehen, wird geschehen, muß geschehen; sondern er erfindet: Hier könnte, sollte oder müsste geschehn; und wenn man ihm von irgendetwas erklärt, daß es so sei, wie es sei, dann denkt er: Nun, es könnte wahrscheinlich auch anders sein. So ließe sich der Möglichkeitssinn geradezu als Fähigkeit definieren, alles, was ebensogut sein könnte, zu denken und das, was ist, nicht wichtiger zu nehmen als das, was nicht ist. [...] Solche Möglichkeitsmenschen leben, wie man sagt, in einem feineren Gespinst, in einem Gespinst von Dunst, Einbildung, Träumerei und Konjunktiven».[66]

Ausgangspunkt des Schreibens ist eine scharfe Analyse des Bestehenden, das an seinen Möglichkeiten gemessen wird. In diesem unablässigen Erwägen alternativer, ungewohnter Sichtweisen, in diesem Durchleuchten des Faktischen und des Möglichen hat es zuweilen den Anschein, als verschwinde Musils eigene Position, als löse sie sich auf im Relativismus divergenter Perspektiven. Aber wäre es nicht paradox, nach einer festen Position, nach einer unverrückbaren Haltung dort zu suchen, wo das einzig Feststehende die begründete Überzeugung des promovierten Psychologen Musil ist, dass Wahrnehmungen und Gefühle ambivalent, dass Standpunkte und Sichtweisen interessengeleitet und situationsabhängig sind und dass wir uns, metaphorisch gesprochen, prinzipiell in einer Szenerie von Kippbildern bewegen.[67] Musils erkenntnistheoretische Prämissen, die in der unverwechselbaren Technik seines essayistischen Schreibens ihre adäquate Form gefunden haben, lassen sich letztlich auf Friedrich Nietzsches ‹Experimentalphilosophie› und sein Konzept des Perspektivismus zurückführen.[68] In seiner ‹Streitschrift› *Zur Genealogie der Moral* (1887) hat Nietzsche den Perspektivismus als das «Vermögen» bezeichnet,

«sein Für und Wider in der Gewalt zu haben und aus- und einzuhängen: so daß man sich gerade die Verschiedenheit der Perspektiven und der Affekt-Interpretationen für die Erkenntnis nutzbar zu machen weiß. […] Es gibt nur ein perspektivisches Sehen, ein perspektivisches ‹Erkennen›; und je mehr Affekte wir über eine Sache zu Wort kommen lassen, je mehr Augen, verschiedene Augen wir uns für dieselbe Sache einzusetzen wissen, umso vollständiger wird unser ‹Begriff› dieser Sache, unsere ‹Objektivität› sein.»[69]

Bei allem Unbestimmten und nicht Festlegbaren, bei allen Ambivalenzen, Gedankenexperimenten, Zwei- und Mehrdeutigkeiten, die Musil beschäftigten und faszinierten, gibt es aber, so scheint mir, eine Konstante in seiner Auseinandersetzung mit der Politik, die auch eine Richtschnur seines Schreibens wurde: Musil bestimmte seinen politischen und seinen literarischen Standort implizit und explizit dadurch, dass er nicht noch einmal in die Falle des Affekts tappen, nicht noch einmal jener ‹Krankheit› von 1914 verfallen wollte. Er entwickelte deshalb, wie, allerdings von ganz anderen Voraussetzungen ausgehend, auch sein «Konkurrent» Hermann Broch,[70] ein eigenes massenpsychologisches und ideologiekritisches Begriffssystem, mit dessen Hilfe er versuchte, die «Bewegung zum Arbeiter-, Krieger[-] und Ameisenstaat, dem sich die Welt annähert»[71], terminologisch in den Griff zu bekommen. Damit verbunden ist der Entwurf eines betont individualistischen Gegenkonzepts, das das Recht des Einzelnen gegenüber den kollektiven Ansprüchen von Gemeinschaften, Nationen und Staaten verteidigt.

Was Musil als Person betraf, so verweigerte er sich allem, was nach Partei, nach Dogma oder nach affektiver Gefolgschaft aussah. Wesentlich ist dabei, dass er seine Gegenposition zu den totalitären Systemen und zu den politischen Gesinnungs- und Glaubensgemeinschaften seiner Zeit nicht nur aus politischen Überlegungen, sondern maßgeblich aus der Reflexion seiner Aufgaben und Möglichkeiten als Schriftsteller entwickelte. Dies bedeutet, er schreibt und spricht im Verhältnis zu Politik, Staat oder Nation bewusst und programmatisch in der Rolle eines Einzelnen, nirgendwo Zugehörigen, er schreibt und spricht aus der Position des Gegenübers, des Unzufriedenen, des Oppositionellen. Er spricht, im Unterschied zu den Parteiliteraten und politischen Günstlingen seiner Zeit, nicht mit der Macht im Rücken, sondern aus dem Abseits der Literatur. Diese Position am Rande hat seine Sensibilität für die prekäre gesellschaftliche Stellung des Schriftstellers geschärft. Angesichts des ständig zunehmenden politischen Einflusses im kulturellen Bereich und der Bestrebungen aller politischen Parteien, die Schreibenden für ihre Zwecke einzuspannen, konstatierte er Anfang der dreißiger Jahre: «Mit geringen Ausnahmen war der Dichter immer in der Bedientenrolle. Meine Zeit war eine Ausnahme; u.[nd] da spielten die falschen Dichter eine Rolle.» (T 879)

Musil suchte nach der ‹Machtergreifung› Hitlers nach Gelegenheiten, nicht nur die Rolle der «falschen Dichter» zu kommentieren, sondern auch seinen eigenen Standort gegenüber den politischen Ansprüchen und Instrumentalisierungsversuchen von rechts und von links zu bestimmen. Das, was ihm von Zeitgenossen und von der späteren Literaturgeschichtsschreibung fälschlicherweise oft nachgesagt wurde, wollte er offenkundig nicht: in einer Beobachtungsposition verharren, den intellektuellen Verarbeitungsprozess der politischen Zeiterscheinungen bloß für sich führen, seine Erkenntnisse und Einsichten der Öffentlichkeit vorenthalten. Sein literarischer Nachlass gibt deutliches Zeugnis von den fortwährenden Anstrengungen, sich Gehör zu verschaffen. Die Arbeitshefte, in die Musil seine Beobachtungen zu den Vorgängen im nationalsozialistischen Deutschland und zur Kulturpolitik des österreichischen Ständestaats eintrug, sind dafür das vorbereitende Instrument. Drei Manuskriptkonvolute im Nachlass enthalten über die Notate in den Arbeitsheften hinaus die Dokumente und Materialien zielgerichteten Schreibens. Sie umfassen die Bereiche Essay, Aphoristik und öffentlicher Vortrag.

1. Mit der Arbeit an dem politischen Essay mit dem vorläufigen Titel *Bedenken eines Langsamen* reagierte Musil im Frühjahr 1933 unmittelbar auf die neue politische Situation nach der ‹Machtergreifung› Hitlers. Der Essay war für die *Neue Deutsche Rundschau* geplant, gelangte aber dort nicht mehr zum Abdruck und blieb Fragment. Er bildet den Ausgangspunkt der folgenden Darstellung. Ende 1935 bzw. Anfang 1936 setzte Musil dazu an, einen Teil seiner literaturpolitischen Aphoristik, nämlich den Gedankenkomplex rund um die «Gefährlichkeit des Dichters», in eine essayistische Gestalt zu bringen. Mit der «Gefährlichkeit des Dichters» war die Beobachtung gemeint, dass politische Gewalttäter (Musil nannte u. a. Clémenceau, Lenin, Lunatscharski, Mussolini und Hitler) häufig gescheiterte Literaten seien. Musil brach die Arbeit an dem Essay mit dem Titel *Vorrede zu einer zeitgenössischen Ästhetik*[72] jedoch bald ab, vielleicht auch deshalb, weil sich die Aussichten auf eine Veröffentlichung in Wien 1936 politisch bedingt verschlechtert hatten. Mussolini, einer der Kronzeugen des geplanten Textes, war immerhin der politische Pate des Austrofaschismus; sein Napoleon-Stück *Hundert Tage* stand 1933/1934 auf dem Spielplan des Burgtheaters.

2. Musils Aphorismenproduktion setzte unmittelbar nach dem Steckenbleiben der Arbeit an den *Bedenken eines Langsamen* noch im Jahr 1933 ein. Seine Aphoristik lässt sich als alternativer Schreibgestus zu seiner Essayistik begreifen, der auch durch eine geplante Umorientierung

Musils auf ein nichtdeutsches Publikum mitbestimmt war. Anstelle eines geschlossenen Argumentationsbogens wie in dem gescheiterten Essay, der 1933 noch im ‹Reich› hätte publiziert werden sollen, dachte Musil nach der Rückübersiedlung nach Wien daran, seine Reflexionen über die Zeitereignisse nun im englischsprachigen Ausland zu veröffentlichen – allerdings in einer Weise, in der die Einheit der Argumentation aufgehoben ist und die Widersprüche stilistisch zugespitzt sind; als Aphorismensammlung eben. Auch im Hinblick auf das ins Auge gefasste Medium Zeitung oder Zeitschrift schien ihm der Aphorismus das adäquatere, d. h. ihm als Dichter besser entsprechende Genre zu sein. Am 17. November 1933 schrieb er darüber an Toni Cassirer nach London:

«In dieser kurzen Zeit muß ein neuer Weg gefunden werden, und nach allerhand Überlegungen und Versuchen sehe ich kaum eine andere Möglichkeit als die, (vielleicht hat Martha auch davon schon geschrieben?) für englische und amerikanische Zeitschriften oder Zeitungen zu schreiben, ohne daß ich bis jetzt überhaupt weiß, ob mir das möglich wird. Denn ich kann das ja nicht als Journalist tun, sondern nur wie ein Dichter, etwa wie die Notizen Valérys sind oder nach dem Vorbild der Nietzsche'schen Aphorismen. Das täte ich sogar sehr gerne […]. Das Unwahrscheinliche ist aber, einen Herausgeber, Redakteur oder dergleichen in England zu entdecken, der mir dazu die Gelegenheit gäbe. Ich habe fast keine Beziehungen. Und da bin ich bei meiner Bitte: Wenn Ihnen in nächster Zeit Männer begegnen sollten, die so aussehen, als ob Sie auf meinen Wunsch Einfluß haben könnten, so denken Sie bitte an mich und an den Ernst dieser Bitte und reden Sie den Herrn zu Gemüt! […] Es steht ja schließlich auch da ein Stück geistiger Unabhängigkeit auf dem Spiel.» (B 594 f.)

Von den Aphorismen, die er für sich auch unter dem Titel *Notizen und Fragmente* (T II, 644) führte, ist in der Korrespondenz Musils der folgenden Jahre dauernd die Rede. Vor dem ‹Anschluss› Österreichs bot er sie Bermann-Fischer für seinen Wiener Verlag, nach dem ‹Anschluss› seinem Stockholmer Verlag an. Die «essayistisch-aphoristische Auseinandersetzung mit der so fragwürdigen Jetztzeit und der Rolle des in ihr internierten Künstlers» sei für ihn, schrieb er im Mai 1939 an Rudolf Olden, «kein Gelegenheitsplan […], sondern wirklich eine Hauptarbeit», ein «moralistisch ästhetische[s] Beicht- und Sündenwagnisgeschäft.» (B 988) In der Zeit des Schweizer Exils suchte er seine amerikanischen Briefpartner, allen voran seine Mäzene Barbara und Henry Hall-Church, für Veröffentlichungen, sei es in Paris, in der von ihnen herausgegebenen Zeitschrift *Mesures*, oder in den USA, zu gewinnen; doch vergeblich, das Aphorismenbuch blieb unverwirklicht und Musils Aphoristik zu seinen Lebzeiten unübersetzt und mit wenigen Ausnahmen ungedruckt.

Die Art Nietzsches, mit der Zeit und den Zeitgenossen ins Gericht zu gehen, bildete einen der Grundimpulse für das Aphorismenprojekt Musils. An die Eintragungen zu den Bücherverbrennungen und zu ähnlichen Vorgängen in Deutschland 1933 schließen in den Heften 1933 bis 1934 Notizen unter dem Stichwort «Germany» oder abgekürzt «Germ» an, die u. a. direkt auf die Berichterstattung in den Wiener Zeitungen über die Vorgänge im ‹Reich› Bezug nehmen. Musil legte ein ganzes Konvolut von ‹Schmierblättern› an, auf denen er den Versuch unternahm, sich und künftigen englischsprachigen Lesern die politisch-kulturelle ‹Gleichschaltung› im Dritten Reich als einen Vorgang zu erklären, der nach einer bestimmten Gesetzmäßigkeit überall drohe. 1934 bis 1936 schrieb Musil seine Aphorismen, insgesamt mehr als hundert, auf Blättern einer Mappe ins Reine, die er wiederum mit «Germ» betitelte. Sukzessive verbreiterte sich das Referenzfeld dieser Aphoristik über das nationalsozialistische Deutschland hinaus auf das austrofaschistische Österreich und grundsätzlich auf Fragen der Rolle der Literatur sowie der eigenen Rolle als Schriftsteller ‹in dieser Zeit›.[73] Die oben beschriebene Richtung des Musil'schen Schreibens, aus den politischen Beobachtungen einen sinnbildhaften Ausdruck der Zeitläufte zu formen, die «Abwendung [...] vom Realismus zur Wahrheit»,[74] wie er in Vorwortentwürfen zum *Nachlaß zu Lebzeiten* sein Verfahren selbst benennt, lässt sich an den politischen Aphorismen in besonderem Maß ablesen: Sie verlieren im Prozess des Umschreibens den tagespolitischen Geruch zugunsten eines ethischen und ästhetischen Erkenntnisanspruchs.

Musil veröffentlichte nur einen kleinen Teil aus seiner Aphorismensammlung: 1935 in der Baseler *National-Zeitung* (u. d. T. *Notizen*), 1936 im *Wiener Tag* (u. d. T. *Allerhand Fragliches*) und 1937 im Jahrbuch *Die Rappen* des Bermann-Fischer Verlags in Wien (u. d. T. *Aus einem Rapial*).[75] Es fällt auf, dass er für diese Publikationen vorwiegend Aphorismen ohne explizite politische Aussage wählte. Dass er sich nicht dazu entschließen vermochte, seine direkten Spitzen gegen die Regime in Deutschland und in Österreich in diese Veröffentlichungen aufzunehmen, erklärt möglicherweise das Scheitern des Aphorismenbuchs. Vordergründige Polemik wäre im nicht deutschsprachigen Ausland wohl eher gedruckt worden.

3. Die dritte Gelegenheit, über das grundlegend veränderte Verhältnis von Literatur und Politik öffentlich nachzudenken, boten zwei Einladungen an Musil als Redner: die Festrede anlässlich des 20-jährigen Bestehens des ‹Schutzverbandes deutscher Schriftsteller in Österreich› im Dezember 1934 in Wien und die Rede beim ‹Internationalen Schriftstellerkongreß zur Verteidigung der Kultur›, ein halbes Jahr später, im Juni 1935 in Paris. Sie bilden das Kernstück der folgenden Darstellung.

Auf diese Schreibanlässe und auf diese Schreibabsichten drängt sich die Klärung des politischen Selbstverständnisses Musils zusammen, wobei es ihm in allen drei Textgattungen, Essay, Aphoristik und Rede, vor allem um die Stellung des Schriftstellers und um seine Haltung gegenüber der Politik ging. Für ihn ist es eine existenzielle Selbstbefragung im Angesicht der totalitären Systeme von (Austro-)Faschismus, Nationalsozialismus und Kommunismus. Musils (Schreib-)Haltung gegenüber den aktuellen politischen Entwicklungen ist also keineswegs passiv oder bloß reaktiv. Der angeblich ‹unpolitische› Musil setzt sich, abgesehen von seiner stets auch ‹politisch› motivierten Arbeit am *MoE*, in erstaunlichem Umfang und mit erstaunlicher Intensität aktiv, d. h. schreibend und nach Veröffentlichungsmöglichkeiten suchend, mit der politischen Situation auseinander. Diese Auseinandersetzung wird ihn bis zu seinem Tod im Schweizer Exil am 15. April 1942 nicht mehr loslassen.

Wenn man das vorhandene Material einschließlich der zugehörigen Texte im Nachlass sichtet, verfestigt sich schnell der Eindruck, Musil habe seit der ‹Machtergreifung› in Deutschland und der schrittweisen Etablierung einer autoritären, ‹austrofaschistischen› Herrschaftsform in Österreich unter Bundeskanzler Engelbert Dollfuß, der im Juli 1934 bei einem Putsch der Nationalsozialisten ermordet werden sollte, auf eine passende Gelegenheit, sich öffentlich zu äußern, geradezu gewartet; «denn heute», schrieb er Mitte November 1933 in dem erwähnten Brief an Toni Cassirer, «wachsen einem die Beobachtungen und Bemerkungen aus den Fingern, und ich bin ohnehin so voll davon, daß es dem Roman nebenbei gar nicht schlecht zu bekommen brauchte, wenn ich mich davon entlastete.» (B 595) Kurzfristig erwog er sogar, «ein Essaybuch über den Untergang des bürgerlichen Menschen»[76] herauszubringen, den er mit der Etablierung der Herrschaft von Nationalsozialismus und Kommunismus als besiegelt ansah. Er notierte in den Tagebuchheften deutlich intensiver als zuvor Beobachtungen und Kommentare zur politischen Situation im Dritten Reich und im ‹ Neuen Österreich ›, er äußerte sich in Briefen und arbeitete intensiv an den Entwürfen für die *Bedenken eines Langsamen.*

Seine Äußerungen zu den aktuellen politischen Fragen und zu den damit verknüpften persönlichen Problemen sind situationsabhängig, adressatenbezogen und mehrschichtig. Es macht einen entscheidenden Unterschied, ob Belege aus den verschlossenen, nur ihm zugänglichen Tagebuchheften, aus den unter Zensurdrohung geschriebenen Briefen, aus den öffentlich gehaltenen Reden oder aus den von Musil nicht verwerteten Notizen und Entwürfen des Nachlasses herangezogen werden. Musil schreibt, den Anlässen und Umständen entsprechend, unterschiedlich explizit. Erst die Wechselbeziehung der verschiedenen Äußerungen erweist, wie intensiv er sich mit politischen Fragen auseinandersetzte, wie stark er berührt war und wie seine Haltung nach und nach an Entschiedenheit und Differenziertheit gewann. Diese unterschiedlichen

Grade an Explizitheit erweisen aber auch, wie bedachtsam und vorsichtig Musil, wohl vor allem mit Rücksicht auf die Gefährdung seiner Frau Martha, die aus einem jüdischen Haus stammte, seine Worte wählte, vor allem jene, die für die Öffentlichkeit bestimmt waren. Dazu kam der ständig präsente existenzielle Druck durch die Abhängigkeit vom deutschen Buchmarkt und vom deutschen Publikum. Nicht unwesentlich für die Beurteilung seiner persönlichen Situation ist deshalb auch, dass die Versuche, die er seit 1933 mit Hilfe von Bekannten, Freunden und Kollegen unternahm, außerhalb des deutschsprachigen Bereichs als Schriftsteller Fuß zu fassen, samt und sonders gescheitert sind.

Die tagebuchartigen Aufzeichnungen in den Heften zeigen den oben beschriebenen, nicht selten durch ungläubiges Staunen grundierten ‹perspektivischen› Zugang, der in seinem fragenden, offenen und ungeschützten Duktus, isoliert betrachtet, auch missverständlich sein kann. In den Briefen hingegen wählt Musil, mit Rücksicht auf die Zensur, häufig eine vorsichtig-zurückhaltende, ironisch eingefärbte Form. So schrieb er im April 1933 aus Berlin an (den damals auf Mallorca lebenden) Franz Blei, eine längere Unterbrechung der Korrespondenz erklärend: «Schuld trugen wohl hauptsächlich die ungeklärten persönlichen Verhältnisse (auf die ich mich auch heute beschränken will, damit dieser Brief ohne politisches Gepäck die geistige Zollgrenze passiere).»[77] Hin und wieder betreibt er auch eine Art literarischer Camouflage und setzt an die Stelle eines politischen Kommentars ein literarisches Zitat. Den Brief an Toni Cassirer, die Frau des Philosophen Ernst Cassirer, beschloss er mit einer Passage aus dem gerade in Arbeit befindlichen *MoE*-Kapitel, in dem Clarisse General Stumm von Bordwehr erklärt: «die Irren denken eben mehr als die Gesunden! [...] Das Irrenhaus ist eine Verfallserscheinung. Man muß die Irren wieder ins Volk lassen.» Als Andeutung einer Auflösung setzte Musil den kryptischen Satz hinzu: «Ich wäre gerne selbst noch dabei, wenn das weitergeht.»[78] Man kann den Satz als politische Anspielung, ebenso gut aber auch als Andeutung einer existenziellen Gefährdung lesen.

In den umfangreichen Vorarbeiten für den politischen Aufsatz und die beiden Reden in Wien und in Paris schließlich geht Musil ‹methodisch› vor: Er fächert das Thema durch Fragen auf, sammelt Material, Beobachtungen, Argumente, exzerpiert, verweist auf frühere Lektüren und eigene Aufsätze, kommentiert, manchmal spürbar unwillig, den eigenen Arbeitsfortschritt, thematisiert Probleme und Unsicherheiten. Musil nähert sich dem Thema immer auf mehreren Ebenen zugleich. Er knüpft an eigene Erfahrungen – häufig die des Kriegsausbruchs von 1914 – an, er betrachtet das Problem historisch, setzt dazu Verweise auf Materialien, Exzerpte und eigene Manuskripte, und er bemüht sich, in der Darstellung persönliche, historische und systematische bzw. theoretische Aspekte schlüssig zu verbinden. In diesen Notizen und Entwürfen sind meist zwei Textschichten deutlich erkennbar: auf der einen Seite ein Sprechen ‹ad me ipsum› gewissermaßen, ein oft tastendes, zögerliches, manchmal auch unwilliges oder ironisches Reden zu sich selber, eine Selbstbefragung und Selbstverständigung des Autors über das Thema, seine Implikationen und Schwierigkeiten. Dazu gehört als ein zentrales Erkenntnisinstrument das oben beschriebene Erproben und Ausdeuten abweichender, konträrer, überraschender Sichtweisen. Fast übergangslos findet sich daneben das allmähliche Herausschälen der ‹öffentlichen›, logisch stringenten und stilistisch makellosen Essay- oder Redeform aus dem oft nur schwer zu überblickenden Material der Notizen und Entwürfe. Es ist dies ein Vorgang der Komprimierung, der aphoristischen Verdichtung, der in den publizierten Texten oft kaum mehr erahnen lässt, wie Musil zu seinen Argumenten, Beispielen und Schlüssen gekommen ist.

Bei den für die Publikation in der Berliner *Neuen Rundschau* bestimmten *Bedenken eines Langsamen* existiert diese für die Öffentlichkeit bestimmte Form nur in Ansätzen. Nicht zuletzt das macht den Reiz des Textes aus. Im Unterschied zu den Reden in Wien und in Paris, die als ausgearbeitete Texte, im Falle der Pariser Rede sogar in zwei Versionen, vorliegen, handelt es sich bei den *Bedenken* um eine Materialsammlung in Form einer Folge von oft stichwortartigen Entwürfen und einigen längeren, ausformulierten Abschnitten. Es überwiegen noch Selbstbefragung und Selbstverständigung. Musil hatte unter dem Eindruck der «revolutionäre[n] ‹Erneuerung des deutschen Geistes›», so die Formulierung im ersten Satz, die eine verbreitete Parole der nationalsozialistischen Parteipropaganda zitiert, vermutlich bald nach der ‹Machtergreifung› an dem Aufsatz zu arbeiten begonnen.[79] Warum er ihn nicht fertiggestellt hat und warum er nicht publiziert wurde, wissen wir nicht. Anfang Mai 1933 vermerkte Martha Musil lapidar, «daß der Aufsatz jetzt noch nicht veröffentlicht wird».[80] Das war vor der Bücherverbrennung. Danach sah die literarische Welt in Deutschland entschieden anders aus, und Musil verlegte seinen Wohnsitz wieder nach Wien. Der Essay-Entwurf dokumentiert Musils Versuch, die Bedeutung und Dynamik der Ereignisse zu begreifen, die er während seines Berlin-Aufenthalts von November 1931 bis Ende Mai 1933 aus nächster Nähe beobachten konnte. Musil hatte nach dem Erscheinen des ersten Bandes des *MoE* (November 1930) Berlin bewusst als Wohnort gewählt, nicht nur um näher bei seinem Verlag (Rowohlt) zu sein, sondern «weil dort», wie er 1938 rückblickend schrieb, «die Spannungen und Konflikte des deutschen Geisteslebens fühlbarer sind als in Wien».[81] Und er war nach der ‹Machtergreifung› geblieben, weil er sich eingebildet habe, dass er «die neuen Zustände miterleben müßte».[82] Die *Bedenken eines Langsamen* sind eine unmittelbare Frucht dieses Erlebens. Sie enthalten im Prinzip bereits jene Überlegungen, Beobachtungen und Beispiele, die dann das Unterfutter für die beiden Reden in Wien und in Paris bilden werden. Passagen aus den *Bedenken* finden sich wörtlich in den späteren Redemanuskripten wieder. Man kann die Entwürfe für den politischen Aufsatz und die umfangreichen Nachlassmaterialien im Zusammenhang mit der Arbeit an den beiden Reden in Wien und in Paris im Grunde genommen als einen zusammenhängenden Text lesen, in dem Musil seine literarische und politische Standortbestimmung vornimmt.

Musils *Bedenken* belegen seine bewusst unvoreingenommene Absicht, Motive und Ziele der deutschen «Erneuerungsbewegung» (A 180), auch dies ist ein Begriff der zeitgenössischen politischen Propaganda, ernst zu nehmen und zu verstehen. Musil verwirft die Argumente der Nationalsozialisten nicht von vornherein, sondern prüft sie auf ihre Stichhaltigkeit. Er lädt die Leser ein, mit ihm das «Gedankenexperiment» zu machen, «ob man sich den Nationalsozialismus politisch durch etwas anderes ersetzt denken könne», dass er also kein «Wirbel, sondern eine Stufe der Geschichte» sei und dass er «seine Sendung und Stunde» habe. (A 171) Unter dieser Voraussetzung beginnt er, Parolen und Behauptungen, Methoden und Praktiken dieser «dritte[n] deutsche[n] Revolution» (A 180), soweit sie bis dahin sichtbar geworden waren, einer konsequenten Analyse zu unterziehen. Die Ernsthaftigkeit dieses Unterfangens einer rationalen Prüfung nationalsozialistischer Propagandabehauptungen und Taktiken geht so weit, dass er den notorischen Vorwurf der ‹Verjudung› des deutschen Geisteslebens mit der Erstellung von Namenlisten und statistischen Aufstellungen über den Anteil an ‹Ariern›, ‹Juden› und ‹Halbjuden› in den verschiedenen Sparten des literarischen Lebens zu entkräften versucht. (A 189) Der entsprechende Abschnitt ist überschrieben mit: «Sehen wir das einmal etwas genauer an.» Das Ergebnis: Er findet unter den «Geistesmänner[n]» der Weimarer Republik

«ungefähr dreimal so viel ‹Arier› unter ihnen als ‹Nichtarier›. Ich suche die zweifellos überschätzten wie die unterschätzten heraus und finde darunter Angehörige aus beiden Lagern. Ich vergleiche zur Kontrolle das, was bloß literarische Industrie ist, und finde beim Theater ein Übergewicht jüdischer Autoren, beim Roman dagegen die einträgliche, ohne ihr Wissen scheinheilige, ungeheuer verderbliche Gemütsindustrie, die fast ausschließlich in den Händen von Ariern ist. Sonach sind wir Arier, sowohl auf der Leistungs- wie auf der Unleistungsseite reich vertreten …» (A 178)

Schließlich resümiert er den Vorwurf der angeblichen ‹Verjudung› des deutschen Geisteslebens mit der lapidaren Notiz: «Man muß entweder sagen, deutsche Juden haben den größten Anteil am Geistesleben oder dieses als verdorben bezeichnen». (A 175) «Verdorben» insofern, und dies in einer ironischen Umdrehung des bei den Nazis beliebten Kampfbegriffs, weil man dann davon ausgehen müsse, dass diesem deutschen Geistesleben

«kein Urteil mehr einwohnt. Denn wenn wir, die selbst lange daran beteiligt sind, unsere Erfahrung befragen, so zeigt sie uns im Kampf des Geistes mit dem Ungeist Menschen jeder Herkunft auf beiden Seiten in entsprechender Zahl, und wir können nicht plötzlich unsere Erfahrungen umstoßen». (A 170)

Nur eine «mögliche Ursachengruppe geistiger Schädigung» bleibt in den Augen Musils übrig: «Kritik und Zeitung. Da freilich staubt es, wenn man klopft!» Die Buchkritik sei zu einem großen Teil «Literaten überlassen, die sich gegenseitig lobten», und um die Theaterkritik sei es so bestellt gewesen, «daß man in einer Großstadt wie Berlin acht Zehntel der Kritiker als Ignoranten ansprechen konnte; das Verantwortungsgefühl in Kunstfragen gering; [...] der Unterhaltungsteil von einer Art, die wirklich als Volksvergiftung» zu bezeichnen gewesen sei. Fazit Musils: «wer wäre nicht geneigt, die unerbittlichsten Änderungen auf diesem Gebiet freudig zu begrüßen?!» Die Kombination von Fragezeichen und Ausrufungszeichen am Satzende lassen darauf schließen, dass man die Sache auch anders sehen könne. Er macht denn auch, um «der Wahrheit die Ehre» zu geben, zwei Zusätze, nämlich den, dass die schlimmsten Auswüchse in der «Provinzpresse und in der Parteipresse» zu finden waren und dass, zweitens, unter denen, die «die Hölle der Öffentlichkeit für uns einigermaßen wohnlich machten [...] wahrscheinlich ziemlich viel Juden waren!». (A 179f.) Damit aber war, trotz möglicherweise vorhandener Sympathien Musils für regulierende Eingriffe im Bereich der Unterhaltungsindustrie, der generalisierenden antisemitischen Argumentation der Nationalsozialisten in doppelter Hinsicht der Boden entzogen.

Musil lässt zwar erkennen, dass er der Entwicklung der Weimarer Republik nicht unkritisch gegenübergestanden war, zumal da sie ihre Grundsätze nur «(unzureichend) zu verwirklichen versucht hatte». (A 183) Doch seine Beurteilung der behaupteten deutschen ‹Erneuerung› ist absolut eindeutig, vor allem auch aufgrund des im Zuge der Ereignisse sichtbar gewordenen Verhältnisses der Politik zum ‹Geist›: Über ihn sei – und das sieht Musil im Sinne einer «Prüfung» – «eine Art Sondergerichtsbarkeit» verhängt worden, «die ihn nicht nach seinen eigenen Gesetzen beurteilt, sondern nach dem Gesetz der Bewegung». (A 169) ‹Bewegung› ist in diesem Zusammenhang als Synonym für ‹NSDAP› zu lesen. «Die Politik schreibt dem Geist das Gesetz vor: das ist neu.» (A 174) Der Geist stehe vor der Alternative, dass er sich der «so kraftvoll auftretende[n] Bewegung» völlig «angleiche und unterordne» – das aber sei ihm nicht möglich, «ohne sich selbst aufzugeben» – oder sich «freiwillig ins Feuer [zu] stürzen». (A 169) ‹Bewegung› und ‹Führung› seien sich offenbar darin einig, dass «die Politik das Recht und die Pflicht habe mit dem Geist nach ihren Zwecken umzuspringen». (A 175) Dem entspreche auch die Wirkung. Sie heißt Gewalt: «Und willst Du nicht mein Bruder sein, so schlag ich Dir den Schädel ein!» (A 173) Entscheidend für Musil war, dass bei dieser ‹Revolution› Geist und Politik im falschen, ja in einem feindlichen und einseitig gewalttätigen Verhältnis zueinander standen. Was er unter dem erstrebenswerten Zusammenwirken von Geist und Politik verstand, hatte er unter anderem mit seiner Teilnahme an der ‹Kundgebung des geistigen Wien› öffentlich dokumentiert. Der Primat des Geistigen vor der Politik war für Musil die Grundlage jeder politischen Überlegung. Anders war für ihn eine vernünftige und humane Entwicklung nicht denkbar und schon gar eine ‹Erneuerungsbewegung›. Es war das genaue Gegenteil der nationalsozialistischen Auffassung dieses Verhältnisses.

Die sogenannte deutsche Erneuerung, die sich selber «als eine ‹Umwertung aller Werte›» (A 176) fühle, sei aus dem Affekt geboren. «Dieser Affekt ist als Reaktion auf einen ganz bestimmten Zustand aufgetreten, auf den der nationalen Ohnmacht seit dem Kriege, und diesen will er ablösen.» Die Ideen, die mit diesem Zustand verbunden waren, bildeten deshalb notwendigerweise auch das erste Angriffsziel der Nationalsozialisten:

«es sind die Ideen der Demokratie, der Internationalität, des Fortschritts, der Objektivität usw., mit anderen Worten, die kulturelle europäische Überlieferung, so wie sie sich in der deutschen Republik (unzureichend) zu verwirklichen versucht hatte. Möglicherweise wäre es richtiger, den Haß gegen die unzureichende Verwirklichung zu richten, aber das psychologisch Nähere ist es, daß sein Gegenstand die Vorstellungen selbst sind.» (A 183)

An sichtbaren Zeichen dieses Angriffs auf die Vorstellungen und Ideen von Demokratie, Internationalität und Objektivität nannte er u. a. die Abschaffung der Grundrechte und der persönlichen Freiheitsrechte, die Aktionen gegen Juden, die Propagierung von Rassentheorie und Blut-und-Boden-Vorstellungen, das sektenhaft Männerbündische, Anti-Intellektualismus und Antisemitismus, das Totalitäre und Anti-Humane der ganzen ‹Bewegung›. Wer für Freiheit, Humanität, Internationalität oder Objektivität eintrete, «ja wer eine dieser Ideen verteidigt, macht sich der andern verdächtig, denn er zeigt, daß er nicht die Unteilbarkeit der Verwandlung begriffen hat». Diese Verwandlung setze «eine Totalität an die Stelle einer anderen», und so wie sie «das letzte Argument gegen jeden einzelnen Einwand abgibt», sei sie auch der Sinn dessen, was «in Bausch und Bogen das ‹verdorbene System› genannt wird». (A 170) Die «Grundrechte der sittlich selbstverantwortlichen Person, die Freiheit des Meinungsäußerns und -hörens, das Gebäude der unveräußerlichen Überzeugungen» – alles das

«zeigte sich Millionen, die daran aufs innigste zu glauben gewohnt waren, mit einem Schlag abgeschafft – ohne daß sie auch nur einen Finger dafür rührten! Sie hatten geschworen, ihr Leben für ihre Grundsätze zu lassen, und sie rührten kaum einen Finger! Sie fühlten, daß man ihnen den Geist raube, erkannten aber plötzlich, daß ihnen ihr Körper wichtiger sei. In den Tagen, wo das geschah, bot Deutschland zur Hälfte das Bild stürmischer Sieger, zur andern Hälfte das von eingeschüchterten, ratlosen Menschen. Man darf sogar ruhig sagen, von Feiglingen, denn das Problem liegt gerade darin, daß ein großer Teil dieser Feiglinge vorher im Krieg keine Gefahr gescheut hat, sich als Helden zu erweisen. Daraus ist sowohl der Schluß zu ziehen, daß ihm die Heiligtümer, die er diesmal zu verlieren schien, doch nicht mehr heilig waren, wie auch der andere, daß der heutige Mensch unselbständiger ist, als er meint, und erst im Verband zu etwas Festem wird. Beide Schlüsse liegen im Sinn des Nationalsozialismus.» (A 171 f.)

Etwa zur gleichen Zeit zog Musil im Tagebuch das Fazit: «Die Demokratie ist bis an die Knochen bloßgestellt». (T 724) Die Einzigen, die einen «entschlossen ablehnenden Eindruck machen, obwohl sie schweigen, [sind] nur noch die Dienstmädchen». (T 722 f.) Die Demokratie ist in den Augen Musils auch deshalb kompromittiert, weil sich offenbar wiederholte, was er nach dem Ersten Weltkrieg mit seinem Theorem der menschlichen Gestaltlosigkeit beschrieben hatte. Wieder machte die menschliche ‹Plastizität› den Einzelnen im Verband zu allem fähig. «Die neuen Männer greifen derb zu» (T 722), notierte Musil im März 1933, und «Wenn die Affekte zensurlos sind, wie im Traum, so schaffen sie radikale Bilder. Der Mensch, über den man sich geärgert hat, hat zu sterben

u. ä.». (T 724) Was Musil an konkreten Beispielen für diese Radikalität aufzeichnete, sollte alsbald Alltag sein und erscheint in Kenntnis dessen, was folgte, noch als gemäßigt. Doch gerade dies ist der Kern des Musil'schen Arguments. Durch die Hinnahme der Anfänge, der alltäglichen Gewalt oder Gewaltandrohung wird das Monströse erst ermöglicht. So berichtet Musil, dass Minister Wilhelm Frick, der «sonst ein umgänglicher Mann» sein soll, angekündigt habe, «daß man den Kommunist.[en] in Konzentrations / Arbeits- / lagern so lange Gelegenheit geben werde, in sich zu gehn, bis sie sich bessern», und er hält auch den Fall des Breslauer Theaterintendanten Paul Barnay fest, der nach Presseberichten «von 5 uniformierten Männern in einem Auto aus seiner Wohnung entführt u.[nd] in einem Wäldchen vor der Stadt zum Aussteigen gezwungen u[nd] verprügelt» worden sei. «Solche Beispiele», so Musil,

«gibt es zu hunderten. Früher wäre ein Fall wie der letztere Ausgangspunkt einer Blutrache geworden, heute ist alles persönlich Würdige, persönlich Freie udgl. kein Anlaß ernsten Widerstandes mehr. Das allgemeine Gefühl ist: es ist nicht so ernst, wie es sich anhört –: ‹Enternstung›! Das Persönliche besteht darin, daß das gleiche Individuum hilflos feig ist, das vielleicht im Krieg recht tapfer war.» (T 725)

Doch die «Enternstung» ist auch die Schwester der Enthemmung. Sie sind zwei Seiten einer Medaille. Sie sind Begleiterinnen des ‹Gewährenlassens›. Musil beschreibt dies nach der Lektüre eines Flugblatts: «Dieses hemmungslose Beschimpfen des Gegners ist eine Saturnalie. Jeder bei sich schimpft so und wünscht seinem Gegner den Tod. Sozial ist das ein Wildbach, der nicht verbaut worden ist.» (T 724) Musils Versuch einer Erklärung all dieser Beobachtungen: «Beginn des Ameisenmenschen. Er versagt außerhalb seiner Funktion.» (T 725) Nur ein paar Absätze danach ein weiterer Deutungsansatz:

«‹Das Leben geht weiter.› Obwohl täglich Hunderte getötet, eingesperrt, verprügelt usw. werden. Das ist nicht Leichtsinn, sondern eher der Hilflosigkeit einer Herde zu vergleichen, die langsam nachgeschoben wird, während die Vordersten dem Tod anheim fallen.»

Es ist das Bild von Lemmingen, die über eine Klippe in den Tod stürzen. Musil schließt mit einer scheinbar provokanten, ‹zweideutigen›, Schlussfolgerung: «So sieht man auch hier die Maßgeblichkeit der sozial ausgebildeten Verhaltensweisen, die Art der ‹Steuerung›. Der N[ational]s.[ozialismus] hat recht, wenn er die ungeführte Masse verachtet». (T 726) Auch wenn es so klingen mag, Musil sympathisiert hier nicht mit den Nationalsozialisten, sondern er beurteilt deren Taktik. Er adaptiert ihre Sichtweisen, um die Attraktion und den Erfolg ihrer Politik zu verstehen. Es ist eine der charakteristischen ‹perspektivischen› Äußerungen in den Tagebuchheften. Diese hat eine konkrete analytische Funktion. Sie versucht, die Technik der Macht von innen heraus zu verstehen. Um einen zentralen Aspekt der nationalsozialistischen Herrschaftsausübung zu begreifen, setzt Musil bei seinem Theorem der menschlichen Gestaltlosigkeit an, und bei den Möglichkeiten, die es für eine ‹Steuerung› der Massen eröffnet. Es ist ein Ansatz, der sich in Musils Augen bei der Analyse aller diktatorischen Regime bewährt. Am Phänomen der «Übertritte», gemeint sind die Überläufer und Renegaten, werde erkennbar, dass sich der Einzelne aus politischen Programmen und aus Weltanschauungen «ein paar Rosinen» heraussucht und «den Rest in Kauf» nimmt. «Der Mensch kann das Seine ebensowohl im B.[olschewismus] wie im N.[ationalsozialismus] finden. Daraus ist aber der Schluß zu ziehen: daß politische Neubildungen sich auf ungeistigem Wege vollziehen *müssen*. Gewalt, Suggestion udgl.» (T 727) Die unausgesprochene Frage lautet: Wie kann etwas, das sich auf ungeistige, d. h. auf gewaltsame Weise vollzieht, mit geistigen Mitteln verhindert oder bekämpft werden? Wie schauen die Voraussetzungen dafür aus? «*Der Mensch nimmt hin*: eine Haupteigentümlichkeit.» (T 907)

Musils Interesse hat einen persönlichen Aspekt. Es ist verankert in seiner Erfahrung des ‹Herden›-Verhaltens und der eigenen Verstrickung bei Ausbruch des Ersten Weltkriegs. Der stärkste Vorwurf, die größte Enttäuschung Musils 1933: affektgeleitetes Verhalten und mangelnde Zivilcourage. Er hatte ‹1914› vor Augen. Schon die Wahlen zum Reichstag am 5. März 1933 boten ihm «in den bürgerlichen Straßen: ein Mobilisierungsbild. Es war Kriegsstimmung mit garantiertem Sieg, Patenterledigung eines tiefen Bedürfnisses, sozusagen eine kleine, erfolgreichere Repetition von 1914.» (T 725) Folgerichtig ist eine längere Passage in den *Bedenken* der Rolle der Affekte im Rahmen dieser ‹Revolution› gewidmet. Musils Argumentation zielt hier auf den massenwahnartigen, pathologischen Charakter der ‹Bewegung›. In einem «revolutionären Staatszustand» spielten Triebe und Gefühle die ausschlaggebende Rolle. Die einheitliche Grundstimmung schwäche die Hemmungen des Einzelnen. Manien, Delirien, Zwangsideen entstünden: «Es gibt wahnsinnige Gemeinschaften von gesunden Bestandteilen.» (A 174) Musils *Bedenken* sind auch als ein ernsthafter Versuch zu werten, mit dem Blick auf die widersprüchliche Situation von 1933 die «gesunden Bestandteile» zu isolieren – mit durchweg negativem Befund.

Im Bild der bis auf die Knochen bloßgestellten Demokratie ist noch eine weitere Hoffnung Musils begraben. Die Hoffnung, die er Anfang der zwanziger Jahre geäußert hatte, dass Bildung im Allgemeinen und geistige Organisationspolitik im Besonderen die Demokratie festigen und die Menschen gegen die Politik der Affekte immunisieren könnten; dass so etwas wie geistiger Einfluss auf die Massen und die Herausbildung von Urteilsfähigkeit möglich wäre. Die ‹Machtergreifung› hatte gezeigt, dass die Masse mit den Instrumenten der Macht und der Gewalt effizienter zu organisieren ist als durch Bildung und durch Beeinflussung des ‹Geistes›. Schon wenige Wochen nach Hitlers Machtübernahme hielt er fest, dass in allen «Gegnern des Geschehenden» die Erkenntnis dämmere, «eine restitutio in integrum», die Wiederherstellung des früheren Zustandes, «ist nicht denkbar». (T 726) Davon scheint auch die Antwort nicht ganz unberührt, die er auf die selbstgestellte Frage gab, ob die «Geistigen», Leute wie er also, sich in dieser Situation «direkt» in die Politik einmengen sollten. Musil verneint die Frage, und zwar auf der Basis einer klaren Aufgabentrennung zwischen ‹Geist› und Politik. Er sei immer schon gegen den «Aktivismus», d. h. gegen die «direkte Einmengung des Geistes in die Politik und Lebensgestaltung» gewesen. Musil geht von klaren, aber auch klar begrenzten Möglichkeiten, Aufgaben und Zuständigkeiten aus und damit von einer scharfen Trennung der Funktionen von Literatur und Politik: «Aus Beurteilung der Aufgabe und

Möglichkeit. Eines schickt sich nicht für alle. Man schreibt nicht mit dem Fuß; man steht nicht auf der Hand. Meine politische Voraussicht ist ganz durchschnittlich.» (A 176) Man könne, besonders was das «Hauptglaubensstück», den Antisemitismus, betreffe, der den, der «abseits bleibt, [...] mit Besorgnis, nein mit Verzweiflung über Deutschlands Zukunft» erfülle, «vielleicht heute nur die einfachste Pflicht tun und auf engstem Gebiet Zeugnis ablegen». (A 175) Mehr blieb ihm, der nach der Sprachregelung des Regimes als ‹jüdisch versippt› gelten musste, ohne seine Frau und sich selber zu gefährden, wohl ohnehin nicht übrig, auch mit seinen *Bedenken* nicht. Selbst wenn Musil, was anzunehmen ist, für die Druckfassung des Essays vieles entschärft, zurückhaltender und diplomatischer formuliert hätte, wäre vermutlich keine Zeitschrift in Deutschland nach dem Mai 1933 bereit und in der Lage gewesen, diese Arbeit zu drucken, auch die *Neue Rundschau* nicht, als deren Redakteur er 1914 dem nationalen Affekt gefolgt war und den Krieg begeistert begrüßt hatte. Den Affekten traute Musil seit damals nicht mehr, so wenig wie Ulrich, sein literarisches Alter Ego im *MoE*, der seinem Tagebuch anvertraut: «Ich möchte sogar beinahe sagen, daß alle unsere Leidenschaften nur Vermutungen sind; wir irren uns sehr oft in ihnen; wir können ihnen bloß aus Sehnsucht nach Entschiedenheit verfallen!»[83]

Was aber war der Nationalsozialismus anderes als die mörderische Sehnsucht nach Entschiedenheit? Er gab dafür, wie Musil in der Schlusspassage seiner *Bedenken* formulierte, beides preis: Vernunft und Gefühl: «So wie sie Vernunft haben, werden sie fühllos; so wie sie heftig fühlen, verlieren sie die Vernunft.» (A 195) Musil sah 1933 in Kernbereichen der nationalsozialistischen Politik, etwa in dem «Merkwürdig konsequente[n] Paradoxon: Die Juden ausschalten, die etwas leisten», eine «Typische Affekthandlung». (Ebd.) Hitler selber ist ihm «ein Person gewordener Affekt, ein sprechender Affekt. Erregt den Willen ohne Ziel.» (T 725) Es sollte einige Jahre brauchen, bis Musil das Planvolle und Zielgerichtete dieses Affekts erkannte und seinen Eindruck revidierte. Um 1941 notierte er im Tagebuch die nicht unironische, selbstkritische Bemerkung:

«Canossa eines Papstes: Ich habe H.[itler] sehr unterschätzt. Grund: weil er an geistigen (meinen geistigen) Kriterien gemessen, ungenügend erschien. Aporie: Diese Kriterien konnten mir nicht falsch erscheinen. (Ich habe mich bis zuletzt für den Papst gehalten.) Krisis: Nun ist es doch so. Umwälzung: Sie sind falsch. Neuer Weg: Kehre zurück zu dem, wovon sich der geistige Aufstieg abgestoßen hat. Zu dem, was du für den Durchschnittsmenschen gehalten hast. Suche ihn neu zu verstehen, neu zu bewundern.» (T 993 f.)

Am 16. Februar 1933 waren die Räumlichkeiten des Rowohlt Verlags in Berlin von einem SA-Trupp verwüstet, Bücher beschlagnahmt und mit einem Lastwagen abtransportiert worden. Musils Roman – der zweite Band war kurz zuvor, im Dezember 1932, erschienen – wurde zwar verschont, niemand konnte aber wissen, wie lange noch. Diverse Verbotslisten kursierten bereits. Freunde und Bekannte flohen ins Exil, darunter auch Klaus Pinkus, der Vorsitzende der privaten Berliner Musil-Gesellschaft, die den Dichter mit regelmäßigen Zuwendungen in beachtlicher Höhe (es sollen insgesamt 20000 Mark gewesen sein) unterstützt hatte und die nun, da ihre jüdischen Mitglieder um Leib und Leben bangen mussten, zerfiel.[84] Da auch Rowohlt gezwungen war, ab März 1933 seine Vorschuss-Zahlungen an Musil einzustellen, waren die ohnehin prekären Grundlagen seiner materiellen Existenz wieder einmal am Zusammenbrechen. Dazu kam die Gefährdung, der Martha Musil ausgesetzt war. So verließ das Ehepaar, eineinhalb Wochen nach der Bücherverbrennung, am 21. Mai 1933 Berlin und reiste nach Karlsbad, um einen lange geplanten Kuraufenthalt anzutreten. Dort schrieb Musil am 11. Juni 1933 rückblickend, der Zustand Deutschlands habe sich jeden Tag neu überschlagen, «während ich immer mehr erstarrte». Er habe noch die Zeit gekannt, «wo man noch nicht an den Krieg glaubte, und dann den Krieg, aber was jetzt geschehen ist und geschieht, ist viel unverständlicher ...». Es überrasche bloß «durch nackte Hässlichkeit». Es sei ein Geschehen in «Richtung der Kollektivierung der Menschheit; Träger des Geschehens ist der halbgebildete Mittelstand, und darum der große Rückschritt ...». Die Zeichen sprächen dafür, «dass wir mit einem Dauerzustand rechnen müssen». Als Einzelner sei er bisher «von den Ereignissen verschont geblieben; aber ob Exilant oder nicht», wenn die Verhältnisse so blieben, werde es keine Möglichkeit geben, dass er sich «im neuen Deutschland am Leben erhalte».[85] ‹Kollektivierung› und ‹Kollektivismus› sollten die Stichworte für die Analysen und Erklärungen der folgenden Jahre bleiben.

Nicht zufällig kam Musil in diesem Brief (an einen nicht näher bekannten Adressaten) auf den Krieg zu sprechen. Das Jahr 1914 und das Jahr 1933 sind für Musil strukturell verbunden – «daß man alles unter der Perspektive post [19]14 verstehen muß» (A 175), steht ausdrücklich in den *Bedenken*. So erklärt Musil auch das eine aus dem anderen. Die nationalsozialistische ‹Machtergreifung› und die Kriegshysterie von 1914 sind mit vergleichbaren Techniken der Massensuggestion ermöglicht worden, sie speisen sich aus vergleichbaren psychischen Energien und setzen vergleichbare soziale und politische Mechanismen in Gang. Da er 1914 als persönlich schicksalhaft empfand und der Situation rund um den Ausbruch des Ersten Weltkriegs beinahe zwei Jahrzehnte der Arbeit gewidmet hatte, drängte es ihn zu begreifen, wie es zu 1933 gekommen war, und es drängte ihn zu erklären, wo er stehe. Die Instrumente und theoretischen Konzepte für das Verständnis des ‹Umsturzes› von 1933 hatte sich Musil in den Essays über den Kriegsausbruch von 1914 und die politische Atmosphäre der Nachkriegszeit erarbeitet. Insofern sind die *Bedenken* auch die Probe aufs Exempel der Analysen jener falschen Ideale und künstlich erzeugten Wir-Gefühle, die im Zentrum von Musils *Nation*-Aufsatz (1921), von *Das hilflose Europa* (1922) und *Der deutsche Mensch als Symptom* (1923) stehen. Bei allem Bemühen um Fairness und historisches Verständnis gegenüber den Ansprüchen und Verlautbarungen dieser deutschen «Erneuerungsbewegung», bei aller Bereitschaft zu ‹Gedankenexperimenten› und trotz der bedingten Sympathie Musils für die Angriffe der Nationalsozialisten auf das ‹System› von Weimar, machen die Notizen zu den *Bedenken eines Langsamen* unmissverständlich klar, wo Musil stand – eindeutig auf der Gegenseite. Da war absolut nichts mehr von eigenem Beteiligtsein, gar von Rausch oder dem mystischen Einheitsgefühl, «mit jedem Deutschen etwas gemeinsam zu haben». Mit diesen ‹Erneuerern› hatte Musil, trotz seiner Kritik am Versagen des Parlamentarismus und an der Verfilzung, Trivialisierung und

Merkantilisierung des Kulturbetriebs nach 1918, nicht das Geringste gemein.

Er spüre, wie er in mehreren Formulierungsanläufen in den *Bedenken* festhielt, vielmehr die «Pflicht zu sprechen. Kritik zu üben. Ich halte mich keineswegs für den Geeignetsten. Aber ich habe das Gefühl, es ist Pflicht. Schweigen, länger, die Quelle von Mißverständnissen.» Er maße sich kein «Mandat» an, er sei «nie der Wortführer der andern» gewesen, «aber gewisse Eindrücke sind ganz offenkundig gleich», und es könne «nur nutzen, so einfach wie möglich einige Eindrücke auszusprechen». Der erste und umfassendste dieser Eindrücke sei «ein maßloses Erstaunen». (A 188) Die sich daraus ergebende Frage «Haben wir unsere Zeit verschlafen?» verneinte er entschieden. Unter den vielen Fehlern der Nachkriegszeit finde sich gerade dieser nicht. «Könnte ich es vielleicht für meine Person annehmen, so ist es doch im allgemeinen mit einer an Sicherheit grenzenden Wahrscheinlichkeit auszuschließen, daß etwas verschlafen worden ist. Nein, mit wachen Augen haben wir nichts gesehen!» (A 189) Diese ‹Revolution› sei nämlich in einer ganz eigenartigen Weise entstanden: «vom Sektengeist aus, nicht vom allgemeinen». (A 190) Das Ergebnis sei auch ein eigenartiger «Rollentausch» – so die Überschrift dieses Abschnitts: Das politische und das wirtschaftliche Deutschland versichere lebhaft, es habe den Geist erneuert, während «Schweigen über dem geistigen Deutschland» liege. (A 172)

Musils Versuch, mit den *Bedenken* dieses Schweigen zu brechen, ist vermutlich nicht nur an der neuen, höchst ungleichen Machtverteilung zwischen Geist und Politik gescheitert, sondern auch daran, dass ihm nach seiner Rückkehr nach Österreich die Vorstellung, als österreichischer Staatsbürger vom Ausland aus in einer deutschen, ‹gleichgeschalteten› Zeitschrift die deutschen Zustände nach der ‹Machtergreifung› zu kommentieren, wohl zunehmend als unrealistisch vorgekommen sein muss. Dass «unser einer, der seinen eigenen Kopf hat, jeden Wiederhall verliert», war ihm schon im Frühjahr 1933 klar gewesen.[86] Auf dem letzten Blatt des Entwurfs der *Bedenken* findet sich die unzusammenhängende Stichwortfolge: «Seit langem abwärts. Herbstregen. Kunst läßt sich nicht kommandieren.» (A 194) Genau das war jedoch der Fall. So dürfte Musil wohl irgendwann in diesem regnerischen Spätsommer oder Herbst 1933 die Arbeit an dem Text eingestellt haben. Was auch immer den Abschluss und die Publikation des Essays vereitelte, die Bedeutung dieser Arbeit für ihn selber ist kaum zu überschätzen. Er entwickelte in diesem ‹Gedankenexperiment› einen Großteil der Argumente, die seine künftigen Analysen autoritärer oder totalitärer Regime und ihres Verhältnisses zum ‹Geist› bestimmen sollten. Die *Bedenken* sind eine große Verlustanzeige, sie sind auch ein Dokument des Staunens und des Abschieds von Illusionen – «Die allgemeine Feigheit und Charakterlosigkeit. Auch der Instanzen.» (Ebd.) –, aber sie sind kein Beleg für Resignation, Zweideutigkeit oder Unentschiedenheit. Sie sind ein Zeugnis dafür, wie entschlossen und unter realistischer Einschätzung der Möglichkeiten Musil daranging, seine eigene Rolle als Schriftsteller unter den neuen politischen Gegebenheiten zu klären und zu bestimmen. In den beiden folgenden Jahren hat er die Schlüsse, die er aus den Berliner Erfahrungen gezogen hat, mit seinen scharfen Beobachtungen zur ‹Kulturpolitikskultur› des Austrofaschismus verbunden und hat in den beiden Reden in Wien und in Paris daraus Konsequenzen gezogen, die in ihrer analytischen Schärfe, ihrer Stringenz und ihrer Hellsichtigkeit sich vorteilhaft von der ideologischen Gutgläubigkeit und politischen Verschlafenheit vieler seiner Kollegen abheben.

KULTURPOLITIKSKULTUR

Am 11. August 1933 schrieb Musil aus dem drückend heißen Wien, wo er nach seinem dreiwöchigen Kuraufenthalt in Karlsbad und einer nachfolgenden dreiwöchigen Einladung auf Schloss Potštejn in Nordböhmen eher unfreiwillig wieder gelandet war, aus einer Stadt, wie er sarkastisch bemerkte, «deren literarische Korruption selbst bei gemäßigten Temperaturen schwer erträglich ist!», an den Freund Franz Blei:

«Ich habe Ihnen so lange nicht geschrieben […], weil ich grenzenlos mißgelaunt bin. Ich weiß weder wie ich materiell diese deutsche Geisteskrisis überdauern soll, noch sehe ich einen Leserkreis, für den ich mein Buch fertig machen kann, schreibe also daran weiter wie einer, der auf eine abgebrochene Brücke hinausgeht. Und ich bin weder in der Lage, mich so wie Sie von der Welt zurückzuziehn, noch kann ich in das neue Deutschland hinein.» (B 577 f.)

Die eine oder andere Brücke, die sich Musil darbot, hat er auch nicht betreten oder brach sie selber ab. Wohl schon während der Sommerwochen in der Tschechoslowakei muss er eine Einladung zur Mitarbeit an der ersten literarischen Zeitschrift des Exils mit dem programmatischen Titel *Die Sammlung* erhalten haben. Sie stand unter der Schirmherrschaft von André Gide, Aldous Huxley und Heinrich Mann und wurde von der Schweizer Journalistin und Schriftstellerin Annemarie Schwarzenbach finanziell großzügig unterstützt. Das erste Heft sollte am 1. September 1933 bei Querido in Amsterdam erscheinen. Herausgegeben und redigiert wurde die Monatsschrift von Klaus Mann, der damit ein ‹Organ der geistigen Sammlung› für die exilierten Deutschen, aber auch für die gleichgesinnten Intellektuellen anderer Nationalitäten schaffen wollte.[87] Vermutlich hatte Klaus Mann von Musil einen Beitrag zur politischen Lage in Österreich erbeten. Die Aufgabe wäre lohnend gewesen. Bundeskanzler Engelbert Dollfuß hatte gerade das Parlament ‹ausgeschaltet›, die NSDAP und die KPÖ verboten und war dabei, Österreich in einen ständisch gegliederten, autoritär regierten, christlich-deutschen Bundesstaat umzugestalten. Er führte einen erbitterten Kampf gegen die Sozialdemokratie, der im Februar 1934 in einen Bürgerkrieg und die Zerschlagung der Partei und ihrer Organisationen münden sollte. Gleichzeitig betrieb er mit Vehemenz eine Annäherung an das faschistische Italien Mussolinis, das man sich nicht zuletzt aufgrund ideologischer Affinitäten als Schutzmacht gegen die Annexionsgelüste des großen deutschen Bruders im Norden erkoren hatte.[88]

Musil reagierte am 22. Juli 1933 auf das Angebot Klaus Manns freundlich interessiert, sah sich aber außerstande, «so schnell zu folgen, wie Sie es mir anbieten». Er sei nach zweijähriger Abwesenheit gerade erst nach Wien zurückgekehrt, «so dass mir die Verhältnisse zu fremd geworden sind, als dass ich mich über sie ohne Anstrengung äussern könnte». Er stellte ihm aber für den Herbst «kulturpolitisch oder kulturphilosophisch Essayistisches» in Aussicht. (B 576) Im August 1933 wurde Musil in Anzeigen des Querido-Verlags, neben zahlreichen anderen, bereits als Mitarbeiter der *Sammlung* geführt; unter ihnen: Max Brod, Jean Cocteau, Alfred Döblin, Lion Feuchtwanger, José Ortega y Gasset, Jean Giraudoux, Ivan Goll, Ödön von Horváth, Alfred Kerr, Egon Erwin Kisch, Sinclair Lewis, Thomas Mann, Walter Mehring, Romain Rolland, Joseph Roth, Anna Seghers und Ernst Toller.[89] Auch das erste Heft der Zeitschrift, das, wie geplant, im September 1933 erschien, veröffentlichte eine Liste von Autoren, die ihre Mitarbeit zugesagt hatten, darunter wieder Robert Musil, Thomas Mann und Stefan Zweig. Da Klaus Mann in seinem Vorwort zu diesem ersten Heft keinen Zweifel daran ließ, dass *Die Sammlung* ein Podium gerade jenes Geistes sein werde, «der im neuen Deutschland verfemt, verachtet, jeder Verfolgung ausgesetzt war, bis er dort buchstäblich nicht mehr atmen konnte»,[90] schlug alsbald das Dritte Reich in Gestalt der ‹Reichsstelle zur Förderung des deutschen Schrifttums› zurück. Sie ließ am 10. Oktober 1933 im *Börsenblatt für den Deutschen Buchhandel* eine als ‹Mitteilung› getarnte Warnung vor Emigrantenzeitschriften und insbesondere vor der *Sammlung* veröffentlichen. Die ‹Mitteilung› war eine unverhüllte Aufforderung an Buchhändler und Leser, Bücher von Mitarbeitern der *Sammlung*, die in deutschen Verlagen erschienen waren, zu boykottieren. Die Verleger wurden aufgefordert, keine Werke dieser Autoren mehr zu verlegen. Es wurde sogar unterstellt, dass jene, die Bücher von Autoren kauften, «die draußen im Ausland Deutschland aufs schmählichste beschmutzen und teilweise ganz bewußt draußen zum Krieg gegen Deutschland hetzen», sich des Verbrechens des «Landesverrats» schuldig machten.[91]

Bereits vier Tage später erschienen im *Börsenblatt* Distanzierungen Alfred Döblins, Thomas Manns, René Schickeles und Stefan Zweigs. Sie gaben an, über die inhaltliche Richtung der *Sammlung* getäuscht worden zu sein, und kündigten ihre Mitarbeit an der Zeitschrift auf. Musil hatte schon vor Erscheinen der ‹Mitteilung› den Rückzug angetreten. Am 16. September 1933 hatte er, nach einer neuerlichen «freundlich dringenden Einladung», Klaus Mann auf ungewisse Zeit vertröstet. Er sei in seiner «augenblicklichen Arbeitslage außerstande», an die «Ausführung irgend eines Plans zu gehen, der mich von meiner Beschäftigung abzieht». (B 584) Es sieht ganz danach aus, als sei Musil durch das erste Heft der *Sammlung* und Klaus Manns kämpferisch programmatisches Vorwort auf- oder vielleicht auch abgeschreckt worden. Gut einen Monat später, fünf Tage nach der öffentlichen Distanzierung seiner Kollegen im *Börsenblatt*, teilte er Klaus Mann im Offizierston mit: «Ich sehe mich leider zu dem Verlangen gezwungen, aus der Liste Ihrer Mitarbeiter gestrichen zu werden.» (B 585) Nach den gedrechselten Höflichkeitsformeln der vorangegangenen Briefe ist der Wechsel im Tonfall gravierend. Das Schreiben macht eher den Eindruck eines widerwilligen Befreiungsschlags als den eines Absagebriefs, der auf eineinhalb Zusagen folgte.

Ein langer Brief an seinen Mäzen Klaus Pinkus vom 21. Oktober 1933 skizziert den Hintergrund, vor dem Musils brachiale Botschaft zu lesen ist. Musil begann mit einer Schilderung der politischen Situation in Österreich, die ohne weiteres das Gerüst für den Klaus Mann in Aussicht gestellten Beitrag hätte abgeben können. Sie beschreibt die Szenerie, in der Musil in den folgenden fünf Jahren geistig und materiell zu überleben trachtete. «Als gewiß glaube ich, daß der N[ational]s.[ozialismus] noch immer mächtig gärt, vornehmlich in der Provinz, aber auch in Wien.» Das Land sei trotz «großer Verdienste» des Bundeskanzlers Dollfuß in der Abwehr der NSDAP «unterirdisch» noch immer «halb und halb» nationalsozialistisch. Dollfuß selber suche ja anscheinend auch nach einer «bodenständigen Fassung» dafür und werde «wohl einen Austrofaschismus finden». Wenig weise auf Zukunft; die ständisch-wirtschaftlichen Konzeptionen seien «völlig dilettantisch», geistig hätten die «Anrufungen des neuen Patriotismus» kaum eine größere Höhe «als die Gespräche bei einer Hasenjagd». Die Proteste von links seien schal und leer, niemand nehme an, dass von der Sozialdemokratie «irgendeine entscheidende Äußerung» zu erwarten sei. Musils Fazit: Als Konzept der Regierung sei «nicht viel mehr als ein gewisser Ordnungs- und Unabhängigkeitssinn» anzunehmen, «gestützt auf den Besitz der Brachialgewalten [...] dazu eine Art provinzlerisch-konservativer, im Kleinen energischer Geist. Hoffentlich irre ich mich.» Dollfuß stand im Oktober 1933 erst am Beginn seiner Suche nach dem Austrofaschismus, und Musil irrte sich nicht. Er hatte mit seiner Rückübersiedlung nach Österreich lediglich ein kleineres Übel gewählt. Er war sozusagen von der Traufe in den Regen gekommen.

Die Berührung mit der «neu-deutschen» Politik, die Tatsache, dass man ihm «Schwierigkeiten wegen der Mitarbeit an der Sammlung» machte, habe dazu geführt, so Musil weiter, dass er mit sich selber «uneinig war». Die «Sache» bedeute ihm «wohl grundsätzlich etwas», nicht aber in «ihrer konkreten und individuellen Form als eine von Kl.[aùs] M.[ann] geleitete Zeitschrift [...] ganz abzusehen davon wie ich zu Heinr.[ich] M.[ann] stehe.» Um die Sache «ganz» darzustellen, genügten jedoch nicht seine «inneren Vorbehalte», denn er habe auch den Wunsch gehabt, seine «Bedenken zu überwinden, um endlich einmal wenigstens durch etwas ein Lebenszeichen der Nichtgleichgeschaltetheit zu geben. Nun, dieser Versuch ist vorderhand gründlich mißlungen, ja in einen schmählichen Rückzug der Beteiligten ausgegangen.» Man müsse den «Deutschen lassen, daß sie sich aufs Kriegsführen verstehn»; das «Alles oder nichts» der Boykottdrohung habe den «allgemeinen Umfall alsbald» nach sich gezogen. Außerdem habe Klaus Mann mit dem «politischen Einschlag» seiner Programmerklärung «gleich mit einem Taktfehler debütiert.» Um die Rückzüge richtig zu beurteilen, müsse man «natürlich noch berücksichtigen, daß [...] die einzelnen Schriftsteller von ihren Verlegern bearbeitet wurden, [...] eine Verzichtserklärung auf die Mitarbeit an der Sammlung auszustellen.» Die Verleger

«verlangen, daß er [der Autor] ihnen das Leben erleichtere und es nicht dazu kommen lasse, daß seine gegenwärtigen Bücher aus allen Handlungen ausgestoßen und seine zukünftigen verboten werden. [...] Man nimmt das neue Deutschland als gegeben an und sucht darin die alten Geschäfte zu machen [...].

Wenn ich aber nicht auf das Allgemeine eingehe [...], sondern mich auf das Persönlichste beschränke, so war schließlich entscheidend, daß ich nicht den Mut hatte, unabsehbare Ungewißheiten auf mich zu nehmen, für eine Sache, die schon keinen repräsentativen Wert mehr in dem Augenblick hatte, wo sie von den wichtigsten Leuten verlassen war. In der Tat hätte sich ja das komische Zusammentreffen ergeben, daß ich freiwillig in die Wüste gegangen wäre, während einige ihrer Hauptbewohner schon zurückkehrten. Die literarische Opposition ist [...] schlecht organisiert und dadurch im vorhinein entmutigt und demoralisiert worden, sie bietet keine Möglichkeit zu wirken, sie bietet keine zu leben (außer den Herausgebern, oder wenn man, journalistisch flink, viel und billig schreiben kann), sie wird von zweifelhaften Leuten geführt, und die Stimme der Vernunft drängt dahin, daß man sich für ein solches Gefecht nicht totschlagen läßt. Allerdings, die Stimme der Tapferkeit spricht anders; sie kennt keine solchen Erwägungen, und der Tapfere schlägt sich, wo er angegriffen wird. Ihm hilft dann wirklich sehr oft das Glück. Ich habe mich in diesem Zwiestreit tagelang elend befunden.» (B 586–589)

Dies war Musils persönliche Situation im Oktober 1933. Schon im Dezember 1932 hatte er in einem Brief an Thomas Mann vom «Konkurs» seiner «Lebensfähigkeit» gesprochen. (B 548) Eine Reflexion seiner persönlichen Umstände, seiner finanziellen Situation, der Arbeitshemmungen [92] und der vermuteten Gründe des ausbleibenden Erfolgs als Schriftsteller überschrieb er mit der Kapitulationsformel: *Ich kann nicht weiter.*[93] Sein wohl aus derselben Zeit stammendes *Vermächtnis*, ein Text von erschütternder Trostlosigkeit und Ausdruck schierer Verzweiflung, bezeugt, dass die Tatsache absoluter Mittellosigkeit ihn «einigemal in die nächste Nähe des Suic.[ids] gebracht hat».[94] Ende 1930 bzw. Ende 1932 waren, nach einer Arbeitszeit von bald eineinhalb Jahrzehnten, die beiden Bände des *MoE* erschienen. Der Roman verkaufte sich verhältnismäßig gut; nach einer Anzeige des Rowohlt Verlags im *Börsenblatt* vom 12. Oktober 1933 (zwei Tage nach der Boykottdrohung gegen die Mitarbeiter der *Sammlung*) waren der erste Band im 7. und der zweite im 5. Tausend.[95] Doch Musils Honorare waren längst durch Vorschüsse aufgezehrt, und er hatte nach wie vor Schulden bei seinem Verleger. Er war, wie schon seit Jahren, «demoralisiert durch den ewigen Geldmangel» (T 717) und hatte, nach dem Zerfall der Berliner Musil-Gesellschaft und der Übersiedelung in das klerikale, von Nazis unterwanderte Österreich, wo man «weiße Strümpfe trägt oder neue Kutten» (T 893), das Gefühl, als 53-Jähriger, mit der Verantwortung für seine Frau, deren Existenz von ihm abhing, wieder einmal vor dem Nichts zu stehen: in Österreich ohne Aussichten, die Brücken nach Deutschland abgebrochen oder kaum mehr gangbar; das nicht deutschsprachige Ausland aus Geldnot und wegen mannigfacher Ungewissheiten, ausgeprägter persönlicher Antipathien und Animositäten, mangelnder Verbindungen, mangelnder Sprachkenntnisse und Arbeitsmöglichkeiten verschlossen.

Gleichzeitig spürte er, wie er in diesem Herbst 1933 in den *Bedenken* festhielt, die «Pflicht zu sprechen. Kritik zu üben». Er wusste, dass die veränderte politische Situation ein Zeichen der «Nichtgleichgeschaltetheit» von ihm verlange, «Schweigen, länger, die Quelle von Mißverständnissen» wäre. Die Arbeit an den *Bedenken* und seine ursprüngliche, auch in den Formulierungen spürbar positiv gestimmte Zusage seiner Mitarbeit an der *Sammlung* waren von Musil offenbar als solch ein Zeichen gedacht. Die *Bedenken* blieben Fragment, und was seine Mitarbeit an der *Sammlung* betrifft, so ist belegt, dass sein Verleger Ernst Rowohlt ihn unter Druck setzte, die Zusage zu widerrufen (B 590) – wie dies nach Musils Andeutung im Übrigen auch Samuel Fischer bzw. Gottfried Bermann-Fischer bei seinen Autoren (Alfred Döblin, Thomas Mann und René Schickele) getan hatte. Damit traf Rowohlt Musil dort, wo er am empfindlichsten und wo er erpressbar war: Er traf ihn in seinen moralischen und seinen finanziellen Verpflichtungen gegenüber dem Verlag, er traf ihn in seinem Angewiesensein auf den deutschen Markt, und er traf ihn in einer Lage, in der schon seit mehreren Jahren bei ihm das Gefühl vorherrschte: «Der Faden, an dem unser Leben hängt, ist schon außerordentlich dünn.» (T 705) Der «Sitz des Mutes», konstatierte er bei späterer Gelegenheit, sei nicht, «wie die Alten geglaubt haben», im «Zwerchfell oder im Herzen», sondern «zum großen Teil in der Brieftasche».[96]

Die Vorstellung, kurze Zeit nach dem Erscheinen seines Romans durch einen Boykott oder ein Verbot gehindert zu werden, die Früchte jahrzehntelanger Arbeit zu ernten, wird es Musil erleichtert haben, dem Druck Rowohlts nachzugeben. Ebenso wird eine Rolle gespielt haben, dass Alfred Döblin, einer der wenigen Kollegen, die er schätzte, und auch Thomas Mann, den er ob seines Erfolgs mehr beneidete als schätzte, bei dem er aber immerhin eine gewisse familiäre Solidarität mit Klaus Mann voraussetzen durfte, sich schon vor ihm von der *Sammlung* distanziert hatten. Der Beweggrund bei Alfred Döblin und Thomas Mann war, wie bei zahlreichen anderen Autoren in jenen Wochen und Monaten auch, ihre deutsche Leserschaft nicht im Stich zu lassen und nicht zu verlieren. Viele hofften auch in jenen Tagen noch, der nationalsozialistische Spuk werde rasch vorübergehen. René Schickele, der, neben Alfred Döblin und Thomas Mann, dritte Autor des jüdischen S. Fischer Verlags, der auf Druck seine Bereitschaft zur Mitarbeit an der *Sammlung* widerrufen hatte, formulierte in einem Brief vom Januar 1934 an Joseph Roth auch im Namen von Thomas Mann die Gründe für die Entscheidung: «Wir waren der Meinung, [...] wer von uns in Deutschland erscheinen *könne*, muß es tun, solange es mit Anstand möglich wäre, jedes nicht gleichgeschaltete Wort sei dort wichtiger als alle Verwünschungen, von denen keine Seele in Deutschland erfahre.»[97]

Abgesehen von solchen strategischen Erwägungen, wem und wo man seine ‹Nichtgleichgeschaltetheit› zeigen müsse, wird, gerade von den Nachgeborenen, der Umstand zu würdigen sein, dass Musil, bei großer intellektueller Verwegenheit und Konsequenz, in persönlichen Zusammenhängen ein zurückhaltender und ängstlicher Mensch war. Und seine familiären und ökonomischen Verhältnisse waren nicht dazu angetan, dieser Ängstlichkeit ein Gegengewicht zu geben. Nach dem Zeugnis seines Freundes, des Journalisten und Übersetzers (u. a. von André Gide) Bernard Guillemin, charakterisierte Musil die

«Unfähigkeit sich anderen handelnd anzuschließen, sein [...] Wissen um die schier unbesiegliche Kompliziertheit aller Dinge, seine[..] hohe[..] Bewertung der Nuance, d[ie] Hemmungen seines Selbstgefühls, Rücksichten auf Martha Musil [...]. Es war nicht nur Selbstgefühl und ein großer natürlich nicht an die Klasse gebundener Stolz in ihm wahrnehmbar, sondern daneben oft auch Kleinmut und an Ängstlichkeit grenzende Übervorsicht, die mit seinem Möglichkeitssinn zusammenhing [...]. Musil war zugleich so klug und so phantasiebegabt, daß er immer Grund zu haben glaubte, sich zu fürchten. Der Dummheit oder dem Fanatismus der herrschenden Menge durch eine Unvorsichtigkeit seinerseits zum Opfer zu fallen, sein besseres Selbst und seine höhere Einsicht von uneinsichtigen Gewalten bestraft zu sehen, das waren Perspektiven vor denen er schauderte und die ihn höchst wahrscheinlich oft lähmten. Das kann natürlich nur jemand verstehen, der das Hitlerregime als unmittelbare tägliche Gefahr erlebt hat.»[98]

Nach der ‹Machtergreifung› Hitlers hat Karl Kraus beinahe ein Dreivierteljahr geschwiegen und dann zur Enttäuschung vieler seiner Bewunderer im Oktober 1933 lediglich das (samt Umschlag) acht Seiten starke Heft 888 der *Fackel* mit dem Nachruf auf Adolf Loos und dem Gedicht *Man frage nicht* veröffentlicht. Bertolt Brecht hat daraufhin im Gegensatz zu vielen seiner Kollegen Verständnis und Sympathie für Karl Kraus bekundet und dies in dem berühmten Gedicht *Über die Bedeutung des zehnzeiligen Gedichtes in der 888. Nummer der Fackel*, entstanden Ende 1933 als Widmungsgedicht zum 60. Geburtstag von Karl Kraus, begründet. In der dritten Strophe des Gedichts heißt es:

> «Dem, der gewürgt wird
> Bleibt das Wort im Halse stecken.
> Stille breitet sich aus und von weitem
> Erscheint sie als Billigung.» [99]

Der Druck, den der Verlag auf Musil ausübte in einer Situation, in der er nicht ein noch aus wusste, war ein solcher Griff an die Gurgel. Überdies muss der Blick auf eine, wie er in seinem Rechtfertigungsbrief an Klaus Pinkus schrieb, schlecht organisierte und daher von vornherein entmutigte und demoralisierte literarische Opposition ein Gefühl der Vergeblichkeit und der Unterlegenheit genährt haben, das ja auch den Kern des Kraus'schen Gedichts ausmacht: bei Kraus das Gefühl, dass ein ganzes Schriftstellerleben des Kampfes gegen den Krieg, die Dummheit und die Phrase am Ende nichts bewirkt und nichts verhindert hat: «Kein Wort, das traf». Mit dem Blick auf seine zeitkritische Essayistik und seine vergeblichen Bemühungen mit den *Bedenken* durfte Musil eine ähnliche Bilanz ziehen wie der von ihm äußerst skeptisch beobachtete Karl Kraus:

> «Man frage nicht, was all die Zeit ich machte.
> Ich bleibe stumm;
> Und sage nicht, warum.
> Und Stille gibt es, da die Erde krachte.
> Kein Wort, das traf;
> Man spricht nur aus dem Schlaf.
> Und träumt von einer Sonne, welche lachte.

Es geht vorbei;
Nachher war's einerlei.
Das Wort entschlief, als jene Welt erwachte.» [100]

Etwa zur gleichen Zeit, als die Literaturstrategen des Reichs und in der Folge auch Ernst Rowohlt Musil die Schädelschrauben anlegten, erreichte ihn die Anfrage einer englischen Agentur, ob er bereit und imstande wäre, «etwas Historisches» über ein österreichisches Thema zu schreiben. Musil stellte sich vor, mit solchen Aufträgen sein Leben einige Zeit fristen zu können, und versicherte seinem Mäzen Klaus Pinkus im selben Brief, in dem er ihm Zwiestreit und Uneinigkeit mit sich selber gebeichtet hatte: «Habe ich im Ausland Boden gefaßt, kann ich auch das, was ich in diesen Tagen schlecht gemacht habe, wieder gut machen.» (B 590) Es war nur eines unter vielen Projekten, die sich zerschlugen. Als Klagemauer blieb das Tagebuch. Etwa zur Zeit seines Widerrufs notierte er: « *Verbannung*, ich gehe geistig in die. Man kann sagen: Welcher Rückfall in archaische Methoden, die besten Leute zu verbannen.» (T 852)

Die Situationsbeschreibung Martha Musils vom November 1933 gegenüber dem alten Freund Johannes von Allesch sollte auch für die folgenden Jahre mit kleinen Variationen im auf- oder absteigenden Sinn gültig bleiben: «Robert [...] ist ziemlich am Ende aller Hilfsquellen und daher recht deprimiert. Vom Staate Österreich hat er wohl nichts zu erwarten.» (B 596) Anfang 1934 gestand Musil seinem Freund Franz Blei: «ich [bin] ein Bündel seelischer und körperlicher Trauerschleier.» (B 604) Zwar war zu dieser Zeit bereits eine «Rettungsaktion» (ebd.) im Gange, und bis Mai 1934 sollte es Bruno Fürst und Otto Pächt gelingen, nach dem Vorbild der Berliner Musil-Gesellschaft den Wiener ‹Robert Musil-Fonds› zu gründen, der in der Folge die beachtliche Summe von monatlich 400 Schilling [101] in Form privater Spenden für den Dichter aufbrachte; doch in seiner eigenen Wahrnehmung blieb er «nicht nur ein verarmter Mann», sondern «im heiligsten und erbärmlichsten Wortsinn ein völlig mitteloser».[102] Die schon seit Jahren anhaltende Empfindung, missachtet, übersehen und zurückgesetzt zu werden, bestimmte ihn zunehmend und ließ ihn gleichsam erstarren.

Musil betrachtete sich und sein Werk als eine «öffentliche Angelegenheit»[103] und leitete daraus wie selbstverständlich den Anspruch auf Unterstützung ab; zuerst mehr als zwei Jahrzehnte lang gegenüber seinem Vater (der am 1. 10. 1924 verstorben war), dann gegenüber seinen Verlegern, gegenüber den staatlichen Einrichtungen, gegenüber Mäzenen und privaten Gönnern, aber auch gegenüber seinen Lesern. Im Januar 1930 formulierte er dieses «Problem» so: «daß du nicht berühmt bist, ist natürlich; daß du aber nicht genug Leser usw. zum Leben hast, ist schändlich.» (T 697) Die Basis für diesen Anspruch auf Alimentierung durch die Gesellschaft bildete der Status, den er der Literatur als Repräsentanz des ‹Geistigen› und dem ‹Dichter›, als der er sich im Unterschied zu den ‹Erwerbsschriftstellern› definierte,[104] zuschrieb: «Ich messe der Dichtung eine Wichtigkeit bei, die weit über die Wichtigkeit andrer menschlicher Tätigkeiten emporragt. Sie setzt nicht nur Erkenntnis voraus, sondern setzt die Erkenntnis über sich hinaus fort, in das Grenzgebiet der Ahnung, Mehrdeutigkeit, der Singularitäten, das bloß mit den Mitteln des Verstandes nicht mehr zu fassen ist.»[105] Analog dazu sind Funktion und Bedeutung des Dichters zu sehen: «Ich bin doch ganz naiv überzeugt, daß der Dichter die Aufgabe der Menschheit ist, und außerdem möchte ich ein großer Dichter sein.» (T 921) Die Ironie, deren er im Nachsatz fähig war: «Welche gut vor mir versteckte Eigenliebe!», stand ihm in dieser Frage eher selten zu Gebote. Im Autobiographie-Heft, aus dem die zitierte Selbsteinschätzung stammt, hat er außerdem die Frage untersucht, warum sein Eintreten für die Literatur «als Ganzes» bei ihm mit einer «Aggression gegen die einzelnen Dichter» verbunden sei. Wo er anerkenne, tue er es zwar vorbehaltlos, «aber ich werde viel öfter abgestoßen als angezogen. Mit der Zeit mag sich auch eine Unart daraus gebildet haben. Ich mache mir darum einen utopischen Begriff der Literatur.» Er nahm sich deshalb vor: «Immer der Literatur geben, was ich dem einzelnen abspreche.» (T 933 f.) Diese absolute Priorität, die er der Literatur und ihrer utopischen (Erkenntnis-)Funktion zuschrieb, wies der Politik zwangsläufig eine nachgeordnete Position zu: «Ich halte es für wichtiger ein Buch zu schreiben als ein Reich zu regieren. Und auch für schwieriger.» (T 960)

Musil hatte ein hohes, leicht zu irritierendes und kränkbares Bewusstsein seines Rangs, ja seines ‹Ewigkeitswertes›[106] als Schriftsteller, und er sah in vielem eine «ganz unverständliche Herabsetzung» seiner «Geltung», ob er nun in einer Verlagsanzeige oder der Ankündigung seiner Mitarbeit an einer Tageszeitung erst an zweiter Stelle genannt wurde oder ob ein «Dozent der Kurse über österr.[eichische] Literatur hält» ihn nicht erwähnte.[107] Seinen Freund Allesch, der mit der von Musil angeregten Broschüre säumig war (und sie schließlich nicht schrieb), setzte er 1931 mit dem Argument unter Druck, dass «das vereinigte Philistertum Österreichs» dafür kämpfe, dass Anton Wildgans, und wenn nicht er, dann Enrica von Handel-Mazzetti den Nobelpreis erhalte – «und mir, der ich in solcher Konkurrenz nicht chancenlos wäre, fehlt die Hauptwaffe». (B 510) Er sah Anerkennung und persönlichen Erfolg als etwas, das die Öffentlichkeit ihm schulde, das sie ihm jedoch ungerechterweise vorenthielt. Ein Beispiel für viele: Die linksliberale Wiener Tageszeitung *Der Tag*, für die Musil gelegentlich schrieb, glossierte einen Bericht des *Völkischen Beobachters*, der darüber geklagt hatte, dass Hermann Stehr und Erwin Guido Kolbenheyer nicht genug geschätzt würden. Man lese noch immer Thomas Mann. Kommentar Musils: «An mich denkt keiner.» (A 207) Sein Verhältnis zu den Kollegen sah Musil, der laut Elias Canetti «immer zu Abwehr und Angriff gerüstet» war, folgerichtig als eines der Konkurrenz und des Wettbewerbs, wenn es sein musste, auch des «Kampfes».[108] Der von Musil geprägte Terminus ‹Großschriftsteller› war eine scharfe Waffe in diesem Kampf. Er führte sie gegen Thomas Mann ebenso wie gegen Hermann Hesse, über den er bemerkte: «das einzig Komische ist, daß er die Schwächen eines größeren Mannes hat, als ihm zukäme. Man ist heute Großschriftsteller ohne die schriftstellerische Größe.» (T 974) Die Charakterisierung Moritz Heimanns, Lektor des S. Fischer Verlags, der den 34-jährigen Musil 1914 als Redakteurskollegen bei der *Neuen Rundschau* kennenlernte, lässt etwas von der Härte und Strenge Musils, von seinem Selbstbild, Repräsentant einer geistigen Elite zu sein, aufblitzen:

«Sein Talent, das unnachgiebig und diamanthart ist, ist doch auch zähe und entbehrt der eigentlichen Produktivität, worunter ich nicht die Menge des Geschaffenen verstehe, sondern eine eigentümliche, schwer zu definierende Spannung. Ganz im Einklang damit ist es, daß seine Natur und sein Geist um sich selber kreisen, in allen Instinkten exklusiv sind und des Hochmuts sich nur aus Höflichkeit entschlagen». (B II, 55)

Manches Urteil über erfolgreichere Kollegen in den Tagebuchheften, wo er sich der Höflichkeit entschlagen konnte, steigerte den Hochmut zur Verachtung und ist selbst aus einer Stimmung der Verzweiflung und Depression, in die Musil öfter geriet, kaum zu begreifen.[109] Aber er wusste auch um seine eigenen Schwächen und hat sich selber nicht minder hart hergenommen als die Kollegen.

Einige der von ihm zu Recht als Zurücksetzungen und Kränkungen empfundenen Anlässe hatten zweifellos auch politische Hintergründe. Sie bestärkten Musil nicht unwesentlich in dem Gefühl, in seinem wahren Wert verkannt oder bewusst benachteiligt zu werden. So sollte er auf Vorschlag Thomas Manns nach dem Tod Arthur Schnitzlers 1931 dessen Sitz als Mitglied in der ‹Sektion für Dichtung› der Preußischen Akademie der Künste in Berlin einnehmen. Der Antrag fand jedoch bei den nationalen und völkischen Mitgliedern der Sektion keine Mehrheit. Gewählt wurde anstelle von Musil schließlich – Max Mell, der Dichter des *Nachfolge Christi-Spiels* (1927). Die angebliche Begründung für Musils Ablehnung: Er sei «zu intelligent für einen wahren Dichter.»[110] Der Frankfurter Goethe-Preis, für den er im Januar 1933 vorgeschlagen worden war, wurde aufgrund der neuen politischen Verhältnisse im Herbst 1933 Hermann Stehr zugesprochen, und auch den Preis der Harry-Kreismann-Stiftung der Deutschen Akademie der Dichtung in Berlin, für den ursprünglich er nominiert worden war, erhielt schließlich die für die neue Zeit zweifellos repräsentativere Ina Seidel.[111] Eine am 30. Januar 1933 auf Initiative von Thomas Mann von der ‹Sektion für Dichtung› der Preußischen Akademie der Künste zugunsten Musils beschlossene ‹Werkhilfe› in Höhe von 1000 RM wurde aufgrund des ‹Umsturzes› nicht realisiert. Musil hatte sich zu früh gefreut und sich im Februar 1933 umsonst bei Oskar Loerke, dem Sekretär der Sektion, bedankt. (B 559)

Das Erscheinen des zweiten Bandes des *MoE* an der Jahreswende 1932 / 1933 war für Musil auch vor dem Hintergrund solcher Erfahrungen ein symbolträchtiger Test seiner Stellung in der literarischen Welt. Das Ausbleiben des erhofften großen Erfolgs war, ungeachtet der äußerst ungünstigen politischen Umstände und auch ungeachtet der Tatsache, dass nach nur drei Monaten immerhin das 3. bis 5. Tausend des Buchs ausgeliefert werden konnte, für ihn eine Bestätigung des prinzipiellen Versagens der Öffentlichkeit vor seiner literarischen Leistung. In seinen Augen verweigerte sie ihm die Wiedergutmachung jahrzehntelang erfahrener Missachtung und die Kompensation für die in seinen Augen ungerechtfertigte Bevorzugung und Wertschätzung anderer, die er dafür verachtete und im Tagebuch mit beißenden Kommentaren bedachte. Die Namen von Stefan George, Thomas und Heinrich Mann, Franz Werfel, Emil Ludwig, Karl Kraus und Anton Wildgans stehen für viele. Musils Fixierung auf den Erfolg von Kollegen ging so weit, dass er offenbar ernsthaft den Plan zu einem Buch polemischen Charakters über «Erfolgreiche Schriftsteller» fasste, weil sie zeigten, «was man heute schätzt» und «Wie blöd die Zeit ist.» Als Kandidaten waren vorläufig vorgesehen: Oswald Spengler, Karl Kraus, Heinrich Mann, Stefan George und Karl Schönherr. «Nicht aufgenommen werden bedeutet nicht Schätzung. Aufgenommen werden nicht Mißachtung, sondern Prinzip.» (T 472)

Seine Sensibilität für öffentliche Gratifikationen oder Zurücksetzungen, die einem ausgeprägten Gefühl für Konkurrenz und einem stets reizbaren Geltungsbewusstsein entsprangen, machte ihn mit der Zeit nicht nur missgünstiger, verletzlicher, verschlossener und misstrauischer, sondern sie schärfte auch seine Sicht auf die Verhältnisse. «Es ist mir verwehrt, in Österreich ein Dichter zu werden» (T 920), bilanzierte er 1937, als 57-Jähriger immerhin, im Tagebuch. Es ist dies eine Erkenntnis, die über viele Jahre gewachsen war und die ihn immer wieder nach Möglichkeiten hatte Ausschau halten lassen, das Land, das er nach seinem Intimfeind zuweilen schlicht als «Wildgansgesellschaft» (A 209) titulierte, und insbesondere Wien, das analog dazu die «Wildgansstadt» (B 540) war, zu verlassen. Anton Wildgans, der gefeierte Dramatiker, Lyriker und Burgtheaterdirektor (unter dessen Intendanz *Die Schwärmer* abgelehnt

wurden), war für Musil eines der größten Ärgernisse des Wiener Kulturbetriebs und darin ein Symbol für die geistige Verfassung des Landes. Er
ist für ihn der «Als-ob-Dichter des zur absoluten Regentschaft gekommenen Durchschnittsmenschen. Die Spießbürger aller Parteien, die heroisch sein wollten, vereinigten sich in ihm.» (A 210)[112] Neben zeittypi-
schen, raumgreifenden Figuren wie ihm sah Musil für sich keine Möglichkeit auf einen seinem Rang entsprechenden Platz. Eine Konsequenz
dieser nicht ganz ungerechtfertigten Einschätzung seiner Geltung und
seiner Möglichkeiten als Schriftsteller im Österreich der dreißiger Jahre
war die zunehmend genauere Wahrnehmung und Analyse der Umstände, die es einigen seiner Kollegen sehr wohl ermöglichten, «in Österreich ein Dichter zu werden». Seine eigene Erfolglosigkeit machte ihn
scharfsichtig und empfindlich nicht nur für die Erfolge anderer, sondern
mehr noch für die Strukturen und Mechanismen, die diese Erfolge erzeugten und garantierten – gemäß seiner Erkenntnis: «Jeder Dichter-
erfolg ist ein Zeichen, woraus man auf die Konstitution der Zeit schließen
kann.» (T 858) Musil führte die mangelnde Anerkennung und Resonanz
seiner Arbeit, die völlige Aussichtslosigkeit, vom Schreiben leben zu
können, immer direkter auf das Versagen der demokratischen Mechanismen und der kulturellen Institutionen, auf Mängel, Defizite und falsche
Prioritäten bei den Verantwortlichen zurück. «Ein Mann [wie David Jo-
sef] Bach [der Gründer und Leiter der sozialdemokratischen ‹Kunststelle›
(1919–1933)], der die Dichtung fördert, ist wichtiger als der größte Dichter.» (T 633) Der Funktionär ist bedeutender als die Funktion, der Ver-
mittler gewichtiger als das, was er vermittelt. Dummheit, Desinteresse,
Korruption, politische Übergriffe, superlativische Überschätzung des
Mittelmaßes und die damit korrelierende Respektlosigkeit vor geistiger
Leistung waren für ihn die Ursachen für den deplorablen Zustand der
kulturellen Öffentlichkeit und für die daraus resultierenden Fehlent-
wicklungen.

Seit der Mitte der zwanziger Jahre registrierte er in den Tagebuchheften in zunehmender Verdichtung Fälle von Klüngelwirtschaft, Cliquen-
wesen, politischen Abhängigkeiten, Interventionen und Begünstigun-
gen. Noch eineinhalb Jahrzehnte später, im Schweizer Exil, stellte sich

ihm im Rückblick die österreichische Literatur der zwanziger und dreißiger Jahre als eine Abfolge von Cliquen mit politischen Gewährsleuten und Patronen in den jeweils herrschenden Machtzirkeln und Parteien dar. Er nannte die «Schuschnigg=Gruppe» mit Autoren wie Guido Zernatto und Friedrich Schreyvogl, den Günstlingen der austrofaschistischen, ‹vaterländischen› Politik auf der einen, die Gruppe um Hermann Heinz Ortner und Mirko Jelusich auf der anderen Seite, die seit den späten zwanziger Jahren die nationalsozialistische Unterwanderung der österreichischen Literatur systematisch betrieben. «Beide gekennzeichnet durch Streben nach dem Erfolg.» (T 989) [113] Machtergreifung und Machtwechsel als Strategien und Strukturmerkmale auch im Bereich der Literatur. Franz Spunda, der der Gruppe um Ortner zuzurechnen ist, hatte Musil, den er vom ‹Schutzverband Deutscher Schriftsteller in Österreich› her kannte, schon Mitte der zwanziger Jahre die Parole verraten: «Sie müssen mehr völkisch schreiben». Im selben Zusammenhang notierte Musil, dass eine «Empfehlung» von Robert Hohlbaum, einem der Drahtzieher der NS-Literaten-Fraktion in Österreich, «großen Absatz» bedeute. Musils Kommentar: «Früher war die Karrikatur [sic] des Geisteslebens das politische Programm. Durch die Völkischen wird das Programm Leben.» (T 624) Die Umdrehung des Verhältnisses von Literatur bzw. Kultur und Politik ist für Musil ein Zeichen der Verrottung beider. Dies hat zur Folge, dass «Nirgends mehr sachliche Gesichtspunkte, Achtung vor Geist u.[nd] Leistung!» herrschen. (T 700) Auch dafür gab er zahlreiche Beispiele, seien es politische Postenbesetzungen an der Musikakademie (T 710), beim Rundfunk (RAVAG) (T 843) oder im Burgtheater, wo Anton Wildgans den Direktorposten gleich zweimal (1921/22 und 1930/31) einnahm. «Erstes Interview mit dem neuen Burgtheaterdirektor AW. […] Der Interviewer wie von Wildgans u.[nd] beide wie von mir erfunden.» (T 704); seien es literarische Ehrungen wie die «Wildgansfeiern» zum 50. Geburtstag des Dichters (T 821) oder die Verleihung des Goldenen Ehrenzeichens der Republik für Verdienste um die österreichische Literatur an den Leipziger Verleger Staackmann, in dessen Verlag hauptsächlich Autoren vom Schlage eines Franz Spunda, aber, welch ein Zufall, auch die Werke des Burgtheaterdirektors Wildgans erschienen waren (T 684);

oder sei es die (fehlende) Literaturförderung: «Der bedeutendste Dichter kann nicht 5000 S.[chilling] erhalten u.[nd] für Sport usw. Vereine geht das Geld hinaus. Der Minister empfängt den Boxer.» (T 683)

Musil, der bei diesem Eintrag an sich selber gedacht haben wird, empfand sich der literarischen Öffentlichkeit gegenüber zunehmend als Außenseiter und Ausgeschlossener. Im August 1936 schrieb er an den Freund Allesch: «Ich habe draußen [im Dritten Reich, K. A.] jeden Zusammenhang verloren und hier keinen gefunden.» (B 725) Er sah sich auf die Rolle des Beobachters und bitteren Kommentators reduziert, dem nicht viel mehr blieb, als im Tagebuch mit den Akteuren des Betriebs abzurechnen, die, im Unterschied zu ihm, eingeladen, protegiert, geehrt und alimentiert wurden. In einem Land wie Österreich, in dem, so Musil, zwar nicht gerade der «böse Geist», wohl aber die «böse Geistlosigkeit» (T 897) die Kulturpolitik bestimmte, und angesichts einer Gegenwart, die er bündig als «Blut=, Boden=, Rasse=, Masse=, Führer=, und Heimatzeit» charakterisierte, war für ihn das Nicht-Dazugehören, die Position im Abseits, die «Exterritorialität des geistigen Menschen» die einzig mögliche Haltung und «der richtige Term». (T 905) Auch daraus ergab sich als Methode der Wahrnehmung und der Darstellung seine Haltung der «Sachlichkeit als Teilnahmelosigkeit». (T 903) Vieles an Material, an Beobachtungen, an Analysen, an Symptomatischem, das er vor allem in den Tagebuchheften zusammentrug und notierte, ist im Hinblick auf literarische Projekte gesammelt worden, die die zeitgenössischen kulturpolitischen Verhältnisse thematisieren sollten. So die Materialien für eine geplante Satire auf den Literaturbetrieb mit dem Arbeitstitel *Die Akademie von Dünkel(s)hausen* (T 677–685) oder für die Gestalt des Zeitgeistdichters Feuermaul im *MoE*, hinter dem Franz Werfel deutlich sichtbar ist.[114] In seinem geplanten Aphorismenbuch mit dem Titel *Der Dichter u.[nd] der Staat* sah er die Möglichkeit, die prinzipiellen Fragen «mit der persönlichen Auseinandersetzung mit meiner literar. Umwelt zu verbinden». Es ginge nicht darum, die ins Auge gefassten Protagonisten des Betriebs «alle zu bekämpfen, sondern sie auszuwerten, aus der Zeit zu verstehn u[nd] in ihnen diese zu kritisieren. Dann muß ich auch nicht bloß mich gelten lassen, sondern kann die Frage der richtigen Lösung immer etwas offen halten.» (T 858 f.) Ebenso bedeutsam wie der werkgeschichtliche Aspekt erscheint mir, und das wird gerade an der Begründung für das geplante Aphorismenbuch deutlich, dass Musil in seiner kritischen Auseinandersetzung mit dem Literaturbetrieb, in der Beobachtung und Analyse der Strukturen der kulturellen Öffentlichkeit in Deutschland und in Österreich auch sein Selbstverständnis als Schriftsteller klärt, schärft und zuspitzt. Dies bildet nicht nur den Hintergrund, sondern die Voraussetzung und die Basis der Argumentation in den beiden Reden von Wien und Paris.

Den Inbegriff dessen, was er am Kulturbetrieb ablehnte, zu dem er sich als einer, der vom Schreiben zu leben versuchte, aber dennoch ständig in ein Verhältnis setzen musste, bezeichnete er als «Kulturpolitikskultur». Er zielte mit diesem von ihm geprägten Begriff auf das, was durch die Kulturpolitik des Austrofaschismus propagiert, gefördert und hervorgebracht wurde. Das war in den Augen Musils nicht Kultur, sondern lediglich ein Derivat von Politik, und zwar im gegenwärtigen Fall: schlechter Politik und, nota bene, schlechter Kulturpolitik: «*Kulturpolitik* [...]. Ohne auch nur zu fragen, hat der Staat darin immer das Verkehrte gemacht. – (Zum Kulturproblem, daß er plötzlich autoritär wird)». (A 222) Die Beobachtungen, Beispiele und Materialien, die Musil zu diesem Komplex sammelte, mündeten vermutlich Ende 1935 in eine Notiz mit dem Titel *Kulturpolitikskultur*, in der er die zentralen Kritikpunkte in Auseinandersetzung mit einem Vortrag des Staatssekretärs für Unterricht, Hans Pernter, präzisierte.[115] Musil hatte einem Pressebericht entnommen, dass der auch für Kunst und Kultur zuständige Staatssekretär in einem Vortrag über Kulturpolitik vor der ‹Katholischen Akademikergemeinschaft› gefordert habe,

«die österreichische Kulturpolitik müsse glaubensverbunden, also christlich, heimatverbunden, also vor allem österreichisch, volksverbunden, also deutsch von eigener Prägung und schließlich weltverbunden, also universal und europäisch sein. [...] Die katholische Einstellung werde überall zum Durchbruch gelangen ...» (T II, 648, Anm. 225)

Musils Reaktion auf diesen Bericht in seiner Notiz *Kulturpolitikskultur* führte seine jahrelangen Beobachtungen zusammen und lässt folgende Spezifika des Verhältnisses zwischen Kultur und Politik im Österreich der Zwischenkriegszeit, und vor allem im Austrofaschismus, scharf hervortreten:

1. Die Instrumentalisierung der Kultur durch die Politik, d. h. die Indienstnahme künstlerischer Arbeit für politische und ideologische Ziele. «Wie sie die katholische Baukunst fördern, fördern sie den Schriftstellerverein» – vorausgesetzt natürlich, es fällt dabei etwas für die Ziele der Regierenden ab: «Wir wollen nicht, daß Ihr glaubt, wir tun der Kultur etwas zuleide. Wir trennen nur von allem einen Vor-Teil für das Katholische ab, und den Rest teilen wir zu zwei gleichen Teilen zwischen dem Katholischen und dem Übrigen.» (A 236) Die Dienstbarmachung der Kunst für politische Zwecke schließt Verbote, Zensur, offene und verdeckte Behinderung und Vereitelung mit ein. «In der *Salzburger Faust-Aufführung* soll in den Versen ‹Habe ach .. studiert› das Wort Theologie gestrichen worden sein.» (T 831) Ein zweites Beispiel: «Pflichtvorlesung in kirchlicher Philosophie, Unterdrückung alles freien Geistes, neuestens: Besetzung der anatomischen Lehrkanzel an der Universität Wien mit einem ganz jungen Mann, der eine Arbeit über alpenländischen Schädelbau oder ähnliches verfaßt hat, und sonst buchstäblich nichts!» (A 200) Nicht der Rede wert im Verhältnis zu dem, was gleichzeitig im Dritten Reich geschah? Auch Austrofaschisten fangen klein an. Deshalb ist es Musil auch nicht entgangen, und er notierte neben und mitten in seiner Arbeit am *MoE* diese scheinbar banalen Beispiele. Sie sind nicht mehr und nicht weniger als Symptome für das, was «überall zum Durchbruch gelangen» sollte. Die Situation, konzentriert in einem Satz vom Oktober 1935: «Neue Möglichkeiten gibt es hier nur für katholische Schriftsteller, und um jede der eingeschrumpften alten balgen sich zehn Ortskundige. Das Niveau ist sehr tief».[116] Zu den Ortskundigen, die die Kirche im Dorf lassen, zählte er sich nicht. Für Musil unterschied sich die Situation nach der Ausschaltung des Parlaments durch Dollfuß im Frühjahr 1933 von den Zuständen in der Republik vor allem durch den autoritären Anspruch der Regierenden: «dass er [der Staat] plötzlich autoritär wird.»

Was in Zeiten der Republik unter dem Begriff des ‹Proporzes› gang und gäbe war: die nach der jeweiligen politischen Stärke zwischen den Parteien ausgehandelte politische Postenvergabe oder Gunsterweisung, das wurde nach der austrofaschistischen ‹Machtergreifung› zum monopolistisch eingesetzten politischen Instrument. Zur Zeit der Republik, im Januar 1930, hatte Musil notiert: «Habe erfahren, daß der Radiobeirat bei der Einladung zum Lesen nach politischem Schlüssel verfährt…» (T 697) Dies und die Tatsache, dass Hans Kelsen, der maßgebliche Autor der österreichischen Verfassung von 1920 und Richter beim Verfassungsgerichtshof, 1930, anlässlich der ‹Neugestaltung› dieser Institution, wie es in Musils Tagebuch heißt, «amoviert» (T 820), also aus politischen Gründen hinausgeschmissen worden war, brachte ihn zu dem Schluss, dass die «Zustände» ungefähr so zu sein schienen, wie es seine Kollegen, «die politischen Herrn Fachbeiräte» im Kriegsministerium, schon kurz nach dem Krieg «hatten haben wollen». (T 697) Diese hätten damals nämlich erklärt: «es gibt keine von der Politik unabhängige Bedeutung in Wissenschaft u.[nd] Kunst!» Musil fand, das passe auf die regierenden Christlichsozialen und damit auf die Träger der ‹Kulturpolitikskultur›: «Am meisten entspricht das aber den Klerikalen, wo die Kirche die Unabhängigkeit des Laiengeistes nicht anerkennt und der innerösterreichische Surm [Trottel, K. A.] auf sie scheißt.» (T 820) Musils Resümee 1937: «… es wird immer notwendiger, das autonome Geistesleben davor zu retten, daß die Politik es ganz auffrißt.» [117] Es wird schwerfallen, eine Stelle in seinem Gesamtwerk zu finden, wo Musil ähnlich drastisch und unter Zuhilfenahme solch elementarer Körperfunktionen urteilt.

2. Anerkennung, Legitimation und Förderung künstlerischer Arbeit erfolgen im Rahmen der ‹Kulturpolitikskultur› nach dem Bekenntnisprinzip. Damit verbunden ist eine Gesinnungsprüfung, die auch durch formale Mitgliedschaften erbracht werden kann. Dies war keine Erfindung der österreichischen Kulturpolitiker, eher schon die hilflose Kopie nationalsozialistischer Strategien, die – am sichtbarsten mit der spektakulären Bücherverbrennung vom 10. Mai 1933 – eine ‹Scheidung der Geister› [118] auch im Bereich der Kultur mit Gewalt, aber auch mit Gunstbeweisen, Gratifikationen und der Gewährung von Privilegien erzwan-

gen. Musil über die österreichische Variante in seiner Notiz zur ‹Kultur-politikskultur›: «sie anerkennen nur das katholische Lippen- und Vereinsbekenntnis. […] Sie nehmen alles Mittelmäßige, wenn es sich politisch bekennt, und versuchen nun, darauf den Begriff eines Neuen Österreichers zu errichten. Sie haben ihn nicht; […] sie müssen ihn nach dem Mittelmaß bilden.» (A 237) In der Urszene dieses neuen Naheverhältnisses zwischen Literatur und Politik treten zwei Lieblingsdarsteller Musils in Fragen des österreichischen Mittelmaßes auf: «Der Kanzler [Schuschnigg] hat einem Vortrag Werfels beigewohnt, der ziemlichen Quatsch enthalten haben soll. Der Dichter spricht zum Führer.» (T 831) Auch das Bekenntnisprinzip ist mit dem Theorem der menschlichen Gestaltlosigkeit zu beschreiben. Es steht für das Führerprinzip, für Mitläufertum, mangelnde Zivilcourage, Vorteilsannahme, für den Verlust aller Maßstäbe außer dem des ‹do ut des›: Gegenleistung für Gefolgschaftstreue. «Warum ist der Mensch so unterwürfig? Er lauert auf die Gelegenheit, sich mit einigem Anstand zu unterwerfen.» (T 878)

3. Instrumentalisierung künstlerischer Arbeit und Bekenntnisprinzip bzw. Gesinnungsprüfung als Grundlage der Kulturpolitik bedeuten nicht nur eine Nivellierung in Richtung des Mittelmäßigen, sondern eine Auflösung des Begriffs von Kunst. Das ist für den mathematisch versierten Musil eine einfache Rechnung:

«Letzten Endes kommt alles auf die Frage hinaus: was ist an der Kunst und überhaupt am Geist objektiv? […]
Ihr müsst daran glauben, daß das Geniale nicht so aussieht wie ihr. […]
Auch die Nullen haben ihren Wert. Aber wenn sie vor den Zählern stehn, verkleinern sie deren Geltung/Wirkung/und nur, wenn sie nach ihnen folgen, vergrößern sie ihn!» (A 237)

Mit diesem «ihr» könnten zum Beispiel ganz gut jene Exemplare des ‹Neuen Österreichers› gemeint gewesen sein, die Musil unter der Überschrift *Staatspreis für Literatur* 1935 im Tagebuch mit Namen und Funktionen aufführt: darunter den Staatssekretär für Unterricht, Hans Pernter, den Wiener Ordinarius für Germanistik, Josef Nadler, den Schriftsteller, Abteilungsleiter im Rundfunk und Bundeskulturrat Rudolf Henz, den

Schriftsteller und Abteilungsleiter im Rundfunk, Hans Nüchtern, den Schriftsteller, Konsulent der Bundestheaterverwaltung und Duzfreund Schuschniggs, Friedrich Schreyvogl, und den Kärntner Landtagsabgeordneten, Klagenfurter Gemeinderat und Schriftsteller Josef Friedrich Perkonig. Der Kommentar, den Musil dieser Parade von literarischen Repräsentanten und Profiteuren des Austrofaschismus widmet, besteht aus drei Wörtern und einem Ausrufezeichen: «Staat oder Kunst!» (T 859) Entweder – oder also. Beides zusammen geht nicht. Die Verbindung von Staat *und* Kunst ist in Musils Augen eine Kontradiktion. Es war – was Musil nicht wissen konnte – auch insofern eine Kontradiktion, als nicht wenige der literarischen Akteure bzw. jener «Nullen», die der Austrofaschismus vor die Zähler stellte und die damit die Verbindung von österreichischem Staat *und* österreichischer Kunst repräsentierten, längst illegale Mitglieder der NSDAP waren (darunter auch zwei der Genannten: Perkonig und Schreyvogl), einer Partei immerhin, die ein Jahr zuvor geputscht und Bundeskanzler Engelbert Dollfuß ermordet hatte.

Das einzige Verhältnis, das der Dichter zu seiner Zeit haben kann, hat Musil an seinen Favoriten Dostojewskij, Flaubert u. a. entwickelt. Es besagt: «Daß man nicht mitgeht, zurückbleibt, den Anschluß versäumt, nicht beiträgt u. ä.» [119] ‹Kulturpolitikskultur› aber setzte geradezu voraus, dass der Dichter mitgeht, möglichst im gleichen Schritt mit der Politik geht, nicht zurückbleibt und etwas beiträgt. Am besten etwas, das sich im Sinne der Ideologie und der Staatsdoktrin des sogenannten ‹Christlichen Ständestaates› verwenden ließ, Heimatliteratur zum Beispiel. Dafür durfte er dann, wie Perkonig 1935, den Staatspreis für Literatur oder, wie Schreyvogl 1936, das ‹Verdienstkreuz für Kunst und Wissenschaft I. Klasse› entgegennehmen usw. Exakt an dieser Praxis des literarischen Utilitarismus machte Musil seine Prognose der (Selbst-)Zerstörung von Kunst und Literatur fest: «Das Favorisieren der Lokaldichter, Landsmännischen (Rosegger usw.) ist auch ein Symptom des Verfalls des allgemeinen Begriffs der Dichtung.» (T 930) Für Musil machte es dabei keinen Unterschied, ob diese Tendenzen von rechts oder von links kamen. Er hat in seiner – im Ganzen äußerst wohlwollenden – Beantwortung einer Umfrage der Moskauer Literaturzeitschrift *Nowy Mir* im Juli

1930 auch die unter dem Einfluss der «russischen Politik» im Westen entstandene linke «Tendenzliteratur» kurz und bündig auf eine Stufe mit der «patriotische[n] Heimatliteratur» gestellt und damit ebenfalls zu einem Symptom des Verfalls von Dichtung im eigentlichen Sinn erklärt. (B 472)

WIEN 1934. ‹ DER DICHTER IN DIESER ZEIT ›. VORTRAG ZUR FEIER DES ZWANZIGJÄHRIGEN BESTEHENS DES ‹ SCHUTZVERBANDES DEUTSCHER SCHRIFTSTELLER IN ÖSTERREICH ›

Wie zentral diese Beobachtungen und Überlegungen Musils Denken in den dreißiger Jahren bestimmten, wird daran deutlich, dass in seinem Nachlass die Notiz zur ‹Kulturpolitikskultur› in jener Mappe liegt, in der sich auch die Skizzen und Konzepte für die Pariser Rede finden – übrigens neben Exzerpten aus Sigmund Freuds *Das Unbehagen in der Kultur* (1930) und Erich Voegelins *Die Rassenidee in der Geistesgeschichte von Ray bis Carus* (1933). In derselben Mappe finden sich außerdem die Entwürfe für die Festrede anlässlich des zwanzigjährigen Bestehens des ‹Schutzverbandes Deutscher Schriftsteller in Österreich›.[120] Die Rede mit dem Titel *Der Dichter in dieser Zeit* hat Musil im Dezember 1934, also etwa ein halbes Jahr vor dem Pariser Auftritt, in Wien gehalten. Dass die beiden Vorträge eng miteinander zusammenhängen, betont Musil in einem fragmentarischen «Vorspruch», den er bei einer geplanten, aber offenbar nicht zustande gekommenen Wiederholung der Wiener Rede am 16. November 1935 in Zürich (also nach dem Pariser Auftritt) seinem Vortrag voranstellen wollte: «Ich habe in diesem Jahr zwei Vorträge gehalten .. den einen [in Wien] mit Erfolg, den andern [in Paris] mit Mißerfolg. Und – was ich selbst nicht wußte – in beiden habe ich vom gleichen gesprochen. Es ist die Frage: wie verhält sich der Kollektivismus zum Individualismus».[121] Durch die Notizen und Entwürfe zu beiden Reden zieht sich in der Tat die

Opposition Kollektivismus – Individualismus, womit auch feststeht, dass der Titel *Der Dichter in dieser Zeit* als Verdichtung dieser Opposition und damit das Verhältnis der beiden als ein impliziter Antagonismus zu verstehen ist.

Unter Kollektivismus fasste Musil eine dominante politische Tendenz der Zeit, die in Richtung autoritärer, totalitärer, ‹gleichgeschalteter› Staats- und Regierungsformen ging. Der Begriff bezeichnete für ihn in den Notizen für die beiden Reden in Wien und Paris den «Gegensatz zu dem, was man einen mehr oder weniger liberalen Individualismus nennt». (A 286) Musil hatte dabei Faschismus und Nationalsozialismus ebenso im Auge wie den Kommunismus. Als aktuelle Beispiele nannte er Italien, Spanien, Deutschland, Österreich und Russland. Wiederholt erwähnte er Mussolini, der das Wort ‹kollektivistisch› angeblich als Erster für den ‹Totalen Staat› gebraucht habe. «Und totaler Staat hat etwas mit totaler Mobilmachung gemein», notierte Musil.[122] Das Ziel dieser Art von Politik, die von «Herrschaftsgruppen» gemacht werde, ist die möglichst umfassende Durchdringung und «Beherrschung» der gesellschaftlichen und staatlichen Strukturen; die «Mittel der Beherrschung: Gewalt, Suggestion, Überredung. [...] die Art wie organisiert wird, ist nicht etwa in einem geistig-diskursiven Prozeß entstanden, sondern durch Gewalt.» Die Machttechniken im Einzelnen sind: «a) Suggestionsmäßige und streng disziplinierte Parteiherrschaft. b) Unterdrückung alles Entgegenstehenden. c) Versuch, auf diese Weise einen einheitlichen Staat zu bilden.» Das Problem des Kollektivismus brenne den Dichtern noch ärger auf den Nägeln als das der Gewalt, weil es «unablösbar von dem Problem der Kultur» sei. Kennzeichnend für den Kollektivismus sei nämlich, dass er – so wie alle anderen gesellschaftlichen Bereiche – auch das kulturelle Feld unter Kontrolle zu bringen versuche. Damit aber ist es kein «Einzel- sondern ein Rahmenproblem». Der Kollektivismus verlange die «Neugestaltung» der Kultur. Er monopolisiere «Teilgebiete des Geistes» und der «Anschauungen». (A 257 f.) Mehr als einmal spricht Musil in diesem Zusammenhang von «Übergriffe[n]» (A 258) der Politik, von «Entmündigung des Geistes durch die Politik» (A 270), vom «Übergewicht der Politik» (ebd.) und von «Hypertrophie der Politik». (A 258)

Musil sah darin die Zuspitzung einer schon seit zwei Jahrzehnten andauernden Krise.

«Die schwer zu lösenden Existenzfragen seit dem Kriege – die eben daher entkleidete Rücksichtslosigkeit – gültig sowohl für Gruppen oder Klassen als auch für ganze Staaten – haben zu der bekannten Krisis des mehr oder weniger individualistischen Liberalismus geführt und zu machtfähigeren Kollektivbildungen und Lösungen (?)». (A 290)

Diese Entwicklung bedeute, zusätzlich zur Einschränkung der Freiheitsrechte des Einzelnen, die überall, auch in Österreich,[123] mit dem Kollektivismus einhergehe, immer auch die Indienstnahme der Künstler und damit nicht nur eine Nivellierung, sondern letztlich die Zerstörung der Kultur. Denn «Träger» der Kultur sei das Individuum, der schöpferische Einzelne, das Genie, nie aber das Kollektiv. Oft stehe das Individuum «contra das Ganze. Vielleicht immer.» (A 294) Die Gemeinschaft wirke durch Antriebe, durch die Schaffung von Institutionen usw. mit.

«Das Individuum muß schöpferisch sein, die Gemeinschaft kann ihm nur helfen [...] die Entdeckung, das Gedicht usw. kann immer nur einer machen»
    «Wir sind ein von der Politik abhängiger, aber zu ihr in Gegensatz stehender Teil des Ganzen.»
    «Ubi bene ...» (A 283 f.)

Das Satzfragment am Schluss der Zitatreihe ist der Anfang des Sprichworts ‹Ubi bene, ibi patria› (Wo es mir gutgeht, da ist mein Vaterland), das man in diesem Zusammenhang durchaus mit Musils Definition von Kultur aus einem seiner kulturpolitischen Essays aus dem Jahre 1919 in Verbindung bringen darf. Des Künstlers Vaterland ist dort, wo die Voraussetzungen für künstlerische Arbeit garantiert sind:

«Die Kultur eines Staats entsteht nicht als Durchschnitt der Kultur und Kulturfähigkeit seiner Bewohner, sondern sie hängt von seiner gesellschaftlichen Struktur und mannigfachen Umständen ab. Sie besteht nicht in der Produktion geistiger Werte von Staats wegen, sondern in der Schaffung von Einrichtungen, welche ihre Produktion

durch den Einzelmenschen erleichtern und neuen geistigen Werten die Wirkungs-
möglichkeit sichern. Das ist wohl fast alles, was ein Staat für die Kultur leisten kann; er
hat ein kräftiger, williger Körper zu sein, der den Geist beherbergt.»[124]

… ibi patria, dieser kräftige, willige Körper als Garant der Kultur war in
Musils Augen jedenfalls nicht das Österreich der ‹Kulturpolitikskultur›,
wo man gerade eben nach deutschem Vorbild entschlossen daranging,
die «Produktion geistiger Werte von Staats wegen» zu organisieren.

Musils Festrede zum Jubiläum des ‹Schutzverbandes Deutscher
Schriftsteller in Österreich› (SDSOe) am 16. Dezember 1934 im Saal des
Wiener Ingenieurs- und Architektenvereins thematisierte diese Fragen
als aktuelle politische Probleme. Die Rede war das genaue Gegenteil dessen, was er an einer zentralen Stelle des Textes als «das ‹Umfallen› des
Geistes» und den bemerkenswert zutage getretenen «Mangel an ‹Zivilcourage›» beklagte.[125] Musil hat bei späterer Gelegenheit angemerkt, der
Erfolg dieser Rede habe «hauptsächlich darin bestanden», dass er «überhaupt gesprochen» habe.[126] Man darf diese Formulierung vielleicht auch
so verstehen, dass Musil mit diesem Auftritt endlich gelang, was ihm mit
den *Bedenken* und der beabsichtigten Mitarbeit an der *Sammlung* miss-
glückt war: ein Zeichen der ‹Nichtgleichgeschaltetheit› zu setzen. Seit
damals hatte er ja, wie er Thomas Mann gegenüber im September 1934 in
anderem Zusammenhang betonte, aufgrund seiner «sehr prekären Lage
auf jeden anderen Protest als den des Schweigens und der Abstinenz ver-
zichten müssen.» (B 623) Der Anlass für Musils Rede war glücklich gewählt. Musil befand sich als ehemaliger Zweiter Vorsitzender des SDSOe
(1923–1928, gemeinsam mit H. von Hofmannsthal als Erstem Vorsitzenden) in der Rolle des Redners auf vertrautem Boden und einem Publikum
gegenüber, das ihm vermutlich mehrheitlich gewogen war. Auch die
Wahl des Themas war ein taktisches Meisterstück. Denn der Festakt zur
Feier des zwanzigjährigen Bestehens der österreichischen Zweigstelle
des einst bedeutenden und einflussreichen ‹Schutzverbandes Deutscher
Schriftsteller› (SDS), der nach der ‹Gleichschaltung› der literarischen
Vereine und Verbände im Dritten Reich im März 1933 aufgelöst worden
war, ließ keine grundsätzliche Auseinandersetzung mit der kulturpoliti-

schen Situation erwarten, eher schon einen nostalgischen Rückblick. Dies umso mehr, als die Festsitzung als Hommage an die ehemaligen Vorsitzenden Franz Karl Ginzkey, Hugo von Hofmannsthal und eben auch Robert Musil gedacht war.

Das Bestreben des 1910 in Berlin gegründeten SDS[127] war es, die standesrechtlichen Interessen von literarisch Tätigen wahrzunehmen und an der Festigung und Profilierung des Berufsbildes ‹Schriftsteller› mitzuwirken. Als Musil 1922, gemeinsam mit dem Freund Robert Müller, dem Verband beitrat, existierte der Wiener Ableger des SDS trotz ansehnlicher Mitgliederzahlen (angeblich über 200) mehr oder minder bloß auf dem Papier. Müller und Musil waren die treibenden Kräfte bei der Erneuerung des österreichischen Zweigs, die 1923 mit der Wahl Hofmannsthals zum Ersten und Musils zum Zweiten Vorsitzenden kraftvoll demonstriert wurde. Bis 1933 sollte der SDS jener Schriftstellerverein bleiben, der, so Musil 1935, «in Österreich die größte personelle Überlieferung» besaß, der aber, «obwohl er seinem Wesen nach unpolitisch war, beim Beginn der neuen politischen Zeit kaltgestellt worden ist.»[128] Natürlich kann keine Rede davon sein, dass der SDSOe unpolitisch gewesen wäre. Er war politisch in jeder Hinsicht, die Konflikte, in die er verwickelt war, waren politische Konflikte, und was in der Ära Musil an standespolitischen Aufgaben in Angriff genommen wurde, war, Musils Klassifizierung zum Trotz, die er für einen Auftritt in der neutralen Schweiz notiert hatte, per definitionem politisch, wenngleich nicht parteipolitisch. Vermutlich wollte Musil diese Konnotation vermeiden. In seiner Ära wurden im Rahmen des SDSOe Unterstützungsaktionen und Wohltätigkeitsveranstaltungen für notleidende Schriftsteller organisiert, so brachte z. B. Müller 1924 in seinem Verlag den *Künstlerhilfe-Almanach der Literaria* heraus, an dem Musil mit dem programmatischen Essay *Wie hilft man Dichtern*[129] beteiligt war. 1925 nahm Musil als Vorsitzender gegen die antisemitische Hetzkampagne nach der Ermordung des jüdischen Erfolgsschriftstellers Hugo Bettauer Stellung. Unter seinem Vorsitz setzte sich der SDSOe für die Erhöhung und korrekte Bezahlung von Zeitungshonoraren ein, er beschäftigte sich mit Fragen des Urheberrechts und der Krankenversicherung für Autorinnen und Autoren, wandte sich gegen unentgeltliche Veröffentlichungen in Sammelwerken und trat für die Einführung der 50-jährigen Urheberrechtsschutzfrist ein. Musil nahm an Protestveranstaltungen gegen die RAVAG teil, vertrat 1927 als Delegierter die Wiener Gruppe bei der Hauptversammlung des SDS in Berlin usw. – mit anderen Worten: Er betrieb sozial engagierte, geistige Organisationspolitik im Interesse der österreichischen Schriftstellerinnen und Schriftsteller.

Im Februar 1928 verzichtet er auf eine Wiederwahl, blieb aber weiterhin als Mitglied des erweiterten Vorstandes für den Verband aktiv. Seine wahrscheinlich politisch brisanteste Aktivität im Rahmen des SDSOe reicht in diese Zeit hinein: die Agitation gegen das von der Regierung Seipel (fast wortgleich nach dem im Deutschen Reich 1926 verabschiedeten ‹Gesetz zur Bewahrung der Jugend von Schund- und Schmutzschriften›) vorbereitete österreichische Schmutz- und Schund-Gesetz, das zahlreiche Künstler und Intellektuelle mit der Wiedereinführung der Zensur gleichsetzten. Mit diesem Gesetz wäre, so Musil, «unsere geistige Entwicklung bis auf weiteres zu Ende! Dieses scheinheiligste aller reaktionären Gesetze – welches das Schutzbedürfnis der Jugend in widerwärtiger Weise vorschützt – wird den deutschen Geist zwischen den Plattheiten der Parteien zerpressen».[130] Am 8. Juni 1928 kam es im Bundeskanzleramt zu einer Aussprache, an der Bundeskanzler Ignaz Seipel, Unterrichtsminister Richard Schmitz und Vertreter des ‹Gesamtverbandes schaffender Künstler Österreichs› teilnahmen, darunter Richard Beer-Hofmann, Anton Wildgans, Rudolf Kassner, Karl Schönherr, Hermann Broch, Joseph Roth, Alban Berg und, als Vorstandsmitglied des SDSOe, Robert Musil. Hugo von Hofmannsthal, Hermann Bahr, Stefan Zweig, Franz Werfel und Arnold Schönberg hatten sich entschuldigt und schriftlich ihre Ablehnung des Gesetzesentwurfs deponiert. Die Verhandlung wurde zwischen dem Bundeskanzler und dem Doyen der österreichischen Schriftsteller, Arthur Schnitzler, geführt. Das Gespräch, das vom Präsidenten des ‹Gesamtverbandes›, Ernst Lothar, protokolliert wurde, bestand in einer strengen Examination des 66-jährigen Dichters durch den 52-jährigen ‹Prälaten ohne Milde› und endete mit der Feststellung des Gottesmannes: «da trennen uns Welten.» Immerhin erreichten die Künstler eine Vertagung der Vorlage. Schließlich wurde kein eigenes Gesetz beschlossen, sondern im Rahmen der Strafgesetznovelle 1929 die Verkaufs-beschränkung für anstößige und unzüchtige Schriftwerke verschärft. Die Regierung des ‹autoritären› Ständestaates tat mit einer Verordnung zum ‹Schutze der Sittlichkeit und der Volksgesundheit› ein Übriges, um unerwünschtes Schrifttum problemlos verbieten zu können.[131]

Nach dem Tod Hofmannsthals verließ Musil im Oktober 1929 den SDSOe. Unstimmigkeiten mit einzelnen Mitgliedern (und wohl auch die vergebliche Hoffnung auf die Ernennung zum Ehrenvorsitzenden oder zumindest zum Ehrenmitglied) ließen in der Folge das Verhältnis abkühlen. Als der Verband seinem «früheren Präsidenten» zum 50. Geburtstag Ende 1930 in einer Glückwunschadresse öffentlich Rosen streute, dürfte der Hausfrieden halbwegs wiederhergestellt worden sein. In dem Telegramm, das in der Verbandszeitschrift *Der Schriftsteller* veröffentlicht wurde, hieß es u. a.: «… wir grüßen dankbar Ihre Bereitschaft des Kampfes um das Recht und die Freiheit des Schriftstellers in der Zeit. – Der SDSOe. wäre ohne Ihre langjährige Führung nicht das, was er heute ist».[132]

Zur Sonntagsmatinee im Saal des Wiener Ingenieurs- und Architektenvereins im Dezember 1934 waren nur geladene Gäste zugelassen, in erster Linie wohl die ehemaligen Kollegen und ausgewählte, literaturnahe Honoratioren des öffentlichen Lebens. Staatssekretär Pernter hatte einen Vertreter geschickt. Musil, der sich jeglicher Polemik und scharfzüngiger Zuspitzungen enthielt und mit verbindlicher Sachlichkeit, ja mit Understatement sprach, hat später selber als Absicht der Rede bezeichnet, dass er «ohne an dem politischen Geschehen freundlich oder feindlich teilzunehmen, unbefangen darauf hingewiesen habe, daß es auch noch anderes zu gewinnen – oder zu verlieren, und jedenfalls zu bedenken, gibt, als das, was politisch bewegte Zeiten in den Vordergrund stellen.»[133] Dieses Konzept ist aufgegangen. Die Zeitungen berichteten, dass die Rede «stürmisch begrüßt, von Beifall oft unterbrochen und schließlich stürmisch bedankt» wurde. Musils Festrede sei «eigentlich keine Festrede» gewesen, sondern «stürmische Anklage in subtilster Form gegen den Ungeist der Zeit». Die Hoffnung, diese «Rede eines der größten Schriftsteller der Nation […] baldigst im Druck lesen zu können»,[134] wurde allerdings enttäuscht. Zu Musils Lebzeiten blieb ihre Kenntnis auf den kleinen Kreis der geladenen Gäste beschränkt.

Musil begann mit einer Skizze des Literaturbetriebs, der von einer Handvoll großer Dichter lebe, denen es «größtenteils schlecht geht» – und er sprach dabei, ohne die kleinste persönliche Andeutung zu machen, natürlich auch von sich: «... ihr Einkommen ist in einigen bekannten Fällen das von Bettlern, und das Widerspruchsvollste ist, daß alles, was von ihnen lebt, es sich scheinbar angelegen sein läßt, sie raschestens zu töten. Ihretwegen bekommen Schriftsteller Preise, die es nicht verdienen; ihretwegen veranstalten die Sender Würdigungen für andere ...» (A 239)[135] Die Eigenart der Zeit, sie ist im Titel ja der Gegenpol zum Dichter, sei es, dass sie seit zwei Jahrzehnten, genau genommen seit dem «Sommer 1914», geprägt sei durch Gewalt, die von zwei «merkwürdigen Gefühlen» begleitet werde: dem lähmenden Gefühl einer Katastrophe und dem «mystische[n] Gefühl» der Nation. In beiden Gefühlen sei die «affektive Triebkraft von vielem [zu] erkennen, was seither große Wichtigkeit gewonnen hat.» (A 240) Die politische Antwort auf diese Situation sei ein Kollektivismus (staatlicher, nationaler oder klassenspezifischer) Ausprägung, der «je nach den historischen Umständen in Italien, Rußland, Deutschland verschiedene Formen» angenommen habe, ja sogar solche, «die im schärfsten Gegensatz zueinander stehn. Gemeinsam ist ihnen allen aber das Übergewicht kollektiver, gesamtheitlicher, Interessen gegenüber den individuellen, und ihre mehr oder weniger rücksichtslose Geltendmachung in unserem Zeitalter.» (Ebd.) Dieser Kollektivismus in seiner modernen Ausprägung sei «nicht gerade ein leidenschaftlicher Verehrer der Humanität». (A 241)

Musil belegte diese Beobachtung mit zwei Seitenblicken: erstens nehme die Literatur «schon seit geraumer Zeit Einzelschicksale nicht mehr so wichtig», und dies sei nur ein Reflex der sozialen Erfahrung, dass der Einzelne spüre, dass es «nicht mehr so sehr auf ihn ankomme». Dies sei ihm übrigens, und das war der zweite Seitenblick, schon vom Krieg «sehr eindringlich doziert worden»: «unsere Unselbständigkeit und Abhängigkeit in einer Masse». Diese Erfahrung äußere sich auch als «Charakterschwäche». (A 241 f.) In wörtlicher Anknüpfung an Formulierungen in den *Bedenken eines Langsamen* zog Musil die Bilanz: Der «letzte Umsturz in Deutschland» habe «zur Hälfte das Bild stürmischer Sieger, zur anderen Hälfte das von verschüchterten, ratlosen Menschen» gezeigt, «sogar von Feiglingen». Der heutige Mensch erweise sich als noch unselbständiger, als er es selber meine, und werde erst «im Verband zu etwas Festem». Dazu gehöre auch

«das ‹Umfallen› des Geistes, ein bemerkenswert zu Tage getretener Mangel an ‹Zivilcourage›. Was haben Menschen nicht bereitwillig oder zögernd in diesen Jahren abgeschworen und preisgegeben, das zuvor zu ihren unveräußerlichen Überzeugungen und tiefsten Grundsätzen gehört hatte! Es gibt keinen Grundsatz der Humanität, der Sittlichkeit, des Rechts, der Wahrheit, der nationalen Gemeinsamkeit, der Achtung vor anderen und ihrer Leistung, der sich nicht darunter fände.» (A 242 f.) [136]

Der Kollektivismus, den man als «Inbegriff disziplinärer Versuche» (A 243) verstehen könne, folge dem «Führer-Prinzip», forciere den «pyramidenartigen Aufbau des Staates» und gehe mit einem ausgeprägten Antiindividualismus einher. Die «Einwirkungen» auf den Einzelnen seien derart, «daß der Mensch als Staatsbürger mancherorts heute so organisiert wird, daß von ihm beinahe nichts übrig bleibt als der unendlich kleine Schnittpunkt der verschiedenen öffentlichen Ansprüche.» Der individuellen Sphäre werde «die Mehrzahl der Rechte entzogen und der öffentlichen überantwortet, und daraus erst ist ein etwas fragwürdiges Verhältnis der Politik zu den schöpferischen Kräften außerhalb der Politik entstanden …». Gerade weil Musil einräumte, dass in diesem Punkt die «angewandte Gewalt» so verschieden sei wie «Windstärke Zehn und eine angenehme Brise» (A 245), war eine Delegierung dieser Zustandsbeschreibung auf die als Beispiele kollektivistischer Systeme genannten Staaten (Italien, Russland und Deutschland) nicht möglich. Österreich war hier eindeutig mitgemeint und mitbeschrieben. Die Einschätzung, welchen Platz der Skala zwischen Brise und Orkan es einnahm, wird im Einzelnen das Resultat persönlicher Erfahrung, politischer Urteilsfähigkeit, ideologischer Glaubenskraft oder schlichter Apperzeptionsverweigerung gewesen sein.

Die ‹Ausschaltung› des Parlaments durch Bundeskanzler Engelbert

Dollfuß im März 1933, das Verbot von Aufmärschen und Versammlungen, das Streikverbot, die Ausschaltung des Verfassungsgerichtshofs im Mai 1933, der Beschluss über die Errichtung sogenannter ‹Anhaltelager› zur Internierung Oppositioneller (23.9. 1933), die Verhängung des Standrechts und die Wiedereinführung der Todesstrafe (11. 11. 1933), der als ‹Bürgerkrieg› bezeichnete bewaffnete Widerstand von Formationen des ‹Republikanischen Schutzbundes› vom 12. bis zum 14. Februar 1934 gegen staatliche Repressionen, bei dem die Regierung Militär und Artillerie gegen die Wiener Gemeindebauten und Arbeiterwohnheime einsetzte (mehr als 300 Menschen wurden dabei getötet), der Einsatz von Standgerichten und der Vollzug der Todesstrafe, das Verbot und die Zerschlagung aller sozialdemokratischen Organisationen, die Errichtung einer Einheitsgewerkschaft, die Auflösung von National- und Bundesrat und die Übertragung ihrer Befugnisse auf die Regierung (30. 4. 1934), die Proklamation der neuen Verfassung am 1. Mai 1934, die das Führerprinzip und den ständischen, «pyramidenartigen» Aufbau des Staates festschrieb – alles das lag zum Zeitpunkt der Rede erst wenige Monate zurück.[137]

Mit den Ausführungen über die Auswirkungen des Kollektivismus auf den Einzelnen, so Musil, sei bereits auch das Verhältnis des Dichters zur Gegenwart berührt. Denn der Dichter steht gleichsam konstitutionell in Opposition zum Kollektivismus, weil er das Prinzip der Individualität verkörpert. «Er ist ihr Spezialfall», heißt es in den Entwürfen.[138] Damit aber, so darf man Musils Andeutung weiterspinnen, wächst dem Dichter auch die Rolle zu, dem Kollektivismus bewusst entgegenzuwirken. Aus politischen Gründen seien vielerorten «die Begriffe der Humanität, der Internationalität, der Freiheit, der Objektivität und andere mißliebig geworden.» Sie gälten als «bourgeois, als liberal, als abgetan.» Dies seien aber für den Dichter «die Begriffe seiner Überlieferung, mit deren Hilfe er sein persönliches Selbst mühsam gefestigt hat.» Ihnen sei er weit mehr verhaftet als «dem Boden», auf dem er wandle. Hier setzte Musil dezent, aber deutlich genug die humanen und aufgeklärten Prinzipien der bürgerlichen Bildungstradition gegen den Blut-und-Boden-Geist der völkischen Heimatideologie. Die allenthalben spürbaren Ansprüche, dass sich der Dichter «so völlig wie möglich der herrschenden Ideologie einer Gemeinschaft angleichen müsse», führe zu einer nicht aufzulösenden Paradoxie: dass nämlich im Ergebnis «jedes Land nicht etwa nur seine Heimatdichter besäße, sondern mit dem Namen Dichtung überhaupt ganz verschiedene Gebilde bezeichnet würden.» Das aber wäre die völlige Preisgabe dessen gewesen, was Musil mit dem Begriff der ‹Objektivität› umschrieb. Übrigens sei man ohnehin schon beinahe so weit, konstatierte er, wenn etwa «über Nacht der literarische Himmel umgewälzt wird» und bisher Unbekannte «plötzlich zu Sternen erster Ordnung werden». (A 246 f.)

Mit den bisher Unbekannten, die über Nacht zu Lokalmatadoren (und in einigen Fällen auch zu österreichischen Staatspreisträgern) wurden, die also, in seiner Formulierung, ihren «Stellenwert nur einer Konstellation kunst-äußerer Umstände» (A 247) verdankten, spielte Musil wohl auf die «politikgeförderten Dichter» (A 294) und die politisch gestützte Konjunktur der völkisch-nationalen (Heimat-)Literatur Österreichs von B. Brehm über F. K. Ginzkey, R. Hohlbaum, M. Mell, H. H. Ortner, J. F. Perkonig, K. Schönherr, F. Schreyvogl bis zu K. H. Waggerl und G. Zernatto an. Die Erfahrung, übrigens «eine politisch ganz vorurteilslose Erfahrung!», habe demgegenüber an «ein Spezifikum, ein Aroma ‹Kunst› oder ‹Genialität› glauben gelehrt, von dem der Einzelne mehr oder weniger haben kann, das aber ganz unabhängig von Ort, Zeit, Nation und Rasse ist.» (A 247) In der politischen und in der einschlägigen literaturkritischen Rhetorik der Zeit wurde dieses von Musil beschworene überzeitliche und übernationale, ja antinationale «Aroma ‹Kunst›», auf dem «heute vielleicht die Zukunft unserer Kultur» (A 248) beruhe, gemeinhin als ‹jüdisch-zersetzend› oder kurz und bündig als ‹entartet› bezeichnet. In Anspielung auf die sogenannte ‹österreichische Mission›, gemeint ist die von Schuschnigg als offizielle politische Doktrin propagierte Idee von Österreich als dem zweiten, dem besseren ‹deutschen› Staat, bezweifelte Musil, dass «unser kleines Österreich», das ja «jetzt eine Art Arche Noah der deutschen Kultur geworden sein will», viel zum «Herabmindern der Schädigungen», die der Literatur drohten, beitragen könne. Es sei «vielleicht das Wichtigste, sich einigermaßen ungetrübte Vorstellungen» von dem zu verschaffen, «was da gegeneinanderwogt». (A 249) [139]

Einem besonderen Verhältnis dieses ‹Gewoges› widmete Musil sich in den Schlusspassagen der Rede: dem Verhältnis von Literatur und Politik, und auch hier knüpfte er an Überlegungen aus den *Bedenken* an. Politik wie Dichtung enthielten einen «weltanschaulichen Teil». In den seltensten Fällen erzeuge die Politik diesen selber; sie entnehme ihn anderswo, und daraus entstehe dann der Irrtum, dass schon der Geist selber politisch sei. Als Beispiel führte er den Begriff des Liberalismus an, dessen Ursprung die Liberalität sei, «eine große Geistestugend». In diesem Sinn habe Goethe sich als einen liberalen Mann bezeichnet, «ohne natürlich das zu meinen, was man einen Liberalen nennt.» In dieser Weise der Übertragung seien «die meisten Ideen aus ihrem freien Element in das der Politik versetzt worden und haben für viele Menschen so sehr deren Aussehen angenommen, daß diese Menschen an ein unpolitisches Fühlen und Denken gar nicht mehr glauben wollen.» (A 250)

Es ist diese unorthodoxe Verwendung des Begriffs ‹unpolitisch›, die immer wieder zu Missverständnissen geführt hat. Musil setzt im Grunde ‹unpolitisch› mit ‹autonom› und ‹unabhängig› gleich. ‹Unpolitisch› heißt unabhängig von den pragmatischen Zwängen, Ansprüchen und Verpflichtungen der Politik als gesellschaftlicher Institution.[140] Für diese Unabhängigkeit, für diese Autonomie der Literatur, die in der Unabhängigkeit und Autonomie des Einzelnen begründet und garantiert sein muss, kämpfte Musil. Zwar sei eine «gegenstandsmäßige Trennung der Bereiche von Literatur und Politik kaum noch durchzuführen», beide sind, anders formuliert, mit ähnlichen Fragen und Problemen beschäftigt, doch gerade deshalb müsse die «Verschiedenheit der Funktion» von Literatur und Politik umso deutlicher gemacht werden. Es sei nämlich «für die Politik sehr wichtig», dieses ‹unpolitische› «Fühlen und Denken sich als ihr Reservoir zu erhalten.» (Ebd.)

Musil dreht hier überraschenderweise die geläufige Sicht des Abhängigkeitsverhältnisses zwischen Literatur und Politik um. Er spricht nicht primär von den negativen Folgen, die sich für die Literatur einstellen, wenn die Politik die Autonomie der Literatur oder die Freiheit des Schriftstellers in Frage stellt oder einschränkt, sondern von den nachteiligen Wirkungen für die Politik. In den Entwürfen heißt es dazu: «der Staat, der die Kunst verdorren läßt, zwingt, gleichschaltet, und sei es auch mit feinen Mitteln, versteinert.» (A 267) Durch Behinderung, Unterdrückung oder Instrumentalisierung der Kunst schadet die Politik sich selber, weil sie sich eines geistigen Potenzials beraubt, dessen sie für die Erfüllung ihrer Aufgaben dringend bedarf. Dem «Reservoir» des autonomen Geistes, im Konkreten der Kunst und der Literatur, ist nämlich das Moment des Utopischen inhärent: «die Kunst [...] erhält das Noch-nicht-zu-Ende-Gekommene des Menschen, den Anreiz seiner Entwicklung am Brennen.» (A 251) Dass dieser Auffassung von Unabhängigkeit und Autonomie des Geistes die aktuellen Erscheinungen von Bekenntnisdruck, Gesinnungsprüfung, Zensur, Instrumentalisierung der Kunst und Führerprinzip diametral widersprachen, konnten Musils Zuhörer, wenn sie wollten, dem lakonischen Satz entnehmen: «Dieser Geist [...] kann sich natürlich nur bis zu einem gewissen Grad unterordnen und angleichen, ohne sich aufzugeben.» (A 252) Im Autobiographie-Heft wird er einige Jahre später festhalten: «... man muß den Dichter nehmen, wie er ist; diese Toleranz muß der Staat haben, oder er bringt die Dichtung zum Versiegen.» (T 924)

Musils Rede sucht, als öffentlich gehaltener Vortrag im Wien des Jahres 1934, in der österreichischen Literatur jener Jahre ihresgleichen.[141] Es ist ein mit theoretischen Erwägungen, persönlichen Erfahrungen und politischen Anspielungen gesättigter Text, der seine Bezüge: die privaten Existenznöte, das Miterleben des ‹Umsturzes› in Deutschland, die ‹schleichende›, schrittweise Machtergreifung des Austrofaschismus in Österreich und die Praxis der ‹Kulturpolitikskultur›, die den Hintergrund bilden, erst in der parallelen Lektüre der Beobachtungen und Analysen in den Tagebuchheften vollständig enthüllt. So gesehen ist der Text, der sich kaum eine offene, aber zahlreiche verdeckte Anspielungen gestattet, eine fundierte und prinzipielle Abrechnung mit dem Kommunismus, dem Nationalsozialismus und mit der österreichischen Ausprägung des Faschismus, insbesondere mit dessen Kulturpolitik. In diesem subtilen Anspielungs- und Beziehungsgeflecht werden sogar Musils Reminiszenzen an die Antike zum Menetekel:

«Auf der hohen Stufe seiner damaligen Ausbildung war der Geist der Antike abhängig von Einrichtungen, wie es Bibliotheken und Schulen sind; und die Personen, die ihn verkörperten, waren auf Duldung und Wohlwollen ihrer Zeitgenossen angewiesen. Eine Änderung des Zeitwillens (summarisch gesprochen) genügte, alles das wegzufegen.»[142]

Wer Ohren hatte zu hören, wusste, dass Musil hier auch von der Gegenwart sprach, und durfte beispielsweise an die ‹Säuberungen› der sozialdemokratischen Arbeiterbüchereien in Wien und in den Bundesländern denken, die im Übrigen auch von Geistlichen organisiert wurden. Von der christlich-sozialen *Reichspost*, dem offiziösen Organ der Regierung, wurde dieses ‹Wegfegen› des linken Geistes publizistisch tatkräftig unterstützt.[143]

PARIS 1935. STÖRENFRIED BEIM ‹INTERNATIONALEN SCHRIFTSTELLERKONGRESS ZUR VERTEIDIGUNG DER KULTUR›

Nur ein halbes Jahr nach der Wiener Rede bot sich Musil durch die Einladung zur Teilnahme am ‹Internationalen Schriftstellerkongreß zur Verteidigung der Kultur› in Paris die Gelegenheit, seine Überlegungen zum Verhältnis von Literatur und Politik einem internationalen Publikum vorzutragen. Er nahm dafür einiges an Strapazen und Unannehmlichkeiten auf sich.

«Da Musil auf keinen Fall ohne Martha reisen wollte, aber nicht das Geld hatte, um sie einfach mitzunehmen, tauschte er seine Schlafwagenkarte gegen zwei Billetts dritter Klasse und fuhr mit seiner Frau und [Otto] Pächt in einem dicht besetzten Abteil mehr als 20 Stunden nach Paris. An ein Ausstrecken oder gar Liegen war nicht zu denken.»[144]

Sein Pariser Auftritt sollte, nach der Wiener Rede, eine weitere Geste der «Nichtgleichgeschaltetheit» werden – und zwar gleich im doppelten Sinn: nach rechts und nach links. Der Kongress führte vom 21. bis zum 25. Juni 1935 mehr als 250 Autoren und Intellektuelle aus 38 Ländern in Paris zusammen. Er gilt als das bedeutendste Beispiel einer antifaschistischen kulturellen Kundgebung in den dreißiger Jahren.[145] Das, was unter der Bezeichnung ‹Volksfront› nach dem VII. Weltkongress der Kommunistischen Internationale (Komintern) vom August 1935 als offizielle Strategie im Kampf gegen Faschismus und Nationalsozialismus angestrebt wurde, nahm auf diesem Kongress gewissermaßen die Literatur vorweg – wenn man von einigen individualistischen und bekenntnisscheuen Spielverderbern wie Robert Musil oder André Breton absieht, die nicht ohne weiteres bereit waren, die unausgesprochenen Prämissen der Veranstaltung zu akzeptieren. Die Differenz der Auffassungen, die in der Position Musils auf diesem Kongress exemplarisch sichtbar wird, ist von historischer und von prinzipieller Bedeutung.[146]

Die Vorgeschichte:[147] Auf dem ersten Moskauer Allunions-Kongress der sowjetischen Schriftsteller im August 1934, an dem beinahe 600 Schriftsteller aus mehr als 50 Nationen teilnahmen, darunter zum ersten Mal auch nichtkommunistische Autoren aus dem Westen wie Albert Ehrenstein, Oskar Maria Graf und Klaus Mann,[148] waren die bis dahin erbittert verteidigten Fronten zwischen kommunistischen, sozialistischen und bürgerlich-liberalen Schriftstellern erstmals aufgeweicht worden. Die neue Strategie lautete, (links-)bürgerliche und sozialistische Autorinnen und Autoren als Bündnispartner im Kampf gegen Faschismus und Nationalsozialismus zu gewinnen. Erst dadurch wurde möglich, was Bertolt Brecht schon im Juni 1933, unter dem Eindruck «stärkste[r] Entmutigung und Verwirrung» unter den Exilierten, in einem Brief an Johannes R. Becher gefordert hatte: eine «autorisierte Konferenz» der in alle Windrichtungen zerstreuten antifaschistischen Schriftsteller, um «Zahl und Methoden unserer künftigen Arbeit endgültig» festzulegen. Unter ‹autorisiert› ist in diesem Zusammenhang die Legitimierung durch die sowjetische Parteiführung (KPdSU) zu verstehen.[149] Der Pariser Kongress, der ursprünglich für den 10. Mai 1935, den ‹Tag des verbrannten Buches›, geplant war,[150] verstand sich als Fortsetzung der seit dem Allunions-Kongress auch offiziell verfolgten politischen Sammlungs- und Einigungsbemühungen im Zeichen der Volksfront-Strategie. Er sollte die Notwendigkeit und die Möglichkeit eines Bündnisses im Kampf gegen Faschismus und Nationalsozialismus nachdrücklich und erstmals unter Aufbietung größtmöglicher internationaler Prominenz aus dem bürgerlichen Lager außerhalb der Sowjetunion unter Beweis stellen. Die Idee, ihn in Paris abzuhalten, wurde in Gesprächen auf dem Moskauer Kongress geboren, an denen u. a. André Malraux, Louis Aragon, Ilja Ehrenburg und Michail Kolzow maßgeblich beteiligt waren. Darüber hinaus bestand ein direkter Zusammenhang mit einem parteiinternen Machtkampf um die 1930 gegründete ‹Internationale Vereinigung Revolutionärer Schriftsteller› (IVRS, russische Abkürzung MORP), die ihre Aktivitäten ausdehnen und in Paris ein Büro für Westeuropa einrichten wollte. Die Konflikte hinter den Kulissen, in denen auch Stalin und Henri Barbusse kräftig mitmischten, drohten den geplanten Kongress zum Scheitern zu bringen.

In dieser Situation ergriff eine Gruppe kommunistischer Schriftsteller im Umkreis der französischen ‹Association des écrivains et artistes révolutionnaires› (AEAR, d. i. die französische Sektion der IVRS) und des 1933 unter kommunistischer Führung im Pariser Exil neugegründeten ‹Schutzverbandes Deutscher Schriftsteller› (SDS) mit Duldung der Parteistellen, aber vorerst wohl ohne formellen Auftrag, die Initiative. Der SDS hielt sich aus taktischen Gründen jedoch im Hintergrund.[151] Dessen Vorstandsmitglied Johannes R. Becher, Mitglied des Zentralkomitees der KPD im Exil, war die treibende Kraft hinter den Kulissen. Er stimmte als treuer «Parteisoldat», so seine Eigendefinition,[152] die Taktik mit den französischen, den sowjetischen und den deutschen Genossen ab und arbeitete diskret an der Umsetzung der propagandistischen und politischen Ziele einer literarischen Einheitsfront. In die Vorbereitungen in Paris, wozu auch regelmäßige Berichte nach Moskau zählten, waren u. a. Henri Barbusse, Ilja Ehrenburg, André Gide, Jean-Richard Bloch, André Malraux, Léon Moussinac, Paul Nizan, Anna Seghers, Alfred Kantorowicz und, an vorderer Stelle, Johannes R. Becher involviert. Dass die Komintern den Kongress trotz aller Konflikte, die es im Vorfeld gab, letztlich doch unterstützte und zumindest teilweise finanzierte,[153] hatte auch mit den außenpolitischen Interessen der Sowjetunion zu tun, die seit der Machtergreifung Hitlers eine Annäherung an Frankreich und an England anstrebte. Schließlich fand die Veranstaltung nur wenige Wochen nach der Unterzeichnung des sowjetisch-französischen Beistandspaktes (16. 5. 1935) statt.

Vonseiten der Organisatoren war man allerdings bestrebt, den Eindruck politischer Einseitigkeit zu vermeiden, um die heftig umworbene bürgerliche Prominenz nicht kopfscheu zu machen. Der Aufruf zum Kongress, der am 5. April 1935 in *Monde*, einer von Henri Barbusse herausgegebenen Wochenzeitschrift, und in der Folge auch in anderen Blättern publiziert wurde, war sachlich-neutral und, nicht einmal drei Monate nach der Abstimmungsschlacht um die Rückgliederung des Saargebiets an Hitler-Deutschland, von geradezu demonstrativer politischer Harmlosigkeit:

«Angesichts der Gefahren, die in einer Anzahl von Ländern die Kultur bedrohen, haben einige Schriftsteller die Initiative zur Einberufung eines Kongresses ergriffen, um die Mittel zu ihrer Verteidigung zu prüfen und zu diskutieren. Ihr Ziel ist es, die Bedingungen des literarischen Schaffens und die Beziehungen des Schriftstellers zu denen, an die er sich wendet, genauer zu bestimmen.»

Der ‹Arbeitsplan› sah acht Themenkreise vor, die alles andere als Klassenkampf, ‹Bolschewismus› oder ‹Volksfront› assoziieren ließen, darunter ‹Kulturerbe›, ‹Humanismus›, ‹Nation und Kultur›, ‹Das Individuum› und ‹Die Rolle des Schriftstellers in der Gesellschaft›. Der Aufruf war von 25 französischen Schriftstellern und Intellektuellen unterzeichnet, darunter Louis Aragon, Henri Barbusse, Emmanuel Bove, René Crevel, André Gide, Jean Giono, André Malraux und Romain Rolland.[154] Der Öffentlichkeit und auch Robert Musil blieben die politischen Hintergründe der Veranstaltung nicht verborgen. Nach dem Eindruck von Freunden hat Musil den Kongress als «krypto-kommunistisch» eingeschätzt (B II, 375), und Alfred Döblin berichtete, Musil habe sich geärgert, dort überhaupt «gesprochen zu haben, weil er erst zu spät erfuhr, wer eigentlich die Drahtzieher des Congresses waren». (T II, 203) Der Kongressbericht der auflagenstärksten deutschsprachigen Exilzeitschrift, des Pariser *Neuen Tage-Buchs*, sprach vom «kommunistische[n] Timbre des Arrangements und der Zuhörerschaft». Es sei eine «Art Variante des vorjährigen Schriftstellerkongresses in Moskau» gewesen. Die Absicht war, «nach dem Eintritt Rußlands in die europäische Politik auch Brücken zwischen der kommunistischen und der bürgerlichen Intelligenz zu schlagen». Neben den französischen Gastgebern wurden stellvertretend für die mehr als 200 Teilnehmer genannt:

«aus England Aldous Huxley und E. M. Forster; aus der Tschechoslowakei Max Brod, Karel Čapek, [Egon Erwin] Kisch; von der deutschen Emigration Heinrich Mann, [Lion] Feuchtwanger, [Bertolt] Brecht; aus Russland [Michail] Kolzow, [Isaak] Babel, [Ilja] Ehrenburg; aus Österreich [Robert] Musil; aus Holland [Menno] ter Braak; aus Dänemark Andersen Nexö und Karin Michaelis.»

Die Funktion solcher Veranstaltungen seien die «Additionen gewisser Bekenntnisse», und diese hätten im Verlauf des Kongresses «den Charakter einer einhelligen Proklamation gegen den Nationalsozialismus» angenommen.[155] Karl Radek resümierte 14 Tage nach dem Kongress im kommunistischen *Gegen-Angriff* (Prag und Paris):

«Es gab buchstäblich keinen einzigen Redner, der in seinem Auftreten nicht die Erfahrung, die Praxis und die kulturellen Errungenschaften der Sowjetunion streifte. Das Beispiel der Sowjetunion ist das positive Beispiel, das Vorbild, der leitende Leuchtturm, dem die Weltzivilisation zustreben muß. [...] Wie einer der Redner sich ausdrückte, vollzog sich auf dem Kongreß die endgültige Anerkennung der Sowjetunion de jure auf dem Gebiet der Kultur.»[156]

Propagandistisch war die Veranstaltung zweifellos ein Erfolg, was auch in der internationalen Presse anerkannt wurde. Andererseits blieb der Kongress weit davon entfernt, eine Verständigung, geschweige denn eine Einigung darüber zu erzielen, welche Kultur denn verteidigt werden müsse, wie, von wem und auch gegen wen sie denn zu verteidigen wäre. Gerade dazu aber, zu einer differenzierteren Sicht auf die zentralen Fragen des Kongresses, die alle vorschnellen Gewissheiten ausschloss, hat Musil das Seine beigetragen – und er stand damit ziemlich allein da. Unabhängig davon aber hat es weder vorher noch nachher eine ähnlich mächtige Demonstration von Schriftstellern und Intellektuellen gegen Faschismus und Nationalsozialismus gegeben. 90 Redner aus 20 Nationen traten in neun Sitzungen auf,[157] darunter neben den bereits Genannten auch Louis Aragon, Julien Benda, Ernst Bloch, André Breton, Georgi Dimitroff, Max Brod, Waldo Frank, Alfred Kerr, Rudolf Leonhard, Klaus Mann, Ludwig Marcuse, Boris Pasternak, John Strachey, Ernst Toller und Tristan Tzara. Nach dem Zeugnis Heinrich Manns haben sich an den fünf Nachmittagen und Abenden des Kongresses «jeweils mehrere tausend Personen» im Palais de la Mutualité, in der Rue Saint-Victor 24, versammelt. Da der Versammlungssaal hoffnungslos überfüllt war, wurden die Reden über Lautsprecher nach draußen übertragen.[158]

Dass dies alles sich vor dem Hintergrund wiederholter demonstrativer Lobpreisungen der vorbildlichen kulturellen und politischen Errungenschaften der Sowjetunion und unter einem Dutzend Anrufungen Stalins vollzog oder dass nach der improvisierten Rede Gustav Reglers der Saal spontan die *Internationale* anstimmte, schien dem ideologischen Strategen Johannes R. Becher nicht ganz unbedenklich. Im Nachhinein hielt er in einer internen Kritik fest, dass sich «die Gefahr eines *Linksabrutschens* deutlich gezeigt» habe. Es müsse aber unter allen Umständen vermieden werden, dass der «Kongreß […] als kommunistisch denunziert» werden könne. «Wir haben es in einigen Fällen unseren Gegnern unnötigerweise erleichtert, solche Denunziationen etc. auszustreuen.» Im Ganzen aber war der Kongress für Becher «ein voller Erfolg der eingeschlagenen literaturpolitischen Linie».[159] Die spektakuläre und im Sinne der Organisatoren propagandistisch erfolgreiche Inszenierung endete mit einer Abschlusserklärung, die in ihrer forcierten Harmlosigkeit offenbar bereits den Bedenken Bechers Rechnung trug. Außerdem wurde die Gründung einer ‹Internationalen Schriftstellervereinigung zur Verteidigung der Kultur› bekanntgegeben.[160] Deren zwölfköpfigem Präsidium gehörten neben André Gide, Henri Barbusse, Romain Rolland, Maxim Gorki, E. M. Forster, Aldous Huxley, George Bernard Shaw, Sinclair Lewis, Selma Lagerlöf und Ramón del Valle-Inclán als Vertreter der deutschsprachigen Literatur Thomas und Heinrich Mann an, nicht aber Robert Musil, und dies war zweifellos ein Affront; vermutlich eine Reaktion auf seinen Vortrag. Wieder zu Hause in Wien, resümierte er:

«Der Kongreß war ziemlich eindeutig politisch und wird mich wohl in die unangenehme Lage gebracht haben, meine Gastgeber enttäuschen zu müssen, weil ich die Einladung angenommen habe, ohne mir der daraus resultierenden Erwartungen bewußt zu sein. [...] Im Vergleich mit früheren Auffassungen des Verhältnisses zw.[ischen] Pol.[itik] u[nd] Literatur war man aber diesmal sehr liberal und offen für alle Werte; bloß mißt man sie doch noch mehr oder weniger an den eigenen Dogmen.» [161]

Musils Urteil klingt noch einigermaßen versöhnlich, wenn man sich vergegenwärtigt, wie andere aus den Reihen der internationalen Prominenz den politischen Hintergrund der Veranstaltung beurteilten: Aldous Huxley, immerhin Mitglied des Präsidiums der neugegründeten Schriftstellervereinigung, schrieb wenige Tage nach dem Kongress in einem Brief:

«Der Kongreß war natürlich eine große Enttäuschung. Ich hatte auf ernsthafte, technische Diskussionen unter Schriftstellern gehofft – in Wahrheit aber wurde die Sache einfach zu einer Serie öffentlicher Kundgebungen gemacht, organisiert von der Französischen Kommunistischen Partei zu ihrer eigenen Glorifizierung und von den Russen als Teil der sowjetischen Propaganda. [...] Überall vollständige Gleichgültigkeit gegenüber der Wahrheit und den gemeinsamen Schicksalen der zivilisierten Intelligenz.»

Ähnlich äußerte sich sein Präsidiumskollege E. M. Forster:

«Wenn das Büro [der neugegründeten Schriftstellervereinigung, K. A.] sich zu einer Organisation entwickelt, in der alle nichtfaschistischen Schriftsteller frei ihre Ansichten austauschen können, dann wird es gute Arbeit tun. Schrumpft es dagegen zu einer Kirche der Einen Wahren Revolution zusammen, in der sich nur Leute mit Vorurteilen heimisch fühlen, dann wird es gute Arbeit nur für die kommunistische Partei tun, und selbst das ist zweifelhaft.» [162]

Angesichts der Tatsache, dass der Kongress Musil die lange ersehnte Gelegenheit geboten hätte, endlich Beachtung und Anerkennung im internationalen Rahmen zu finden, war seine Bilanz mehr als ernüchternd. Im September 1935 sprach er sogar von der «üblen Nachrede», die er «in Paris genieße».[163] Was war geschehen? Musil selber nannte, wie erwähnt, als Gründe für sein Scheitern die beiderseitigen falschen Erwartungen und die grundsätzlichen Differenzen in der Auffassung des Verhältnisses zwischen Literatur und Politik. Ein Augenzeuge berichtete nach dem Krieg, Musils Rede habe auf dem Kongress einen «großen Skandal» erregt. Viele der Zuhörer, die Deutsch verstanden – unter ihnen «mehrere bedeutende, aus Deutschland geflüchtete Schriftsteller» –, hätten ihn nach seinem Vortrag ausgepfiffen: «sowohl das Publikum wie Musils Kollegen fragten sich an jenem Tage, was dieser Störenfried im Palais de la Mutualité zu suchen habe. Es fehlte nicht viel, und man hätte ihm die Rede abgeschnitten.»[164] Wen hat er gestört, und worin bestand der Skandal?

Musil war in Paris nicht als Verteidiger der Kultur eingerückt, sondern als einer, der Fragen stellte. Diese Fragen liefen, so Musil, «in der Hauptsache» auf das Problem hinaus, «unter welchen politischen Bedingungen die Kultur wächst».[165] Das heißt, er stellte dort Fragen, wo ein Großteil der Kongressteilnehmer, gemäß der Aufforderung, die der Titel der Veranstaltung signalisierte, eine Antwort erwartete – eine Antwort überdies, die durch den politischen und organisatorischen Rahmen des Kongresses bereits in eine bestimmte Richtung determiniert war. Das ist gemeint, wenn Musil von falschen Erwartungen spricht und von der Neigung, das Verhältnis zwischen Literatur und Politik nach den eigenen Dogmen zu beurteilen. Dogmen sind nicht dazu da, um öffentlich befragt zu werden.

Den theoretischen Hintergrund für Musils Vortrag in Paris bildete die Wiener Rede zur Feier des ‹Schutzverbandes›. Die zentralen Themen tauchten wieder auf, und es gab Anklänge in den Formulierungen. Im Ganzen aber hatte der Vortrag in Paris eine andere Färbung. Er war dezidierter, pointierter, schärfer. Er hat auch, wegen der Redezeitbeschränkung, kaum ein Drittel des Umfangs der Wiener Rede. Aber Musil sprach auch in einer anderen Rolle als in Wien, und er sprach in einer anderen Rolle als die überwiegende Mehrheit der übrigen Redner in Paris. Er hat zwar im Nachhinein betont, er sei sich der Erwartungen der Gastgeber nicht bewusst gewesen, doch seine vorbereitenden Notizen sprechen eine ganz andere Sprache. Schon auf dem ersten Blatt mit Entwürfen für die Rede finden sich fast ausschließlich Fragen und Formulierungen, die das Selbstverständnis und die damit verbundenen Erwartungen des Kongresses zur Verteidigung der Kultur in einer Weise untersuchen, die nahelegt, er habe geahnt, welche Art von Dogmen ihm dort begegnen würden.

«Sind wir ein moralischer Weltgerichtshof? sind wir die rechtgläubige Kirche? […]
> Wir stehen im Gegensatz zur göttlichen Gleichschaltung und zur nationalen. […]
> Vorausgesetzt wir könnten uns ausnehmen. Aber unsere Leser, die auf ein Zeichen von uns warten? Sie können sich nicht ausnehmen. Sollen wir Wahlparolen geben? Eindeutig eine Regierungsform empfehlen? Oder sie im Stichlassen und ihnen sagen: tragt euer Los und empfangt unsere Anregungen!? […]
> [Geist und Kultur?] Einseitig und eingeschränkt auch in Russland. […]
> Mit Verteidigung der Kultur weiß ich nicht viel anzufangen. Wohl aber mit der Verteidigung des Einzelnen als ihrer Quelle.
> Der Glaube ist mir nicht gegeben.» (A 284 f.)

Der Tenor dieser am Anfang der Überlegungen für Paris stehenden Fragen und Feststellungen spricht auch aus dem Text der Rede. Musil war offenkundig nicht bereit, die Prämissen des Kongresses unbefragt zu akzeptieren. Er verfügte nicht über die Sicherheit jener, für die Freund und Feind, rechts und links, Gut und Böse eindeutig geschieden waren, für die weitgehend außer Zweifel stand, dass der Kongress, wenn schon keinen Weltgerichtshof, so doch eine politisch-moralische Instanz darstelle und für die in der gegebenen Situation das Bekenntnis zur Parteilichkeit, zur Volksfront und zur Solidarität mit der Sowjetunion nicht nur die politische Voraussetzung für die Verteidigung der Kultur war, sondern die Dimension einer Glaubensfrage angenommen hatte.[166]

Für all das fehlten Musil, wie seine Rede zeigt, die rationalen Grundlagen und die überzeugenden Argumente. Musil redete in Paris als Beschädigter, aber auch als intimer Kenner der Mechanismen des austrofaschistischen, klerikalen und heimattümelnden Gesinnungsdrucks, der sich Kulturpolitik nannte. Gleichzeitig sah er sich im Rahmen des Kongresses einer internationalen Phalanx der politischen Glaubensbereitschaft und des kulturpolitischen Bekenntnisdruckes gegenüber, die ihn fatal an das erinnern musste, was er von zu Hause kannte. Musil hat als scharfer Beobachter der literarischen Szene und als der erfahrene Standespolitiker, der er als ehemaliger leitender Funktionär des SDSOe anerkanntermaßen war, mit Sicherheit geahnt, was ihn auf dem Kongress erwartete. Bezeichnenderweise taucht der Begriff ‹Kulturpolitikskultur› auch direkt im Material zur Pariser Rede auf – sogar als der früheste Beleg überhaupt:

«Wir haben in Österreich nicht die Begriffe Totalität und Gleichschaltung, aber wir haben den Begriff Kulturpolitik; er ist sanfter, aber doch auch ein wenig zu anspruchsvoll, und vor allem ist nicht recht klar, wie eigentlich eine Kulturpolitikkultur aussehen wird […] Auch an die russischen Dichter werden, soviel ich weiß, Ansprüche gestellt oder von ihnen freiwillig übernommen, die ein völliges Primat der Politik voraussetzen.» (A 285 f.) [167]

Die Pariser Veranstaltung gehörte für Musil – unter umgekehrten ideologischen Vorzeichen – strukturell in den Kontext der ‹Kulturpolitikskultur›. Hier wie dort waren der Maßstab die «eigenen Dogmen» und die davon abgeleiteten «Ansprüche» an die Künstler und Schriftsteller. Primat der Politik über die Kultur, Gesinnungsdruck, Bekenntniszwang, politische Indienstnahme sind für Musil jedoch gleichbedeutend mit der Zerstörung der Kultur – einerlei, ob dieser Vorgang mit den Begriffen Kollektivismus, Totalität, Gleichschaltung oder Kulturpolitikskultur assoziiert wird. Deshalb sprach Musil in Paris, anders als vor den geladenen Gästen, den Freunden und ehemaligen Kollegen bei der SDSOe-Feier in Wien, nicht als einer, der sich im Prinzip mit seiner Zuhörerschaft eins wusste, sondern als unbequemer Fragensteller, als einer, der die Voraussetzungen und Konsequenzen eines Schulterschlusses im Namen der Verteidigung der Kultur (welcher denn?) erst prüfen wollte, der sich keinem politischen oder ästhetischen Dogma, keinem vorschnellen taktischen Konsens unterwerfen wollte und der augenscheinlich auch daran zweifelte, ob das von ihm Erwartete und Geforderte überhaupt zu den Aufgaben eines Schriftstellers gehört.

Musil hat, lange vor dem Aufstieg des Nationalsozialismus schon, die politischen Handlungsmöglichkeiten des Schriftstellers mit großer Skepsis beurteilt. So klassifizierte er unmittelbar nach dem Ersten Weltkrieg, trotz seines optimistischen Blicks auf die Lehrfunktion der Dichtung, die Position des «Dichters in politicis» als: «Machtloser Zuschauer». (T 409) Kunst und Leben organisieren sich nach zu unterschiedlichen Gesetzen, als dass die Differenz in der Einheit des Handelns, sei es des politischen oder des dichterischen, aufzuheben oder auszugleichen wäre. In den Entwürfen für die Einleitung zum geplanten Essayband *Der Dichter und diese/seine Zeit* aus den frühen zwanziger Jahren heißt es:

«Was im Leben gut ist, ist es noch lange nicht in der Kunst. Leben ist etwas Praktisches, ein Kompromiß, etwas, das sich begrifflich gar nicht fassen läßt, durchaus nicht restlos rationalisierbar ist u.[nd] darum Gewalt setzen muß, Postulate, Moral. Kunst aber ist etwas theoretisches, d. h. wörtlich übersetzt: Spähendes. Moral ist das Abstraktum des Handelns, Kunst ein Morallaboratorium, an einzelnen Fällen werden hier neue Analysen u.[nd] Zusammenfassungen probiert. Sie liefert keine seelischen Kleider, sondern jene Untersuchungen auf Grund deren für spätere Generationen welche gemacht werden.» (T II, 1173)

Daraus folgt, und er wird nicht müde, es wieder und wieder niederzuschreiben, dass Literatur und Politik zwei funktional getrennte Bereiche sind. Zustimmend zitiert er in einer zu seinen Lebzeiten nicht veröffentlichten *Vorrede zu einer zeitgenössischen Aesthetik* (vermutlich aus der Mitte der dreißiger Jahre stammend) an zentraler Stelle einen Passus aus Friedrich Nietzsches *Götzendämmerung* (1888): «Die Kultur und der Staat – man betrüge sich hierüber nicht – sind Antagonisten.»[168] Bei anderer Gelegenheit notierte er, die Einseitigkeit und den Gewaltaspekt dieses antagonistischen Verhältnisses stärker betonend: «*Kultur u[nd] Politik* Die K.[ultur]: Gras, das immer wieder niedergetreten wird u[nd] sich wieder aufrichtet.» (T 897) Der unmittelbar darauf folgende Eintrag im Tagebuch beginnt mit der Frage «*Was ist da das Letzte?*» – wohl zu verstehen als Frage nach dem tieferen Grund dieser ungleichen Beziehung. Musils Antwort: «Der Politiker hat kein, wenig, Bedürfnis nach Kultur.» (T 898) Und was für den einzelnen Politiker gilt, potenziert sich im Ganzen. Man dürfe nicht vergessen, mahnte Musil in seinem kulturpolitischen Essay *Der Anschluß an Deutschland* im Frühjahr 1919, «wie weit der Geist des Staates fast stets hinter dem Geist zurück ist, der in den besten seiner Bewohner lebt, wie er Dostojewski nach Sibirien geschickt hat, Flaubert vors Zuchtgericht, Wilde ins Bagno, Marx ins Exil, Robert Mayer ins Irrenhaus ...».[169]

Politik, so Musils Auffassung, hat mit der Gestaltung von Wirklichkeit, hat mit aktuellen Problemen und pragmatischen Lösungen zu tun und bedient sich dabei der Macht und der Gewalt – seine Zeit im Besonderen: «*Politik*. Die grundlegende Erkenntnis der neuen Zeit ist, daß man, im Besitz der Brachialmittel, nichts zu fürchten hat.» (A 224) Geist und Kunst hingegen haben mit Theorie, mit Experiment und Exploration, mit Phantasie, mit dem Denkbaren und dem Möglichen zu tun:

«Die Funktion des Geistes ist die nährende, er liefert die unzähligen Möglichkeiten. Seine Funktion ist nicht: praktische Ordnung.

Die Funktion der Politik ist Verwirklichung. Was ist zu verwirklichen u.[nd] wie? [...]

Der Politiker muß den Blick für das haben, was an der Zeit (Reihe) ist. [...]

In einer rollenden Tonne sich gegen die Wand werfen, um ihren Weg zu bestimmen. Das ist Politik. Die Tonne ist der Geist.» (T 971 f.)

Das Politische ist ‹Wille zur Macht›, es ist der Praxis des alltäglichen Handelns und damit all seinen partiellen Interessen, Zufälligkeiten, Irrationalismen und Kompromissen unterworfen, es ist nicht zimperlich und bedient sich, je nach Absicht und Nutzen, der fragwürdigsten Mittel. «Politik packt die Affekte. Kunst erzieht sie.» (A 223) Gerade in den kollektivistischen Systemen, mit denen er konfrontiert war, sah Musil eine nicht aufhebbare Opposition zwischen Kultur und Politik: «Totalität und Gleichschaltung, das ist Affekt. Kultur, das ist das Einfließen des Verstandes.» (A 285) Kunst und Literatur gehören dem Bereich des Geistes an, der auf Erkenntnis, auf Objektivität, auf das Utopische und Visionäre gerichtet ist. Sie verfahren experimentierend, mit den Instrumenten des ‹Möglichkeitssinnes›. Systematisch gesprochen, also mit dem Blick auf Musils Gesamtwerk und seine Poetik, haben seine Überlegungen zum Politischen ihren Ort innerhalb der Unterscheidung von Möglichkeits- und Wirklichkeitssinn.[170] Daraus leitet sich auch die Verschiedenheit der Funktionen von Politikern und Dichtern ab. «Politiker: Im Vergleich zu schaffenden Menschen zb. Großkaufleuten sind sie Literaten. Und im Vergleich zu Literaten sind sie Praktiker. Sie vereinen die Fehler der Praktiker u.[nd] der Geistigen ohne von deren Vorzügen einen zu haben.» (T 317 f.) Die Charakterisierung gilt entsprechend auch für den Dichter in der Politik. Er ist behaftet mit den Fehlern des Praktikers, ohne die Vorzüge der Geistigen zur Geltung bringen zu können.

1921 hielt sich Henri Barbusse, der mit seinem in 60 Sprachen übersetzten Kriegstagebuch *Das Feuer* (1916) Weltberühmtheit erlangt hatte, für eine politische Kundgebung in Wien auf. Musil warf damals an der Person des politisch aktiven Schriftstellers Barbusse, der ihm eineinhalb Jahrzehnte später als Funktionär der französischen KP (PCF) und als einer der Initiatoren und Präsidenten des Pariser Kongresses wieder begegnen sollte, die Frage auf, was mit einem Dichter geschieht, der sich «nach einem solideren Apparat für die Wirkung des Geistes umsieht, als es die sogenannte geistige Wirkung ist», und dabei in einer politischen Partei landet. Die Antwort Musils ist, abgesehen von der Prognose, die Musil dem Dichter-Politiker Barbusse stellte, auch deshalb interessant, weil sie nicht nur die klare Trennung zwischen literarischer und politischer Sphäre postuliert, sondern weil sie das Moment des Politischen von der Person des Autors weg ins Werk verlagert.

«Die eigentliche Kraft des Dichters, welche wahrscheinlich darin bestünde, das noch recht geometrische kahle Zukunftsweltbild zu einer Menschenwohnung zu gestalten, […] diese gewiß im Dichter vorhandene Kraft der von verzweigtester ethischer Erfahrung getragenen gesellschaftlichen Vision kann auf dem hemmungsreichen Apparat der politischen Partei nicht spielen, ohne sich zu verlieren. So wird voraussichtlich Barbusse eine leuchtende und mit der Zeit verblassende Aufschrift bleiben oder Parteimann werden, wozu er vielleicht auch die Fähigkeit haben mag, aber es ist nicht die seine als Dichter.»[171]

Die funktionale Trennung der Bereiche von Literatur und Politik schließt eine Vermischung politischer und schriftstellerischer Tätigkeit aus, nicht zuletzt deshalb, weil beide eine eigene ‹Fähigkeit› erfordern. Das heißt jedoch nicht, dass die literarische Tätigkeit ‹unpolitisch› wäre. Das Politische liegt vielmehr in der «eigentlichen Kraft» des Dichters, einer von persönlicher Erfahrung getragenen «gesellschaftlichen Vision» *literarische* Gestalt zu verleihen. Mit anderen Worten. Man muss das tun, was man beherrscht, oder, wie es zehn Jahre später in den *Bedenken* heißen wird: «Eines schickt sich nicht für alle. Man schreibt nicht mit dem Fuß; man steht nicht auf der Hand.» (A 176) In den dreißiger Jahren hat Musil die Überzeugung, dass ein Schriftsteller glaube, «zur Politik berufen zu sein», schlicht als eine «Täuschung» qualifiziert. (T 894) Worin besteht diese Täuschung? Aktives (partei)politisches Engagement von Schriftstellern in ihrer Rolle als Schriftsteller ist in Musils Augen Ausdruck einer doppelten Selbsttäuschung: der Vorstellung nämlich, dass man auf zwei grundverschiedenen gesellschaftlichen Feldern mit den gleichen Fähigkeiten, Instrumenten und Methoden etwas erreichen oder bewirken könne; dass man als Schriftsteller meint, in die Rolle eines Politikers schlüpfen zu können, ohne dass die Rolle und Aufgabe als Schriftsteller davon beeinträchtigt oder beschädigt würde. Im Autobiographie-Heft kommt Musil, gleichsam abschließend, noch einmal auf diesen Rollentausch zu sprechen:

«Schwert u.[nd] Feder. – Die Feder wie ein Schwert führen, Ideal vieler Schriftsteller. Rührt wohl aus den [18]48er Jahren her. Aber ich bin beim Schwert aufgewachsen, ich bin mißtrauisch gegen diese Vertauschung. Ich weiß, daß ich mit einer Wachskerze fechten müsste!» (T 927)

Der Offizier Musil schätzte die Schlagkraft des Gegners höher ein als die Ideale seiner Kollegen. Er ist für Waffengleichheit, und die gibt es für die Literatur mit der Politik als Gegner nicht.

Der Großteil der Teilnehmer des Kongresses zur Verteidigung der Kultur war entschlossen, die Feder wie ein Schwert zu führen. Musil wusste das, schon das erste Blatt mit Entwürfen für Paris zeigt es. Deshalb nimmt in den Vorarbeiten für die Pariser Rede die Frage nach dem Verhältnis von Dichtung bzw. Literatur und Politik die zentrale Stelle ein. Schon in der

Wiener Rede hatte er betont, dass eine Trennung der beiden Sphären vom Gegenstand her kaum durchzuführen sei. Es gelte deshalb, so Musil mehrfach, die Verschiedenheit der Funktion und der Methode dieser beiden Bereiche hervorzuheben und anzuerkennen. «Der Dichter muß als Gleichgestellter mit der Politik gehen [...] er darf nicht der Hanswurst der Politik (oder des Glaubens) werden.»[172] Mit diesem Anspruch auf Gleichberechtigung verbietet sich jede Form von utilitaristischer oder politisch funktionaler Literatur. Eine Literatur, die sich in den Dienst einer Ideologie stellt, die ihr das Rüstzeug oder die «seelischen Kleider» liefert, verdient den Namen nicht: «es gibt keine bolschewistische Geometrie und es gibt darum auch keine politische Dichtung». (A 283)[173] Der zentrale Satz lautet: «Nicht die ‹Gesinnung› entscheidet in der Kunst.» (A 254) Deshalb gilt auch: «Schlechte Kunst wird durch gute Tendenz nicht besser.» (T 776) Schon in der Wiener Rede hatte Musil ja, wohlgemerkt an einem Ort und in einer Zeit, da Katholisches und Heimattümelndes im sogenannten Christlichen Ständestaat sich besonderer Geltung und Förderung erfreuten und in künstlerischen Dingen sich zunehmend als Scheidemünze erwiesen, auf die Unvereinbarkeit von Kunst und Gesinnung hingewiesen. Die Literaturgeschichte, so Musil, sei zwar «eine merkwürdige Belohnungsanstalt für Tote», es habe sich aber «trotz aller Irrtümer, die auch der Literaturgeschichte anhaften», doch merkwürdig übereinstimmend gezeigt, «daß die gute Gesinnung» auf einen gewissen «Zug von Größe» keinen Einfluss habe. (A 248) Natürlich wusste Musil, dass es das, was er aus theoretischen Gründen verwarf, in der Praxis sehr wohl gab. Er maß ihm keine Bedeutung bei: «Selbst wenn Dichtung auch propagatorisch ist: wie gering ist dieser Effekt! Er kann vernachlässigt werden.» (A 259) Die Sphäre der Kunst ist eine andere als die der Wirklichkeit, eine andere als die der Politik, deshalb seien auch ihre Methoden, Funktionsweisen und Ziele andere: «die Kunst bildet die Wirklichkeit, indem sie ihr Para-Bilder liefert. Nicht Vorbilder.» Sie sei von «höchster Wichtigkeit und Ungreifbarkeit». Wer das nicht verstehe, «trocknet die Gesellschaft aus. Die Kunst kann nur mit größter Vorsicht gefördert werden. Nicht sie muß zum Staat kommen, sondern der Staat zu ihr.» (A 260f.) Nun sei es aber vielerorts so, dass der Staat die Dichter für sich reklamiere,

«die Klasse tut es, die Nation, die angebliche Rasse, ja sogar mit großem diplomati-
schem Geschick die Religion. [...] sie haben unter uns zwischen weißen und schwarzen
Schafen geschieden; und sie haben ihre eigenen Künstler mitgebracht, von denen viele
es nur dank ihnen sind [...].

Gegen diese Zugriffe verteidigen wir uns, das ist die schlichteste Formel; aber wir
sind überzeugt, daß wir mit uns ein wesentliches Stück dessen, was Kultur zu heißen
hat, verteidigen». (A 289)

Genau das tat Musil in Paris.[174] Er verteidigte die Autonomie der Kunst und
im Besonderen die Autonomie und Freiheit des Einzelnen als deren Voraussetzung gegen die politischen Zugriffe und Ansprüche von Staaten,
Nationen, Klassen, Parteien und Religionen. Er begann seine Rede mit
einem doppelten Affront. Die Kultur, sagte er, werde von «Freund und
Feind» geschädigt.[175] Verstanden aber nicht gerade die Gastgeber und die
Teilnehmer des Kongresses sich als die Freunde und Retter der Kultur?
Standen sie auch unter Verdacht? Und zweitens erklärte er, «unpolitisch»
reden zu wollen, was nach seinem Selbstverständnis nichts anderes
signalisierte, als dass er in der ihm gemäßen Rolle als Schriftsteller und
nicht in der Rolle eines Politikers oder eines politisierenden Privatmannes
sprechen wollte. Das wäre in seinen Augen eine Anmaßung oder mit seinem eigenen Wort: eine «Täuschung» gewesen. Das naheliegende Argument, dass die Politik jeden fordere, weil sie etwas sei, «das jeden angehe»,
entkräftete er mit dem Einwand, dass auch die Hygiene jeden etwas
angehe und er sich trotzdem noch nie über hygienische Fragen öffentlich
geäußert habe, «weil ich zum Hygieniker ebenso wenig Talent verspüre
wie zum Wirtschaftsführer oder zum Geologen.» (A 271) Musil bestand
also strikt auf der sowohl in den *Bedenken* als auch in der SDS-Rede formulierten Funktionstrennung zwischen Politik und Literatur und unter-
stellte implizit all jenen, die zur Politik das gleiche Verhältnis hatten wie
er zur Hygiene, aber dennoch sich berufen fühlten, auf dem Kongress ‹politisch› zu sprechen, ihre Kompetenzen zu überschreiten und sich unpro-
fessionell zu verhalten. Genau dieser Versuch der Klarstellung hat ihm,
wie er einige Monate später, in seinem ‹Vorspruch› für Zürich bilanzierte,
den Ruf eines «Anti-Politikers» eingetragen, ja «geradezu de[n] eines Saboteurs», weil er «nicht so gesprochen habe wie die anderen.»[176]

Den Kern seiner Rede bildete die Bestimmung der «Grenze zwischen Politik und Kultur», fürs Erste konkretisiert im Verhältnis zwischen einem Dichter «deutscher Zunge» und der «politischen Repräsentanz seiner Nation». Die «politische Hauptrepräsentanz» der deutschen Nation, gemeint ist damit die Regierung des Dritten Reichs, verlange vom Dichter die «völlige Unterordnung, die mit einem Wort, dem anscheinend die deutschen Großeltern erlassen worden sind, eine ‹totale› genannt worden ist.» Den ironischen Bezug auf die deutschen Großeltern darf man in diesem Zusammenhang als direkte Anspielung auf die rassistische Ausrichtung der Kulturpolitik des Dritten Reichs lesen, denn Voraussetzung für die Aufnahme in die Reichsschrifttumskammer war der sogenannte ‹kleine Ariernachweis›, der bis zur Großelterngeneration zurückreichen musste. Gehöre dieser Dichter einem anderen Staat als dem Deutschen Reich an, und dabei durfte Musil an sich selber denken, so werde ihm von diesem anderen Staat nicht nur «begreiflicherweise» die Unterordnung unter die Hauptrepräsentanz der Nation verboten, sondern es werde ihm auch noch eine «besondere kulturelle Unterordnung» abverlangt: «So erwartet zum Beispiel meine österreichische Heimat von ihren Dichtern mehr oder minder, daß sie österreichische Heimat-dichter seien», und es fänden sich auch «Kulturgeschichtskonstrukteure», die behaupteten, «daß ein österreichischer Dichter immer etwas anderes gewesen sei als ein deutscher.» Da in anderen Ländern «Ähnliches im Gange» sei, kommt Musil zum Schluss, es hätten sich «die Ansprüche der verschiedensten Vaterländer und ihrer politischen und sozialen Zweckgesinnung dem Begriff der Kultur übergeordnet». (A 271 f.)

Wie aber wäre unter diesen Vorbedingungen, die eindeutig als politische Instrumentalisierung der Kultur zu bezeichnen sind, ein verbindlicher Begriff von Kultur zu gewinnen: etwa, so fragte Musil, indem man gleichsam im Subtraktionsverfahren «von der nationalen, bürgerlichen, faschistischen, proletarischen Kultur das abzieht, was an ihr national, bürgerlich und so weiter ist oder ist ihr Begriff etwas Selbständiges, das sich auf vielerlei Weisen verwirklichen kann?». (A 272) Das Sakrileg, das Musil hier scheinbar beging, die Gleichsetzung von ‹faschistisch› und ‹proletarisch›, wäre nur dann eines, wenn man ‹Gesinnung› als ästhetischen Wert betrachtet, was er für einen gefährlichen Unsinn hielt. Der Erklärungszusammenhang für die ununterschiedene Aufzählung von bürgerlicher, proletarischer und faschistischer Kultur ist Musils Theorem des Kollektivismus. Unabhängig von seinen unterschiedlichen Ausprägungen und seinem «Zukunftswert» mache der verschärfte Kollektivismus Kultur zur «Beute» der Politik: «so wie früher die Frauen den Siegern zugefallen sind», heißt es beziehungsreich. Diese Entwicklung in Richtung Kollektivismus sei nichts «als ein Übergreifen und Übergriff der Politik». Da Musil mit Blick auf die Kultur im selben Zusammenhang von der notwendigen «Kunst der weiblichen Selbstverteidigung» spricht, drängt sich für das von ihm beschriebene zeitgenössische Verhältnis der Politik zur Kultur die Vorstellung von Nötigung und Vergewaltigung geradezu auf, und zwar für Kommunismus und Nationalsozialismus gleichermaßen. (Da das einzige namentlich genannte Beispiel, das er anführte, seine «österreichische Heimat» betraf, war auch der Austrofaschismus mit eingeschlossen.) Drastischer als im Bild des sexuellen Missbrauchs kann man den Sachverhalt kaum formulieren. Und er fährt fort:

«Alles fühlt sich heute bedroht und mobilisiert alle Mittel.

Zu den Einberufenen gehört auch die Kultur.

Und nicht nur, daß uns der Staat, die Klasse, die Nation, die Rasse und das Christentum reklamieren, sondern diese sind auch selbst unter die Künstler und Gelehrten gegangen.

Die Politik holt sich heute nicht die Ziele bei der Kultur, sondern bringt sie mit und teilt sie aus. Sie lehrt uns, wie wir einzig und allein dichten, malen und philosophieren sollen.» (Ebd.) [177]

Was Musil da beschrieb, war die Umdrehung, die Perversion des Verhältnisses von Kultur und Politik, wie er es sah. Die Politik maßt sich Funktionen an, die ihr nicht zustehen, und sie stellt die Künstler unter Kuratel, indem sie ihnen vorschreibt, was sie zu tun haben. Sie können sich, in der Hoffnung auf Gratifikation, natürlich auch gefügig zeigen. Der Vergewaltigung entspricht in diesem Verhältnis von Politik und Kultur spiegelbildlich die Prostitution. Diesen Geschäftsbetrieb hatte Musil mit

Blick auf die österreichischen Verhältnisse unter dem Begriff der Kultur-politikskultur gefasst. Er erwies sich nun als Generalschlüssel.

Musil setzte hier schon zum wiederholten Mal die politischen ‹Zweckgesinnungen› von Nationalsozialismus bzw. Austrofaschismus und Kommunismus gleich, indem er Klasse, Rasse und Christentum in eine Reihe stellte. Natürlich gebe es, räumte er ein, so etwas wie «das Recht des Ganzen und die Pflicht des Einzelnen zur Einordnung», doch entscheidend sei es zu erkennen, wo da die Grenze verläuft. Ein Teil der «Abneigung gegen stark autoritäre Staatsformen, Bolschewismus und Faschismus» gehe bloß auf die «Gewöhnung» an die Demokratie zurück. Dass es jedoch nicht notwendigerweise die parlamentarische Demokratie sein müsse, die diese Grenze garantiere, dass also, anders formuliert, Kultur an «keine politische Form gebunden» sei, begründete Musil damit, dass die Demokratien der Kultur ein großes Maß an Freiheit gewährten, dass sie das «gleiche Maß» jedoch auch ihren «Schädlingen» zugestehen. Das Skandalöse an dieser Argumentation war nicht Musils Kritik an der Demokratie, sondern seine erneute Gleichsetzung von Bolschewismus und Faschismus und die Tatsache, dass er seine These mit einem Zitat Nietzsches aus den *Nachgelassenen Fragmenten* verstärkte und damit gleichsam den Teufel mit Satan [178] austrieb: «‹Der Sieg eines moralischen Ideals wird durch dieselben unmoralischen Mittel errungen wie jeder Sieg: Gewalt, Lüge, Verleumdung, Ungerechtigkeit›.» (A 273) Dass dieses Nietzschewort, das einzige Zitat in Musils Rede, die politische Realität der Sowjetunion, im Dritten Reich und in Österreich – bei aller Verschiedenheit der ‹Ideale› und der angewandten Methoden zu ihrer Verwirklichung – ziemlich exakt beschrieb, konnte auch damals schon jeder wissen, der es wissen wollte.

‹Der Zweck heiligt die Mittel›. War nicht das eines der verdrängten Probleme des Kongresses? Musil hat den Finger tief in die Wunde gelegt. Der Dichter und Übersetzer Édouard Roditi, der Musils Rede hörte, hat in einem Erinnerungsbericht aus den sechziger Jahren dies als den Punkt bezeichnet, der den stärksten Anstoß erregte: «Allein die Tatsache Kommunismus und Faschismus auf diese Weise zu assoziieren, erregte im Palais de la Mutualité großen Skandal.» (T II, 744)

Viele der politisch aktiven Kollegen Musils auf dem Kongress sahen im Parlamentarismus westlicher Prägung, der ja Hitlers Aufstieg zumindest nicht verhindert hatte, ohnehin kein geeignetes Instrument für die Herstellung wünschbarer politischer Verhältnisse. Sie setzten vielmehr, wie zahlreiche Redner demonstrierten, «auf den Klassenkampf als Handlungsform» [179] und sahen, wie das Ernst Bloch autoritativ formulierte, die revolutionäre Umgestaltung der Verhältnisse in der Sowjetunion, die jenem von Nietzsche beschriebenen Sieg zum Verwechseln ähnlich sah, als vorbildlich an: «… die Revolution verachtet die graeculi, die tänzerischen, die träumerischen, die schönen Poeten, hat römische Kälte.» [180] Trotz früherer Sympathiebekundungen gegenüber der Sowjetunion kam Musil den Erwartungen des Auditoriums nicht entgegen. Er blieb bei seiner strengen systematischen Analyse der Phänomene. Die Form von Objektivität, die sein Ideal war, ließ keine politischen Artigkeiten zu. Im Gegenteil, er verschärfte sein Argument noch: «Auch der aufgeklärte Absolutismus ist gut, bloß muß das Absolute aufgeklärt sein.» (A 273) In den Vorüberlegungen Musils hatte es, noch eine Spur schärfer, geheißen: «Man muß sich namentlich vor der Verwechslung von Kultur mit Demokratie, Liberalismus, Parlamentarismus hüten.» (A 293) [181]

Musils Überlegungen waren nicht als Provokation angelegt. Sie waren der Versuch einer differenzierten Antwort auf die dem Kongress zugrunde liegenden Fragen: welchen Status hat Kultur, wie entsteht und vergeht sie und wie weit sind kulturelle Leistungen von politischen Systemen und Umständen abhängig? Die Antworten, die er fand, waren komplex, oft auch zugespitzt und scheinbar paradox. Sie müssen in ihrer Radikalität nicht nur für die kommunistischen Autoren und Literaturfunktionäre, sondern auch für viele der linksbürgerlichen Teilnehmer verstörend gewirkt haben. Doch Musil argumentierte in Paris, im Unterschied zur überwiegenden Zahl der übrigen Redner, nicht strategisch, nicht tagespolitisch und auch nicht aus Spekulation auf Sympathie oder Zustimmung. Er war an der theoretischen und historischen Dimension des Phänomens ‹Kultur› interessiert und an der Frage, wodurch in der konkreten Situation die Autonomie der Kunst und die des einzelnen Künstlers bedroht sei. Dieses Interesse führte ihn zu Antworten, die jenen unbequem sein mussten, die den Kongress als Instrument für die Umsetzung einer politischen Doktrin verstanden, welche auf ganz anderen, nämlich auf politisch-strategischen Antworten und Entscheidungen basierte. Ihnen musste schon die sehr allgemeine Definition von Kultur, die Musil anbot, als Störung des Ablaufs, wenn nicht gar als Provokation vorkommen: «Kultur setzt eine Kontinuität voraus und Ehrfurcht selbst vor dem, was man bekämpft.» (A 274)

In deutlicher Opposition zu den einleitend erwähnten, mehr oder minder patriotischen, jedenfalls aber instrumentellen und utilitaristischen Ansprüchen der verschiedenen Vaterländer an die Kultur definierte Musil Kultur als etwas Überzeitliches und Übernationales: «Sogar die Kultur der Primitiven zeigt diese Erscheinung. Namentlich in ihren höchsten Schichten ist die Kultur von übernationalen Beziehungen abhängig, und auch die Genialität ist so verteilt, wie es das Vorkommen anderer Seltenheiten ist.» (Ebd.)[182] Daraus sei zu schließen, dass es denen, «die der Kultur dienen, verboten ist, sich restlos mit einem Augenblickszustand ihrer nationalen Kultur zu identifizieren». Dies war an die Kulturpolitikskultur-Politiker und ihre Klientel ebenso adressiert wie an die Funktionäre und Mitglieder der Reichskulturkammer oder die Lobredner einer proletarischen Kunst unter der Schutzherrschaft Stalins. Träger der Kultur seien immer «einzelne Personen», und von den Bedingungen, unter denen diese arbeiten, hänge letztlich das Schicksal der Kultur ab. Es seien viele «politisch mißbrauchte, abgenützte und dann verworfene Begriffe», die als «unerläßliche psychologische Voraussetzungen» für die «persönliche Schöpfungskraft» zu gelten haben:

«So beispielsweise Freiheit, Offenheit, Mut, Unbestechlichkeit, Verantwortung und Kritik, diese mehr noch gegen das, was uns verführt, als gegen das, was uns abstößt. Auch die Wahrheitsliebe muß dabei sein, und ich erwähne sie besonders, weil das, was wir Kultur nennen, wohl nicht unmittelbar dem Kriterium der Wahrheit untersteht, aber keinerlei große Kultur auf einem schiefen Verhältnis zur Wahrheit beruhen kann.

Ohne daß solche Eigenschaften von einem politischen Regime in allen Menschen unterstützt werden, kommen sie auch in den besonderen Begabungen nicht zum Vorschein.» (A 274 f.)[183]

Wohl wissend, dass die von ihm genannten Voraussetzungen schöpferischer Tätigkeit in den auf dem Kongress zur Diskussion stehenden politischen Systemen, nämlich «Faschismus, Bolschewismus, Nationalsozialismus und, mit Abstrichen, im Austrofaschismus, mehr oder minder Selbstmordprogramme»[184] waren, postulierte Musil auf dem Höhepunkt seiner Rede die Unteilbarkeit und Unantastbarkeit der persönlichen Freiheitsrechte und der ethischen Prinzipien einer aufgeklärten Gesellschaft. Nur wenn diese Prinzipien und Rechte «in allen Menschen» unterstützt würden, werde auch der Boden bereitet für die besonderen Begabungen. Musil, dem vielleicht nicht ganz zu Unrecht ein gewisser Geistesaristokratismus nachgesagt wurde, vertrat auf dem wohl wichtigsten internationalen Kongress zum Verhältnis von Kultur und Politik der Zwischenkriegszeit einen absolut egalitären und emanzipatorischen Standpunkt, der letztlich bei allen Spekulationen über den Zusammenhang von Kultur und politischer Form, die er in seinem Vortrag angestellt hatte, auf die parlamentarische Demokratie hinauslief, die «der Kultur ein großes Maß an Freiheit» gewähre. (A 273) Nur setzt eben die Demokratie voraus, dass ihre Bürger und Politiker Demokraten sind und nach jenen Prinzipien leben und handeln, die Musil als die «unerlässliche[n] psychologische[n] Voraussetzungen» der Kultur bezeichnet hat: Freiheit, Offenheit, Mut, Unbestechlichkeit, Verantwortung, Kritik und Wahrheitsliebe.

Radikaler und gleichzeitig illusionsloser hätte die Antwort auf die Frage, wie denn die Kultur in der gegebenen Situation zu verteidigen wäre, nicht ausfallen können. Denn selbst den politisch gutgläubigen Kollegen Musils auf dem Kongress war bewusst, dass auch das als Vorbild gerühmte Sowjetreich keinen Anspruch darauf erheben konnte, diesem Bild eines Kulturstaats zu entsprechen. Und auf jene, die sich zu Anwälten dieses Regimes gemacht hatten, die in Stalin den Schutzherrn der Kultur priesen und im politischen Gefolgschaftsdienst ihre künstlerische Autonomie preisgaben, traf das Paradoxon zu, mit dem Musil seine Rede eröffnet hatte: dass die Kultur zuweilen auch von ihren Freunden geschädigt werde. Musil schloss in Paris mit der Feststellung: Das einzige, was sich «mit unpolitischen Mitteln», sprich, mit geistigen und künstlerischen Mitteln, für die «Selbstverteidigung der Kultur» erreichen lasse, sei, auf die «Erkenntnis solcher sozialen Bedingungen hinzuwirken» (A 275), die er als die unerlässliche Voraussetzung der Kultur bezeichnet hat. Damit aber hatte er, vielleicht als Einziger, eine präzise, nüchtern pragmatische Antwort auf die zentrale Frage des Kongresses gegeben.

LITERARISCHE SELBSTBEHAUPTUNG.
DER DICHTER SPRICHT

Musils Rede war, von heute aus gesehen, einer der theoretisch anspruchs-vollsten, mutigsten und hellsichtigsten Beiträge des Kongresses.[185] Er setzte sich mit ihr zwischen alle Stühle. Auch Klaus Mann, der ihm wahr-scheinlich den Rückzieher bei der *Sammlung* noch nicht verziehen hatte, fand seinen Auftritt «sehr schwach».[186] So schwach wie eben einer er-scheint, der sich dem Druck der Mehrheit, der Euphorie des Einsseins und des großen ‹Wir› nicht beugt, so schwach wie einer, der einer Ge-meinschaft von Gläubigen seine Fragen und Zweifel entgegenhält. Musil hatte sich der Sprachregelung des Kongresses nicht unterworfen. Er war in der literarischen Einheitsfront nicht mitgegangen, war zurückgeblie-ben, hatte den Anschluss versäumt und hatte nichts beigetragen. Statt-dessen hatte er einige unangenehme Wahrheiten ausgesprochen. Er hatte sich dem impliziten Zwang, ein politisches Bekenntnis zum Kom-munismus und zur Sowjetunion als den legitimen Verteidigern der Kul-tur abzulegen, in der Weise widersetzt, dass er stattdessen die literari-schen und politischen Implikationen des Kongressthemas in seinem ‹Morallaboratorium› einer schonungslosen Analyse unterzog.

Das kann nicht überraschen. Methodisch unterscheidet sich diese Haltung Musils nicht von der Art und Weise, wie der Erzähler des *MoE* verfährt, und sie entspricht auch der Haltung Ulrichs im Roman. Musils Materialsammlung zum Studienblatt ‹Soziale Fragestellung› aus dem Nachlass, wo es unter anderem um Ulrichs Verhältnis zur Politik geht, dokumentiert in eindringlicher Weise den Transformationsprozess zwischen den persönlichen Erfahrungen und Folgerungen Musils und ihren möglichen Anwendungen und Übertragungen auf Ulrich. Musil, der politisch Unzufriedene, definiert und bestimmt den Mann ohne Eigenschaften ja generell als einen, «dem keine der vorhandenen Lösungen genügt».[187] Ulrichs Verhältnis zur Politik «reduziert sich [...] auf Folgendes: Wie alle Menschen, die sachlich und persönlich ihre eigene Aufgabe haben, wünscht er von der Politik möglichst nicht gestört zu werden. Daß das, was ihm wichtig sei, durch sie gefördert werden könnte, erwartete er nicht.» Das Moment der Macht, das zum Begriff der Politik gehöre, steht für Ulrich

«in Widerspruch zu den Prinzipien (Lebensbedingungen) des Geistes. Hier konkurrieren zwei Machtansprüche. Macht in der Weise der Politik schwand aus seinem Gesichtsfeld, ebenso wie Macht in der Weise des Kriegs. Es mag vorkommen, aber im Grunde ist es rückständig wie eine Knabenprügelei.»

Musils Erörterung des Verhältnisses von Macht und Geist mit Blick auf Ulrich mündet in Feststellungen, die ebenso gut in den Entwürfen zu seiner Pariser Rede stehen könnten:

«Sie verteidigen die Kultur, statt sie zu besitzen.
   Der Mensch der Kultur ist in der ganzen Welt einsam.
   Es gibt nur die beiden Auffassungen: Kultur! Dann ist alles, was geschieht, verkehrt. Oder: Macht! od. ähnl. Kampf von Tierrassen. Von auserwählten Völkern.»[188]

Diese Sätze gelten für die Zeit der Romanhandlung, den Vorabend des Ersten Weltkriegs, sie gelten für den Zeitpunkt ihrer Niederschrift, den Vorabend des Zweiten Weltkriegs, und sie entsprechen den Beobachtungen Musils auf dem Pariser Kongress. Im Roman selber werden sie zum Echo dieser historisch mehrfach gebrochenen, biographisch verbürgten Wahrnehmungen. (Viele der mit großem Beifall begleiteten Reden des Kongresses haben in dieser Perspektive, d. h. politisch betrachtet, den gleichen Stellenwert wie die – ungleich geistvolleren – Salonkonversationen des Jahres 1913 im *MoE*.) Insofern spiegeln die Positionen und Verfahrensweisen, die Musil in seiner Rede wählt, auch die poetologischen Grundlagen und Verfahren der Arbeit an seinem Roman, den er selber ja als «eine geistige Expedition u[nd] Forschungsfahrt» bezeichnet hat.[189] Man kann, mit Blick auf das Material zur Pariser Rede und zum Roman, die These formulieren, dass sich zwischen der realen Rolle Musils als Redner in Wien und in Paris und den fiktiven Rollenzuschreibungen an die Figur Ulrich eine weitgehende Parallelführung feststellen lässt. Musil spricht als Redner in Paris, als Erzähler des Romans und in der Figur Ulrichs mit einer Stimme; mit der Stimme eines Einzelnen, der keine politischen oder taktischen Rücksichten nimmt, sondern die moralischen Risiken und Aporien jeglichen Handelns erforscht und aufzeigt. Die konkrete Antwort, die Musil auf die Frage der Veranstalter gab, war in ihrem Kern eine Warnung vor der Illusion, eine falsche, inhumane, gewaltsame und mörderische Politik mit den Mitteln der Kultur bekämpfen zu wollen.

Gegen den politischen Totalitarismus von links und von rechts, so sein Resümee, helfen nur politische Instrumente, also die Mittel der Macht, nicht aber die «unpolitischen Mittel» der Literatur. Diese wirken allenfalls längerfristig – vorausgesetzt, die Bereitschaft zu Erkenntnis und Einsicht ist vorhanden. Musil war weder resignativ noch defätistisch, er war nur skeptisch, was die Möglichkeiten des Schriftstellers auf dem der Literatur wesensfremden und feindlichen Feld der Politik betraf. In der etwas umfangreicheren ‹Korrigierten Reinschrift› des Pariser Vortrags, die möglicherweise für eine nicht zustande gekommene Publikation bestimmt war, lauten die letzten Sätze:

«Ich, bezweifle, daß man die Welt durch Beeinflußung ihres Geistes bessern kann; die Motoren des Geschehens sind von gröberer Natur. Aber man muß sich auf die Forderungen besinnen, die der Geist an sich selbst zu stellen hat, soll sie aufstellen und, nach Vermögen, denen zu Bewußtsein führen, die den Auftrag zur Macht besitzen oder zu besitzen glauben.» (A 282)[190]

Die bestehenden Verhältnisse zu ändern, die Voraussetzungen und Rahmenbedingungen dafür zu schaffen, dass die Potenziale geistiger und künstlerischer Arbeit wirksam werden können, das ist nicht die Aufgabe der Künstler und der Intellektuellen, sondern derer, die die Macht und die Verfügungsgewalt dazu haben, der Politiker also. Die Künstler haben die Aufgabe, Forscher, Träumer, Grenzgänger, Prospektoren, Kritiker und Mahner zu sein, die im Sinne der Wiener Rede daran erinnern, was offen, was noch unerfüllt und uneingelöst ist. Sie halten «das Noch-nicht-zu-Ende-Gekommene des Menschen, den Anreiz seiner Entwicklung am Brennen.» (A 251)

Unter den 20 deutschsprachigen Autoren, die an dem Kongress als Redner teilnahmen, stand Musil mit seinem Plädoyer, das die Kultur und die Kulturschaffenden vor politischem Illusionismus und vor der Indienstnahme von links und von rechts in Schutz nimmt, so gut wie allein da.[191] Er lehnte es ab, sich den ideologischen Prämissen des Kongresses zu unterwerfen, die die Schlussfolgerung: antifaschistisch ist gleich prosowjetisch, implizierten und im Gegenzug Kritik an der Sowjetunion als faschistisch verdächtigten.[192] Diese Haltung Musils weckte Empfindlichkeiten, die schon auf dem Kongress selber nicht nur zu Gesten des Unmuts, sondern auch zu direkten Entgegnungen auf seine Rede führten. Bodo Uhse, als 16-jähriger Beteiligter am Kapp-Putsch (1920), bis 1930 Mitglied und Mandatar der NSDAP, dann KPD-Mitglied, warf Musil vor, er habe gegen die «Einmütigkeit dieses Kongresses» die Meinung vertreten, «daß Politik und Kultur nichts miteinander zu tun haben.» Musil hatte zwar das genaue Gegenteil davon gesagt, doch Uhse brauchte einen Anknüpfungspunkt: Alle seien von der Politik betroffen, deshalb sei auch «jene Union von Völkern» zu beneiden, deren Vertreter im Saale anwesend seien, «daß bei ihnen der Mensch zum Subjekt der Politik geworden ist, das heißt, daß er die gesellschaftlichen Verhältnisse nicht erleidet, sondern selber gestaltet.» Solcherart den Weltgeist auf seiner Seite wissend, war es für Uhse ein Leichtes, das Verdikt über Musil zu sprechen: «In kommenden Zeiten, in denen historische Werke nur kurz über die kranke, niederdrückende, unästhetische Gestalt unserer Tage sprechen werden, wird man Ihre Werke, Robert Musil, als ästhetische Dokumentationen für diese Zeit des bürgerlichen Verfalls lesen.» Die ehemaligen Genossen Uhses in der NSDAP hätten das nicht anders formuliert.[193]

Auch nach dem Kongress brachen die Diskussionen nicht ab. Sie werfen ein bezeichnendes Bild auf die Fixierungen und Wahrnehmungstrübungen der Zeit. Die Devise lautete: Wer nicht für uns ist, ist gegen uns; wer nicht unsere Meinung teilt, ist ein Faschist (oder, im umgekehrten Fall, ein Bolschewist). In diesem Tenor berichtete die (seit dem Verbot der österreichischen Sozialdemokratie nach dem Bürgerkrieg vom Februar 1934) im Brünner Exil erscheinende *Arbeiter-Zeitung* am 14. Juli 1935 unter dem Titel *Ein ‹Kultur›-Sendling des österreichischen Faschismus abgeblitzt* ausschließlich Diffamierendes über Musil: «Durch ein unbegreifliches Versehen der Einberufer» in Paris habe «sich als Vertreter Österreichs auch Herr Robert Musil» in die Gesellschaft des Kongresses gedrängt, «der mit dem österreichischen Klerikofaschismus auf gutem Kulturfuß steht und seine Werke im Wiener Radio vorliest». Er habe sich eine Theorie zurechtgelegt, die besage,

«Kultur und Politik hätten nichts miteinander zu tun. Auf diese feige Ausflucht erhielt er von mehreren Teilnehmern des Kongresses die gebührende Antwort; […] Die Musils und andere katholisch-gekrauste Literaten und Lakaien verteidigen vergebens die ‹Kultur› des österreichischen Klerikofaschismus – die wahre Kultur erkennt sie nicht als Verteidiger, sondern als Verräter».[194]

Das einzig Konkrete, das der Artikel enthielt, Musils Auftritt im Rundfunk, war falsch. Seine einzige Radio-Lesung im Österreich der dreißiger Jahre war jene anlässlich seines 50. Geburtstags im November 1930 – drei Jahre vor der ‹Machtergreifung› des österreichischen Faschismus. Der Rest war Demagogie. Im Unterschied zu Karl Kraus, dem er in der Anspielung auf die «katholisch-gekrausten Literaten» an die Seite gestellt wurde, hat Musil für das Dollfuß-Regime öffentlich nie Partei ergriffen.[195] Ganz im Gegenteil. Die Reden in Wien und in Paris ließen keinen Zweifel daran, dass er den Austrofaschismus, vor allem mit Blick auf seine Kulturpolitik, in eine Reihe mit den anderen autoritären Regimen in Europa stellte. Er war jedoch Realist genug, um zu sehen, dass es Unterschiede gab. Davon profitierte er, anders als im Artikel behauptet, allerdings nicht. Als Dichter wurde Musil, im Unterschied zu den Staatspreisträgern (Johannes Freumbichler, Maria Grengg, Erich August Mayer, Josef Friedrich Perkonig, Ernst Scheibelreiter, Karl Heinrich Waggerl, Josef Wenter), im Unterschied zu den Kunst-Verdienstkreuz-Trägern (Paula Grogger, Rudolf Henz, Josef Georg Oberkofler, Hermann Heinz Ortner, Josef Friedrich Perkonig, Friedrich Schreyvogl, Karl Heinrich Waggerl, Josef Wenter, Franz Michael Willam), im Unterschied zu den «Burgtheaterdichtern» (Musil nennt: Raoul Auernheimer, Franz Theodor Csokor, Joseph Gregor, Rudolf Henz, Josef Wenter, Franz Werfel) [196] und im Unterschied zu den Professores honoris causa (Josef Weinheber, Friedrich Schreyvogl, Hans Nüchtern) oder den Staatsräten (Franz Karl Ginzkey), vom austrofaschistischen ‹Ständestaat› offiziell nicht wahrgenommen, geschweige denn begünstigt. Als Privatperson wurde er höchstwahrscheinlich sogar ein Opfer der ständestaatlichen Gesinnungspolitik.

Im Herbst 1936 setzte Musil, als letzten Ausweg zur Linderung seiner finanziellen Misere, Schritte, um eine Beamtenpension zu erlangen. Er hatte ja als Bibliothekar in Wien, als Offizier im Ersten Weltkrieg und im Kriegspressequartier, als ‹Vertragsbeamter› im Staatsamt für Äußeres und im Bundesministerium für Heereswesen etwa ein Dutzend Beitragsjahre gesammelt. Da ihm jedoch für die gesetzliche Anspruchsberechtigung einige Dienstjahre fehlten, war er auf einen Gnadenakt des Bundeskanzlers Schuschnigg angewiesen. Offenbar als flankierende Maßnahme für diesen erhofften Gnadenakt trat Musil am 3. November 1936 der ‹Vaterländischen Front› bei, deren ‹Bundesführer› Schuschnigg seit März 1936 war. Manche sehen, aus dem Abstand von mehreren Jahrzehnten und weit vom Schauplatz entfernt, darin eine moralische Selbstbeschädigung und eine politisch unverantwortliche Handlung Musils.[197] Bei näherer Betrachtung sieht es etwas weniger dramatisch aus.

Die Vaterländische Front (VF) war im Mai 1933 von Bundeskanzler Dollfuß gegründet worden und nach ihrer gesetzlichen Verankerung als politischer Verband öffentlichen Rechts im Mai 1934 zum «Träger des österreichischen Staatsgedankens» und damit (als de facto Einheitspartei) zum Sammelbecken der staatstreuen und, was der Gründungsintention nach gleichbedeutend ist, der antinationalsozialistischen Kräfte bestimmt worden. «Da der Beitritt zur VF weiters an keine politischen Auflagen gebunden war, andererseits aber die Nichtmitgliedschaft faktisch Berufsverbot bedeutete», erreichte die VF bis Ende 1935 einen Mitgliederstand von 2,15 Millionen, was mehr als der Hälfte der erwachsenen Bevölkerung des Landes entsprach. Trotz der forciert ‹christlich-deutschen› Grundlage des Bundesstaates Österreich wurden auch Juden in die VF aufgenommen. Schon wegen der Größe und Unübersichtlichkeit der Organisation gelang es der VF allerdings nie, «eine ähnliche Position, wie sie etwa die PNF in Italien oder die NSDAP in Deutschland hatten, einzunehmen».[198] Warum aber trat Musil dieser Massenorganisation bei? Die Erklärung liegt vermutlich in dem statuarisch verankerten ‹Interventionsrecht› der VF, das ihrem Generalsekretär «die Unterstützung begründeter Anliegen und Beschwerden einzelner VF-Mitglieder» bei Behörden und Körperschaften einräumte.[199] Da für Beamte die Mitgliedschaft in der VF zwingend vorgeschrieben war, durfte Musil, der in seinem Ansuchen seine Tätigkeiten als «Beamter», seine Verwendung im «Staatsdienst» und seinen Einsatz als «Offizier» für das «Vaterland» nachdrücklich hervorhebt, fast schon davon ausgehen, dass eine ‹vaterländische›, staatstragende Organisation, die Hunderttausende von Beamten in ihren Reihen hatte, einen ehemaligen Beamten und Weltkriegsoffizier bei seinem Ansuchen um eine Beamtenpension mit einer wohlwollenden Intervention unterstützen würde. Möglicherweise hatte auch «die sehr sympathische Person des Oberst [Walter] Adam», der bis zum Frühjahr 1936 Generalsekretär der Vaterländischen Front gewesen war und den Musil in dieser Sache offenbar kontaktiert hatte, ihm einen Wink gegeben. (B 720)

Nachdem Musil mit Schreiben vom 21. November 1936 an Bundeskanzler Schuschnigg seinen Antrag – «ein kompliziertes Gemenge aus Subreption, altösterreichischem Kanzleistil und triftiger Beschreibung seiner persönlichen Notlage»[200] – offiziell eingebracht hatte (B 747 ff.), begann das Beamten- und Behördenkarussell sich zu drehen. Dabei kam dann tatsächlich auch ein Schreiben des Generalsekretariats der VF vom 23. Juni 1937 ins Spiel, in dem «gegen die Gewährung eines ausserordentlichen Versorgungsgenusses an den Schriftsteller Ing. Dr. phil. Robert Musil […] kein Einwand erhoben wird. Der Genannte ist zwar erst seit dem 3. November 1936 Mitglied der Vaterländischen Front, doch ist über sein politisches Verhalten und seine Einstellung nichts Nachteiliges bekannt.»

Diese positive Stellungnahme, in der die Passage «kein Einwand» durch Unterstreichung markiert ist, spießte sich allerdings mit einer Auskunft der Bundes-Polizeidirektion Wien, die im Zuge des Verfahrens eingeholt worden war. Da war unter dem Datum vom 5. 6. 1937 zu lesen:

«Genannter […] bewohnt derzeit […] eine Wohnung bestehend aus 2 Zimmern, Kabinett, Vorzimmer und Küche, für die er 40,- S monatlichen Zins bezahlt und lebt in sehr bescheidenen Verhältnissen. Das Familienvermögen ging in der Inflation verloren. Dr. Musil leidet derzeit nach glaubwürdigen Angaben an einer Gallenerkrankung, die ihn in seiner schriftstellerischen Tätigkeit schwer behindert. Er soll seinen Lebensunterhalt derzeit aus kleinen Unterstützungen von Freunden und Verehrern seines schriftstellerischen Werkes bestreiten. […] Dr. Musils Werke wurden im Verlage Ernst Rohold [sic], Berlin verlegt.

Genannter erscheint in den Evidenzen der Bundespolizeidirektion als bestraft nicht vorgemerkt. Er unterfertigte in der ‹Arbeiterzeitung› vom 20. April 1927 eine Kundgebung Intellektueller, in der anlässlich der Wahlen 1927 zur Stimmenabgabe für die sozialdemokratische Partei aufgefordert wurde. Im Jahre 1923 wurde er zum Vorsitzenden des ‹Schutzverbandes deutscher Schriftsteller in Österreich› gewählt. Über sein staatsbürgerliches und moralisches Verhalten ist im übrigen bisher Nachteiliges nicht bekannt geworden.»

Die Information über seine Beteiligung an der ‹Kundgebung› von 1927 und den ‹Wahlaufruf› für die sozialdemokratische Partei ist in dem Bericht mit mehrfachen kräftigen Unterstreichungen hervorgehoben.[201] Ein schlechtes Omen. Trotz Fürsprachen des Bundeskommissärs für Kulturpropaganda, Freiherr von Hammerstein-Equord, bei Bundeskanzler Schuschnigg, des Verlegers Paul Zsolnay beim Finanzminister und Interventionen anderer hochmögender Herrschaften wurde Musils Pensionsansuchen abschlägig beschieden.[202] Er sehe schon voraus, schrieb Musil im März 1937 an Otto Pächt, «daß [Franz Karl] Ginzkey und [Karl] Schönherr, die beide Pensionen erhalten haben, eben doch für mich unerreichbare Vorbilder bleiben sollen.» (B 767) Vermutlich holten Musil in der Pensionssache sein Engagement für den als ‹links› geltenden ‹Schutzverband› und seine Sympathien für die Sozial- und Bildungspolitik der Wiener Sozialdemokratie nach mehr als einem Jahrzehnt wieder ein. Der österreichische ‹Ständestaat› verweigerte ihm aller Wahrscheinlichkeit nach eine Pension aus politischen Gründen, während (illegale) Nazi-Sympathisanten wie Schönherr und Ginzkey Pensionen zugesprochen wurden.[203] Und das Sprachrohr der österreichischen Sozialdemokratie diffamierte Musil als ‹Kultur-Sendling› des österreichischen Klerikofaschismus.

Ob Musil den Bericht der *Arbeiter-Zeitung*, die illegal aus Brünn eingeschmuggelt und konspirativ verteilt werden musste, registriert hat, ist ungewiss. Im Falle der Polemik, die Bodo Uhse und Egon Erwin Kisch im Augustheft (1935) der kommunistischen *Neuen Deutschen Blätter* (Prag) gegen seinen Pariser Auftritt veröffentlichten, wissen wir, dass Musil sich intensiv damit auseinandergesetzt hat. Die Zeitschrift, nach der *Sammlung* als zweites literarisches Organ des Exils gegründet, stand in enger Verbindung mit der ‹Internationalen Vereinigung Revolutionärer Schriftsteller› (IVRS) und hatte in ihrer besten Zeit 7000 Abonnenten.[204] Günstige Voraussetzungen also für eine nachhaltige Rufschädigung in literarischen Kreisen der Emigration:

«Robert Musil meint, das kulturelle Schaffen sei an das Individuum gebunden. An wen und was das Individuum gebunden sei, wollte er nicht sagen. […] das soziale Problem ist dem, der bisher ein asozialer Problematiker war, vollkommen neu. Aber er kann ihm nicht entrinnen. Die Hiebe, mit denen man in deutschen Konzentrationslagern die Haut des Denkers und seine Nieren zerschlägt, müssen nicht nur die psychologischen Begriffe des Gepeinigten ändern […], sondern auch die eines jeden, der nicht blind und taub ist.»[205]

Unter dem Titel *Berichtigung eines Berichts*[206] beschäftigte sich Musil intensiv mit einer Entgegnung, die allerdings nicht das Stadium einer Reinschrift erlangte. Möglicherweise hat er die Arbeit abgebrochen, als er erfuhr, dass die *Neuen Deutschen Blätter* mit jenem Augustheft 1935, in dem der Angriff auf ihn publiziert worden war, ihr Erscheinen eingestellt hatten.

Bemerkenswert an Musils Entwürfen für die Entgegnung, die sich ausschließlich an E. E. Kisch richtet, ist, dass er selber es für «völlig nebensächlich» erachtete, ob er «in allen Einzelheiten recht hat oder nicht». Er frage sich viel eher, «ob man in der Art sprechen kann wie ich es getan habe», ohne dass das «als überflüssig oder störend betrachtet» wird. (A 297) Es ging ihm also noch einmal, und nun auf dem Hintergrund der konkreten Erfahrungen, die er in Paris gemacht hatte, um die Rolle des Schriftstellers. Er suchte erneut nach Antworten auf jene Fragen, die ihn schon während der Vorbereitung auf den Kongress beschäftigt hatten:

«... sind wir verpflichtet, gegen das Unrecht zu Felde zu ziehn? Gehört es zum Begriff des Dichters? [...]. Woher nehmen wir unseren Auftrag? Wie grenzen wir ihn ab? Wie können wir ihn ausführen? Ja wer sind wir denn eigentlich? Wenn wir uns diese Fragen nicht selbst stellten, sie würden uns gestellt! Sie sind auch nicht aus einer selbst schon politisierten Auffassung zu beantworten. Eventuell: Wir müssen dabei Dichter sein und nicht interessierte Privatpersonen. Eventuell: Sie sind nicht mit dem zu beantworten, was das Selbstverständlichste zu sein scheint. Wir müssen geradezu ein neues Selbstbewußtsein finden.» (A 291)

In den Entwürfen zur geplanten *Berichtigung*, die umfangreicher sind als die Rede selber, ist der zentrale, mehrfach verwendete Begriff der des «Mißverständnisses».[207] Nach Musil entstand dieses Missverständnis daraus, dass er in seinem Kongress-Beitrag «dort eine Aufgabe» gesehen habe, wo andere offenbar keine sähen. «Das ist in der Hauptsache der Unterschied». Damit zielte er auf den Kern seines Selbstverständnisses, der – als inhaltliche und rhetorische Grundlage seines Vortrags – der eigentliche Stein des Anstoßes war:

«Es kann sein, daß es unter Umständen unerlaubt ist, solche theoretische Fragen zu stellen statt ~ mitzumarschieren. [...].

Dann bin ich aber nicht Schriftsteller, sondern der private X. Als der bin ich gekommen, als Schriftsteller habe ich gesprochen. Vielleicht habe ich die Überzeugung vermissen lassen. Aber ich habe mich bemüht, etwas anzuregen, das wertvoller ist als meine Überzeugungen». (A 300)

Im Zentrum seiner *Berichtigung* steht wiederum der Gegensatz zwischen Dogma, Glaube, Bekenntnis, Gesinnung, Parteilichkeit auf der einen, voraussetzungsloser Analyse, «Sachlichkeit als Teilnahmelosigkeit», Rationalität, ‹Objektivität› und ‹Theorie› auf der anderen Seite. Dies sind in seinen Augen konträre, einander ausschließende Haltungen und Einstellungen eines Schriftstellers. Sie bilden deshalb auch den zentralen Punkt seiner Rollendefinition: Er erwarte sich «mehr von der Klarheit als von der guten Gesinnung. Vielleicht sagte ich richtiger, ich sehe eher den spezifischen Beitrag des Schriftstellers in ihr». Zu dieser «Klarheit» habe er einen Beitrag leisten wollen. «Der Stimmung der Mehrheit des Kongresses gemäß war er deplaziert.» (Ebd.)

Die Angriffe Egon Erwin Kischs und Bodo Uhses waren massiv gegen seine Person, also gegen den «private[n] X», gerichtet, den asozialen Problematiker, der blind und taub für die wahren Probleme und Leiden der Menschen sei. Musil ließ sich darauf nicht ein, sondern betonte, es gehe nicht um Persönliches, ja nicht einmal um den Kongress, «sondern um die Frage, ob man so, wie ich es mir vorstelle, den Zwecken dienen darf, die diesen Kongreß hervorgerufen hatten.» (A 299) Mit anderen Worten: Es ging um prinzipielle und systematische, also theoretische Fragen. Es ging um die Definition des politischen und ideologischen Rahmens, in dem die Schriftsteller ihre Sache öffentlich verhandelt hatten, und es ging um die Ansprüche, die von den Veranstaltern mit diesem Kongress von Anfang an und unabhängig von dem, was dort vorgetragen werden würde, verknüpft worden waren. Auf dem Kongress, resümiert Musil, habe nämlich «eine bestimmte Meinung» vorgeherrscht, «sowohl von dem, was die Kultur mit Verderben bedroht, als auch von dem, was ihr eine schöne Zukunft eröffnet; und beides geschah in Verbindung mit politischen Systemen.» (Ebd.) Unausgesprochen war hier die Grundkonstellation des Kongresses, Faschismus versus Kommunismus, gemeint. Demgegenüber habe er Gründe dafür angeführt, dass zwischen Kultur und Politik durchaus kein derart einfacher Zusammenhang bestehe. Das bedeute keineswegs, dass er sich für politisch indifferent erkläre oder dass er allen politischen Systemen die gleichen kulturellen Chancen gebe. Er traf sogar eine Festlegung, die er in Paris vermieden hatte: «Ich gebe dem, was man die bürgerliche Welt nennt, kaum noch eine Chance, diese Aufgabe zu lösen. Aber damit ist nicht gesagt, daß sie auf andere Weise schon gelöst sei.» (A 300) Deshalb versäumte er auch nicht, die Gegenseite mit einem Beispiel zu beleuchten: «Vielleicht darf ich noch nachträglich daran erinnern, dass der russische Roman zu einer Zeit seine höchste Höhe hatte, wo man das von dem Gesellschaftszustand Rußlands gewiß nicht behaupten kann.» (A 302) Das war offenkundig auch eine Einladung, den Zusammenhang zwischen der literarischen Realität des offiziell propagierten Sozialistischen Realismus und der sozialen Realität in der Sowjetunion herzustellen. Musils theoretische Überlegungen gipfeln in einer dezidierten Absage an den «Kulturoptimismus»: «Der heutige politische Kulturoptimismus ist unerträglich» (A 299), und unerträglich seien die «Versprechungen», die damit zusammenhingen. Mit ungewohnter Heftigkeit fasste er seinen Standpunkt in den Appell: «Nieder mit dem Kulturoptimismus». (Ebd.) Dies war gleichsam Musils letztes Wort in der Sache, und es klingt wie ein zorniges Aufbegehren gegen die in seinen Augen unverantwortliche Anmaßung des Kongresses, mit kulturellen Äußerungen und Aktivitäten etwas gegen die Diktaturen von rechts ausrichten zu wollen.[208]

Musil stand in Paris mit seinen Zweifeln an den Möglichkeiten eines ‹kulturellen› Widerstandes gegen die totalitären politischen Mächte der Zeit so gut wie allein, aber doch nicht ganz allein. Aus dem Umkreis des Kongresses seien drei sehr unterschiedliche Stimmen genannt: Antonin Artaud forderte in einer Zuschrift an die Kongressleitung zu bestimmen, «was in der Kultur man verteidigen will: und wenn es das geistige Erbe ist, das der gegenwärtigen Zivilisation zu Grunde liegt, so weise ich diese Kultur zurück. Die wahre Kultur hat niemals ein Vaterland gehabt, sie ist nicht menschlich, sondern geistig.»[209] Artauds Kultur hörte offenbar, ähnlich wie die Musils, nicht auf den Namen von Vaterländern. André Breton kritisierte in seiner Rede, die von Paul Éluard verlesen wurde, da Breton aufgrund eines Streits mit Ilja Ehrenburg von der Rednerliste gestrichen worden war, den sowjetisch-französischen Beistandspakt, weil er Deutschland isoliere und dadurch das Gefühl «der Unvermeidlichkeit eines Krieges» fördere. Dort, wo Breton sich gegen die politische Indienstnahme der Literatur wandte und damit implizit den von der Sowjetunion offiziell propagierten Sozialistischen Realismus ansprach, fand der Surrealist sich unversehens an Musils Seite: «Das Überwechseln der wirklichen Dichter unserer Zeit zu einer Propaganda-Dichtung, die ganz äußerlich definiert wird, hieße für sie gerade, die *historischen* Bestimmungen der Dichtung zu negieren.»[210] Joseph Roth schließlich schrieb wenige Monate später am Ort des Geschehens und vermutlich in direkter Anspielung auf den Kongress:

«Ich beuge mich vor dem Edelmut, der sich in Resolutionen äußert, in Protesttelegrammen, in der Teilnahme an Kongressen, auf denen die Güter der Menschheit verteidigt werden, in Pamphleten, die Europas Führer und Feinde zu demaskieren suchen, in Artikeln, Kritiken und Glossen, in denen sich ein Achtung heischender, elanvoller Glaube an den berühmten ‹Rest des europäischen Gewissens› täglich äußert. *Nun, an diesen ‹Rest des europäischen Gewissens› glaube ich nicht.*»[211]

Es gab jedoch auch die anderen, die skeptisch waren und sich dennoch beugten, sich der Parteiräson oder dem Druck des Kollektivs unterwarfen. Sie äußerten ihre Skepsis privat. Zu diesen gehörte Bertolt Brecht, der zwar prinzipiell Sympathisant einer literarischen Einheitsfront war, den jedoch der Charakter des Kongresses störte. Schon im Vorhinein hatte er in einem Brief an Johannes R. Becher seinen Unmut formuliert: «ich habe ein kleines Grauen vor Zusammenkünften zum Zwecke des Zusammenseins. Man zählt die Häupter seiner Lieben und versichert sich, daß man einer Meinung ist usw.»[212] Er plädierte deshalb für ein konkretes Arbeitsvorhaben, das er für wirksamer erachtete: eine «Art Nachschlagewerk der Ansichten der Antifaschisten», eine «‹Neue Enzyklopädie› der besten Schriftsteller» gegen «die planmäßige geistige Verwirrung durch usw.».[213] Der Vorschlag wurde von den Organisatoren jedoch nicht aufgegriffen. Wenige Tage nach der Pariser Zusammenkunft erinnerte er Ernst Bloch etwas distanziert an «unser Colloquium interruptum unter dem Röhren der großen Geister (es ist sehr schwer ein vernünftiges Wort zu sprechen, wenn um jeden Preis die Kultur gerettet werden soll)».[214] Dem Freund George Grosz berichtete er einigermaßen süffisant:

«Ich kann dir jedoch eine wichtige Mitteilung machen: wir haben soeben die Kultur gerettet. Es hat 4 (vier) Tage in Anspruch genommen und wir haben beschlossen, lieber alles zu opfern, als die Kultur untergehen zu lassen. Nötigen Falles wollen wir 10–20 Millionen Menschen dafür opfern. Gott sei Dank haben sich genügend gefunden, die bereit waren, die Verantwortung dafür zu übernehmen. Übrigens sind wir sowohl kühn als auch vorsichtig vorgegangen.»[215]

Karl Korsch teilte er nicht nur mit, dass er auf dem Kongress viel für den *Tui*-Roman, seine beißende Intellektuellensatire, habe «buchen» können, sondern verriet auch, dass Heinrich Mann, immerhin einer der Präsidenten des Kongresses, «seinen Vortrag über menschliche Würde und die Freiheit des Geistes vorher der Sûreté» eingereicht, also der französischen Sicherheitspolizei vorgelegt habe.[216] Johannes R. Becher gegenüber gab Brecht sich allerdings weniger sarkastisch, da sprach er von einem «hervorragend gelungenen» Kongress, der den Anfang bilden könnte für einen «Prozeß der *Selbstverständigung der Schriftsteller*».[217]

Die Beweglichkeit Brechts stand Musil nicht zu Gebote. Für ihn war aber die Arbeit an seiner Pariser Rede und an der *Berichtigung eines Berichts*, die ja ihrerseits nur den Endpunkt eines jahrelangen Nachdenkens bedeuteten, tatsächlich ein wichtiger Akt im Prozess seiner Selbstverständigung als Schriftsteller, wenn auch anders als von Brecht gemeint. Musil sah die Autonomie der Literatur seit dem Weltkrieg in zunehmendem Maße durch drei Faktoren bedrängt und gefährdet: 1. durch Merkantilisierung und Trivialisierung: «Vergnügungsindustrie und Dichtung [waren] ineinander verwirrt». (A 262) 2. durch politische und ideologische Instrumentalisierung nach dem Muster der ‹Kulturpolitikskultur› und 3. durch staatliche Bevormundung und Kontrolle; durch die «Hypertrophie der Politik» in den autoritären, totalitären, ‹gleichgeschalteten› Systemen. Zusammenfassend formulierte er in einem Aphorismus: «Um 1900 kleine Auflagen. Nach 1919 große. Scheinbar ein Fortschritt. Der Kaufmann bemächtigte sich der Literatur, dann das Kriegspressequartier, und zuletzt der Staat. Eine folgerichtige Entwicklung.» (A 227) Musils Haltung gegenüber der Politik und damit das Verständnis seiner Rolle als Schriftsteller war von dieser Veränderung, genauer gesagt, von der stetigen Zuspitzung und Beschleunigung dieser Entwicklung entscheidend bestimmt. Musil nahm nach dem Ersten Weltkrieg eine Haltung ein, die man mit dem von Pierre Bourdieu geprägten Begriff als ‹antipolitische Politik› bezeichnen könnte. Es ist die Haltung des ‹Intellektuellen›, der für sich in Anspruch nimmt, das Feld des Politischen nicht nach den diesem Feld immanenten Kriterien zu beurteilen, sondern nach den

«ungeschriebenen Gesetze[n] eines ethischen und wissenschaftlichen Universalismus, um eine Art moralisches Lehramt auszuüben und bei gewissen Gelegenheiten eine kollektive Mobilisierung für einen Kampf zu untermauern, der dazu bestimmt ist, den Werten, die in ihrer Welt gelten, im ganzen sozialen Universum Geltung zu verschaffen».

Das schließt mit ein, «den heiligsten Werten der Gemeinschaft – vor allem denen des Patriotismus und Nationalismus – *zuwiderzuhandeln*».[218] Gerade dafür hat Musil in seinen Essays und Aphorismen (und nicht zuletzt in den drei Reden von 1934 bis 1937) eigenständige und überzeugende Beispiele gegeben. Seine öffentlichen Interventionen nach dem Ersten Weltkrieg, die er im Sinne einer ‹geistigen Organisationspolitik› unternahm, gründeten auf seinem umfassenden Konzept des ‹Geistes› und dem damit verbundenen utopischen Bild des ‹neuen Menschen›, das auch seine Poetik maßgeblich bestimmt. Das ist Musils ‹universelle› Kategorie, der archimedische Punkt seiner Argumentation, an der er die politische Realität und die Welt der Kultur misst.

Der ‹Übergriff› des Staates nach der ‹Machtergreifung› der Nationalsozialisten veränderte die Rahmenbedingungen intellektuellen Engagements grundlegend. Er stellte die Autonomie des kulturellen Bereichs und damit die Rolle des Intellektuellen grundsätzlich in Frage. «Die Politik schreibt dem Geist das Gesetz vor: das ist neu» (A 174), heißt es in den *Bedenken eines Langsamen*. Neu daran waren vor allem die existenzgefährdende und lebensbedrohliche Verschiebung der Machtverhältnisse und die damit einhergehende Einschränkung der Freiheitsrechte des Einzelnen. Musils *Bedenken*, seine Tagebuchaufzeichnungen und seine Aphorismen belegen eindrucksvoll, wie intensiv er sich mit der veränderten Situation auseinandergesetzt hat, wie verzweifelt er nach Antworten, Auswegen und Standpunkten gesucht hat, wie er der «Pflicht zu sprechen, Kritik zu üben» nachzukommen versuchte, obwohl er sich «keineswegs für den Geeignetsten» hielt. Die Konsequenz, die andere Autoren aus der Situation zogen: den Verlust ihrer Handlungs- und Entscheidungsmöglichkeiten durch den Anschluss an eine politische Partei zu kompensieren und damit Teil eines eigenen Machtkörpers – naturgemäß zu dessen eigenen Bedingungen – zu werden, lehnte Musil ab. Der Anschluss des Künstlers an den Staat, die Klasse, die Nation, die Rasse oder die Religion war für ihn gleichbedeutend mit Selbstaufgabe und mit der Zerstörung des Begriffs von Kunst. Für das Verhältnis von Kultur und Politik ist in seinem Verständnis ein antagonistisches Verhältnis konstitutiv. Gleichzeitig ist der einzelne Künstler jedoch auf Duldung, auf Toleranz und auf die Garantie der Freiheitsrechte durch die Machthaber angewiesen. Sie garantieren die Freiheit der Kunst zu ihrem eigenen Besten. Nehmen sie den Künstler, den Wissenschaftler, den Intellektuellen nicht, wie er ist, zerstören sie das geistige Potenzial und die Entwicklungsmöglichkeiten einer Gesellschaft. Daraus folgt auch: Die Vorstellung, der Kampf gegen einen Machtapparat wie den Nationalsozialismus könne mit geistigen Mitteln erfolgreich geführt werden, ist illusionär: «die Motoren des Geschehens sind von gröberer Natur».

Diese Positionen Musils, die einem emphatischen Begriff von Literatur und einer pragmatischen Einschätzung der politischen (Macht-)Verhältnisse und der Handlungsmöglichkeiten des Einzelnen verpflichtet sind, waren auf dem Pariser Kongress Ansichten eines Außenseiters. Er wurde dafür ausgepfiffen und in der Presse mit Häme verfolgt. Zwei Jahre später sollte er, ausgerechnet auf dem II. Kongress der ‹Internationalen Schriftstellervereinigung zur Verteidigung der Kultur› in Valencia und Madrid (4.–10. Juli 1937), aus berufenem Mund recht bekommen. Bertolt Brecht, dem die Reise wegen des Bürgerkriegs zu gefährlich war, schickte Ruth Berlau, die seine Rede verlesen durfte, nach Madrid. Brecht ließ in seinem Text die politischen Ereignisse der Jahre 1933 bis 1937 in Deutschland, Spanien und Italien Revue passieren: die ‹Machtergreifung› der Nazis, die Zerstörung der demokratischen Institutionen in den

genannten Ländern, den Überfall Mussolinis auf Abessinien (1935/
1936), den Bürgerkrieg in Spanien (seit Juli 1936) mit der Bombardierung
offener Städte und Dörfer, «die Zerstörung von Guernica» (April 1937),
die gegenseitige Waffenhilfe der faschistischen Staaten untereinander
usw. All dies seien auch Angriffe auf die «Möglichkeit zu kultureller Produktivität». Mit den ökonomischen und politischen Positionen, die dem
deutschen, dem spanischen und dem italienischen Volk entrissen worden seien, mit dem Verlust der Koalitionsfreiheit der Arbeiter, der Mei-
nungsfreiheit der Presse usw. sei auch ein «Generalangriff auf die Kultur
überhaupt» erfolgt. Wenn aber die Kultur

> «etwas von der gesamten Produktivität der Völker Untrennbares ist, wenn ein und der-
> selbe gewaltsame Eingriff den Völkern die Butter und das Sonett entziehen kann, wenn
> also die Kultur etwas so Materielles ist, was kann dann getan werden zu ihrer Verteidi-
> gung? […]
>
> Die Kultur, lange, allzu lange nur mit geistigen Waffen verteidigt, angegriffen aber
> mit materiellen Waffen, selber nicht nur eine geistige, sondern auch und besonders so-
> gar eine materielle Sache, muß mit materiellen Waffen verteidigt werden.»[219]

Musil hatten einige Wochen Anschauungsunterricht nach der ‹Machtergreifung› in Berlin genügt, um zu solchen Schlüssen zu gelangen.
Seine illusionslosen Analysen haben in der Folge auch seinen Blick für
das Kommende geschärft, und auch da sah er früher und genauer als
manch anderer. Während Heinrich Mann, Ernst Bloch, Bertolt Brecht,
Anna Seghers und viele andere, politisch keineswegs naive Teilnehmer
des Pariser Kongresses die «neuen Feldzeichen» der Kultur «im Osten»
sehen wollten, «über dem Bauplatz der Menschheit scharfkantig flat-
ternd», wie einer der heimlichen Regisseure der Veranstaltung, Johannes
R. Becher, pathetisch deklamiert hatte,[220] nahm Musil kurze Zeit später
dort ganz andere Zeichen wahr. In der Mappe mit dem Material der Pariser Rede findet sich auch die scheinbar nicht in den Zusammenhang ge-
hörige kryptische Notiz: «Denke an die Erschießung Kamenews u.[nd]
Sinowjews». Das Notat zielt auf den Kern seiner Rede. Denn das nachträglich, mehr als ein Jahr nach dem Pariser Kongress und wie zur Bekräf-
tigung der früheren Überlegungen Hinzugefügte ist eine Reaktion auf

die sogenannten ‹Moskauer Prozesse›, jene brutal-makabren öffentlichen Inszenierungen, die ab August 1936 Stalin dazu dienten, sich seiner ehemaligen Mitstreiter und seiner Konkurrenten zu entledigen. Sie waren Teil der ‹Großen Tschistka›, der mörderischen ‹Säuberungen›, denen Millionen zum Opfer fallen sollten, darunter auch viele österreichische Sozialdemokraten, die nach dem Bürgerkrieg vom Februar 1934 in die Sowjetunion geflüchtet waren. Auch fünf Mitglieder der sowjetischen Delegation, die in Paris ans Rednerpult getreten waren, wurden Opfer der Mordaktionen: Isaak Babel (erschossen 1940), Wladimir Kirschon (hingerichtet 1938), Michail Kolzow (hingerichtet 1942), Iwan Mikitenko (Tod im GULag 1937) und Iwan Luppol, der Direktor des Moskauer Akademie-Instituts für Weltliteratur, der die einzige zeitgenössische Buchpublikation mit den Reden des Pariser Kongresses herausgegeben hatte (Tod im GULag zwischen 1940 und 1943).[221] Lew Kamenjew und Grigorij Sinowjew, beide ehemals enge Mitarbeiter Lenins, die ursprünglich Stalin im Machtkampf gegen Trotzkij unterstützt hatten, waren am 25. August 1936 als Exponenten der linken Opposition gegen Stalin hingerichtet worden. Musil wusste die Zeichen zu deuten; dem Hinweis auf die Erschießung Kamenjews und Sinowjews fügte er die Prognose hinzu: «nach den Begriffen von gestern sind das unmögliche, orientalische u[nd] despotische Vorgänge, die sich aber heute ebenso gut anderswo ereignen können.»[222] Das sind die hellsichtigen Worte eines ‹machtlosen Zuschauers›, der an so etwas wie ein ‹europäisches Gewissen› oder die ‹neuen Feldzeichen› im Osten so wenig glauben mochte wie Joseph Roth. Damit war aber auch das, was Musil in der ‹Ersten Fassung› der Pariser Rede noch metaphorisch beschworen hatte, blutige Realität geworden: «Der Engel der Vernichtung, der so bodennah über allen Böden der Erde schwebt wie noch nie, läßt keine Voraussicht zu.» (A 277)

Für die personellen und inhaltlichen Zusammenhänge, um die es hier geht, und auch für die Überlegungen im Hinblick auf die Rolle des Schriftstellers ist ein Seitenblick auf Johannes R. Becher, Musils ideologisches Gegenüber auf dem Kongress, aufschlussreich. Becher, der als einer der maßgeblichen Organisatoren der Pariser Veranstaltung die auf dem

VII. Weltkongress der Komintern in Moskau (August 1935) von Georgi Dimitroff propagierte Taktik des ‹Trojanischen Pferdes› im internationalen Rahmen so erfolgreich vorweggenommen hatte, geriet kurze Zeit später selber in das Räderwerk der stalinistischen Verdächtigungs- und Vernichtungsmaschinerie. 14 Tage nach den Todesurteilen gegen Kamenjew und Sinowjew tagte in Moskau die «geschlossene Parteiversammlung» der deutschen Kommission des sowjetischen Schriftstellerverbandes, um in vier Nachtsitzungen unter der Parole «Wachsamkeit» die Partei von «Abweichlern», «Parteifeinden», «Trotzkisten» und «Opportunisten» zu säubern. Teilnehmer dieses Inquisitionstribunals, das die aus dem Dritten Reich emigrierten deutschen Schriftsteller vom 4. bis 9. September 1936 sich selber bereiteten und das Selbsterniedrigung wie Denunziationen in gleicher Weise produzierte, waren u. a.: Johannes R. Becher, Willi Bredel, Hugo Huppert, Ernst Ottwalt, Alfred Kurella, Georg Lukács, Gustav Regler und Friedrich Wolf. Gut die Hälfte davon waren auch Delegierte des Pariser Kongresses zur Verteidigung der Kultur gewesen. Jetzt waren sie gezwungen, sich gegen die Exorzismen und Monstrositäten eines Systems zu verteidigen, das sie dort gerühmt hatten – und auch gegen die Denunziationen und Anschuldigungen ihrer eigenen Kollegen und Genossen. Zumindest fünf der Teilnehmer wurden in der Folge verhaftet und zum Tode verurteilt oder kamen in der Haft um.[223] «Der Feind steht in unseren eigenen Reihen», hatte Alfred Kantorowicz, der ‹Assistent› Johannes R. Bechers in der Organisation des Pariser Kongresses und ebenfalls einer der Denunzierten, schon ein Jahr zuvor, im September 1935, notiert.[224] Georg Lukács, der im Zusammenhang mit den ‹Säuberungen› später selber verhaftet werden sollte, forderte in der «geschlossenen Parteiversammlung» offen «die Liquidation der Schädlinge», der Österreicher Hugo Huppert sprach im besten Nazi-Jargon von ‹ausmisten›.[225] Anklagepunkte gegen Becher waren u. a. die Vergangenheit seiner Frau und Bruch der ‹Parteidisziplin›, weil er eine politische Versammlung vorzeitig verlassen habe. Er seinerseits beschuldigte oder belastete, soviel man weiß, niemanden. Er suchte Rettung in Selbstkritik und Selbsterniedrigung. Gegen Gustav Regler veranstaltete vor allem Willi Bredel, nicht nur in der «geschlossenen Parteiversammlung», sondern auch in anderen Zusammenhängen, ein denunziatorisches Kesseltreiben. Reglers improvisierter Auftritt auf dem Pariser Kongress, der das Publikum spontan die *Internationale* anstimmen ließ, wurde heftig kritisiert und diente dazu, die gesamte Pariser Gruppe einschließlich Bechers zu diskreditieren.[226]

Von den ca. 130 deutschen Schriftstellern und Journalisten, die als Emigranten in der Sowjetunion lebten, wurden im Zuge der ‹Säuberungen› wegen solcher und ähnlicher ‹Delikte› mehr als 90 verhaftet und interniert, viele wurden ermordet oder kamen in den Lagern um.[227] Nach dem Pakt zwischen Hitler und Stalin im August 1939 wurden 900 deutsche Antifaschisten, die offenbar nicht in das Bild der neuen Eintracht passten, ins Dritte Reich abgeschoben, wo die meisten von ihnen in Konzentrationslager deportiert wurden. Auch Bechers Leben hing «an einem seidenen Faden».[228] Wie er sich letztlich retten konnte, wer oder was ihn verschonte, ist unklar. Die KPD-Führung hielt ihn wegen seiner Freunde (u. a. Boris Pasternak), wegen Kontakten zu in Ungnade Gefallenen und wegen seines hohen dichterischen Anspruchs für unzuverlässig und verbot ihm, die Sowjetunion zu verlassen. Es wurde ihm als Mitinitiator und Sekretär der deutschen Gruppe der auf dem Pariser Kongress gegründeten ‹Internationalen Schriftstellervereinigung zur Verteidigung der Kultur› nicht gestattet, zum Kongress nach Valencia / Madrid (1937) zu reisen. Nach mehreren Selbstmordversuchen übte er im Jahre 1942 erneut Selbstkritik vor dem Genossen Dimitroff.[229] Mit dem Stalin-Epos *Hymnen auf einen Namen* (1936) und einem *Gruß des deutschen Dichters an die Sowjetunion* (1942) stellte er seine literarische Linientreue demonstrativ unter Beweis. 1945 begann dann seine eigentliche politische Karriere: Mitglied des Parteivorstandes und des Zentralkomitees der SED, Präsident des Kulturbundes, Präsident der Akademie der Künste, Textautor der DDR-Nationalhymne, erster Minister für Kultur von 1954 bis zu seinem Tod 1958.

Bemerkenswert für unseren Zusammenhang ist, dass Becher in ähnlich lautenden Testamenten gleich mehrfach seine Auslöschung als Politiker und als Funktionär anordnete: Im Falle seines Todes sollten keine Grabreden gehalten werden, die Grabinschrift dürfe nicht auf Ämter und Funktionen hinweisen, keine Straßen und Plätze sollten nach ihm be nannt, keine Denkmäler errichtet werden. «Wenn man aber etwas für mich tun will, so sorge man dafür, daß auch nach meinem Tod meine Bücher erscheinen …». Mit seinem Vermögen solle eine Stiftung errichtet werden «für *Dichter* […] nicht für reimende *Agitatoren*». Zuletzt aber, so verfügte er, möge man berücksichtigen, dass er «vor allem ein *deutscher* Dichter war …».[230] Das war, wenn man so will, der gewaltsame Versuch, im Angesicht des Todes die Wunschidentität zu retten, der Versuch, zumindest für das Totsein die Rolle des Dichters gegen die des Politikers durchzusetzen, der jenem, so hat Becher es offenbar empfunden, sein Leben gestohlen und zerstört hat. Es war der Versuch, die Aufspaltung seiner Person zwischen Literatur und Politik zu beenden, die ihn zeitlebens zerrissen und mehrfach an den Rand des Abgrundes gebracht hatte. Doch nichts von dem, was er verfügte, wurde ihm gewährt.

Der Staat hat sich über Bechers Wunsch, nach seinem Tod als Dichter, der er zweifellos war, wiedergeboren zu werden, hinweggesetzt. Er hat ihm nicht gestattet, dass vergessen werde, wie der Dichter sich an den Politiker ausgeliefert hat und wie der Politiker den Dichter immer wieder in die Pflicht genommen hat. So hat der Staat sich zuletzt auch noch seiner Leiche und seines Nachruhmes bemächtigt: mit Totenmaske, Staatsbegräbnis, einem Meer von Trauergästen, Grabreden, Denkmälern, Büsten, Straßennamen, Schul- und Institutsbenennungen. So wie er natürlich auch keine Stiftung für Dichter auf Kosten der reimenden Agitatoren errichtet hat. Die Politik, der Becher sich im Wortsinn ‹verschrieben› hatte, gab nicht einmal seinen Leichnam frei, gerade so, als hätte der Teufel, den Pakt einlösend, ihn zum Schluss mit Haut und Haar geholt.[231] Becher ist ein Paradebeispiel für die linken Intellektuellen der dreißiger und vierziger Jahre des 20. Jahrhunderts. Sie lebten und kämpften in einem letztlich unauflösbaren Dilemma. Zerrissen, unzufrieden und unglücklich in beiden Rollen, in der des Schriftstellers ebenso wie in der des Politikers; tragische Existenzen in beide Richtungen: «Gefangen zwischen wünschbarer Reinheit und erwünschter Wirksamkeit erreichten sie keine von beiden.»[232]

Musil hat die Unteilbarkeit seiner Rolle als Schriftsteller, die Becher durch testamentarische Verfügungen wiederherzustellen versuchte, nie in Frage gestellt. Er hat nach den Erfahrungen, die ihm jenes Fieber von 1914 bescherte, die Sphären von Literatur und Politik klar geschieden. Der Schriftsteller in der Maske des Politikers erschien ihm ebenso unheimlich, ja gefährlich, wie der Politiker in der Maske des Schriftstellers. Musil war davon überzeugt, dass das Selbstverständnis eines Schriftstellers sich «im Gegensatz» zu den «Gegebenheiten» von Staat, Nation und Klasse, kurz, in Opposition zum Politischen und «im Gegensatz zum Vorhandenen» bildet. (A 288) Sich selber, die künstlerische Individualität und ihr Schaffen, und damit im weiteren Sinne die Kultur gegen die Zugriffe und Übergriffe von Staat, Nation, Klasse, Partei oder Kirche zu verteidigen, hielt er nicht nur für eine genuine Aufgabe des Schriftstellers, sondern auch für einen Ausweis seiner Professionalität: «Wir sind überzeugt, es um eines Höheren willen tun zu dürfen und zu müssen. Wir tun es als Fachleute gegen Laien.» Und: «Wir müssen dabei Dichter sein und nicht interessierte Privatpersonen». (A 291) Im Angesicht der kollektivistischen Massenbewegungen von Nationalsozialismus und Kommunismus entwickelte er eine ausgeprägte, theoretisch begründete Abneigung gegen das, was er 1937 in seinem Vortrag *Über die Dummheit* als schamloses «Überhebungsbedürfnis» bezeichnete, das «im Schutz der Partei, Nation, Sekte oder Kunstrichtung auftritt und Wir statt Ich sagen darf.»[233] Musils Haltung der nüchternen Skepsis, sein ausgeprägter Individualismus und seine Distanz gegenüber allen politischen Heilsversprechungen und kollektiven Mobilisierungserlebnissen waren dafür eine solide Voraussetzung. Seine Zweifel waren, auf allen Gebieten, nicht nur auf dem Feld der Politik, stärker als seine Glaubensbereitschaft. Daher rührte seine Abscheu vor jeder Form der ideologischen Gewissheit, des politischen Utopismus, aber auch vor moralischer Selbstgerechtigkeit und der Selbstüberschätzung von Künstlern.

Es gibt gute Gründe dafür anzunehmen, dass das nach den Erfahrungen des Ersten Weltkriegs bei ihm sich aufbauende Wissen, dass der Rückfall in die Barbarei jederzeit und allerorten möglich sei, sein Selbstverständnis entscheidend bestimmt hat. Er hat dieses Wissen nicht nur in seinem Kommentar zu den Moskauer Schauprozessen bewiesen, die Johannes R. Becher genauso wie Bertolt Brecht, Ernst Bloch und viele andere zur selben Zeit noch gläubig engagiert verteidigten, obwohl manch einer von ihnen bereits Freunde oder Freundinnen in den Händen der Mörder wusste.[234] Als «der private X» war Musil den Auswirkungen dieses Rückfalls in die Barbarei bis ins Elend und die Einsamkeit des Schweizer Exils ausgeliefert. Bei seiner Einäscherung im Genfer Krematorium im April 1942 – auch dies ist ein bezeichnendes Gegenbild zu Becher – waren kaum mehr als ein halbes Dutzend Personen anwesend. Seine Asche wurde von Martha Musil im Juli 1946, als sie die Schweiz verließ, unweit ihrer letzten Genfer Wohnung, am Rand zweier verwilderter Gärten, zerstreut.[235] Als Schriftsteller jedoch hat Musil der Barbarei buchstäblich bis zum letzten Tag seines Lebens getrotzt: durch die Arbeit an seinem Roman.

Im November 1938 schrieb er aus dem Schweizer Exil, das er als «Ausgeworfensein» (T 941) empfand, an den Lektor des Bermann-Fischer Verlages, Viktor Zuckerkandl: «Ich kann auch jetzt nicht anders, als daran zu denken: Gewiß, Deutschland ist in Qualm und vielleicht bald in Brand, die Welt dann mit ihm; aber was kann ich retten, und im Bewußtsein der anderen erhalten, wenn nicht das Werk, dessen Herr und Diener ich bin.» (B 879) Dieses Werk, aus dem sich «eine Auffassung der Dichtung aufbaut, die vielfach im Gegensatz zu der der Zeit steht und trotz aller Teilerfolge noch nicht verstanden worden ist» (ebd.), und sich als sein Autor galt es gegen die Forderungen, Illusionen, Verführungen und Bedrohungen der Zeit zu verteidigen und zu schützen. Je aussichtsloser die Umstände wurden, desto stärker wurde dieses Bewusstsein. Darin liegt letztlich das genuin Politische an der Haltung des scheinbar ‹unpolitischen› Schriftstellers Robert Musil: dass er sich als Person den zeitgebundenen, willkürlichen und instrumentellen Ansprüchen der Politik konsequent verweigerte – für ein Werk, dessen Thema die auf den Krieg zutreibende Zeit ist, dessen Kern aber die Verteidigung des Einzelnen, des autonomen, denkenden und fühlenden Menschen bildet. Dass das Werk damit, unabhängig vom politischen oder, wie Musil zuweilen formulierte, vom aktivistischen Engagement seines Schöpfers, eine eigene politische Dimension hat, ist eine andere Sache und war auch für Musil ganz selbstverständlich: «Es ist unmöglich, daß ein Dichter, der nicht bloß ein begabter Geisteskranker ist, keinerlei soziale Verantwortung fühlt; aber die Arten dieser

Verantwortung sind sehr verschieden.» (A 289) Seine Verantwortung bestand ganz wesentlich darin, dieses Werk «retten» und vollenden zu wollen. Darin, in seiner künstlerischen Arbeit, im konsequenten Tun dessen, was allein er beherrschte, sah er seinen Beitrag zu der Kultur. Musil wusste mit Nietzsche, «daß die politische Energie auf Kosten der kulturellen auftritt». Dagegen müssen die Künstler sich schützen, wenn sie ihre Arbeit tun und ihre soziale Funktion erfüllen wollen: «Sollen sie sich in die Flammen stürzen, damit Phönixe einer späteren Zeit aus ihrer Asche auferstehn?» (A 292)

Im Dezember 1940, nach mehr als zwei Jahren im Exil, nach weiteren zwei Jahren kontinuierlicher Arbeit am Roman, ohne die geringste Aussicht, vom Schreiben leben zu können, in einer Situation, als sein Werk im Dritten Reich verboten und er selber in der Schweiz mit Veröffentlichungsverbot belegt war, schrieb er, wiederum an Viktor Zuckerkandl:

«Von mir läßt sich nicht mehr sagen, als daß ich noch immer den M. o. E. wie ein paar Handschellen an mir hängen habe; […] Und da Sie mir freundliche Worte über mich sagen, möchte ich erwidern, daß es mir so wirklich am wichtigsten ist. Es ist so etwas wie Selbstbehauptung der Dichtung gegenüber den allzu heftigen Mächten der Wirklichkeit.» (B 1254)

Schon zehn Jahre früher, im Februar 1930, hatte Musil im Tagebuch notiert, dass er jenes «Leben im Sinne der maximalen Forderung», wie es im 61. Kapitel des (damals noch nicht erschienenen) *MoE* beschrieben sei, «immer auf das Schreiben angewandt» habe. (T 813) Wenn man im genannten Kapitel nachliest, stößt man gleich am Anfang auf die Maxime: «Genauigkeit, als menschliche Haltung, verlangt auch ein genaues Tun und Sein. Sie verlangt Tun und Sein im Sinne eines maximalen Anspruchs.»[236] Musil hat diesen maximalen Anspruch, der keine Vermischungen und Halbheiten erlaubte, nicht nur buchstäblich bis zum letzten Atemzug an sein Schreiben, sondern auch an seine Rolle als Schriftsteller gestellt. In der kürzesten Form, vom Januar 1941, lautet er: «[Ich] habe eine Pflicht gegen mich u.[nd] mein Werk zu erfüllen» (T 1005), und dabei brachte ihn, wie er im April 1940 formuliert hatte, «auch das Unglück nicht aus dem Takt». (B 1177)

Musils Hingabe an diesen selbstgestellten Anspruch, seine ganze Existenz dem Werk zu widmen, «es vor dem Verschwinden zu schützen und durch neue Tätigkeit fortzusetzen»[237], hatte letztlich eine seinen eigenen Tod überschreitende Dimension. Er wusste, dass die Nachwelt ihn in seinem Rang erkennen und dass sie seinem Werk zugestehen würde, was die Mitwelt ihm versagte oder was die Zeitumstände verhinderten. Er hat dieses in der trostlosen Situation des Exils wenig tröstliche Wissen seinem Schweizer Mäzen, Pfarrer Robert Lejeune, gegenüber in einer unvergleichlichen Wendung auch als theologische Herausforderung formuliert: «... aber erst auf seinen Tod warten zu müssen, um leben zu dürfen, ist doch ein rechtes ontologisches Kunststück!»[238] Selbst die für jeden Künstler katastrophale Erfahrung, keine Öffentlichkeit, keine Resonanz, keine Leser zu haben, deutete er im Autobiographie-Heft in die Gewissheit um, das Richtige gewählt zu haben: «Man braucht kein Publikum, aber man muß irgendein Bild von seiner sozialen Funktion u[nd] Stellung haben.» (T 979) Sein Bild von sich, seine soziale Funktion war es, ein Dichter zu sein, mit allen Konsequenzen, die die Zeit und die Politik ihm auferlegten. An Albert Einstein schrieb er ein knappes halbes Jahr vor seinem Tod: «Denn ich bin ja, mit Nietzsche zu sprechen, ‹nur Narr, nur Dichter›.» (B 1356)

Unter seinen Aphorismen gibt es einen, der den Standort des Dichters, also seinen, bezeichnet und der im Zeitalter der politischen Hörigkeiten, der Pflichterfüllung und des Kadavergehorsams den Begriff der Pflicht in einer bewundernswert eigensinnigen Weise verwendet: in der Weise nämlich, dass er sich nicht auf die dumpfen Antriebe und Ansprüche irgendeines Wir-Gefühls beruft, sondern dass er im bewussten Gegensatz dazu sich ausschließlich auf die selbstgewählte unteilbare künstlerische Aufgabe bezieht. Musil hat diesen Aphorismus im Manuskript eingerahmt. Er wirkt wie ein Vermächtnis:

> Der Dichter spricht: Ich war nie Partei. Ich war immer einsam. Ich habe meine Pflicht getan. Aber jetzt will man mich hindern, sie zu tun. Darum stehe ich da. (A 235)

Abkürzungen

GW 1–9 Robert Musil: Gesammelte Werke in neun Bänden. Hrsg. von Adolf Frisé. Reinbek bei Hamburg: Rowohlt 1978 (Bd. 1–5: Der Mann ohne Eigenschaften).

MoE Der Mann ohne Eigenschaften. Hrsg. von Adolf Frisé. Reinbek bei Hamburg: Rowohlt 1970.

T Robert Musil: Tagebücher. Hrsg. von Adolf Frisé. Reinbek bei Hamburg: Rowohlt 1976.

T II Robert Musil: Tagebücher. Anmerkungen, Anhang, Register. Hrsg. von Adolf Frisé. Reinbek bei Hamburg: Rowohlt 1976.

B Robert Musil: Briefe 1901–1942. Hrsg. von Adolf Frisé unter Mithilfe von Murray G. Hall. Reinbek bei Hamburg: Rowohlt 1981.

B II Robert Musil: Briefe 1901–1942. Kommentar, Register. Hrsg. von Adolf Frisé unter Mithilfe von Murray G. Hall. Reinbek bei Hamburg: Rowohlt 1981.

M Nachlass-Mappe, Musil-Nachlass, Österreichische Nationalbibliothek, Wien. Transkription im Rahmen des Projekts einer digitalen Gesamtausgabe der Werke, Briefe und nachgelassenen Schriften Robert Musils durch das Robert Musil-Institut der Universität Klagenfurt (Klagenfurter Digitale Ausgabe).

A Texte Robert Musils im Editionsteil dieses Buchs.

Anmerkungen

1 T 956. Der Eintrag stammt aus der Zeit in Genf, wo Musil mit seiner Frau seit Anfang Juli 1939 lebte. Musil hatte sich vom Krieg eine allgemeine Umwälzung und Erneuerung erhofft. Noch 1918 notierte er: «Wenn der Krieg ohne die Verwirklichung einer neuen Idee endigt, so wird ein unerträglicher Druck über Europa lasten bleiben.» GW 8, 1340–1345, Zit. S. 1345 (Fragment ohne Titel aus dem Nachlass, entstanden vermutlich kurz vor Kriegsende 1918). Für eine solche neue Idee hielt er z. B. die «Auflösung des Staats in einer europäischen oder Weltgemeinsamkeit» (ebd., S. 1341).

2 Robert Musil: Die Nation als Ideal und als Wirklichkeit [Dezember 1921]. In: GW 8, 1059–1075, Zit. S. 1060 f.

3 Ebd., S. 1060.

4 MoE, 1340 f. (Nachlass-Kap. 83, ‹Warum Ulrich unpolitisch ist. Studien›).

5 «U[lrich]-A[gathe] ist eigentlich ein Versuch des Anarchismus in der Liebe. Der selbst da negativ endet. Das ist die tiefe Beziehung der Liebesgeschichte zum Krieg. (Auch ihr Zusammenhang mit dem M[oosbrugger]-Problem.)». GW 5, 1876 (‹Moral und Krieg›; Studienblatt).

6 Auf einem Studienblatt zur Fortsetzung des Romans vom 15. 3. 1932 heißt es: «*Grundidee*: Krieg. Alle Linien münden in den Krieg.» GW 5, 1851 (Hervorhebungen in Zitaten folgen prinzipiell der Vorlage). Vgl. dazu Walter Fanta: Apokryphe. Entstehung und Ende von Musils ‹Mann ohne Eigenschaften›. Phil. Diss. [mschr.], Klagenfurt 1999, S. 400 f.

7 Musil, Nation (Anm. 2), GW 8, 1060. Weitere Nachweise im Text.

8 Vgl. auch Musils ‹Revolutionstagebuch› zu den eher operettenhaft geschilderten Ereignissen in Wien mit Egon Erwin Kisch und Franz Werfel in tragenden Rollen. T 342 f.

9 Vgl. dazu auch John Maynard Keynes: Krieg und Frieden. Die wirtschaftlichen Folgen des Vertrags von Versailles. Berlin: Berenberg 2006 (1. Aufl. u. d. T.: The Economic Consequences of the Peace. London 1919). Der britische Ökonom Keynes, Mitglied der englischen Delegation bei den Friedensverhandlungen, sah in den Verträgen, ähnlich wie auch Musil, die verpasste Chance, eine Neuordnung Europas jenseits militaristischer, nationalistischer und revanchistischer Vorstellungen zu schaffen. Er klassifizierte das Verhalten der Siegermächte als einen glatten Verrat und prophezeite, dass die Reparationslasten die deutsche Wirtschaft ruinieren und zu einem weiteren europäischen Konflikt führen würden. Vgl. auch T 990 ff., wo Musil sich (noch um 1941) im Zusammenhang mit der Lektüre von Friedrich Grimms *Vom Sinn des Krieges* (Berlin / Leipzig 1940) ausführlich mit dem Verlauf und den Folgen der Friedensverhandlungen auseinandersetzt.

10 «Ich bin mit dem Ritterkreuz des Franz-Josef-Ordens für vorzügliche Dienstleistung ausgezeichnet worden, mit der Militär-Verdienst-Medaille mit den Schwertern für tapferes Verhalten vor dem Feinde und mit dem Kaiser-Karl-Truppenkreuz.» B 736 (20. 10. 1936 an Karl Graf Wilczek).

11 Vgl. Musils Essays *Buridans Österreicher* (14. 2. 1919 in *Der Friede*, Wien), GW 8, 1030–1032, und *Der Anschluß an Deutschland* (März 1919 in *Die Neue Rundschau*), GW 8, 1033–1042. Siehe auch Karl Corino: Robert Musil. Eine Biographie. Reinbek bei Hamburg: Rowohlt 2003, S. 598 ff. Meine Darstellung ist Corinos epochaler Musil-Biographie in vielen Punkten verpflichtet.

12 Robert Musil: Europäertum, Krieg, Deutschtum [September 1914]. In: GW 8, 1020–1022, Zit. S. 1020. Der Aufsatz, der den Ausbruch des Krieges als irrationales Erlebnis feiert, lässt jede kritische oder ironische Distanzierung, gemeinhin das

Kennzeichen Musil'scher Texte, vermissen. Insofern und auch durch seine «Annäherung an den propagandistischen Jargon» der Zeit stellt er einen «Sonderfall» in Musils essayistischem Werk dar. Vgl. Paul Zöchbauer: Der Krieg in den Essays und Tagebüchern Robert Musils. Stuttgart: Heinz 1996 (= Stuttgarter Arbeiten zur Germanistik Bd. 316), S. 18.

13 Vgl. auch das essayistische Fragment aus dem Nachlass und *Nationalismus. Internationalismus* (1919 / 1920): «Ich komme darauf, daß ‹Nation› ein Abstraktum ist. Wir haben nicht einmal die Sprache gemeinsam, denn meine Sprache versteht der Großteil der Nation nicht besser als ich Englisch.» GW 8, 1347 – 1348, Zit. S. 1348.

14 Vgl. Friedrich Briganzi: Robert Musil und die Mythen der Nation. Nationalismus als Ausdruck subjektiver Identitätsdefekte. Frankfurt / M. u. a.: Peter Lang 1998 und Dieter Thomä: Ein metaphysischer Krach um die Nation. Robert Musil im Streit mit Roman Herzog und anderen unfolgsamen Nachfolgern. In: Über Grenzen. Hrsg. von Frauke Meyer-Gosau und Wolfgang Emmerich. Göttingen: Wallstein 1995 (= Jahrbuch für Literatur und Politik in Deutschland Bd. 2), S. 85 – 108.

15 Vgl. auch T 540 [1919 – 1921]: «Ich möchte etwa sagen, daß die Menschen eine außerordentlich indolente Masse sind in jeder moralischen Frage. […] Und komme zu dem Schluß, den ich als einer unter wenig Deutschen schon vor dem Krieg vertreten habe, daß der Mensch eine Ungestalt ist, eine kolloidale Substanz, die sich Formen anschmiegt, nicht sie bildet.»

16 Robert Musil: Das hilflose Europa oder Reise vom Hundertsten ins Tausendste [1922]. In: GW 8, 1075 – 1094, Zit. S. 1080.

17 Vgl. auch: «Man hat sich nie vorher so gut kennen gelernt wie im Krieg und ist bis zum bittren Ekel enttäuscht.» [Fragment ohne Titel aus dem Nachlass, entstanden vermutlich 1918] In: GW 8, 1340 – 1345, Zit. S. 1341, sowie: «Die ganze Vorstellung, welche wir von unsrer Zivilisation hatten, ist zusammengebrochen. […] Denn dieser gleiche Mensch verwandelte sich bald darauf nicht nur in einen Heros, sondern auch in eine Bestie.» T 673.

18 Vgl. z. B. die Theorien des italienischen Arztes, Gerichtsmediziners und Begründers der Kriminalanthropologie, Cesare Lombroso, der die Ursachen von Verbrechen in angeborenen psychophysischen Anomalien sah, die sich u. a. auch in körperlichen Merkmalen äußerten (Schädelformen, zusammengewachsene Augenbrauen etc.): *Der Verbrecher in anthropologischer, ärztlicher und juristischer Beziehung* (Hamburg 1887 – 96) und *Genie und Irrsinn in ihren Beziehungen zum Gesetz, zur Kritik und zur Geschichte* (Leipzig 1887). Unter Berufung auf Lombroso nahmen die Nationalsozialisten im Rahmen ihrer eugenischen Programme umfangreiche Zwangssterilisationen an Straffälligen, Kranken und politisch bzw. sozial Unangepassten vor.

19 Dass dieser Übergang von vernünftigem zu verbrecherischem Verhalten vorzüglich eine Wirkung der (Massen-)«Suggestion» sei, betont General Stumm im *MoE*:

«Wenn Sie mir die Zeitungen, den Rundfunk, die Lichtspielindustrie und vielleicht noch ein paar andere Kulturmittel überantworten, so verpflichte ich mich, in ein paar Jahren – wie mein Freund Ulrich einmal gesagt hat – aus den Menschen Menschenfresser zu machen!» (GW 3, 1020) Wenige Wochen nach der Publikation dieser Zeilen im vorletzten Kapitel (‹Ein Vergleich›) des zweiten Bandes des *MoE* im Dezember 1932 wird Dr. Joseph Goebbels darangehen, mit dem (per Erlass vom 13.3.1933 errichteten) Reichsministerium für Volksaufklärung und Propaganda die Probe aufs Exempel zu machen.

20 Robert Musil: Der deutsche Mensch als Symptom [1923]. In: GW 8, 1353–1400, Zit. S. 1368.

21 Es gibt, soweit ich sehe, keinen Beleg dafür, dass Musil Lombroso gelesen hat, doch stellenweise klingen Musils Argumente wie eine direkte Entgegnung auf ihn. So, wenn er in *Der deutsche Mensch als Symptom* schreibt: Von einem ägyptischen, hellenistischen oder gotischen Menschen, von Nationen und Rassen zu reden sei «eine beliebt gewordene Art historischer Phrenologie, welche ungefähr besagt: der diebische Mensch hat in seinem Cerebrum ein physiologisches Substrat des Diebstahls und der ehrliche Mensch einen Organteil der Ehrlichkeit.» Ebd. S. 1368.

22 Vgl. Hannah Arendt: Eichmann in Jerusalem: A Report on the Banality of Evil. New York: Faber & Faber 1963 (dt.: Eichmann in Jerusalem: Ein Bericht von der Banalität des Bösen. München: Piper 1964).

23 Vgl. Musils Spengler-Porträt *Geist und Erfahrung. Anmerkungen für Leser, welche dem Untergang des Abendlandes entronnen sind* [März 1921]. In: GW 8, 1042–1059.

24 Musil, Europa (Anm. 16), GW 8, 1087 f.

25 Vgl. Corino, Musil (Anm. 11), S. 425. Vgl. im Autobiographie-Heft die Erinnerung an die Brünner Jugendjahre: «… natürlich doch auch vernünftige Erwägungen, was mich mit dem Sozialismus sympathisieren ließ […] der Vortrag im Arbeiterheim; muffige Atmosphäre: auch hier waren ästhet.[ische] Elemente abstoßend = entscheidend» (T 915).

26 Robert Musil: Politisches Bekenntnis eines jungen Mannes. Ein Fragment [November 1913]. In: GW 8, 1009–1015, Zit. S. 1011 und 1013.

27 Vgl. z. B. T 336 f.: «24.12.[19]17» und «Begräbnis in A[delsberg]», die ersten Notizen für *Slowenisches Dorfbegräbnis*. GW 7, 490–492.

28 Vgl. Jürgen C. Thöming: Der optimistische Pessimismus eines passiven Aktivisten. In: Robert Musil. Studien zu seinem Werk. Im Auftrag der Vereinigung Robert Musil-Archiv Klagenfurt hrsg. von Karl Dinklage, Elisabeth Albertsen und Karl Corino. Reinbek bei Hamburg: Rowohlt 1970, S. 214–235, bes. S. 220 f. Zit. nach ebd., S. 220, und T II, 248 f.

29 Vgl. Corino (Anm. 11), S. 594 f. Zit. nach ebd., S. 595. R. Müller starb am 27.8.1924 durch Selbstmord. Vgl. Musils Nachruf *Robert Müller*. GW 8, 1131–1137.

30 Vgl. auch Zöchbauer (Anm. 12), S. 44.

31 «Ich habe Dichtung einmal eine Lebenslehre in Beispielen genannt. Exempla do-
    cent. Das ist zuviel. Sie gibt die Fragmente einer Lebenslehre.» GW 7, 971 (Fallenge-
    lassenes ‹Vorwort IV› zu ‹Nachlaß zu Lebzeiten›).

32 GW 4, 1087 (Nachlass-Kap. 45, ‹Beginn einer Reihe wundersamer Erlebnisse›). Vgl.
    zu den theoretischen Grundlagen des ‹anderen Zustands› (‹aZ.›) Musils Essays
    Skizze der Erkenntnis des Dichters [1918]. In: GW 8, 1025 – 1030; *Der deutsche Mensch
    als Symptom* (Anm. 20) und *Ansätze zu neuer Ästhetik. Bemerkungen über eine Drama-
    turgie des Films* [1925]. In: GW 8, 1137 – 1154; T 615 ff. und 659 ff.

33 GW 4, 1424 (Nachlass-Kap. 51, ‹Das Ende der Eintragung›).

34 Vgl.: «Es kann sich also gar nicht um anderes handeln, als um ein Mißverhältnis,
    ein Aneinandervorbeileben von Verstand und Seele. Wir haben nicht zuviel Ver-
    stand und zuwenig Seele, sondern wir haben zuwenig Verstand in Fragen der Seele.
    Der Mißstand […] heißt in Wahrheit: es geht der Gewohnheitsweg unsrer Gedan-
    ken unter Ausschaltung des Ich von Gedanke zu Gedanke und Tatsache zu Tatsa-
    che, *wir denken und handeln nicht über unser Ich.*» Musil, Europa (Anm. 16), GW 8,
    1092.

35 B 283; Brief an (den damals in Fribourg / Schweiz und von 1931 – 1945 in Wien leh-
    renden) Germanisten Josef Nadler vom 2. 3. 1923. Mit Anspielung auf dessen vier-
    bändige *Literaturgeschichte der deutschen Stämme und Landschaften* (Regensburg: Hab-
    bel 1912 – 1928), von der bereits drei Bände vorlagen, fügte Musil hinzu, dass er in
    diesen Essays einen Standpunkt einnehme, der dem Nadlers «in gewissem Sinne
    entgegengesetzt ist, nämlich den mir bestimmten eines Menschen, der die reale
    Geltung dieser Begriffe lieber leugnet als anerkennt.»

36 Musil, Nation (Anm. 2), GW 8, 1073. Vgl. auch T 419.

37 Musil, Geist und Erfahrung (Anm. 23), GW 8, 1058.

38 Musil, Europa (Anm. 16), GW 8, 1089. Das ‹Gewährenlassen› ist dementsprechend
    auch eines der Hauptmotive im *MoE*, wo das untergehende Kakanien ja als jener
    Staat beschrieben wird, der «sich selbst irgendwie nur noch mitmachte» und wo
    das fatalistische «Es ist passiert», ein «Wort, in dessen Hauch Tatsachen und
    Schicksalsschläge so leicht wurden wie Flaumfedern», zu einer verbreiteten Re-
    densart avancierte. GW 1, 35 (Kap. 8, ‹Kakanien›).

39 Diese Formel findet sich nahezu wörtlich auch im *MoE*, GW 1, 356 (Kap. 82, ‹Cla-
    risse verlangt ein Ulrich-Jahr›).

40 Vgl. dazu B 276 – 279, Zit. S. 277; B II, 145 – 148.

41 Musil stellte unter dem Titel *Das Schulproblem* sogar eine umfangreichere Punkta-
    tion über die aus seiner Sicht grundlegenden didaktischen und curricularen Prinzi-
    pien für den Unterricht an Realschulen und Gymnasien zusammen. Vgl. T II,
    1133 – 1135.

42 Vgl. auch das Gespräch Ulrich – Agathe über den ‹Senat der Wissenden› im *MoE*, wo Ulrich seiner Schwester u. a. gesteht: «Ich habe immer, und fast von Natur, daran geglaubt, daß der Geist, weil man seine Macht in sich fühle, auch dazu verpflichte, ihm in der Welt Geltung zu verschaffen.» GW 4, 1253–1258, Zit. S. 1255 (Nachlass-Kap. 48, ‹Eine auf das Bedeutende gerichtete Gesinnung und beginnendes Gespräch darüber›).

43 B 494 (Januar 1931 an Adolf Frisé).

44 GW 7, 838 (‹Aus einem Rapial›). Vgl. A 210.

45 Vgl. Wahlplakate der österreichischen Nationalratswahl vom 24. 4. 1927 unter: www.oeaw.ac.at./cmc/kds/index.php

46 Zit. nach dem Faksimile in: Karl Corino: Robert Musil. Leben und Werk in Bildern und Texten. Reinbek bei Hamburg: Rowohlt 1988, S. 336. Im Original sind größere Teile des zitierten Textes durch Sperrdruck hervorgehoben.

47 Musil, deutscher Mensch (Anm. 20), GW 8, 1355.

48 Emil Fey, der in den autoritären, ‹bürgerlichen› Regierungen der Kanzler E. Dollfuß und K. Schuschnigg zwischen 1932 und 1935 verschiedene Ämter (u. a. das des Sicherheitsministers und des Vizekanzlers) bekleidete und sich als militanter Scharfmacher profilierte, ist einer der Verantwortlichen für den Bürgerkrieg im Februar 1934 und die folgende Zerschlagung der österreichischen Sozialdemokratie. Beim Putsch der Nationalsozialisten im Juli desselben Jahres, bei dem Bundeskanzler Dollfuß ermordet wurde, spielte er eine bis heute nicht geklärte Rolle.

49 Vgl. dazu Thöming (Anm. 28), S. 231 f., und insbesondere Guntram Vogt: Robert Musils ambivalentes Verhältnis zur Demokratie. In: Jahrbuch für Exilforschung. Bd. 2 / 1984 (= Erinnerung ans Exil – kritische Lektüre der Autobiographien nach 1933 und andere Themen), S. 310–338.

50 Musil, deutscher Mensch (Anm. 20), GW 8, 1357.

51 Vgl. Robert Musil [Gespräch mit dem Schriftsteller]. Braucht Österreich die Koalition? Eine Enquete der ‹Wiener Allgemeinen Zeitung› [1. 1. 1928]. In: GW 9, 1719 f.

52 Vgl. Corino, Musil (Anm. 11), S. 959.

53 GW 7, 970 (Fallengelassenes ‹Vorwort IV› zu ‹Nachlaß zu Lebzeiten›).

54 B 327 (8. 12. 1923 an Alfred Kerr).

55 Vgl. ‹Das war ein Vorspiel nur ...›. Bücherverbrennung Deutschland 1933: Voraussetzungen und Folgen. Ausstellung der Akademie der Künste vom 8. Mai bis 3. Juli 1983. Ausstellung u. Katalog: Hermann Haarmann, Walter Huder, Klaus Siebenhaar. Berlin / Wien: Medusa 1983. Zu den Reaktionen in Österreich vgl. Klaus Amann: Im Schatten der Bücherverbrennung. In: Ders.: Die Dichter und die Politik. Essays zur österreichischen Literatur nach 1918. Wien: Edition Falter / Deuticke 1992, S. 60–73.

56 T 755. Die Episode mit den Ochsenkarren – die Wiener *Arbeiter-Zeitung* berichtete

von einem «von zwei Zugochsen gezogenen Mistwagen» – ist nur aus Frankfurt überliefert. Vgl. *Arbeiter-Zeitung* vom 12.5.1933, S. 1.

57 Oskar Maurus Fontana: Was arbeiten Sie? Gespräch mit Robert Musil [30. April 1926]. In: GW 7, 939–942, Zit. S. 939.

58 GW 1, 65 (Kap. 17, ‹Wirkung eines Mannes ohne Eigenschaften auf einen Mann mit Eigenschaften›).

59 GW 7, 830 (‹Aus einem Rapial›).

60 GW 7, 971 (Fallengelassenes ‹Vorwort IV› zu ‹Nachlaß zu Lebzeiten›).

61 GW 5, 1937 (‹Vorrede I^{te} Forts.[setzung]›).

62 Vgl. auch Vogt (Anm. 49), S. 314f.

63 Musil, Skizze der Erkenntnis (Anm. 32), GW 8, 1028f.

64 Ingeborg Bachmann: Ins tausendjährige Reich. In: Dies.: Kritische Schriften. Hrsg. von Monika Albrecht und Dirk Göttsche. München/Zürich: Piper 2005, S. 96–100, Zit. S. 97 und 99.

65 Ebd., S. 99. Vgl. auch Hans Höller: Ingeborg Bachmann. Reinbek bei Hamburg: Rowohlt 1999, S. 69f.

66 GW 1, 16 (Kap. 4, ‹Wenn es Wirklichkeitssinn gibt, muß es auch Möglichkeitssinn geben›).

67 Zu Musils Psychologie-Studium in Berlin (1903–1908) und zu seiner Beschäftigung mit der Gestalttheorie vgl. Corino, Musil (Anm. 11), S. 219ff.

68 Vgl. Charlotte Dresler-Brumme: Nietzsches Philosophie in Musils Roman ‹Der Mann ohne Eigenschaften›. Eine vergleichende Betrachtung als Beitrag zum Verständnis. Wien/Köln/Weimar: Böhlau ^{2}1993, S. 49ff.

69 Zit. nach ebd., S. 51.

70 B 1266 (9.3.1941 an Ervin P. Hexner). Vgl. Klaus Amann: Hermann Brochs Auseinandersetzung mit dem Faschismus. In: Hermann Broch. Das dichterische Werk. Hrsg. von Paul Michael Lützeler. Tübingen: Stauffenberg 1987, S. 159–179.

71 GW 4, 1054 (Nachlass-Kap. 40, ‹Der Tugut›).

72 Vgl. Robert Musil: Vorrede zu einer zeitgenössischen Ästhetik [Ende 1935 oder Anfang 1936]. In: GW 8, 1435–1437. Vgl. A 196–198.

73 Musils Aphorismen unter dem Stichwort ‹Germany› und ‹Germ› sind im Editionsteil dieses Buches abgedruckt. Vgl. A 199–236.

74 GW 7, 969 (Fallengelassenes ‹Vorwort IV› zu ‹Nachlaß zu Lebzeiten›).

75 Vgl. GW 7, 813–823.

76 B 585 (3.10.1933 an Karl Otten).

77 B 566f. Vgl. auch Musils Brief an Blei vom 11.8.1933 aus Wien: «Man verlernt jetzt in Deutschland [!] völlig das Briefschreiben durch die Zensur; insofern kann ich also nichts für diesen!» B 578.

78 B 595 (17.11.1933) und B II, 343.

79 Robert Musil: Bedenken eines Langsamen. N.-R.-Aufsatz [1933]. In: GW 8, 1413–1435, Zit. S. 1413. Vgl. A 169–196, Zit. S. 169. Weitere Nachweise im Text.

80 B 569 (4. 5. 1933 an Marie Gräfin Dobrzensky).

81 Robert Musil: Curriculum vitae [etwa 1938]. In: GW 7, 949–951, Zit. S. 950. Dazu gibt es charakteristischerweise im Tagebuch eine Variante, die, subjektiv gesehen, gewiss nicht weniger ‹wahr› sein dürfte: «Ich habe 1931 Wien verlassen, weil Rot und Schwarz darin einig gewesen sind, in Wildgans einen großen österr.[eichischen] Dichter verloren zu haben.» (T 924) Anton Wildgans ist allerdings erst im Mai 1932 gestorben.

82 B 577 (11. 8. 1933 an Franz Blei).

83 GW 4, 1128 (Nachlass-Kap. 50, ‹Agathe findet Ulrichs Tagebuch›).

84 Vgl. Corino, Musil (Anm. 11), S. 1089 ff. und 1121 ff.

85 B 573 f. (an Ziebolz).

86 B 567 (13. 4. 1933 an Franz Blei).

87 Vgl. Hans-Albert Walter: Deutsche Exilliteratur 1933–1950. Bd. 7, Exilpresse I. Darmstadt / Neuwied: Luchterhand 1974 (= Sammlung Luchterhand 136), S. 241–272, Zit. nach S. 242.

88 Vgl. Ernst Hanisch: Österreichische Geschichte 1890–1990. Der lange Schatten des Staates. Österreichische Gesellschaftsgeschichte im 20. Jahrhundert. Wien: Ueberreuther 1994, S. 295 ff.

89 Vgl. Corino, Musil (Anm. 11), S. 1133–1137.

90 Zit. nach Walter, Exilpresse (Anm. 87), S. 243.

91 Zit nach Corino, Musil (Anm. 11), S. 1135. Vgl. zum Folgenden ebenfalls Corino und Walter, Exilpresse (Anm. 87), sowie B II, 340 f.

92 Vgl. zu Musils Arbeitshemmungen und den damit verbundenen psychischen Problemen vor allem Fanta, Apokryphe (Anm. 6), S. 686 ff., und Corino, Musil (Anm. 11) S. 967 ff.

93 Robert Musil: Ich kann nicht weiter [1932 ?]. In: GW 7, 958–959.

94 Robert Musil: Vermächtnis I–III. In: GW 7, 951–958, Zit. S. 952. Vgl. auch Corino (Anm. 11), S. 1089 ff.

95 Vgl. Corino, Musil (Anm. 11), S. 1921.

96 B 1039 (28. 7. 1939 an Robert Lejeune).

97 Zit. nach Joachim W. Storck: René Schickele und Thomas Mann. In: René Schickele aus neuer Sicht. Beiträge zur deutsch-französischen Kultur. Hrsg. von Adrien Finck, Alexander Ritter und Maryse Staiber. Hildesheim u. a.: Olms 1991, S. 189–213, Zit. S. 199.

98 Bernard Guillemin an Marie-Louise Roth (6. 7. 1972). Zit. nach Annette Daigger: Musils Vortrag in Paris (1935) und seine Haltung gegenüber dem Nationalsozialismus. In: Musil anders. Neue Erkundungen eines Autors zwischen den Diskursen.

Hrsg. von Gunther Martens, Clemens Ruthner und Jaak De Vos. Bern u. a.: Peter Lang 2005 (= Musiliana Bd. 11), S. 71–87, Zit. S. 79.

99 Bertolt Brecht: Über die Bedeutung des zehnzeiligen Gedichtes in der 888. Nummer der Fackel. In: Bertolt Brecht. Werke. Große kommentierte Berliner und Frankfurter Ausgabe. Hrsg. von Werner Hecht, Jan Knopf, Werner Mittenzwei, Klaus Detlef Müller. Bd. 14 (Gedichte und Gedichtfragmente 1928–1939). Frankfurt/M.: Suhrkamp und Berlin/Weimar: Aufbau 1993, S. 195 ff.

100 Karl Kraus: Man frage nicht. In: *Die Fackel* Nr. 888 [Oktober 1933], S. 4 (Zit. nach dem Reprint bei Zweitausendeins). Vgl. dazu Kurt Krolop: Bertolt Brecht und Karl Kraus. In: Kurt Krolop: Sprachsatire als Zeitsatire bei Karl Kraus. Neun Studien. Berlin: Akademie-Verlag 1987, S. 252–303.

101 Das entspricht nach heutigem Wert ca. 1200 Euro (Auskunft der ‹Statistik Austria› vom 6.9.2006).

102 B 690 (26.12.1935 an Bernard Groethuysen).

103 B 985 (10.5.1939 an Barbara und Henry Hall Church). Vgl. zu diesen Fragen vor al lem Fanta, Apokryphe (Anm. 6), S. 708 ff.

104 «Meine Achtung vor dem Leser hat mich gehindert, Erwerbsschriftsteller zu sein.» GW 7, 964 (Fallengelassenes ‹Vorwort III› zum ‹Nachlaß zu Lebzeiten›).

105 Robert Musil: [Von der Möglichkeit einer Ästhetik. Vermutlich vor 1914]. In: GW 8, 1327–1330, Zit. S. 1327.

106 Vgl. Corino (Anm. 11), S. 998.

107 Vgl. B 430 und 663 f.; sowie T 713.

108 Vgl. Elias Canetti: Das Augenspiel. Lebensgeschichte 1931–1937. München: Hanser 1985, S. 180 f.

109 Vgl. die Urteile über Emil Ludwig, Stefan Zweig und Lion Feuchtwanger unter dem Stichwort ‹Auswurf der Demokratie›. T 903.

110 T 921. Vgl auch Corino (Anm. 11), S. 798. Andere einschlägige Werke des neuen Akademiemitglieds Max Mell: *Das Wiener Kripperl von 1919* (1921), *Das Apostelspiel* (1923), *Das Schutzengelspiel* (1923). Zur Rolle Mells bei der nationalsozialistischen Unterwanderung der österreichischen Literatur in den dreißiger Jahren vgl. Klaus Amann: Zahltag. Der Anschluß österreichischer Schriftsteller an das Dritte Reich. 2. erw. Aufl. Frankfurt/M.: Philo-Verlag 1996, S. 191 ff.

111 Vgl. Corino, Musil (Anm. 11), S. 1138 ff.

112 Vgl. auch Robert Musil: ‹Kain› von Anton Wildgans. Erstaufführung im Wiener Burgtheater [9.5.1922]. In: GW 9, 1576–1580, und GW 8, 1094–1103, bes. S. 1100–1103 (‹Symptomen-Theater I›).

113 Vgl. Amann, Zahltag (Anm. 110), passim.

114 Vgl. Josef Strutz: Politik und Literatur in Musils ‹Mann ohne Eigenschaften›. Am Beispiel des Dichters Feuermaul. Königstein/Ts.: Hain 1981.

115 Robert Musil: Kulturpolitikskultur. In: T II, 1242. Vgl. A 236 f. Weitere Nachweise
im Text. Vgl. zum Begriff ‹Kulturpolitikskultur› auch Friedbert Aspetsberger: Literarisches Leben im Austrofaschismus. Der Staatspreis. Königstein/Ts.: Hain
1980, S. 28 ff.

116 B 662 (29. 10. 1935 an Bernard Guillemin).

117 B 759 (28. 1. 1937 an Hermann Scherchen). Vgl. auch T 440 (um 1919/1920): «Der
weder christliche, noch soziale Mensch bindet sich durch christlich-sozial.»

118 e. f. [d. i. Ernst Fischer]: Das Dritte Reich braucht Lakaien. Die Parade der Überläufer. In: *Arbeiter-Zeitung* (Wien), 30. 4. 1933, S. 4. Vgl. dazu Klaus Amann: P. E. N. Politik, Emigration, Nationalsozialismus. Ein österreichischer Schriftstellerclub.
Wien/Köln/Graz: Böhlau 1984, S. 23 ff.

119 T 930. Musil nennt in diesem Zusammenhang auch Hamsun und d'Annunzio, bei
denen er sich, was das ‹Mitgehn› betrifft, wohl getäuscht hat bzw. noch nicht wissen konnte, wo Hamsun noch mitgehen würde.

120 M VI/1 (‹Kulturpolitikskultur›: M VI/1/210). Damit ist auch durch Musils aus-
geklügeltes System der Ablage die enge Beziehung der hier besprochenen Materialien belegt.

121 Robert Musil: Vorspruch Zürich. In: A 303–306, Zit. S. 304. In Zürich las Musil
statt der geplanten Wiederholung des Wiener Vortrags einige kürzere Stücke aus
dem *Nachlaß zu Lebzeiten*, der kurz danach, Ende Dezember, im Humanitas-Verlag
in Zürich erschien, und aus dem *MoE*. «Kleines Publikum […]. Hohes Niveau des
M.[usil]'schen Romans. Verwandtschaft mit Proust», berichtet Thomas Mann, der
in Zürich im Publikum saß, in seinem Tagebuch. (Zit. nach B II, 385 f.) Auch für
eine am folgenden Tag angesetzte Lesung in Basel war eine Wiederholung der
Wiener Rede geplant. (Vgl. M VI/1/61) Dafür, dass sie tatsächlich zustande kam,
gibt es bisher allerdings keine Belege. Es existiert jedoch eine ausformulierte Einleitung (Robert Musil: Basel, Ergänzung zum Vortrag. In: GW 8, 1256–1258. Vgl.
A 267–270. In den Text sind einige wörtliche Formulierungen aus den Notizen
zur ‹Kulturpolitikskultur› eingeflossen – oder auch umgekehrt). Vgl. T II, 580 ff.
und 740; Corino (Anm. 11), S. 1207 ff.

122 M VI/1/30.

123 Vgl. Musils Kommentar zur österreichischen ‹Übergangsverfassung› vom Juni
1934. Wie schon beim ‹Umsturz› in Deutschland beunruhigte Musil auch in diesem Zusammenhang, wo es u. a. um die Aufhebung der Unabsetzbarkeit der Richter, Hausdurchsuchung und Verhängung der Untersuchungshaft durch die Polizei
ohne richterliche Anordnung ging, dass es so aussah, «als ob es den Menschen,
mit Ausnahme der polit.[ischen] Gegner, egal wäre. Es geht auch nichts verloren,
weil die Personenrechte nicht ihre Wirkung auf die Personen getan haben. Man
kann nur sagen: es hätte nie so weit kommen dürfen. […] Der Individualismus hat

wenig Individuen hervorgebracht.» (T 730 f.) Die von der Regierung Dollfuß am 1. Mai 1934 oktroyierte Verfassung («Maiverfassung») stellte die (fragmentarische) rechtliche Basis für den, wie es in der Präambel hieß, «christlichen, deutschen Bundesstaat [Österreich] auf ständischer Grundlage» dar.

124 Musil, Anschluß (Anm. 11), GW 8, 1042.

125 Robert Musil: Der Dichter in dieser Zeit [Vortrag in Wien zur Feier des zwanzigjährigen Bestehens des Schutzverbandes Deutscher Schriftsteller in Österreich. 16. Dezember 1934. Korrigierte Reinschrift]. In: GW 8, 1243–1256, Zit. S. 1247. Vgl. A 239–242, Zit. S. 242.

126 Musil, Basel, Ergänzung (Anm. 121), A 269.

127 Vgl. zum Folgenden Murray G. Hall: Robert Musil und der Schutzverband deutscher Schriftsteller in Österreich. In: Österreich in Geschichte und Literatur 21 (1977), H. 4, S. 202–221.

128 Musil, Basel, Ergänzung (Anm. 121), A 268.

129 Vgl. Robert Musil: Wie hilft man Dichtern [14. 10. 1923]. In: GW 8, 1112–1116.

130 GW 8, 1177 («Bücher und Literatur» 1926).

131 Vgl. Corino, Musil (Anm. 11, S. 789 f.), und Christian Flandera: ‹Schmutz und Schund›. Die Diskussionen der sozialdemokratischen und der katholischen Lehrerschaft in Österreich. Phil. Diss. [mschr.] Salzburg 2000.

132 Zit. nach Hall (Anm. 127), S. 213.

133 Musil, Basel, Ergänzung (Anm. 121), A 269.

134 So in den Presseberichten. Nachweise in T II, 642, und T II, 810 f.

135 Musil nahm hier implizit auf seinen elf Jahre zuvor im *Künstlerhilfe-Almanach der Literaria* veröffentlichten Essay *Wie hilft man Dichtern* (Anm. 129) Bezug. Weitere Nachweise aus der Rede ebenfalls im Text.

136 Vgl. Musil, Bedenken (Anm. 79), A 171.

137 Vgl. dazu Emmerich Tálos / Wolfgang Neugebauer [Hrsg.]: Austrofaschismus: Politik – Ökonomie – Kultur; 1933–1938. 5., völlig überarb. und erg. Aufl., Wien: Lit-Verlag 2005, passim.

138 M VI / 1 / 28.

139 Trotz dieser Skepsis gegenüber der Rolle, die das ständestaatliche Österreich da beanspruchte, plante Musil in seiner ‹Ergänzung› für die Wiederholung des Vortrags im November 1935 in Basel u. a. den Schweizern zu berichten, dass zur Zeit des Vortrags in Wien (Dezember 1934) allerlei Befürchtungen bestanden hätten, «wie der im Lande noch neue Begriff des Autoritären ausgelegt werden wird. Das deutsche Vorbild lag trotz aller Gegensätze scheinbar doch nicht so ganz ferne …» Die verbreiteten Befürchtungen seien jedoch nicht eingetroffen. «Das in Österreich seither gehandhabte politische Regiment darf sich mit Recht ein tolerantes nennen; obwohl natürlich auch ein tolerantes politisches Regiment mehr oder

weniger immer in der gleichen Weise vorgeht: Es trennt in allen Kulturfragen einen Vor-Teil für sich ab und den Rest verteilt es dann mit großer Gerechtigkeit auf sich und alle.» (Musil, Basel, Ergänzung [Anm. 121], A 268 f.) Der Kontext zeigt, dass diese Wertung primär im Verhältnis zum «deutschen Vorbild» zu lesen ist, und im Vergleich mit den Zuständen im Dritten Reich war Österreich tatsächlich in einem anderen Licht zu sehen. Musil empfand, nach allem, was er im und vom Dritten Reich gesehen und gehört hatte, Österreich offenbar als eine «Arche Noah» für sich: «Der Geist kann sich nicht von heute auf morgen ändern. (Arche Noah als Ausweg für mich.).» (A 266) Zumindest mussten er und Martha sich nicht an Leib und Leben bedroht fühlen. Das Urteil, das sich im zweiten Teil wörtlich auf die Notiz zur ‹Kulturpolitikskultur› bezieht und daher auch in jenem Kontext zu lesen ist, wird wohl eher den Loyalitätsbegriffen Musils als eines ehemaligen österreichischen Beamten und Offiziers geschuldet sein, der es sich verbietet, als Gast im Ausland negativ über sein Land zu reden, als der von ihm im Tagebuch dokumentierten, scharfen Sicht auf die österreichische Realität. Nach allem, was wir wissen, dürfte es aber nicht dazu gekommen sein, dass Musil die austrofaschistische Regierung in Basel als tolerantes Regime bezeichnete. Vgl. auch T II, 580 ff.

140 Vgl. auch Vogt (Anm. 49), S. 314 f.: «Musil beansprucht für das Denken und seinen Ausdruck im Schreiben die Unabhängigkeit von jeder Politik. Wenn er mit Begriffen wie Geist und Kultur einen autonomen Raum behauptet, so nennt er das ‹unpolitisch›, meint aber damit den intensiven, weil eigenständigen Beitrag zur Politik.»

141 Dies entspricht auch der Wahrnehmung der Zeitgenossen. Piero Rismondo urteilte (in: *Das Echo* [Wien] vom 18.12.1934), Musils Vortrag habe «eine geradezu epochale Bedeutung» gehabt. «Denn als erster Dichter in dieser Zeit bezog der Österreicher Robert Musil offen und ungedeckt Stellung zu den Dingen …» Zit. nach T II, 810 f.

142 A 252. Auch dieses Beispiel verwendet Musil bereits in den Entwürfen zu den *Bedenken eines Langsamen* (Anm. 79), Vgl. A 173.

143 Die Listen für die ‹Säuberungen› der Arbeiterbüchereien, die den ‹Schwarzen Listen› der deutschen Bücherverbrenner zum Verwechseln ähnlich sind, umfassten zeitweise 1500 Buchtitel, darunter Werke von B. Brecht, A. Döblin, F. Engels, L. Feuchtwanger, S. Freud, O. M. Graf, I. Keun, E. E. Kisch, S. Kracauer, K. Kraus, R. Luxemburg, H. Mann, K. Marx, J. Roth, A. Schnitzler, J. Wassermann, A. Zweig. Vgl. Alfred Pfoser: Literatur und Austromarxismus. Wien: Löcker 1980, S. 207 ff., und Amann, Zahltag (Anm. 110), S. 253.

144 Corino, Musil (Anm. 11), S. 1177.

145 Vgl. Paris 1935. Erster Internationaler Schriftstellerkongreß zur Verteidigung der

Kultur. Reden und Dokumente. Mit Materialien der Londoner Schriftstellerkonferenz 1936. Hrsg. von der Akademie der Wissenschaften der DDR. Zentralinstitut für Literaturgeschichte. Einleitung und Anhang von Wolfgang Klein. Berlin: Akademie-Verlag 1982. Vgl. ferner Albrecht Betz: Exil und Engagement. Deutsche Schriftsteller im Frankreich der dreißiger Jahre. München: edition text+kritik 1986, S. 107f., und Dieter Schiller/Karlheinz Pech/Regine Hermann/Manfred Hahn: Exil in Frankreich. Leipzig: Reclam 1981 (= Kunst und Literatur im antifaschistischen Exil 1933–1945, Bd. 7), S. 138 und 202 ff.

146 Auf welchem Weg die Einladung Musils zustande kam, konnte bisher nicht geklärt werden. Sie könnte aufgrund privater Verbindungen über den Wiener Bekannten Paul Friedländer, der 1933 nach Paris emigriert war und dort im Kontakt mit H. Barbusse und W. Münzenberg stand, erfolgt sein (vgl. Corino [Anm. 11], S. 1175 f.). Doch auch Musils in der Presse stark beachtete Festrede zum 20-jährigen Bestehen des SDSOe könnte den Ausschlag gegeben haben. Denkbar wäre z. B. eine Einladung über den SDS-Funktionar und Kongressregisseur im Hintergrund, Johannes R. Becher, mit dem Musil seit den zwanziger Jahren persönlich bekannt war; selbst eine Einladungsempfehlung durch Thomas Mann, der das Unternehmen von Beginn an unterstützte (dann aber aus Termingründen nicht teilnehmen konnte), wäre nicht auszuschließen. Ebenfalls nicht geklärt ist, weshalb Musil auf dem deutschsprachigen Kongressprogramm der deutschen Delegation zugerechnet wird. Vgl. Paris 1935 (Anm. 145), Abb. 2 nach S. 432.

147 Vgl. Wolfgang Klein: Als der Apparat nicht funktionierte. Geschichte der Vorbereitung des Pariser Schriftstellerkongresses 1935. In: Unruhe und Engagement. Blicköffnung für das Andere. Festschrift für Walter Fähnders zum 60. Geburtstag. Hrsg. von Wolfgang Asholt u. a. Bielefeld: Aisthesis 2004, S. 17–52, und Michael Rohrwasser: Robert Musil auf dem Pariser Schriftstellerkongress (1935). In: Marek Zybura (Hrsg.): Geist und Macht. Schriftsteller und Staat im Mitteleuropa des ‹kurzen Jahrhunderts› 1914–1991. Dresden: Thelem bei w.e.b 2002, S. 227–240.

148 Vgl. Klaus Mann: Tagebücher 1934–1935. Hrsg. von Joachim Heimannsberg, Peter Laemmle und Wilfried F. Schoeller. München: edition spangenberg 1989, S. 49–59.

149 Brecht an Johannes R. Becher, 28.6.1933. In: Brecht, Werke (Anm. 99), Bd. 28 (1998), Briefe I (1913–1936), S. 362.

150 Vgl. Becher an Bertolt Brecht, 21.12.1934. In: Johannes R. Becher. Briefe 1909–1958. Hrsg. von Rolf Harder. 2 Bde., Berlin/Weimar: Aufbau 1993, Bd. 1, S. 194.

151 Vgl. ebd., S. 191 f. (Becher an die ‹Internationale Vereinigung Revolutionärer Schriftsteller›, 15.12.1934), sowie David Pike: Deutsche Schriftsteller im sowjetischen Exil 1933–1945. Frankfurt/M.: Suhrkamp 1981, S. 135 f.

152 Vgl. Georg Lukács / Johannes R. Becher / Friedrich Wolf u. a. – Die Säuberung. Moskau 1936: Stenogramm einer geschlossenen Parteiversammlung. Hrsg. von Reinhard Müller. Reinbek bei Hamburg: Rowohlt 1991, S. 49.

153 Vgl. Jens-Fietje Dwars: Abgrund des Widerspruchs. Das Leben des Johannes R. Becher. Berlin: Aufbau 1998, S. 392. Das Geld kam aus mehreren Quellen. So steuerte auch André Gide 1000 Francs bei. Vgl. Klein, Als der Apparat nicht funktionierte (Anm. 147), S. 51.

154 Vgl. Paris 1935 (Anm. 145), S. 18 und 36 f. (Text des Aufrufs).

155 Schriftsteller in Paris. In: Das Neue Tage-Buch, Nr. 26 / 1935, S. 622. Zit. nach: Paris 1935 (Anm. 145), S. 455.

156 Zit. nach ebd., S. 465.

157 Unter den Rednern waren 20 deutsche, 30 französische und 15 sowjetische Autoren. Die Textdokumentation umfasst mehr als 400 Druckseiten. Vgl. Paris 1935 (Anm. 145).

158 Zit. nach: Exil in Frankreich (Anm. 145), S. 208. Vgl. auch Paris 1935 (Anm. 145), S. 10. Der Theatersaal der Mutualité hatte 3000 Plätze. Vgl. Klein, Als der Apparat nicht funktionierte (Anm. 147), S. 51.

159 Becher, Briefe (Anm. 150), S. 212–217, Zit. S. 214 und 217 (Bericht an die Leitung der ‹Internationalen Vereinigung Revolutionärer Schriftsteller› unmittelbar nach Beendigung des Kongresses). Vgl. auch Paris 1935 (Anm. 145), S. 459.

160 Vgl. Paris 1935 (Anm. 145), S. 376 f. Für das ‹Büro› dieser Schriftstellervereinigung, das 120 Mitglieder aus 36 Staaten bilden sollten, waren auch drei Vertreter Österreichs vorgesehen. Über eine Beschickung ist nichts bekannt. Vgl. ebd., S. 378 f. und 399, Anm. 528. Die respektablen Aktivitäten der neugegründeten ‹Internationalen Schriftstellervereinigung zur Verteidigung der Kultur› wurden nicht nur von der Weltgeschichte, sondern auch von den Patronen in den kommunistischen Apparaten derart behindert, dass die Vereinigung Gefahr lief, «innerhalb von drei Monaten aus einer internationalen zu einer Pariser Angelegenheit zu werden». Immerhin aber brachte die ‹Vereinigung› in den folgenden Jahren große Kongresse in London (1936) und Valencia / Madrid (1937) zustande und beteiligte sich u. a. nach dem Sieg Francos an den umfangreichen Hilfsaktionen für spanische Schriftsteller und Intellektuelle. Zit. nach Wolfgang Klein: Als der Apparat nein sagte. Geschichte der Wirkungen des Pariser Schriftstellerkongresses zur Verteidigung der Kultur [1935–1939]. In: Weimarer Beiträge 51 (2005), S. 96–131, Zit. S. 102.

161 B 655 (24. 8. 1935 an Bernard Guillemin).

162 A. Huxley und E. M. Forster zit. nach: Paris 1935 (Anm. 145), S. 455.

163 B 659 (22. 9. 1935 an Harry Goldschmidt).

164 T II, 744. Nach einer Darstellung von Édouard Roditi aus dem Jahr 1962. Mög-

licherweise wurde Musils Rede zusätzlich zu seinem Vortrag auch in französischer Übersetzung verlesen. Vgl. zu Musils Paris-Abenteuer auch die detailreiche Darstellung von Corino (Anm. 11), S. 1175–1210. Zwei ältere Arbeiten kommen zu eigenartig widersprüchlichen Ergebnissen: Dieter Schiller spricht in seiner Arbeit Musil in einem paternalistisch anmutenden Versuch politischer Rehabilitierung aus realsozialistischer Sicht nachträglich die ‹Bündnisfähigkeit› zu. Er habe «durchaus ein Gespür» für das «Bündnisangebot der französischen und deutschen Initiatoren des Kongresses» gehabt. Andererseits sei er, wie viele bürgerliche Intellektuelle, «weit davon entfernt» gewesen, die «tatsächlichen Triebkräfte und Wurzeln» des Faschismus zu erkennen. Vgl. Dieter Schiller: «Die Grenze der Kultur gegen die Politik». Zu Robert Musils Rede auf dem Pariser Kongreß 1935. In: *Zeitschrift für Germanistik* 9 (1988), H. 1, S. 274–290, Zit. S. 276. Das genaue Gegenteil, nämlich dass die Position des «unpolitische[n] Musil» auf dem Kongress «deplaziert», «*nicht* bündnisfähig» und nicht integrierbar gewesen sei, betont Bernd Hüppauf: *Musil in Paris. Robert Musils Rede auf dem Kongreß zur Verteidigung der Kultur (1935) im Zusammenhang seines Werkes*. In: *Zeitschrift für Germanistik*. NF 1 (1991), H. 3, S. 55–69, Zit. S. 66 und 55.

165 B 659 (22.9.1935 an Harry Goldschmidt).

166 Vgl. dazu auch Rohrwasser (Anm. 147) und Dwars (Anm. 153) passim.

167 Die Passage muss vor dem Juni 1935 entstanden sein. Es ist also durchaus denkbar, dass Musil den Begriff und wesentliche Argumente seines Konzepts der ‹Kulturpolitikskultur› im Zusammenhang mit der Pariser Rede entwickelt hat. Seine Notiz *Kulturpolitikskultur* (Anm. 115) ist aufgrund eines beigelegten Zeitungsausschnittes über den Vortrag von Staatssekretär Pernter nach dem 16.10.1935 (Terminus post quem) zu datieren (vgl. T II, S. 648, Anm. 225). Der Begriff ‹Kulturpolitikkultur› bzw. ‹Kulturpolitikskultur› (Musil verwendet beide Schreibweisen) erscheint im Nachlass achtmal: M III/5/29 (Aphoristik 1935), M III/5/50 (Aphoristik 1935), M III/5/56 (Aphoristik 1940), M VI/1/72 (Pariser Rede 1935), M VI/1/62 (Vorrede Basel 1935), M VI/1/210 (Blatt ‹Kulturpolitikskultur, nach dem 16.10.1935›), Heft 34/38 (1940).

168 Musil, Vorrede (Anm. 72), A 198. Dasselbe Nietzsche-Zitat findet sich schon in dem dreißig Jahre früher entstandenen Tagebuchheft 4. Vgl. T 33 f.

169 Musil, Anschluß (Anm. 11), GW 8, 1034.

170 Vgl. auch Frank Maier-Solk: Sinn für Geschichte. Ästhetische Subjektivität und historiologische Reflexion bei Robert Musil. München: Fink 1992, S. 243 ff.

171 Robert Musil: Der Dichter am Apparat [14.10.1921]. In: GW 9, 1514–1516, Zit. S. 1516.

172 M VI/1/59.

173 Schon in Musil, Bedenken (Anm. 79), A 193, findet sich der Grundsatz: «*Es gibt*

ebensowenig eine nationale Geometrie wie es eine proletarische gibt.» Die prinzipielle Ablehnung der Attribuierung von Literatur bezieht sich bei Musil übrigens auch auf nationalliterarische Konzepte, die ja immer auch politisch, ideologisch oder substanzialistisch, also funktional, argumentiert werden. Auf die Frage ‹Kann man von einer spezifisch österreichischen Literatur sprechen?› antwortete Musil Ende 1936 u. a.: «Es hängt davon ab, was man unter spezif.[isch] öst.[erreichisch] versteht. Nimmt man es so provinziell, wie es viele heute möchten, so wird man bald nicht von Lit[eratur] sprechen dürfen.» B 753.

174 Vgl. auch Norbert Christian Wolf: Geist und Macht. Robert Musil als Intellektueller auf dem Pariser Schriftstellerkongreß 1945. In: Jahrbuch des Freien Deutschen Hochstifts 47 (2006), S. 383–436. Durch Wolfs luzide Darstellung sehe ich meine Sicht des ‹politischen› Musil bestätigt.

175 Robert Musil: Vortrag. Paris [Korrigierte Maschinenabschrift]. In: GW 8, S. 1266–1269, Zit. S. 1266. Vgl. A 271–275, Zit. S. 271. Es existiert auch eine längere Version der Rede: Robert Musil: [Vortrag Paris. Korrigierte Reinschrift]. In: GW 8, 1259–1265, Vgl. A 275–282, die Frisé, wohl zu Unrecht, für den Text des «tatsächlich gehaltenen Vortrags» hält. Vgl. GW 9, 1829.

Im Zusammenhang mit meinen Recherchen für dieses Buch habe ich eine der Musil-Forschung bisher unbekannte Kurzfassung der Pariser Rede Musils entdeckt, die in den *Mitteilungen der Deutschen Freiheitsbibliothek* (Paris, Nr. 4, am 27. Juni 1935, «Sonderausgabe zum Internationalen Schriftstellerkongreß zur Verteidigung der Kultur») erschienen ist (vgl. A 305 f.). Dieser Fund bestätigt die Auffassung, dass die ‹Korrigierte Maschinenabschrift› die Textgrundlage für Musils Vortrag in Paris gewesen sein muss. Diese (kürzere) Version der Rede bildet deshalb auch die Grundlage für die folgende Darstellung. Weitere Nachweise aus der Rede im Text.

176 Musil, Vorspruch Zürich (Anm. 121), A 303. Dass die Kultur von Freund und Feind geschädigt werde, hat Musil in seiner Wiener Rede *Über die Dummheit* leicht verändert und in der Sache zugespitzt wiederholt: Dass man «Freiheit und Vernunft, die […] Wahrzeichen der Menschenwürde […] einschrumpfen ließ, ist weniger der Erfolg ihrer Gegner als der ihrer Freunde gewesen.» Robert Musil: Über die Dummheit. Vortrag auf Einladung des Österreichischen Werkbunds. Gehalten in Wien am 11. und wiederholt am 17. März 1937. In: GW 8, S. 1270–1291, Zit. S. 1284.

177 Der Umstand, dass in der öffentlichen Ankündigung des Kongresses ebenfalls von einer «Einberufung» die Rede war, mag ein Zufall sein, doch ist bei Musil hier auch eine bewusste Anspielung nicht auszuschließen.

178 Im Kongressbeitrag von Max Brod erscheint Nietzsche als «der große Verderber, der Satan unserer Zeit». Paris 1935 (Anm. 145), S. 144.

179 Wolfgang Klein: «Jeter par la portière un misérable paquet de bourgeoisie». Gewalt und Glücksanspruch auf dem Pariser Schriftstellerkongreß 1935. In: Esprit civique und Engagement. Hrsg. von Hanspeter Plocher u. a. Tübingen: Stauffenberg 2003, S. 303 – 319, Zit. S. 314. Vgl. z. B. die Rede von Johannes R. Becher in: Paris 1935 (Anm. 145), S. 173 – 181.

180 Ernst Bloch: [Rede]. In: Paris 1935 (Anm. 145), S. 324 – 326, Zit. S. 324. Vgl. auch die Rede des Kongresspräsidenten Andre Gidé, der kein Mitglied der KPF war: «Die UdSSR bietet uns heute ein beispielloses Schauspiel von gewaltiger, unerwarteter, ich wage zu sagen exemplarischer Bedeutung.» (Ebd., S. 128) Nach einer mehrwöchigen Reise durch die Sowjetunion, die Gide im Sommer 1936 auf Einladung der sowjetischen Regierung unternommen hatte, veröffentlichte er einen kritischen Bericht *(Retour de l'U. R. S.S.)* und ging nach und nach auf Distanz zum Kommunismus.

181 Schon in den frühen zwanziger Jahren hatte Musil notiert: «Zu glauben, daß der Bolschewismus eine radikal neue Kunst hervorbringen werde, verlangt zu glauben, daß wir unter der Republik eine andere Kunst haben als unter der Monarchie. Aber nur die Schlieferln [Kriecher, Schmeichler; K. A.] haben sich geändert. Die Staatsform hat nur indirekt mit der Kunst zu tun. Da die Funktion der Kunst Korrektur ist, wird gerade der Sozialismus individualistische Kunst brauchen.» GW 7, 910 («Motive – Überlegungen»).

182 In den Entwürfen für die *Bedenken* (Anm. 79), A 193, hatte er notiert: «Aber Dichtung soll national sein? Indem sich die Dichtung auf der menschlichen Wahrheit aufbaut, ist sie mehr als national.»

183 Noch Jahre später, im Schweizer Exil, wird Musil im Zusammenhang mit einer Reflexion über politische Systeme unter direktem Bezug auf seine Rede auf diesen Punkt zurückkommen: «Das Unerläßliche ist die ‹schöpferische Freiheit› des einzelnen, wie ich sie zu beschreiben versucht habe (Paris).» T 986 f.

184 Corino (Anm. 11), S. 1189; vgl. auch Vogt (Anm. 49), S. 322.

185 Vgl. auch Wolf (Anm. 174), S. 434: «… hinsichtlich des Stalinismus […] war er unter allen anwesenden Schriftstellern der wohl mit Abstand hellsichtigste Analytiker.» Obwohl Musil sich um eine Publikation der Rede (in der *Nouvelle Revue Française* und bei der Zeitschrift *Marianne*) bemühte, kam zu seinen Lebzeiten (abgesehen von den paar Sätzen in den *Mitteilungen der Deutschen Freiheitsbibliothek*) keine Veröffentlichung zustande. Vgl. Corino, Musil (Anm. 11), S. 1199. Im September 1935 erwähnte Musil in einem Brief an Harry Goldschmidt, dass er weiterhin eine Überarbeitung und Veröffentlichung plane. B 659.

186 Mann, Tagebücher (Anm. 148), S. 233.

187 MoE, 1342 (Nachlass-Kap. 83, ‹Warum Ulrich unpolitisch ist. Studien›).

188 GW 5, 1871 f. (Beilage zum Studienblatt ‹Soziale Fragestellung›). In den früheren

Editionen des Romans hat Adolf Frisé diese Beilage, vermehrt um thematisch verwandtes Material in dem Kapitel ‹Warum Ulrich unpolitisch ist› (MoE, 1340–1346) zusammengefasst.

189 GW 5, S. 1940 (‹Vermächtnis. Notizen›).

190 Ganz ähnlich auch in A 295: «Im Ganzen: Ich bezweifle, daß man die Welt durch Beeinflußung des Geistes bessern kann, bei bleibenden Formen. Aber man kann die Forderungen aufstellen und sie denen vorhalten, die die Macht ausüben.»

191 In den folgenden Jahren hat der Widerstand gegen die Politkommissare und Funktionäre der Literatur merklich zugenommen. Vgl. Rohrwasser (Anm. 147), S. 240. Er nennt als Beispiele Alfred Döblin, Walther Mehring, Hans Sahl, Leopold Schwarzschild und Hermann Kesten.

192 Vgl. Pike (Anm. 151), S. 156 ff.

193 Bodo Uhse: [Rede]. In: Paris 1935 (Anm. 145), S. 330–333, Zit. S. 330 f. Da Uhse seine Rede auf Französisch vortrug und Musil nur über bescheidene Französisch-Kenntnisse verfügte, ist nicht mit Sicherheit anzunehmen, dass Musil, falls er überhaupt im Saal war, die Invektive mitbekommen hat. Vgl. auch die Rede von Rudolf Leonhard (ebd. S. 259–260), der unpolemisch, aber mit fragwürdigen Argumenten auf Musils Opposition Kollektivismus – Individualismus einging; möglicherweise nahm auch Max Brod (ebd. S. 142–145) Bezug auf Musil. Vgl. ferner Schiller (Anm. 164), S. 283 ff., Rohrwasser (Anm. 147), S. 233 f., und Corino (Anm. 11), S. 1192 ff. (Dort auch Belege für ähnlich lautende Nazi-Angriffe auf Musil.)

194 Vgl. Corino, Musil, Leben und Werk (Anm. 46), S. 420 (Faksimile).

195 Vgl. Karl Kraus: Hüben und Drüben. Aufsätze 1929–1936. Hrsg. von Christian Wagenknecht. Frankfurt / M.: Suhrkamp 1993 (= Karl Kraus. Schriften Bd. 18).

196 Musil erinnert der Begriff ‹Burgtheaterdichter›, eine Bezeichnung, unter der die genannten Autoren in wechselnder Besetzung in Wien, aber auch in der Schweiz auftraten, an den Begriff «Kulturpolitikskultur. Meilenstein am Zeitweg». T 885. Vgl. auch T 892.

197 Corino, Musil (Anm. 11), zitiert (S. 1807, Anm. 15) Werner Fuld, der in der *Frankfurter Allgemeinen Zeitung* vom 7.1.1989 Musils Pensionsansuchen und seinen Beitritt zur VF als «schrittweise[n] intellektuellen Selbstmord» bezeichnet hat.

198 Vgl. Emmerich Tálos und Walter Manoschek: Aspekte der politischen Struktur des Austrofaschismus. In: Tálos / Neugebauer, Austrofaschismus (Anm. 137), S. 124–160, Zit. S. 152 und 154.

199 Vgl. ebd., S. 146.

200 Corino, Musil (Anm. 11), S. 1225.

201 Zit. nach den Kopien der beiden Berichte im Besitz des Robert Musil Literatur Museums der Stadt Klagenfurt. Für freundliche Unterstützung danke ich Dr. Heimo Strempfl. In T II, 688 sind die beiden Schriftstücke auszugsweise abgedruckt.

202 Vgl. B 735 f., 747 ff., 764 f., 815 f., 819 f.; T II, 687 ff., sowie Corino, Musil (Anm. 11),
    S. 1225 ff. und 1285 f.

203 Zu Ginzkey (der Musils Vorgänger im Amt des SDSOe-Vorsitzenden war) und
    Schönherr vgl. Amann, Zahltag (Anm. 110), S. 37 f. und 235 f. In Österreich bestand
    seit dem 19. 6. 1933 ein gesetzliches Betätigungsverbot für die NSDAP.

204 Vgl. Walter, Exilpresse (Anm. 87), S. 273–295.

205 Bodo Uhse / Egon Erwin Kisch: Geist gegen Macht. In: *Neue Deutsche Blätter* 2
    (1934 / 1935), H. 6, S. 321–324. Zit. nach: Paris 1935 (Anm. 145), S. 460–462, Zit.
    S. 461. Nach den Recherchen des Herausgebers der Kongress-Dokumente ist der
    Artikel «höchstwahrscheinlich von Uhse verfaßt» worden. Ebd., S. 460.

206 T II, 1255–1261. Vgl. A 295–302. Frisés Edition im Kommentar zu den Tagebü-
    chern umfasst nicht das gesamte vorhandene Material. Vgl. M VI / 1 / 82–86.
    Musils Richtigstellungen werden von Schiller (Anm. 164), S. 276 ff., und Corino
    (Anm. 11), S. 1204 ff. referiert. Sowohl Uhse wie auch Kisch haben später ihre Kri-
    tik an Musil zurückgenommen. E. E. Kisch, dessen Vorgesetzter Musil 1918 im
    Wiener Kriegspressequartier gewesen war, hat in seinem Nachruf auf Musil (in
    der mexikanischen Exilzeitschrift *Alemania Libre*) sieben Jahre nach dem «Pariser
    antifaschistischen Literaturkongreß» davon gesprochen, Musil habe dort «eine
    edel durchdachte und eindeutige Rede» gehalten. Zit. nach T II, 204.

207 Auch in einem Brief an Harry Goldschmidt (22. 9. 1935) spricht Musil von «Miß-
    verständnissen, weil ich meine Worte zu wenig den Umständen angepaßt und zu
    knapp u.[nd] zu theoretisch gesprochen habe. Aber der Inhalt dessen, was ich ge-
    sagt habe, u.[nd] in der Hauptsache handelt das von der Frage, unter welchen poli-
    tischen Bedingungen die Kultur wächst, ist vollkommen einwandfrei.» B 659 f.

208 Es war Musils letztes Wort im Streit, den sein Pariser Vortrag ausgelöst hat. Zum
    politischen Hintergrund, vor dem jener Streit (und auch seine Pensionsangelegen-
    heit) abgewickelt wurde, nahm er in seinem das Psychologische raffiniert ins Po-
    litische verschiebenden Vortrag *Über die Dummheit* Stellung, den er am 11. März
    1937 auf Einladung des Österreichischen Werkbundes im Großen Saal des Inge-
    nieurs- und Architektenvereins in Wien hielt. (Vgl. Musil, Über die Dummheit
    [Anm. 176]). Aufgrund des großen Erfolgs wurde der Vortrag knapp eine Woche
    später wiederholt. Es war das letzte Mal, dass Musil vor seiner Emigration (im Au-
    gust 1938) als Redner vor die Öffentlichkeit trat. Die Rede berührt den hier behan-
    delten Zusammenhang nur mittelbar, weil Musil die Frage des Verhältnisses von
    Literatur und Politik nur am Rande ansprach, wenngleich er immer wieder auch
    Beispiele aus dem literarischen Leben heranzog. Der Vortrag ist, wie auch die bei-
    den anderen hier besprochenen Reden, eine schonungslose Abrechnung mit der
    politischen Lage diesseits und jenseits der österreichischen Grenze. Wenn Musil
    seine Theorie des politischen Sadismus entwickelte oder als Grundsatz der zeitge-

mäßen Rechtsauffassung den Standpunkt «Daß der *andere* bestraft wird» erörterte, dann musste jedem der im Saale Anwesenden klar sein, dass die aktuelle politische Situation gemeint war und dass Musil sich «sowohl mit den Nazis als auch mit den Austrofaschisten» anlegte. (Corino, Musil [Anm. 11], S. 1230) Darauf verweist schon das formale Faktum, dass neben der «Dummheit», die über weite Strecken vorwiegend als politisch-moralischer Defekt im Sinne einer «Affektstörung» beschrieben wird, das temporale Deiktikum «heute» als einer der am häufigsten verwendeten Begriffe erscheint. Auf der politischen Ebene, die im Vortrag dominant ist, wird der auf diese Weise aktualisierte Begriff der Dummheit mit mangelnder Charakterbildung, Sadismus, Überheblichkeit, Rücksichtslosigkeit, Zuchtlosigkeit, Egoismus, Willkür, Rechtsbruch, affektgeleitetem Handeln und der Neigung zum Verschwinden in der Masse, d. h. mit dem Theorem der menschlichen Gestaltlosigkeit, in Verbindung gebracht. Diese Argumentationslinie verknüpft über das Konzept des ‹Kollektivismus› die Rede *Über die Dummheit* wiederum eng mit den beiden Reden in Wien und in Paris: «Diese Vorrechte des groß gewordenen Wir machen heute geradezu den Eindruck, daß die zunehmende Zivilisierung und Zähmung der Einzelperson durch eine im rechten Verhältnis wachsende Entzivilisierung der Nationen, Staaten und Gesinnungsbünde ausgeglichen werden soll; und offenbar tritt darin eine Affektstörung, eine Störung des affektiven Gleichgewichts in Erscheinung, die im Grunde dem Gegensatz von Ich und Wir und auch aller moralischen Bewertung vorangeht.» (1276 f.) Musils Rede *Über die Dummheit. Vortrag auf Einladung des österreichischen Werkbunds gehalten in Wien am 11. und wiederholt am 17. März 1937* erschien im Mai 1937 in der Schriftenreihe ‹Ausblicke› bei Bermann-Fischer, Wien / Stockholm. Es war die letzte selbständige Publikation Musils zu Lebzeiten. Die Rede wurde von den Hörern des Vortrags wie auch von den Rezensenten der Druckfassung sehr wohl in ihrer Brisanz erkannt und u. a. als «erbarmungslose Anklage gegen das Nazitum und dessen Schergen gelesen» (zit. bei Corino, Musil [Anm. 11], S. 1237). Otto Pächt gegenüber, der Musils zeitgleiche Aktivitäten zur Erlangung einer Pension offenbar etwas skeptisch beobachtet und kommentiert hatte, führte Musil den Vortrag als Beweis dafür an, «daß meine Unabhängigkeit nicht in Gefahr gewesen ist». B 767 (23.3.1937)

209 Zit. nach Klein, Als der Apparat nein sagte (Anm. 160), S. 100.

210 André Breton: [Kongressbeitrag]. In: Paris 1935 (Anm. 145), S. 304–309, und Anm. 389, S. 490. Zit. S. 307 und 309. Auf dem Moskauer Allunionskongress von 1934 war der ‹Sowjetische Schriftstellerverband› gegründet worden, dessen Statuten den 1932 vom Zentralkomitee der KPdSU als allgemeine künstlerische Leitlinie verfügten ‹Sozialistischen Realismus› als verbindliche Methode festschrieben.

211 Joseph Roth: Statt eines Artikels. In: Das Neue Tage-Buch (Paris), 17. 10. 1936. Zit. nach: Joseph Roth: Werke in vier Bänden. Hrsg. von Hermann Kesten. Köln: Kiepenheuer und Witsch 1975, Bd. 4, S. 629–632, Zit. S. 629.

212 Brecht, Briefe (Anm. 149), S. 470 (Brecht an Johannes R. Becher, Ende Dezember 1934).

213 Ebd., S. 471 (Brecht an Johannes R. Becher, Ende Dezember 1934) und S. 503 (Brecht an Michail Kolzow, Anfang Juni 1935).

214 Ebd., S. 511 (Brecht an Ernst Bloch, Mitte Juli 1935).

215 Ebd., S. 510 (Brecht an George Grosz, Anfang Juli 1935).

216 Ebd., S. 509 (Brecht an Karl Korsch, Anfang Juli 1935).

217 Ebd., S. 514 f. (Brecht an Johannes R. Becher, Juli 1935).

218 Pierre Bourdieu: Der Korporativismus des Universellen. Die Rolle des Intellektuellen in der modernen Welt. In: Ders.: Die Intellektuellen und die Macht. Hrsg. von Irene Dölling. Hamburg: VSA-Verlag 1991, S. 41–66, Zit. S. 45 f. Vgl. dazu auch Wolf (Anm. 174), S. 396 ff.

219 Bertolt Brecht: [Rede zum II. Internationalen Schriftstellerkongreß zur Verteidigung der Kultur]. In: Brecht, Werke (Anm. 99), Bd. 22 (1993), Schriften 2, Tl. 1, S. 323–325, Zit. S. 324 f. Die Abschlussveranstaltung des Kongresses fand am 16. und 17. Juli 1937 in Paris statt. Brecht nahm daran teil und hielt auch seine Rede. Vgl. ebd., Bd. 22 (Schriften 2, Tl. 2), S. 1005.

220 Paris 1935 (Anm. 145), S. 173.

221 Vgl. Wolfgang Klein: Über die Varianten in der sowjetischen Dokumentation des Pariser Schriftstellerkongresses 1935. In: «Für viele stehen indem man für sich steht». Formen literarischer Selbstbehauptung in der Moderne. Hrsg. von Eckart Goebel und Eberhard Lämmert. Berlin: Akademie 2004, S. 182–200, S. 185. Klein nennt Wladimir Kirschon nicht.

222 M VI / 1 / 10.

223 Vgl. Müller, Die Säuberung (Anm. 152), S. 7–41.

224 Zit. nach Klein, Als der Apparat nein sagte (Anm. 160), S. 106.

225 Müller, Die Säuberung (Anm. 152), Zit. S. 196 und 216.

226 Vgl. Klein, Als der Apparat nein sagte (Anm. 160), S. 106 f.

227 Vgl. Pike (Anm. 151), S. 470.

228 Dwars (Anm. 153), S. 438.

229 Becher, Briefe (Anm. 150), S. 249 (Becher an Georgi Dimitroff, 20. 9. 1942).

230 Zit. nach Dwars (Anm. 153), S. 11–13.

231 Vgl. ebd., S. 773.

232 Klein, Als der Apparat nicht funktionierte (Anm. 147), S. 23.

233 Musil, Über die Dummheit (Anm. 176), GW 8, 1275.

234 Vgl. Bertolt Brecht: [Über die Moskauer Prozesse. Entstanden Frühjahr 1938]. In:

Brecht, Schriften 2, Tl. 1 (Anm. 219), S. 365 – 369; und ders.: Über die Prozesse in der USSR (Zur Selbstverständigung) [Entstanden Frühjahr 1938]. In: Ebd., S. 369. Zu diesem Zeitpunkt wusste Brecht bereits, dass Carola Neher, für die er das Stück *Die heilige Johanna der Schlachthöfe* geschrieben und die in der Verfilmung der *Dreigroschenoper* die Polly gespielt hatte, verhaftet worden war. Sie ging 1942 im GULag zugrunde.

235 Vgl. Corino (Anm. 11), S. 1443.

236 GW 1, 247 (Kap. 62, ‹Auch die Erde, namentlich aber Ulrich, huldigt der Utopie des Essayismus›. In der Buchfassung wurde Kap. 61 geteilt).

237 B 1308 (5. 7. 1941 an William E. Rappard).

238 B 1083 (24. 9. 1939).

Robert Musil

Ausgewählte politische Schriften aus dem Nachlass

Essays

Bedenken eines Langsamen

[Frühjahr bis Herbst 1933]

Die revolutionäre «Erneuerung des deutschen Geistes», deren Zeugen und Teilnehmer wir sind, läßt zwei Richtungen ihrer Bewegung und Führung unterscheiden. Die eine möchte nach der Eroberung der Macht den Geist zur Mithilfe am inneren Ausbau überreden und verspricht ihm ein goldenes Zeitalter, wenn er sich ihr anschließe, ja sie stellt ihm sogar ein gewisses Mitbestimmungsrecht dabei in Aussicht. Die andere dagegen bezeugt ihm ihr Mißtrauen durch die Erklärung, daß die revolutionäre Methode einstweilen noch aufs Unabsehbare weitergehe und demnächst besonders den Geist in die Arbeit nehmen werde; oder sie versichert ihm auch, daß sie ihn gar nicht brauche, weil ein neuer Geist schon da sei, so daß sich der alte nur noch freiwillig ins Feuer stürzen könne, auf daß er entweder zu Asche verbrenne oder sich bis in die Elemente läutere. Was bis zu dem Augenblick geschehen ist, wo diese Worte niedergeschrieben werden, läßt keinen Zweifel daran, daß das zweite der Marsch ist, das erste der begleitende Gesang. Es kann auch gar nicht anders sein, als daß eine so kraftvoll auftretende Bewegung wie die gegenwärtige von allem fordere, daß es sich ihr völlig angleiche und unterordne. Aber anderseits ist es möglich, daß es der Geist nicht kann, ohne sich selbst aufzugeben. Sicher gibt es da eine Grenze, denn nichts ist unbedingt. Und so ist es eine gute Prüfung für den Geist, daß heute über ihn allenthalben eine Art Sondergerichtsbarkeit verhängt worden ist, die ihn nicht nach seinen eigenen Gesetzen beurteilt, sondern nach dem Gesetz der Bewegung.

Mit einem Opfersinn ohnegleichen hat Deutschland in wenigen Wochen auf Forscher und Gelehrte verzichtet, unter denen sich nicht wenige befinden, die unersetzlich sind, wenn es auf die Kennzeichen ankommt, nach denen sich das geistige Leben durch Jahrhunderte gerichtet hat, und keine Erörterung dieser Lebensbedingungen kann an dem Geschehenen gleichgültig vorbeisehn. Es gibt da keine Wahl. Entweder man sagt: die deutschen Juden haben ehrenvollen Anteil am deutschen Geistesleben, oder man muß sagen: dieses ist so von Grund aus verdorben, daß ihm kein Urteil mehr einwohnt. Denn wenn wir, die selbst lange daran beteiligt sind, unsere Erfahrung befragen, so zeigt sie uns im Kampf des Geistes mit dem Ungeist Menschen jeder Herkunft auf beiden Seiten in entsprechender Zahl, und wir können nicht plötzlich unsere Erfahrung umstoßen. Was geschehen ist, erscheint uns ungerecht; aber selbst wenn wir ihm die Gerechtigkeit zugestehen wollten, müßte uns noch die Form ihres Gebrauchs in einer Weise ungesittet erscheinen, die – sich leider aufs genaueste mit der Verletzung einer Sittlichkeit deckt, die heute außer Kurs gesetzt ist, nämlich der des Humanen.

Humanität ist ebenso wie Internationalität, wie Freiheit und Objektivität jetzt ein Wert, der den verdächtig macht, der ihn besitzt, ja wer eine dieser Ideen verteidigt, macht sich der andern verdächtig, denn er zeigt, daß er nicht die Unteilbarkeit der Verwandlung begriffen hat. Diese Verwandlung setzt eine Totalität an die Stelle einer anderen, und wie sie das letzte Argument gegen jeden einzelnen Einwand abgibt, ist sie auch der Sinn dessen, was in Bausch und Bogen das «verdorbene System» genannt wird. Eine solche Argumentation mag nicht richtig sein, sie mag zur Folge haben, was sie will, auch ist sie der Form nach nicht logisch, doch ficht sie das nicht an, weil sie sich als eine «Umwertung aller Werte» fühlt.

Und dieses Gefühl ist keine Einbildung. Dunkel, aber doch sichtlich, enthält es etwas, das sich ungefähr in den Worten aussprechen läßt, daß das Ganze der Herr seiner Teile sei, daß es ihnen nicht nur vor-, sondern irgendwie auch vorangehe, daß es nicht nur ihr Herr sei, sondern überhaupt erst ihren Sinn vollende. Das war immer eine biologische Auffassung, und aus vielerlei Gründen hat dieser Gedanke, daß jedes Ganze mehr als eine Summe oder ähnlich teilnahmlose Zusammenfassung seiner Teile sei, ja daß sich die Welt ebensowohl aus Ganzheiten wie aus Einzelheiten aufbaue, in der Philosophie unserer Zeit einen breiten Anwendungsbereich gefunden; aber in die Gesellschaft politischer Geschehnisse ist diese werdende und beiweitem noch nicht fertige Erkenntnis erst durch das Unvermögen der Demokratie gekommen, in schwierigen Augenblicken um den unabsehbar gewordenen Kampf aller gegen alle wirklich oder auch nur suggestiv den Ring des Ganzen zu legen. Dieses Unvermögen ist zwar noch nicht allgemein bewiesen, denn die stärkeren Demokratien stehen noch, doch ist der Kollektivismus, die antiindividualistische und antiatomistische Gesamtheitsgesinnung heute schon in verschiedener Form und Stärke über die halbe Welt verbreitet. Das ist auch die wirkliche Aktion in der deutschen Bewegung, die sich dagegen verwahrt, daß ihr neuer Nationalismus als Reaktion nach der Art älterer Verwandter verstanden werde.

Man mache das Gedankenexperiment, ob man sich den Nationalsozialismus politisch durch etwas anderes ersetzt denken könne. Ein Gefühl, das unabhängig von Wünschen und Befürchtungen ist, ja diesen sogar oft zuwiderlaufen wird, antwortet trotzdem in der Regel, daß sich eine solche Veränderung nicht mehr einfach als Wiederkehr des alten oder eines noch älteren Zustands vollziehen könne. Dieses Gefühl ist wohl nicht anders auszulegen, als daß der Nationalsozialismus seine Sendung und Stunde hat, daß er kein Wirbel, sondern eine Stufe der Geschichte ist. Ein solches Gedankenexperiment haben in unseren Tagen sehr viele angestellt, die früher anders dachten. Man beachte aber auch noch etwas anderes: Ist in diesen Wochen nicht moralisch etwas sehr Merkwürdiges geschehn? Die Grundrechte der sittlich selbstverantwortlichen Person, die Freiheit des Meinungsäußerns und -hörens, das Gebäude der unveräußerlichen Überzeugungen ..: alles das zeigte sich Millionen, die daran aufs innigste zu glauben gewohnt waren, mit einem Schlag abgeschafft, – ohne daß sie auch nur einen Finger dafür rührten! Sie hatten geschworen, ihr Leben für ihre Grundsätze zu lassen, und sie rührten kaum einen Finger! Sie fühlten, daß man ihnen den Geist raube, erkannten aber plötzlich, daß ihnen ihr Körper wichtiger sei. In den Tagen, wo das geschah, bot Deutschland zur Hälfte das Bild stürmischer Sieger, zur andern Hälfte das von eingeschüchterten, ratlosen Menschen. Man darf sogar ruhig sagen, von Feiglingen, denn das Problem liegt gerade darin, daß ein großer Teil dieser Feiglinge vorher im Krieg keine Gefahr gescheut hat, sich als Helden zu erweisen. Daraus ist sowohl der Schluß zu ziehen, daß ihm die Heiligtümer, die er diesmal zu verlieren schien, doch nicht mehr heilig waren, wie auch der andere, daß der heutige Mensch unselbständiger ist, als er meint, und erst im Verband zu etwas Festem wird. Beide Schlüsse liegen im Sinn des Nationalsozialismus. Doch ist da keine falsche Mythologie statthaft: es war nicht «das Gestern», das feige kapitulierte und nun beseitigt ist, sondern Menschen taten das, die weiterleben und nun dem neuen Geist die gleiche Aufgabe stellen, die der alte nicht bezwungen hat.

ZWEI VORÜBERLEGUNGEN, NOTIZEN UND EIN GLIEDERUNGSVERSUCH

Rollentausch. Kann sich eine Erneuerung der Nation ohne Dichter, ohne Philosophen, ohne Gelehrte, ohne Künstler ereignen? Soll sich ein neuer Geist bilden ohne die wichtigsten Teile? Denn es ist doch nicht zu verschweigen, daß sich fast alle, die bis gestern die Würden und Lasten des Geistes getragen haben, dem Heute gegenüber teils feindlich, teils mißtrauisch, teils abwartend verhalten.

Die Ausnahmen fallen nicht ins Gewicht, zumal wenn man Lockung und Bedrohung berücksichtigt, die dem Geist zusetzen. Verstehen sie ihre Zeit nicht oder versteht ihre Zeit sie nicht? Im ganzen liegt Schweigen über dem geistigen Deutschland, während das politische und wirtschaftliche (nicht nur) lebhaft versichert, daß es den Geist erneuert haben werde, (sondern auch, daß es ihn schon ungeheuer erneuert habe, ehe noch der Neubau des Staates über die Grundmauern hinaus ist). Ja, viele Geistige spähen nach einer politischen Umwandlung aus, die ihnen wieder zu Hilfe kommen könnte. Es hat eine merkwürdige Vertauschung der Rollen stattgefunden, und diese Revolution wird wahrhaftig ihren historischen Platz nicht nur in der politischen, sondern auch in der Geistesgeschichte finden.

Bei einer Sintflut trachtet jeder sein Schäfchen ins Trockene zu bringen: es widerstrebt mir ein wenig.

Die Abhängigkeit des Geistes. (*Korrektur*: Ein Gedanke gewinnt. Man kann sich das sozusagen exponentiell denken:) In der Führung der Bewegung lassen sich zwei geistige Neigungen unterscheiden, wenngleich sie zu einer Einheit verbunden sind: die eine ist konservativ, die andere revolutionär; es möchte die erste nach der Eroberung der Macht den Geist zur Teilnahme überreden, es sagt die zweite zu ihm: wenn Du nicht selbst willst, hast Du ohnehin abgedankt! Und willst Du nicht mein Bruder sein, so schlag ich Dir den Schädel ein! In der Geschichte der Welt finden beide ihre Beispiele. Der Geist läßt sich durch Politik beeinflußen, ja er läßt sich sogar vernichten und erzeugen: dagegen zu trotzen, hat wenig Zweck, ja es hieße, den Geist nicht kennen; auch das muß man wissen, wenn man Politik ohne Verluste machen will. Aber er ist zäh und unbelehrbar und kommt auf Schleichwegen und ungeheuren Umwegen doch wieder zu seiner Vergangenheit zurück:

Der Brand der Alexandrinischen Bibliothek, die Umstürzung der griechischen Bildwerke bilden die vollkommensten Beispiele dafür, wie man den Geist in Einklang mit der allgemeinen Entwicklung bringen kann. Auf seiner hohen Entwicklungsstufe war er abhängig von Einrichtungen, wie es Bibliotheken und Schulen sind; und die Personen, die ihn verkörperten, waren auf Wohlwollen und Duldung durch die Allgemeinheit angewiesen. Eine Änderung des Zeitwillens (summarisch gesprochen) genügte, alles das wegzufegen. Ein Kind von Geist war da: Unähnlich dem Vater. Merkwürdig pathologisch und tief im Gesichtsausdruck. 1000 (?) Jahre später zum Mann erwachsen, hätte dieses Kind viel darum gegeben, mehr von seinem Vater zu wissen.

Wollen wir diese «Reue der Jahrhunderte» vermeiden – und das gilt nicht nur für uns Augenblickliche, denn die Zeit ist voll Ähnlichem – so müssen wir uns halbwegs klarmachen, wie der Geist von seinen eigenen und wie er von den Gesetzen seiner Umwelt abhängt. Wenn man zu berücksichtigen versteht, was nicht übereinstimmt, bleibt es ein ausgezeichneter Vergleich, Vorgänge im Geist der Gesamtheit sich ähnlich persönlicher vorzustellen, ebenso wie das Verhältnis von Geist und Körperlichkeit überhaupt. Das Denken, Fühlen und Wollen der Nation setzt sich aus dem der Einzelnen zusammen, bestimmt dieses aber auch. Das

Verhältnis des Geistes zu seinem Körper: Von Stimmungen und Gefühlen abhängig, die zum Teil gar nicht bewußt werden. Kann sie aber auch beeinflußen. / Die Tendenzen des Geistes sind abhängig von denen des Körpers, (? Träge Körper, lebendiger Geist) / Die Erfahrungen des Geistes, sein Werden aus den Erfahrungen sind in großem Maße unabhängig.

Ich habe bisher den Realitätssinn für das Entwickeltste am heutigen Deutschen gehalten. Dieser ist aber auch ein Romantiker in überraschender Weise.

Die Zweiteilung: Verstand und Wahrnehmung – Triebe und Gefühle. Dazwischen Handeln und Erfahren, mit beidem verknüpft. Das wiederholt sich auch im Großen.

Zu berücksichtigen ist, daß das, was ich da als Affekt behandeln möchte, doch auch schon Geist ist, nämlich Sektengeist.

In einem revolutionären Staatszustand überwiegen Triebe und Gefühle. Wir wissen aus dem Einzelleben, welcher Ausschweifungen sie fähig sind. Wenn ein Ganzes eine einheitliche begünstigende Grundstimmung hat, die Hemmungen geschwächt sind, summieren sie sich mit der gleichen Rücksichtslosigkeit.

Es gibt Manien, Delirien, Zwangsideen. Es gibt wahnsinnige Gemeinschaften von gesunden Bestandteilen. Heilmittel: Ernüchterung durch Schmerz und Auffangen der Affekte durch eine neue ideologische Statik.

Wie werden Revolutionen stabil, wenn man sie psychologisch betrachtet? Die Widerstände verändern das Programm. Sehr oft wird dieses durch die Widerstände schärfer. Immer wird es verändert. Das heißt, manche Triebe werden gehemmt, speisen andere und begünstigte. Das Feld zieht sich auseinander. Das gleiche Bild auf seiten der Widerstände. Im Endzustand überwiegt je nachdem der Charakter einer Konstruktion oder der eines Kompromisses. Auf beiden Seiten überwiegen gegen Ende die elementaren, die dicken Interessen. Das heißt: Revolutionen gehen immer davon aus, den Menschen zu ändern und gerade ihn ändern sie am wenigsten.

und wir können nicht plötzlich dem nicht mehr traun, was wir immer gesehn haben.

Die Politik schreibt dem Geist das Gesetz vor: Das ist neu.

und wir können nicht plötzlich unsere Erfahrung umstoßen

so scheint uns doch, daß es die Richtung weist, von der man nicht abweichen kann

Umwertung. Geschehn sie plötzlich? Muß sie einen Zentralwert haben? Beschwichtigungshofrat! Mäßigung! Geist! Menschen jeder Herkunft = veraltetes Fühlen (Aufklärungsphilosophie)

Man muß entweder sagen, deutsche Juden habe den größten Anteil am Geistesleben oder dieses als verdorben bezeichnen.

Ihr geistiges Quellgebiet.

Dann daß man alles unter der Perspektive post 14 verstehen muß wird Willensbildung

Verhältnis der Unterdrückung zu einer Zeit setzen, die sie überschätzt

1) Die revolutionäre Beeinflußung .. läßt ihrer Bewegung und Führung ..

Beide Richtungen scheinen aber darin einig zu sein, daß die Politik das Recht und die Pflicht habe mit dem Geist nach ihren Zwecken umzuspringen. Dem entspricht auch Wirkung + Absetzen, Abstoßen

2) Wer abseits bleibt, den erfüllt namentlich der Antisemitismus mit Besorgnis, nein mit Verzweiflung über Deutschlands Zukunft. Es ist ein Irrtum zu glauben, daß er nur Agitationsmittel; er ist ein Hauptglaubensstück. Wir fürchten für die Erneuerungsbewegung .. Tuch .. Feind – Aber jeder Versuch das zu beweisen, wird damit beantwortet, daß wir unter dem Einfluß der Juden stünden. Man kann vielleicht heute nur die einfachste Pflicht tun und auf engstem Gebiet Zeugnis ablegen:

3) Die Darstellung. Es wäre Unendliches zu tun. Aber nicht einfach noch wachsen.

4) Man muß auch das aussprechen, daß die Bewegung nicht geistigen, sondern gemischten Ursprungs ist.

Auch daß sie alles enthält

Daß ihr das Üble zuläuft

Es geht nicht an, zwischen Rechts- und Linksschriftstellern zu unterscheiden. Sehr zusammengefaßt.

5) Man kommt aber bei allen diesen Fragen auf ein heikles Verhältnis des Geistigen zum Politischen. Das Politische ist in diesem Fall ein Willensvorsatz und seine Verwirklichung. Der Geist besitzt keine solche Identitätskarte (Ausweis). Er ist eine lockere Summe, eine keineswegs durchsichtige Integration (Durchdringung) vom Höchsten bis zum Albernsten. In der reinen fühllosen Wissenschaft hat er wenigstens das Kriterium der Wahrheit, aber selbst da muß er sich Zurechtweisungen gefallen lassen. (Rußland) Im schöngeistigen Gebiet sind gefühlsmäßig sichere Fragen wie eklatante Wertlosigkeit theoretisch aufs schwierigste zu beantworten. Ich will versuchen, einige Notizen über das Verhältnis des Geistigen zum Geschehen zu Papier zu bringen. / Die Zukunft hängt von der Erfassung des Geistes durch die Politik ab / Es wird heute alles in Frage gestellt: Objektivität, Sachlichkeit, Autonomie ..

6) Ich war immer gegen den Aktivismus. Das heißt, gegen die direkte Einmengung des Geistes in die Politik und Lebensgestaltung. Und zwar aus geistigem Aktivismus. Aus Beurteilung der Aufgabe und Möglichkeit. Eines schickt sich nicht für alle. Man schreibt nicht mit dem Fuß; man steht nicht auf der Hand. Meine politische Voraussicht ist ganz durchschnittlich. Diese Auffassung hatte nun nicht bloß einen Teil der Geistigen gegen sich, sondern heute auch die Politik. Ihr Primat wird gefordert.

7) Wie war es denn aber? Wie sind die Ideen in die Politik gekommen? Im Großen gesehn, aus dem Geist. Der Geist hat die Idee der Freiheit, der Humanität .. er hat auch die der Grausamkeit, des Kampfes .. Dann hat die Politik sie aufgenommen, umgebildet, ihnen entfremdet. Das ist die Autonomie.

8) Der Geist hat strenge Gesetze. Wenn er vieldeutig (morbid) wird, soll es die eindeutige Vieldeutigkeit sein (um die ich mich bemüht habe). Die Verletzung tötet.

9) Damit soll nicht die umgekehrte Abhängigkeit übersehn sein. Gerade das heutige Beispiel.

Als Abschluß käme dann das Verhältnis von Affekt und Geist. Der Affekt, der sich seinen Geist gebildet hat und nun mit dem größeren in Berührung kommt.

Betrachtet ein Geistesmann heute (Geistesmann soll auch das Berufs- und Gewohnheitsmäßige bezeichnen, so wie man Kirchenmann neben Geistlicher sagt) die revolutionäre Erneuerung des deutschen Geistes, deren Zeuge und Teilnehmer er ist, so wird er, unterstützt von einem recht natürlichen Selbsterhaltungsbedürfnis, zwei Richtungen dieser Bewegung und ihrer Führung unterscheiden. Die eine möchte nach der Eroberung der Macht den Geist zur Mithilfe am inneren Ausbau überreden und verspricht ihm nicht nur ein goldenes Zeitalter, wenn er sich ihr anschließe, sondern stellt ihm dabei auch ein gewisses Mitbestimmungsrecht in Aussicht; diese beruhigt und gewinnt ihn. Die andere dagegen schüchtert ihn ebensosehr ein und ängstigt ihn, denn sie erklärt, daß die revolutionäre Methode einstweilen noch aufs Unabsehbare weitergehe, daß fürs nächste sogar der Geistesmann selbst in die Arbeit genommen werde, ja daß mit der neuen Politik ein neuer Geist schon da sei und der alte nichts mehr zu tun habe, als sich freiwillig ins Feuer zu stürzen, auf daß er zu Asche verbrenne oder bis in die Elemente sich selbst entläutert werde. Wirklich scheinen diese beiden Bestrebungen im Vorgang der gesellschaftlichen Umformung vorhanden zu sein, ohne daß sie sich deutlich voneinander trennen ließen, und dem entspricht auch die Wirkung. Ein Teil von denen, die noch bis gestern die Würden und Lasten des Geistes getragen haben, befindet sich jenseits der Grenzen, der Mehrzahl, die im Lande ist, haben die Ereignisse offenbar den Atem verschlagen, aber da und dort erheben sich auch schon die Stimmen von Neubekehrten und legen mehr oder minder in Glückstönen Zeugnis davon ab, wie gut es ist, den Anschluß zu finden, sei es selbst im letzten Augenblick. Ich spreche da namentlich vom Schönen Geist, also dem der Künste, aber die gleiche Wirkung der Überraschung, die mit dieser Revolution merkwürdig verbunden ist, läßt sich auch in den anderen Geistesgebieten wahrnehmen, wenngleich sie sich je nach deren Art geändert äußert.

Die Geistesmänner haben aber keine Gelegenheit gehabt, oder sie haben sie nicht genutzt, sich rechtzeitig mit dem neuen Geist vertraut zu machen, und das ergibt nun Schwierigkeiten auf beiden Seiten, vor allem natürlich solche auf der ihren. Es wird ihnen vorgeworfen, daß sie geschlafen hätten, als die andren erwachten, und sie können das nicht verstehen, denn unter den vielen Fehlern, die der Zeit nach dem Kriege und den letzten zehn Jahren vor ihm anhafteten, kamen gerade Schläfrigkeit und Unaufmerksamkeit nicht vor. Im Gegenteil, man war eher zugänglich bis zum Übermaß, behende, wendig, stets besorgt, ja nichts zu versäumen, und gerade weil das öffentliche Leben an Charakter und Tiefe eingebüßt hatte, war es nicht leicht gegen irgendetwas ablehnend. Man kann also wohl nur annehmen, daß die Geistesmänner mit wachen Augen nichts gesehen haben, als sie das Pech hatten, gerade das zu übersehen, was sich in Zukunft als das Wichtigste herausstellen sollte, und das scheint zunächst so sonderbar zu sein, daß man sich über ungewöhnliche Erklärungen dafür eigentlich nicht wundern dürfte. Die gründlichste von ihnen ist die antisemitische. Sie sagt kurz und bündig, wir Geistesmänner wären so «verjudet» gewesen, daß wir nichts mehr hörten und sahen, was nicht jüdisch gefiltert war. Ich unterstelle nun als wahr, daß es so gewesen sei – denn ich kann hier nicht das Problem des richtigen Ineinanderlebens auch noch hinzunehmen –, aber ich frage mich, wie eine solche Suggestion zustandegekommen sein sollte. Ich zähle uns Geistesmänner durch, die aussondernd, denen ich künstlerische und geistige Bedeutung unerachtet des Umstandes zusprechen muß, ob ich im besondern ihr Freund oder Gegner sei, und finde ungefähr dreimal so viel «Arier» unter ihnen als «Nichtarier». Ich suche die zweifellos überschätzten wie die unterschätzten heraus und finde darunter Angehörige aus beiden Lagern. Ich vergleiche zur Kontrolle das, was bloß literarische Industrie ist, und finde beim Theater ein Übergewicht jüdischer Autoren, beim Roman dagegen die einträgliche, ohne ihr Wissen scheinheilige, ungeheuer verderbliche Gemütsindustrie, die fast ausschließlich in den Händen von Ariern ist. Sonach sind wir Arier sowohl auf der Leistungs- wie auf der Unleistungsseite reich vertreten, wobei ich es offenlassen will, ob an der Stelle des Übergangs, wo sich ein anspruchsvolles literarisches Auftreten mit einem geschäftlich-geschäftigen Wesen verbindet, die einen oder die anderen überwiegen; es wäre denkbar, daß die Erscheinungen eines solchen Übergangsgebiets ungebührlich verallgemeinert worden seien. Eine ähnliche Verteilung wie zwischen den Autoren findet sich dann auch zwischen den Verlegern, wenn man die geistig regsamen und anregsamen zusammenzählt, die zwar auch für viel Schlechtes die Trommel gerührt haben, aber doch auch fast allein den Mut und Instinkt hatten, für alles Gute einzutreten. Wer filterte also? Waren die Quellen verdorben, aus denen uns unsere Bildung zufloß? Goethe, Nietzsche, Novalis, Hölderlin, Büchner, Keller, Stifter, Hebbel, d'Annunzio, Flaubert, Stendhal, Balzac, Dickens, Thackeray, Sterne, Swinburne, Verlaine, Baudelaire, Hamsun, Ibsen, Garborg, Jacobsen, Brandes, Dostojewskij, Tolstoj, Gogol...: diese Großväter des Heute halten noch viel strengeren Verhältniszahlen stand, als der, die augenblicklich gefordert wird! Und dann bleibt nur noch eine letzte mögliche Ursachengruppe geistiger Schädigung übrig: Kritik und Zeitung. Da freilich staubt es, wenn man klopft! Die Buchkritik zu einem großen Teil Literaten überlassen, die sich gegenseitig lobten, oder Anfängern, die mit dem kleinsten Honorar zufrieden waren; die Theaterkritik so, daß man in einer Großstadt wie Berlin acht Zehntel der Kritiker als Ignoranten ansprechen konnte; das Verantwortungsgefühl in Kunstfragen gering; die Aufmerksamkeit träge dem anhaftend, womit kein Risiko mehr verbunden war, oder dem Auffälligen zugeneigt und dem äußerlich Lohnenden; der Unterhaltungsteil von einer Art, die wirklich als Volksvergiftung zu bezeichnen ist: wer wäre nicht geneigt, die unerbittlichsten Änderungen auf diesem Gebiet freudig zu begrüßen?! Und von diesen Werkstätten der öffentlichen Meinung, von dieser Industrialisierung des Geistes (deren Zweigniederlassungen Film und Funk waren) her ließe sich wirklich eine Reform an Haupt und Gliedern anbahnen. Aber nicht nur wenn man der Wahrheit die Ehre geben, sondern auch wenn man erfolgreich zugreifen will, muß man die Wahrheit sagen, und das erfordert zwei Zusätze. Der erste: mochten solche Fehler an der großen freisinnigen Presse auch am deutlichsten in die Augen fallen, so waren sie doch weit schlimmer in den Konzernen der Provinzpresse und in der Parteipresse; man möchte sagen, sie waren dort ruhig und gesetzt schlimm, während sie in den Großstädten zappelig verübt wurden. Und der zweite Zusatz: In diesen Betrieben gab es auf dem Kunstgebiet da und dort Männer, die sich, so gut es ging, ihre Unabhängigkeit wahrten, die mehr mitzuteilen hatten, als es üblich ist, und die Hölle der Öffentlichkeit für uns einigermaßen wohnlich machten, und wenn ich mir die Erinnerung an solche Männer durch den Kopf gehen lasse, wie sie mir begegnet sind, so muß ich sagen, daß unter ihnen wahrscheinlich ziemlich viel Juden waren! Ich sage das einfach nicht aus einer Theorie, sondern aus der miterlebten Erfahrung eines Vierteljahrhunderts deutscher Literatur, und ich möchte hinzufügen, daß der Enthusiasmus und die Eignung einer Persönlichkeit für eine Sache immerhin nicht alltägliche Werte sind und nicht einfach nachwachsen wie die Äste, wenn man den Baum bis auf den Stamm kahl schert.

Ich halte es für eine Pflicht des Anstands, das auszusprechen, wenn man es so erlebt hat; dennoch könnte es sein, daß ich mich ihr vielleicht entzöge, zumal in einem Augenblick, wo noch alles, was man sagt, als parteiisch beargwöhnt wird, wäre ich nicht überzeugt, daß der Antisemitismus nicht zufällig im Programm der Bewegung steht, sondern kraft einer Konsequenz, die auch für anderes verbindlich ist, und fürchtete ich nicht für die Kraft der Erneuerungsbewegung, daß sie damit auf ein rotes Tuch zustürzt, statt auf den wirklichen Feind! Ich muß noch weitergehn und mich mit dem Geistesmann, der heute mit seinen humanen Bedenken bereits von gestern zu sein scheint, noch mehr identifizieren, indem ich erkläre, der wahre Grund, warum er das Entstehende nicht gesehen habe, sei der eigentümlich kryptische Charakter der geistigen Vorbereitung dieser Revolution gewesen. Der französischen sind berühmte Schriftsteller vorangegangen, sie sind nicht erst durch sie berühmt geworden, und eine helle Diskussion bereitete in Adel und Bürgertum die neuen Ideen vor. Das Jahr Achtundvierzig war Geist vom Geiste derer, die es wollten, wie derer, die es nicht wollten. Und auch der Marxismus hat lange vor den marxistischen Revolutionen eine Literatur hervorgebracht, die trotz ihrer Einseitigkeit vieles enthielt, was sich auch unfreiwillige Beachtung erzwang. Dagegen hieße es die dritte deutsche Revolution in den Ursprüngen ihrer Kraft mißzuverstehen, wenn man ihre Vorgeschichte in der deutschen Geistesgeschichte suchte. Dort liegt wohl zum Teil ihr Quellgebiet, aber es zeigt sich nicht als ein Strahl, der mächtig aus dem Stein springt, sondern zunächst als ein Zusammenfließen vieler unauffälliger Gerinne. Man kann bei bestem Willen nicht Chamberlains Grundlagen des neunzehnten Jahrhunderts oder Langbehns Rembrandtdeutschen in einen revolutionären Gegensatz oder in das Verhältnis der Unterdrückung zu der Zeit ihres Erscheinens setzen, die sie eher unverhältnismäßig hoch bewertet hat.

Skizze zur Fortführung

5. Überhaupt ist nichts so gefährlich wie die falsche Mythologisierung des Geschehenden. Umwertung *aller* Werte, eine neue Zeit ist angebrochen (oder gar, wie man sagt: aufgebrochen), ein neues Geschlecht ist da, die Geschichte hat gesprochen, der Geist ist geläutert, das Volk wird hervorbringen, und ähnliches, alle sind gefährliche Mythologisierungen. Es unterlegt dem Geschehen eine Art Katastrophentheorie, eine Art Übernachtkommen (es unterlegt der Entwicklung von zwanzig Jahren Erdzeitaltervorstellungen). Die Argumentation ist nicht besser als die: Wir wissen noch fast gar nichts davon, wie die Säugetierfauna und -flora auf die der Insekten gefolgt ist, darum sieht es aus, als ob es wie durch Umzauberung geschehen wäre, und vielleicht ist es auch wirklich abrupt geschehn, also geschieht alles wirklich Große auf Erden durch plötzliche Verzauberung. *Dem gegenüber kann man nur darauf hinweisen, daß es diesmal nicht so war, denn wir haben es doch mit angesehen.*

6. Umwertungen der Weltanschauung entstehen entweder durch allmähliche Entwicklung oder verhältnismäßig rasch unter einem besonderen Druck; und gewöhnlich wirkt beides ineinander. Man braucht sich ja nur zu fragen, wie man seine eigenen Anschauungen ändert. Und die der Gesamtheit entstehen auch nur in Einzelköpfen und nicht in einem mythischen Gemeinschaftskopf, was scheinbar die wichtigste Tatsache für jede Art kollektivistischer Betrachtung ist, denn es ist bisher noch keiner gelungen, sie richtig zu bewerten. Die Analogie zwischen dem Einzelerleben und dem der Gesamtheit reicht sehr weit. Das Denken, Fühlen und Wollen eines Ganzen entsteht aus dem der Einzelnen, indem Vorgänge und Einrichtungen auf deren Seele wirken, die selbst

wieder den Vorgängen und Einrichtungen in der Einzelseele beinahe nachgebildet sind. Namentlich die Rolle der Ideen ist da und dort die gleiche. Sie haben einerseits die Aufgabe, den Einzelnen wie die Gesamtheit in Übereinstimmung mit der Wirklichkeit zu halten, was sich sowohl in der Logik ausdrückt wie in den Forschungseinrichtungen, die nichts als die kollektive Wahrnehmung und ihre sachliche Verarbeitung darstellen, und anderseits stehen die Ideen in Zusammenhang mit den Affekten, deren Spiegelbild sie sind, die sie aber auch zu leiten und schließlich zu einer kraftvollen Einheit zusammenzufassen haben, die außen und innen angeglichen und doch schöpferisch sein soll. Diese flüchtige und summarische Beschreibung genügt, einige Probleme doch wesentlich anders darzustellen, als sie heute gesehn werden. Die Wirkung des Affekts ist es: Nichtpassendes auszuschalten, Passendes anzuziehen. Die Ideenbildung fest und einheitlich zu gestalten. Übereinstimmung mit dem, was heute Gleichschaltung genannt wird. (Die großen sozialen Suggestionen.) Wille endlich: als überlegter Wille (sonst ist er = Affektwirkung). Aus den verschiedenen Affektverhalten durch Erfahrung und Bearbeitung.

7. Was die revolutionäre Erneuerung des deutschen Geistes genannt wird, ist nicht Faktum *(Geschehenes, Tat, Begebenheit, Ereignis)*, sondern Wille. Faktum ist nur der Affekt und seine suggestive Wirkung. Faktum ist der dem Affekt unmittelbar entspringende Wille und eine Ideologie, «die er sich in der Eile geschaffen hat» – wie man sagen könnte, wenn es sich um einen einzelnen Menschen handelte; aber in der Politik ist es nicht anders. Der Tatmensch kommt nicht vom Studierzimmer, er wird immer in einer unfertigen, oft sogar falschen Gedankenrüstung den Kampfplatz betreten. Das gilt namentlich heute, wo kein Einzelner mehr genug von den Kenntnissen und Fähigkeiten aller in sich vereinen kann. Vom Freimut der anderen, von seiner eigenen Lernfähigkeit hängt es ab, wie das Abenteuer ausgeht, das jede entschlossene Politik bedeutet. Wer Wille hat, gekämpft hat und unterlegen ist und gesiegt hat, weiß: daß es immer anders kommt, als man es sich vorher vorgestellt hat. Der Wille eines Geisteskranken vermag sich niemals anzupassen, der Wille eines starken Mannes paßt nicht nur seine Taktik den Widerständen (Umstän-

den) an, sondern manchmal auch seinen Geist. (Operationsziel?). Er wird nicht blasser dadurch und bekommt Stubenfarbe, denn wieder wäre es ein Mißverstehen der Funktion, wenn aus dem Staatsmann ein Staatsphilosoph würde. Zumal der moderne Staatsmann, der meisterhaft mit dem gefährlichen Mittel der gröbsten Suggestionen arbeiten muß, muß umgekehrt auch die Fähigkeit besitzen, die feineren Einwirkungen suggestiv aufzunehmen, die sich nach dem Siege an ihn heranmachen.

8. Auf diese oder ähnliche Weise muß man in dem Willen, der die Herrschaft in Deutschland angetreten hat, die Gefühlskraft von ihrer gedanklichen Einkleidung trennen. Der treibende Affekt ist auf Kraft, Einigkeit, Größe gerichtet, er will in das deutsche Leben Sinn und Wille bringen, er ist ein Bündel von Affekten, das, was man im Persönlichen einen Charakterzug, eine Charakteranlage nennen könnte. Dieser Affekt ist als Reaktion auf einen ganz bestimmten Zustand aufgetreten, auf den der nationalen Ohnmacht seit dem Kriege, und diesen will er ablösen. Die Ideen, die mit jenem Zustand verbunden waren, müssen darum notwendigerweise auch das erste Angriffsziel seiner Verdrängungstendenz bilden: es sind die Ideen der Demokratie, der Internationalität, des Fortschritts, der Objektivität, usw., mit anderen Worten, die kulturelle europäische Überlieferung, so wie sie sich in der deutschen Republik (unzureichend) zu verwirklichen versucht hatte. Möglicherweise wäre es richtiger, den Haß gegen die unzureichende Verwirklichung zu richten, aber das psychologisch Nähere ist es, daß sein Gegenstand die Vorstellungen selbst sind. Welches sind aber die Ideen, die an Stelle der verdrängten gesetzt werden? Sie haben die bewundernswerte Einheitlichkeit, die ein starker Affekt dem gesamten Denken verleiht, aber ihren gedanklichen Wert wird jeder, der einen Begriff von den Maßstäben des Denkens besitzt, bestreiten; und zwar nicht etwa darum, weil sie noch zu neu und unbegreiflich wären, sondern im Gegenteil, weil sie eine Kompilation von durchaus bekannten Gedanken sind. Der Affekt ist eben ein Kompilator.

Das ist man auszusprechen verpflichtet, sobald man damit rechnet, daß die Zukunft der Bewegung und die Zukunft Deutschlands aufs Unabsehbare miteinander verknüpft sind. Die Rassentheorie, das Kernstück, ist nicht aus der empirischen Forschung genommen (Biologie), sondern aus Lebensbetrachtungen, aus moralischen Vorstellungen, die früh eine politische Prägung erhalten haben. Für die Forschung ist der Rassebegriff etwas äußerst Schwieriges, heute noch nicht genau zu Bestimmendes; für die Bewegung ist er Dogma und Axiom. Zu ihm kommt die Verehrung des «Bodens» als Kulturbringer. Es kommt ein romantisches Verhältnis zur Vergangenheit hinzu. Es kommen Gedanken hinzu, mit denen einst der Katholizismus die Reaktion gegen den damals noch gefährlichen Freisinn versehen hat. Es kommen aber auch anti-katholische Überzeugungen hinzu. Von großer Wichtigkeit ist die nur allzu natürliche Abneigung gegen die allzuweite, für das unmittelbare Gefühlsbedürfnis allzu seichte Ausbreitung des Wissens, das heute unübersichtlich geworden ist und den Menschen auflöst oder schwächt; sie drängt überall auf Einfachheit. Es steckt viel Gesundes in dieser Einfachheit und manches Richtige in dem und jenem. Aber bis gestern ist jeder dieser Gedanken noch ein Stück des «Intellektualismus» gewesen, das heißt, ein Wort, eine Behauptung in jener Hin- und Herrede, die über dem allzu trockenen Boden des Wissens eine allzufeuchte Atmosphäre bildet. Und die Methode, die diese Elemente reinigen und zusammenfassen sollte, ist ungefähr so, daß man ebensogut eine Weltanschauung auf die Minderwertigkeit der Frau oder auf die Schönheit der Sterne gründen könnte.

9. Es läßt sich schwer vorstellen, daß sich jemand im Augenblick des Erfolgs von einer Auffassung der Dinge trennen soll, der er seinen Erfolg verdankt und die schon vorher unzählige begeisterter Gesinnungsgenossen zu ihm geführt hat. Ein Politiker, dem halb Deutschland zujubelt und der die andere Hälfte noch zu seiner Weltanschauung bekehren will, soll zwischen seiner Führerbegabung und seiner Weltanschauung unterscheiden, er soll einsehen, daß die Ideen, die in der Propaganda gezündet haben, in der Herrschaftszeit Schaden stiften, und soll bereit sein, eine ungestalte Gesamtheit des deutschen Geistes als Macht anzuerkennen, er, der in diese Macht doch sogleich eine gewaltige Gasse geschlagen hat? Er wird eher dazu neigen, den Geist als eine hochmütige Fiktion von Tintenspritzern zu empfinden, und wahrhaftig gibt es viel, was danach aussieht!

Was ist das denn überhaupt, «der Geist»? Es hat darüber immer ein sehr lockeres Einverständnis bestanden. Das Höchste hat schon für dumm, das Mittelmäßige sehr oft für bedeutend gegolten. Er besitzt nicht einfach eine Ausweiskarte. Ja, Fragen, die scheinbar ganz einfach sein müßten, gehören zu den schwierigsten wie etwa die, daß ein bösartiges Buch gut sein kann und ein gutartiges schlecht.

(Analogie mit Einzelpsyche wieder verwerfen.)

Behauptung, daß alles Politik ist, ebenso falsch wie die umgekehrte, daß der Geist in die Politik soll. Wahrheit macht leicht unmenschlich: Für Nationalsozialismus sehr wichtig.

NOTIZEN ZU EINER NEUFASSUNG

Material zu Aphorismen.

Was statt Marxismus im vollkommen Staat? Kunst politisch indifferent. Sie kann überall mitarbeiten (ähnlich wie die Kirche). Aber wie diese hat sie gewisse unerläßliche Bedingungen. Der Geist ist streng moralisch, Wahrheit, Mut usw. ist ihm Lebensbedürfnis, er leidet unter der Obszönität, der Libertinage usw. Der Geist als vermeintliche Abschwächung der politischen Wahrheiten.

Hitler-Bildnisse. Wille. Schönheit. Einfachheit. Selbstlos. Uneitel. Reich in der Einzelheit und dabei straff im Ganzen. Wenn sie zu fixiert ist, wenn sie zu gerecht ist, taugt sie nichts.

Intellektualisierung. Hemmungen lassen erst das Gefühl entstehn. Wille als rationalisiertes Antirationale. Fehlerhafte Einbildung der Dichter, daß sie die Wahrheit vermitteln. Dichtung ist nicht Schilderung, sondern Ausdeutung. Soll uns Kunst träumen machen? Der Begriff der Rasse als Ersatz der Ursache – letzter Ausläufer bürgerlicher Mentalität. Erst tun, dann Geist. Skepsis, Soziale Induktion; Gott und Partiallösungen. Abgrenzung gegen Willensschwäche. Skepsis gegen Wissen, naiv gegen Glauben. Nicht vor dem Namen des Geistes Respekt haben, sondern vor dem Geist. Glaube und Ahnen. Kultur und ihre Gefahren.

Aufsatzmappe: Das schwere Buch – Rucksack. Schlegel: Zur Popularität gelangen .. (Das sind also weder die Juden, in diesem Fall nicht einmal das Versailler Diktat). Der analytische und der synthetische Schriftsteller. Liberalität + Rigorismus. Absicht und Instinkt. Positiv bewerten: Das Primat des Moralischen. Die enge Verbundenheit. Publikum ein Postulat. Deutschheit liegt nicht hinter uns, sondern vor uns. Ein Kunsturteil, das nicht selbst ein Kunstwerk ist .. Gegen die Gegner der Zergliederung (Potztausend!) Krisis des Romans. Lehr- und Leerdichter.

I. Warum Schweigen? ... stehn wir abseits? Immerhin merkwürdige Situation – Schriftsteller immer mit Nation gegangen. Heer?

II. Vor dem Kriege war Dichtung unmoralisch oder moralisch. Variation. Partiallösung. Nach dem Kriege wurde sie zum Teil politisch. Die Wahrheit als Abschwächung der Extreme.

III. Der Geist ist streng moralisch. Wurde darüber übersehn.

IV. Die positive Bedeutung und Möglichkeit der Vorgänge.

V. Ihre moralische Unmöglichkeit. Judenfrage.

VI. Schlegelblatt.

VII. Hitlerbildnisse. Affekt und Intellekt.

Es kommt mir vor, daß jede Revolution zwei grundverschiedene ideologische Aufgaben hat. 1) Die der Propagandazeit (Suggestion)

2) die der Herrschaftszeit (Konservative Angliederung).

(Wer das nicht unterscheiden kann, ist ein schlechter Revolutionär)

Es hängt von einem System ab. Antisemitismus ist reaktionär im System Treitschkes, in dem des Humanismus. Ohnmacht und Macht des Geistes. Politiker sollen ohne Metaphern denken. In der Führung der Bewegung lassen sich zwei Neigungen unterscheiden. Die eine ist konservativ, die andere revolutionär. Warum denn auch nicht?! Er ist ein Gemeinschaftswesen und außerdem von Institutionen abhängig (abgesehen davon, daß wir nicht allein auf der Welt sind – politische Belastung). Unter welchen Bedingungen also?

Revolutionen haben (leider) ihre Ideologien. Es sind die der durchführenden Klasse. Nachher müssen sie angeglichen werden. – Hängt ab von der geistigen Kraft der Klasse, von der Rückwendung der neuen Gebilde, von den ideologischen Zufällen.

Der Geist: 1) Es gibt Wahrheit 2) Es gibt Meinungen, Strebungen des

Geistes. Auch sie müssen sich auf der Wahrheit aufbaun. Weil sie eben die Wahrheit ist. Die politisierte Betrachtung des Geistes. Fehler, daß der Geist für eine bestimmte Politik eintrat.

Revolution und Reaktion? (In einem gewissen Grad jede Revolution beides) (Sie mußte sich aus der Bindung an die reaktionären Kampfkräfte lösen und mit den bleibenden vereinen). Was ist reaktionär? Was nicht Fortschritt ist? Aber Fortschritt ist allzuleicht ein Politikum. Eher: was nicht konservativ ist. Das den gesicherten Besitz verletzt. Psychologisch: Rückfall vom Sublimierten in die Triebe. Vom Geistigen ins Simple. (Aber das Niedere kann als granum salis des Höheren Fortschritts wirken.)

Wie es mir geht, geht es vielen. Wenn die Aufgabe gestellt worden war, das ganze Alte umzuwerfen, und von Grund auf durch einen neuen Bau zu ersetzen, ich wäre immer mit Freuden mitgegangen. (Nicht bloß so wie die Vielen, die in letzter Minute nicht den Anschluß verpassen wollen.) Die Welt war nie gut. Verbeult und verwickelt war sie an allen Ecken und Enden, und ein Umschmieder, ein Mann mit Hirn, Herz und Armen, hätte genug Arbeit bekommen. Warum kann ich mich heute nicht freun, wo mir der große Teil meines Volkes zuruft, ich sei vor die rechte Schmiede gekommen? Ich glaube, man hat es auszusprechen. Indem ich es in dieser Zeitschrift tue, die höchstens einige Tausend Menschen lesen, fern also von den großen Propagandamitteln, mit deren Hilfe die Masse beeinflußt wird, glaube ich schon genugsam zu zeigen, daß ich meine Meinung niemand aufdränge und sie nur denen anbiete / sie fällt nicht in die Arme, sie sucht das Ohr; sie sucht, bescheiden und zweifelvoll genug, den Geist.

Ich sehe eine ungeheure Begeisterung, und ich erinnere mich an den Juli 1914. Vor allem opferbeschwerter. Ich frage mich: Wie kann man 18 Jahre später sagen, seit 14 Jahren ...?

Ich blättere in meinen Papieren und finde einen Zeitungsausschnitt aus dem Jahre ... Klang das nicht ähnlich wie heute? Das Auf- und Abschwellen der Begeisterung eine periodische Erscheinung? Es wäre schön, wenn ihr Atem heute stärker wäre, der Wille nachhaltiger bliebe. Was gehört dazu? Erkenntnis. Affekt und Erkenntnis. Einige Erkenntnisse, neben der Begeisterung: Intellekt und Blut. Jüdische Erscheinungen vor den Juden. Moral. Natur des Geistes. Charakterlosigkeit. Humanismus. Juden in der gegenwärtigen Literatur. Die Literatur enthält höchstens ein Dutzend bedeutender Leute gleichzeitig; für die ist sie da. Führerprinzip.

Ist der Geist (ich war) apolitisch. Kriegs-Presse-Quartier-Kunst (Geist). Damals schon: entweder Waffe nehmen oder schweigen. Der Geist darf nichts verschweigen. Aber er soll doch auch gerichtet werden?

1) Rollentausch.

2) Aufforderung und Pflicht zu sprechen. Kritik zu üben. Ich halte mich keineswegs für den Geeignetsten. Aber ich habe das Gefühl, es ist Pflicht. Schweigen, länger, die Quelle von Mißverständnissen. Oder, und: Ich maße mir kein Mandat an, aber es kann nur nützen, so einfach wie möglich einige Eindrücke auszusprechen./Mandat: Ich war nie der Wortführer der andern, aber gewisse Eindrücke sind ganz offenkundig gleich./

3) Vielleicht darf man den ersten/umfassendsten/als ein maßloses Erstaunen aussprechen. (Offen darlegen unsre bedauernswerte Lage.) (Ich halte mich nicht bei denen auf, die jetzt daraufkommen, daß sie immer schon etwas Ähnliches gewollt haben, ich kann mir das ehrlich vorstellen, aber sie bringen das ganze Chaos ihrer Divergenz in die Bewegung und wichtiger sind die anderen.)

Lebten wir zur Zeit der französischen Revolution, wir kennten Rousseau, ein Teil von uns liebte ihn, ein Teil fände ihn überschätzt. Wir hätten vorher schon durch Galiani und andere sehen gelernt, was kocht. Wir hätten die philosophische Emanzipation nacherlebt. Wir haben die marxistische Revolution miterlebt, ihr teilweises Gelingen, teilweises Versagen. Auch die unter uns, die, wie ich, die materialistische Geschichtsauffassung als einseitig und darum unrichtig leugneten, haben von ihr doch lernen können. Aber mit den kulturellen Ideen von 1933 haben wir, positiv wie negativ, wenig Berührung. Das ist der Kern der Sache.

4) Haben wir unsere Zeit verschlafen? Unter den vielen Fehlern der Zeit nach dem Kriege befand sich gerade der nicht. Im Gegenteil: novarum rerum cupidus. Journalistische Behendigkeit und Wendigkeit. Der Geist hatte vielleicht keinen Charakter, aber war doch sehr neugierig. Könnte ich es vielleicht für meine Person annehmen, so ist es doch im allgemeinen mit einer an Sicherheit grenzenden Wahrscheinlichkeit auszuschließen, daß etwas verschlafen worden ist. Nein, mit wachen Augen haben wir nichts gesehen!

5) Bleibt eine zweite Annahme: wir wären so heillos verjudet, daß wir nichts sehen konnten. (Es hat in der Tat eine zentrale Bedeutung.) Man muß diesen Begriff heute mit der Ehrfurcht behandeln: gebt dem Staate, was des Staates ist. Ich unterstelle also als wahr, daß wir verjudet waren. Was kann das aber nur heißen? Wir waren von einer Vermittlerschicht (Zeitungen, Rezensenten, Verleger, Freunde) umgeben, die jüdisch filterten. Da wir doch selbst zum großen Teil keine Juden sind. Sehen wir das einmal etwas genauer an: Verleger: Wir waren bisher der Meinung, daß es einen engeren Kreis von geistig regsamen und anregsamen Verlegern gab, und wenn ich ihn überblicke, ohne Namen zu nennen (Fischer j, Insel a, DVA a, Rowohlt $^1/_2$, 2 Cassirer jj, Diederichs a, Kiepenheuer a, G. Müller a, Verlag d. Mar. Ges. a) so enthielt er mehr Arier als Juden. Zeitungen: Wir glaubten zu sehen: Auswüchse des Kapitalismus. Den Geist der Geschmacksindustrie (ähnlich wie beim Film). Durch das Kaufmännische mit dem Jüdischen verbunden. (Enthusiasmus) (Provinz und Großstadt) Eine Entartung seiner einstigen Verbindung mit dem Liberalen. Wir waren einer Reform vom Kopf zu den Gliedern nicht abgeneigt. Aber wir sahen das gleiche an großen, rein arischen Provinzkonzernen, nur noch vergröbert. Sie nährten sich von der Mittlerindustrie (Mattern, Feuilleton, Korrespondenten.) In diesen Betrieben nun gab es auf dem Kunstgebiet Männer, die sich so gut es ging, ihre Unabhängigkeit wahrten, die Hölle wohnlich machten, und wenn ich mir ihre Namen durch den Kopf gehn lasse, so finde ich auffallend viel Juden darunter. (Nennt es meinethalben den jüdischen Protest gegen das Judentum. Aber diese Unentbehrlichen haben vier jüdische Großeltern!)

6) / Auch noch unter der Fragestellung von 5) / Ich schalte die Frage

ein: von wem gewannen wir unsere geistige Bildung? (Das Verhältnis dieser Großväter des Heute) Goethe, Nietzsche, Novalis, Hölderlin, Büchner, Keller, d'Annunzio, Flaubert, Stendhal, Balzac, Dickens, Thackeray, Sterne, Hamsun, Ibsen, Garborg, Jacobsen? Brandes! Dostojewskij, Tolstoj, Gogol ...: kaum ein einziger Jude darunter!

7) / sub 5 / Heutige sogenannte ältere Generation oder ab 1900 oder die Arrivierten. Thomas Mann, Heinrich Mann, Hofmannsthal, Schnitzler, Altenberg, Kraus, Hauptmann, Stehr, Wassermann, Hesse, Rilke, George, Roth, Döblin, Musil, Flake, Benn, Brecht, Kaiser, Borchardt, Werfel (im Guten und Bösen die Crème de la Crème, 12 Arier, 6 Juden, 2 Halbjuden. Es entspricht nicht ganz dem Heute zugestandenen Prozentsatz, aber von einem Überwiegen, einem Bevorzugen ist keine Rede!)

8) (sub 5) Philosophie: Unsere Bildung bezogen von: Kant und Leibniz – nicht Spinoza, Bergson – aber siehe deutsche Romantik, Husserl, Freud, Cassirer (aber wir sind weder Phänomenologen noch Psychoanalytiker.)

9) Es ist also nicht wahr, auf welche Weise wir verjudet sein könnten. Wie immer man den Begriff jüdisch fassen möge, womit ich mich hier nicht beschäftige. Warum haben wir dennoch nichts gesehn? Weil nichts da war .. für uns .. Weil diese Revolution in einer ganz eigenartigen Weise entstanden ist, vom Sektengeist aus, nicht vom allgemeinen, wie übrigens die marxistische auch. (Weil die Dinge anders lagen als die Revolution und zum Teil auch wir sie uns vorstellten.) Zu einem großen Teil darum auch die geistige Verlegenheit ihr gegenüber. Hier ist uns die Aufgabe gestellt.

(Korrektur) .. ebensowenig .. verjudet, wie daß geschlafen .. Ich möchte überdies ein Zufallsbeispiel hier einfügen. Schlegel. Man erkennt leicht die aktuellen Beziehungen. Das Vorhandengewesensein vor Judeneinfluß / und übrigens auch System / Wie immer ... Abschied. Die Dinge liegen anders.

10) Warum also nichts gesehn .. Verlegenheit. Aufgabe gestellt.

11) Ich bin ebensowenig darauf vorbereitet zu schreiben wie ein anderer. Es ist nur pflichtschuldiges Bemühn. Chamberlain. Geistvoll und unhaltbar. Der Rembrandtdeutsche. Beide vom «System» begünstigt.

Jünger, Blüher ebenfalls (Was sich bis heute gezeigt hat, wenig wert.) Alles Bestandteile der heutigen unbestimmten Mischung. Bis gestern Bestandteile des Intellektualismus.

12) Daneben eine wachsende apokryphe Literatur. (Am besten zu vergleichen mit der Minderwertigkeit der Frau. Astrologie. Gemeinsam mit der Los-von-Rom-Bewegung, also auch antikirchlicher Antisemitismus.) Ich bedaure, sie nicht so zu kennen, daß ich sie historisch darstellen könnte, aber was ich schreibe, soll ja auch nur das erklärende und vermittelnde Bekenntnis von Eindrücken sein, und überdies kann man auch aus Einzelfällen auf das Allgemeine schließen, wenn man die methodischen Kriterien nicht außer Acht läßt. Mehrere Mischungsbestandteile: a) Es ist die typische Sektenliteratur. – Fleißig, wissend und paranoïd. Sich übersehn fühlend. b) Dem andere Grunde als die wirklichen unterschiebend. Religiöse Reaktion auf den Freisinn, die Freimaurer. Fassung des populären Antisemitismus, der eine Reaktion auf die Emanzipation ist. Völkischer Gedanke, in Zusammenhang mit der Politik. Betonung der Rassengemeinschaft, der großen gemeinsamen Vergangenheit, Romantik (Wagner) bei einem abgetrennten Volksteil.: Romantisch-historisch. c) Ethnologisch, Rassentheorie. – Nicht von der empirischen Forschung, sondern von moralischen Vorstellungen (Gobineau?) ausgehend. Man kommt ja nicht nur von der Politik zur Rasse, sondern auch von der Biologie. In dieser Zeit bildet sich heraus: Der Rassenbegriff als etwas wissenschaftlich höchst Unsicheres, politisch-sektiererisch als sicher Behandeltes. Wenn von jahrzehntelanger Unterdrückung der Bewegung gesprochen wird, hier eine Ursache. Aber hätte es anders sein können? d) Literarisch: Man darf nicht vergessen, daß die Periode des siegreichen Liberalismus in Deutschland wenig hervorgebracht hat. Nietzsche war ihr Antipode. Hebbel? Familienblattliteratur. Die Wende kam von außen, weckte aber kräftige Eigenbewegung. Damals hatte der Sozialismus eine gewisse Jugendkraft. Wurde völkisch aufgefaßt, repräsentativ dafür Hauptmann. Familienblattliteratur blieb immer erhalten. Blieb numerisch mindestens so einflußreich wie die andere. In der folgenden Ermüdungszeit Raum gewonnen. Die auch aus pädagogischen, auch aus politischen Quellen kommende Heimatsbewegung.

Die hohe Literatur hat sich nicht durchgesetzt, sie ist nicht vorbildlich geworden. (Infantilität des Kitsches.) Mit Recht nicht. Die Verhältnisse waren nicht so, wie sie sein sollten. Neben einzelnen, teils mit Recht, teils mit Unrecht, allgemein hochgehaltenen Dichtern entstand der sogenannte Asphalt und auf der andern Seite die Scholle. Man könnte beschreiben: Asphalt, eine gute literarische Tradition, entartet, Scholle, eine falsche literarische Tradition, mit ehrbarem Willen. Man sieht, daß man nicht einfach das eine gegen das andere ausspielen darf.

13) Zwei Ergebnisse sind hier festzuhalten: a) *Das Primat* des Moralischen. Unbedingt erfreulich. *In die Erscheinungen des Lebens soll ein Sinn, ein Wille gebracht werden.* Anstelle des Freien Marktes, der immer die Ermanglung eines besseren war, soll ein Besseres gesetzt werden. Der Einzelne soll nationale Verantwortung lernen, hoffentlich auch die Nation Verantwortung gegen den Einzelnen. b) Die enge Verbundenheit dieses schönen Antriebs mit sektiererischen Einzelheiten. Wir haben den Antisemitismus genügend zu sehen bekommen, wir sehen augenblicklich *die kulturelle Reinigung* einsetzen. Sie *ist verbunden mit der Mißachtung wirklicher geistiger Leistungen und mit der Überschätzung verbands-verbundener geringer Leistung.*

14) *Man hört die beschwichtigenden Stimmen, (Augenzwinkern)* dies seien Ausschreitungen, Überschäumen, Mostgährung. Wenn ich die Vorgeschichte richtig kenne, ist das falsch. Die Bewegung hat nur zwei Möglichkeiten: Ihrem Glauben untreu werden. Kompromisse eingehn. *Kompromisse sind Veränderungen unter dem Diktat des andern.* Ihren Glauben zu ändern. (Oder den deutschen Geist zu zerstören.) Das ist eine Veränderung aus eigenem Willen und Erkenntnis. *Ein Feldherr paßt nicht nur seine Taktik den Umständen an, sondern auch das Operationsziel.* Ich möchte einige Fragen, die damit zusammenhängen, zu bedenken geben:

15) Ich sprach bisher von «uns Geistigen», von Geist und dergleichen und das soll natürlich mit meiner Selbsteinschätzung nichts zu tun haben. Aber die Frage ist nicht zu umgehen: *Gibt es so etwas wie Geist, das verhältnismäßig unabhängig von der Politik* und auch von seinen eigenen (kulturpolitischen) Gruppenbildungen ist?

Die Einwände dagegen sind ja schon da: Geist war auch Bonzentum.

Und Geist riecht nach Internationalität, während er in Wahrheit nur aus dem Blut und der Volksverbundenheit zu erreichen sei.

Nun, ich bin kein Bonze, ich gehörte zur Opposition. Dennoch möchte ich den Versuch machen, einige der Gesetze, die diesem Begriff zugrundeliegen, hervorzuheben.

16) In einer Nation (im Fall der Literatur: Sprachgemeinschaft) ist ein bestimmtes Denken, Fühlen, Wollen und Handeln vorhanden und macht gemeinsam mit den fest gewordenen Einrichtungen ihren Zustand aus. (Als längst einigermaßen bekannt bezeichnen.)

Der Vergleich mit der Einzelpsyche ist nicht bloß eine Metapher. Die intellektuelle Kontroverse vollzieht sich im Allgemeinen ähnlich wie im Einzelkopf + Einfluß von Institutionen, der befördernd, unter Umständen aber auch verfälschend ist. Das erfolgreiche Handeln wirkt Dispositionen stiftend.

Das Fühlen und Wollen, die Affektivität, determiniert im Einzelnen das Denken direkt, in der Allgemeinheit hauptsächlich durch Suggestion.

Möglichste Ausschaltung der Affektivität ist Wissenschaft. Möglichste Einbeziehung der Affektivität ist Dichtung.

17) Ein besonderes Wort verdient *die Wahrheit. Sie soll ja nicht relativ sein,* das will heute niemand oder höchstens der Liberalismus. *Sie soll also den Stimmungen und Strebungen des Geistes entrückt (nicht subjektiv) sein. Das erreicht sie nur durch Übereinstimmung mit der Außenwelt, mit dem größtmöglichen Bereich der Tatsachen.*

Also auch nicht durch Übereinstimmung im Volk, sondern mit der Wirklichkeit.

Hier liegt ein Fehler. Eine Romantik und dergleichen.

Es gibt ebensowenig eine nationale Geometrie wie es eine proletarische gibt.

17') Aber Dichtung soll national sein? Indem sich die Dichtung auf der menschlichen Wahrheit aufbaut, ist sie mehr als national. Davon später. Vorerst:

18) Wenn die Gefühle und Willen feste sind, hat eine Dichtung Charakter. (Aber nicht einmal den: denn Gefühle werden unwahr.)

Geist hat sie, wenn sie sich unter Wahrung dieses Charakters den immerwährend neuen Erkenntnissen, den neuen Lebensformen anpaßt.

Geist ist ein immerwährender Prozeß, Charakter dessen Masse, Hemmung usw.

Der Geist hat aber noch eine andere Bremse: die Überlieferung.

Aber der Geist verändert nicht um des Veränderns willen. Und Kunst ist nicht durchaus nur da, Geist zu haben. Sie ist auch eine individuelle Reaktion. Sie ist von sozialen Konventionen abhängig.

Das sollte keine Definition werden. Man denkt ein Leben lang vergeblich nach. Aber ungefähr worauf es ankommt, läßt sich doch herausstellen.

Und es soll sich zeigen, wie fragil das ist.

(Seit langem abwärts. Herbstregen. Kunst läßt sich nicht kommandieren. Aus dem geistigen Habitus – Induktion. Aber anderseits doch nicht auch nur Partiallösungen. Läßt sich verändern. Geist ist moralisch. Geist ist unpolitisch. Merkwürdig konsequentes Paradoxon: Die Juden ausschalten, die etwas leisten.)

Was hat noch zu kommen?

Paradoxon: die Tüchtigen ausschalten. Im Widerspruch mit der Wissenschaft, die Wissenschaft ausschalten. (Typische Affekthandlung.) Plus der Bewegung: Man kann sich nicht vorstellen, was nach ihr kommen soll. Plus der Bewegung: Die allgemeine Feigheit und Charakterlosigkeit. Auch der Instanzen. Der Sportsmann wie der Kirchenmann. Die gleichen Leute, die tapfer sein können. Nichts anderes spricht so dafür, daß der Mensch «gefaßt» werden muß. Die moralische Unbestechlichkeit des Geistes. Er kann zugrundegehn, aber er kann sich nicht ändern. Beispiele des Bolschewismus und des Faschismus.

Die Weltanschauung des Geistes als falsche Abschwächung zwischen den Weltanschauungen. Der Begriff des Humanismus, der Freiheit, der Internationalität und anderer in dieser Beleuchtung. Der induktive geistige Habitus. (Braucht deduktive Elemente.) Was in der Literatur getan werden könnte. (Akademische Rezensionen, Förderung)

Nicht so sehr die Frage beantworten wollen, was Geist ist, als die, in welchem Verhältnis er sich zu den Vorgängen im Ganzen befindet. Ähnlich dem Individuellen. Er hat augenblickliche Aufgaben, zum Beispiel im Verhältnis zum Handeln, und dauernde der Entwicklung.

Eventuell: Wie schwer es wäre als Kulturdiktator. Charakterschulung nötig, aber nur in Übereinstimmung mit dem Geist möglich. Das Führerprinzip und die Kunst aus dem Volk.

(So wie sie Vernunft haben, werden sie fühllos; so wie sie heftig fühlen, verlieren sie die Vernunft.)

Adolf-Hitler-Lied
Nacht über Deutschland lag
Nun blitzt der Tag.
Der deutsche Arm hat wieder Kraft.
Das deutsche Mark hat wieder Saft.
Ein großes Volk, durch Gift erschlafft,
Nicht länger schlafen mag.
Wer unser Deutschland rief,
Als es noch schlief?

These: Das Nationale soll die Kunst enthalten, nicht die Kunst das Nationale (Das allgemeine Mißverständnis heute. Gehört zu den Dingen, die man vom Nationalismus lernen kann.) Das Soziale soll die Kunst enthalten, nicht die Kunst das Soziale. Das Religiöse soll die Kunst enthalten, nicht die Kunst das Religiöse. Oder: Kunst ist immer national, sozial usw. Direkt oder indirekt. Auch L'art pour l'art ist sozial: es fehlt nur die kritische ästhetische Vermittlung.

Etwas anderes ist die Begünstigung durch Zusammenfallen mit Zeitstimmung oder Gruppenstimmung.

Die Abneigung gegen den Sozialismus. Es gibt keine «objektive» Wissenschaft. Die objektive Wissenschaft nützt der Zukunft nichts. Das Proletariat braucht die bürgerliche Kultur nicht.

Das sind alles schwere Fragen, die nicht mit journalistischer Universalität erledigt werden können.

Döblin, Hofmannsthal, Einstein, Borchardt, Schnitzler, Ehrlich, Kraus, Wassermann, Altenberg, Husserl.

Tat – Analyse und Synthese – Konstruktion und Destruktion. Sprach-
unterricht. (Nestroy)

Scholle und Asphalt. Enternstung und Ernstung (durch Simplifizie-
rung). Die politische Funktion. (Die Menschen erkennen sich in der Politik = sie sind nicht genau). Mode. Körper. (Entdeckung Nietzsches – Körper als Maske – formt der Körper den Geist? – Erzieht Sport moralisch?)?
Vom Erzählen. Schönheit. Dichtung = Ausdeutung ≠ Schilderung.

Vorrede zu einer zeitgenössischen Ästhetik

[Ende 1935 oder Anfang 1936]

Der Schüler Princip, der mit seinen Pistolenschüssen die ehrwürdigen
Großmächte im Jahr 1914 so aufgeregt hat, daß sie sich aufeinander
stürzten, ist ein heimlicher serbischer Dichter gewesen, wovon sich die
Großmächte heute noch nicht erholt haben; und der Mann, der es durch
seine geistvollen, aber eigensinnigen und etwas einseitigen Anlagen dahin gebracht hat, daß dieser Krieg kein Ende fand, nämlich Georges Clémenceau, hat offenkundig einen Dichter in sich beherbergt, der zu wenig
Luft geatmet hatte, etwas giftig geworden war und die Politik seines
Herrn im Sinne seiner Vorurteile beeinflußte. Auch kenne ich aus der
Zeit vor seiner Macht einen recht guten Unterhaltungsroman von Mussolini, der in jeder Familie gelesen werden könnte, und dieser erfolgreiche Staatsmann läßt sogar jetzt, unerachtet seines wirklichen Ruhms, ein
Theaterstück aufführen, das er gedichtet hat. Wundert es da noch, daß er
in jedem Zoll ein Künstler ist, wie manche seiner Bewunderer es behaupten! Die deutsche Revolution hat überdies die merkwürdige Erscheinung
gezeigt, daß bald nach ihrem Sieg viele ihrer Führer und Unterführer
mit Dramen und Romanen, die man bis dahin nicht gekannt hatte, an die
Öffentlichkeit gekommen sind, was einen Einblick ermöglicht, wie ihn
bisher noch keine Revolution dargeboten hat. Mit einem Wort, jene heil-

los blinden Menschen, welche die Poesie verachten, muß man daran erinnern, daß schon Nero Rom angezündet hat, und das nicht bloß getan hat, weil er geisteskrank gewesen ist, wie man es behauptet, sondern vor allem, weil er ein Dichter war. Ihre Achtung vor der Dichtung wird dann steigen, wenn sie bemerken, daß mehr als einmal Amateure der Dichtung, dichtende Dilettanten, aber auch Dichter, die es aus irgendeinem Grund nicht ganz sein konnten, die Welt angezündet haben.

Im Vergleich mit ihnen sind die wirklichen oder voll entwickelten Dichter von großer Ungefährlichkeit und haben außer geistigem Diebstahl, bürgerlichem Konkurs und Verstößen gegen die öffentliche Sittlichkeit nie etwas Ernsthaftes angestellt. Was die Unruhe in weltstörenden Menschen ist, wird bei ihnen zur ruhig brennenden, zur nährenden Herdflamme und mit den Abenteuern ihrer Phantasie bestreiten sie ein geregeltes Ausfuhrgeschäft. Man müßte also die Dichtkunst fördern, wenn man Revolutionen verhindern will, und die einstige revolutionäre Partei Deutschlands, die Sozialdemokratische Partei, hatte das auch in die Praxis eingeführt, indem sie in alle ihre Büchereien zwar gute Romane aufnahm, durch ihre Bibliothekare aber die Arbeiter davor warnen ließ, sie zu lesen, weil sie nichts als Opiate seien, um das revolutionäre Proletariat einzuschläfern. Der Erfolg ist freilich ein unerwarteter gewesen, denn die Partei der streng behüteten Revolutionäre ist dann in Deutschland in der leidenschaftlichsten Weise von einer Partei weggejagt worden, deren Mitglieder ungemein gern Romane lesen, wenn auch nicht gerade die besten, ja sogar selbst welche schreiben.

Wahrscheinlich ist es für Revolutionäre nur gefährlich, daß sie gute Bücher lesen oder schöne Bilder bewundern. Auch die Wissenschaft ist ihnen gefährlich; sie ziehen die Populärwissenschaft vor, wie sie in Bildungsvereinen zum Vortrag kommt und ihnen einen Ausblick auf die Lösung der Welträtsel gestattet. Die bekannte Behauptung, daß in ruhigen Zeiten die Künste und Wissenschaften blühn, kann offenbar auch umgekehrt werden, und drückt auch dann ein Verhältnis von Ursache und Wirkung aus, denn es ist das Gedeihen der Künste und Wissenschaften, was die Zeiten ruhig macht, indem es ihnen ein Etwas entzieht, dessen Verlust die treibenden Kräfte der Geschichte einschläfert. Schon Nietzsche hat dieses reziproke Verhältnis in der Bemerkung ausgedrückt: «Niemand kann mehr ausgeben, als er hat. Gibt man sich für Macht, Politik, Wirtschaft, Militärinteressen aus – gibt man das Quantum Verstand, Ernst, Wille, Selbstüberwindung, das man ist, nach dieser Seite aus, so fehlt es auf der andern Seite. Die Kultur und der Staat – man betrüge sich hierüber nicht – sind Antagonisten. Kultur-Staat ist bloß eine moderne Idee. Alle großen Zeiten der Kultur sind politische Niedergangszeiten: was groß ist im Sinne der Kultur, war unpolitisch, selbst antipolitisch.» Merkwürdigerweise hat Nietzsche bei der Erwähnung der gemeinsamen Vorräte, aus denen Politik wie Kultur schöpfen, die Phantasie zu nennen vergessen, obwohl gerade sie es ist, was ein Abenteurer, ein Dichter, ein Politiker, ein Historiker, ein Philosoph und ein Soldat gemeinsam haben müssen und auf gegenseitige Unkosten in eine einseitige Form bringen; man könnte sagen, daß ihnen nur noch ein gewisses Maß von Intelligenz ebenso gemeinsam sein muß. Wie ist es aber um ihre Phantasie bestellt, wenn sie dieses Maß nicht erreichen? Haben sie dann auch keine Phantasie? Haben sie eine dumme? Oder haben sie eine verbrecherische Phantasie? Haben sie die Phantasie schlechter Menschen oder die schlechter Romane?

Nietzsche hat bei seiner Behauptung der Verfall aus Überfeinerung vorgeschwebt, und sie drückt einen Grundsatz der Verteilung geistiger Energien aus, der, nebenbei bemerkt, am anziehendsten in seinen Grenzfällen wäre, da doch im vollkommenen Staat dann für die ringende Musik Beethovens kein Platz mehr wäre, und anderseits aus einem vollendeten Kulturzustande die Politik verschwinden müßte. Kehrt man aber zum Erfahrbaren zurück, so besagt die angeführte Beobachtung nicht mehr, als daß ein Volk nicht zugleich politisch und geistig schöpferisch sein könne, und läßt glücklicherweise dem Unschöpferischen vollsten Spielraum, indem sie nicht das geringste enthält, was dagegen spräche, daß ein Volk gleichzeitig geistig und politisch unschöpferisch sein könnte. Wir wollen also untersuchen, wie sich Kultur und Politik gegenseitig hindern: So könnte heute die Vorrede zu einer Ästhetik beginnen.

Aphorismen

Stichwort Germany in den Heften

[Ende 1933 bis Ende 1935]

Heft 34

Germ. Zum Verhalten gehören die Retourkutschen. Zum Beispiel wird ihnen Rechtsbeugung vorgeworfen. Gegenstoß: Nirgendwo hat das Recht eine solche Stätte wie bei uns. Ferner die Aneignungen, zum Beispiel Hitler-Gruß, dopo lavoro. Übrigens bemerkenswert: den Arbeitern soll Kunst, Vergnügen usw. geboten werden.

Germ. Weltanschauung. «... Für die Regelung der Arbeitsbedingungen werden in kurzer Zeit Formen geschaffen werden, die dem Führer und der Gefolgschaft eines Betriebes die Stellung zuweisen, die die nationalsozialistische Weltanschauung vorschreibt ...» Dr. Ley in einem Aufruf an alle schaffenden Deutschen. Führer der Arbeitsfront. Ähnliches findet sich jetzt oft. Ursprung wahrscheinlich: Gegensatz zur marxistischen «Weltanschauung». Überdies gab es auch eine liberale. Richtiger wäre statt der Zielbezeichnung «Weltanschauung» die Ursprungsbezeichnung «Gruppenmeinung».

Germ. Sozusagen algebraisch behandeln! Etwa: Unter welchen Bedingungen könnte es in einem Staat zu dem und jenem kommen? Wann lügt ein Mensch blind drauf los? (Im Affekt) usw.

Germ. So behandeln, daß es auch für Bolschewismus gälte. Als Übergangsformen. Postpolitisch. Nur das besprechen, was solches Interesse hat. Zum Beispiel Kollektivismus oder Politische Präpotenz?

Germ: Der Nationalismus und der Sozialismus müssen auf die Spitze kommen; der Sozialismus hat das aber nicht in Rußland getan, sondern in MacDonald und dergleichen.

Ließe sich nicht der Antisemitismus mit wenig Worten ab- und beiseite tun. Sodann den Offizier beschreiben und teilweise begründen. Als ein Typus, der keineswegs gegen die Zeit gerichtet ist. Dann die Rechte, die dem Geist gewährt werden müssen? Etwa: Nicht viel reden; aber wenn, so mit Gehalt. Also ganz entgegengesetzt der demokratischen Ära.

Ursprünglich Narren. Die stärkste «Auffangstellung» die militärische. Dann die kirchliche.

Genie und Kollektiv, Zu: Während Schuschnigg von Kultur spricht, sagt Pernter in diesem Jahr ganz unumwunden, daß diese Kultur kirchlich-katholisch sein werde, und die Praxis (Pflichtvorlesung in kirchlicher Philosophie, Unterdrückung alles freien Geistes, neuestens: Besetzung der anatomischen Lehrkanzel an der Universität Wien mit einem ganz jungen Mann, der eine Arbeit über alpenländischen Schädelbau oder ähnliches verfaßt hat, und sonst buchstäblich nichts!) entspricht dem.

Es wäre entgegen der Entwicklung des deutschen Geistes darzulegen: 1) Die Rolle des Genies. Seine Seltenheit und Wichtigkeit 2) Die Rolle der Genialität (des nicht vollen und des passiven Genies) 3) Nicht eins mit beidem ist die geistige Freiheit. Sie ist nur teilweise wichtig, insoweit aber unentbehrlich. 4) (weshalb ich das eigentlich notiere:) ist die Geschichte ein Beispiel dafür, daß ein schlechter Mann Verwesung verbreitet, weil er wie Pernter auf alle Posten Nullen setzt. Der emporgehobene schlechte Mann ist die größte Gefahr aller politischen Bewegungen. (Womit nichts für Schuschnigg gesagt sein soll.)

HEFT 31

Nach den in Deutschland heute herrschenden Kulturtheorien soll es unmöglich sein, einem andern Volk das beste der eigenen Leistung verständlich zu machen. Es scheint dies einer der Punkte zu sein, in denen die deutsche Revolution bisher recht behalten hat. Trotzdem versuche ich …

Germany: Sie haben es unternommen, den Durchschnittsmenschen dauernd für «Hochziele», für Ideale einzuspannen. Dabei ist fast jeder Durchschnittsmensch; Privatmensch heißt ja fast bei allen Durchschnitt. Haben Sie eine Ahnung, was sie da unternommen haben? Als ob das je gelungen wäre! Als ob es nicht ganz anderen mißlungen wäre.

Der lebende Unbekannte Soldat – Hitler. Die Idee ursprünglich beinah unnachahmliche französische Geste – von allen nachgeahmt – zuletzt sogar von uns – das war der eigentliche moralische Verlust des Kriegs. Und nun haben wir einen lebenden. Nun erst haben wir ihn. Haben eine ursprüngliche und starke Geste: das fühlen viele Deutsche, und sagen: der unbekannte deutsche Soldat des Weltkriegs Hitler.

Der Dichter: Die Welt weiß nicht, wie gefährlich der Dichter ist. Kurz ausgedrückt, er ist ein Verwesungsprodukt. Vielleicht geht manchem der Sinn auf, wenn ich sage, daß Mussolini, Clémenceau, K. G. …

Germ: Nach der «Stunde» hat Reichswehrminister Blomberg anläßlich der Saar-Rückgliederung in einem Aufruf an die Wehrmacht gesagt: «Wir Soldaten wollen uns des Sieges erfreuen und uns die Zähigkeit des Saarvolkes als Beispiel nehmen. Es sind die gleichen seelischen Kräfte, die den friedlichen Kampf an der Saar zum glücklichen Ende führten, wie wir Soldaten sie in der Feuerprobe des Ernstfalles bewähren müssen.»: Gliederung eines Volkes in Offizierkorps, Unteroffiziere (Nationalsozialisten) und Soldaten.

Germ: Nach der gleichen Quelle äußern alle Blätter, die seinerzeit die Abdankung Furtwänglers nach seinem Artikel für Hindemith gefordert haben, überschäumende Freude und Genugtuung über seine bevorstehende Rückkehr zum Dirigenten der Philharmonie, nachdem er erklärt hat, nur als Kritiker vom Standpunkt der Musik sich geäußert haben zu wollen, ohne Beachtung des Kulturpolitischen. Staat der Zukunft, erste Stufe: mit den Mitteln der Suggestion werden gewünschte Gefühle erzeugt; zweite Stufe: man braucht sie nicht zu erzeugen, wünschen genügt. Vorausgesetzt, daß das dirigierende Zentrum Genie habe, welche Möglichkeit! Es entsteht ein Volk, das kräftig, einheitlich und schöpferisch fühlt.

Das Konvolut ‹ Germany ›

[1934–1936]

1) Wenn *Bildungsroman* gesagt wird, schwebt Meister mit. Der Werdegang einer persönlichen Bildung (siehe Formation). Es gibt aber Bildung auch in einem engeren und zugleich umfassenderen Sinn: an jedem wichtigen Erlebnis bildet sich ein geistiger Mensch. Es ist die organische Plastizität des Menschen. In diesem Sinn ist jeder namhafte Roman ein Bildungsroman.

Man kann aber auch scheiden: Hineinfinden in eine bestehende Bildung und Abenteuer der Bildung. Meister ist das letztere gewesen und das erstere geworden. Da beginnt der Eklektizismus.

Eine besondere Rolle im Begriff der Bildung hat das Intellektuelle. Goethe meint überall mit: Gefühlsbildung. Der heutige Gebrauch hat etwas von Konversationslexikon. Siehe die Frage, warum ich nicht die Psychoanalyse behandle.

2) Der *Bildungsroman einer Person*, das ist ein Typus des Romans. Der Bildungsroman einer Idee, das ist der Roman schlechtweg. (Am Törleß hat man beides verwechselt)

3) *Gehorsam*, Übernahme einer parteimäßigen Weltanschauung und anderes ist ein Ersatz des sich vollends auflösenden instinktmäßigen Han-

delns. Hat mit ihm das Ziel: automatische Reaktion gemeinsam. Die verunglückte Zwischenstufe: Handeln aus Vernunft und persönlicher Entscheidung.

4) *Ausgedacht:* «Ist ja alles nur ausgedacht..» (Nachtasyl Seite 88). Sich etwas ausdenken, ausdenken können: bedeutet in der Volkssprache Phantasie, Phantasie haben, und wird hochgeschätzt. Erst der Gebildete trennt zwischen Denken und Leben, und der Halbgebildete hat die Diskriminierung des Denkens aufgebracht.

5) *Wann führt man?* 1) durch Gewalt 2) durch Schmeichelei, zum Munde Reden, zumindest niemand Abschrecken. Beispiel: Großschriftsteller. (17. und 18. Jahrhundert haben geglaubt: durch Überzeugung. Wie soll das also sein?)

6) *Was soll ich, Dichter, tun?* Und: Soll der Staat human oder usw. sein?: es ist die gleiche Frage. Ist Thomas Mann ein großer Dichter? ist zumindest ein großer Teil der Frage: ist die Demokratie gut? (Wahrscheinlich: Sie ist gut, obwohl er keiner ist.)

7) *Zeitgeschichte:* Warum hat die letzte Generation Strindberg, Wedekind geliebt? Ich sagte, sie sei etwas dekadent. Sie selbst sagen irgendetwas von ihrem Zeitgefühl. Zerrissen zum Beispiel. (Das legen sie sich zurecht und das spielt eine Rolle.) Ebenso findet ein Historiker etwas heraus und legt es zugrunde. Es ist immer eine Arbeit mit Zufallshypothesen, und entweder müßte man mit deren Reihe und Summe arbeiten oder mit deren Zusammenfassung. Da ist wirklich Blubo noch akzeptabel.

8) Sind *Thomas Mann und Richard Strauß* nicht beide Manieristen?

9) *Die Psychoanalyse* hat bewirkt, daß über das Sexuelle (das bis dahin der Romantik und der Niedrigkeit überlassen war) gesprochen werden könne: das ist ihre ungeheure zivilisatorische Leistung. Daneben mag es sogar unwichtig erscheinen, welche Richtigkeit sie als Psychologie hat.

10) *Jede Sicherheit* ist nachtwandlerisch. (Das Nachtwandlerische ist das Urbild jeder geistigen Sicherheit.)

11) *Es ist wohl auch so,* daß sich die Menschen lieber fühlen als denken machen lassen. Ein Dichter, der ihr Denken angreift, regt gegen sich alle Kritik und die Widerstände auf, die das persönliche Überzeugungssystem des Lesers zusammenhalten.

12) *Politische und Kunstgeschichte:* Anknüpfend an Einige Schwierigkeiten der schönen Künste, und zwar den Gedankengang: Auf eine Umdrehung des Lebens kommen fünf der Kunst – zum Beispiel die letzten hundert Jahre: die gesamte Gegenwart scheint in einer glatten, ununterbrochenen Bewegung aus der Vergangenheit herauszusteigen, während zum Beispiel die Dichtung klassisch, romantisch, epigonisch, im- und expressionistisch ist (nicht gerechnet: Büchner, Grillparzer, Hebbel). Es ist leichter vorauszusagen, wie die Welt in 100 Jahren aussehen wird, als wie sie in 100 Jahren schreiben wird. Nicht einmal hinterdrein kann man das prophezeien.

Dazu notiert: Es ist eine Illusion, daß die politische und die Gesamtgeschichte glatter heraussteigt. Aber sie ist verständlicher. Denn in ihr ist mehr Ratio, mehr Eindeutigkeit (Ratio und Gewalt, Ratio und Begierde). Die Geschichte der Kunst wird bewirkt von Affekt, geregelt durch Mode.

Die politische Geschichte enthält mehr Unsinn und besteht beinahe nur aus schönen Zufällen und brutalen Anfällen.

Die gesamte Geschichte ist logischer (konsequenter) als die Kunstgeschichte. Weil sie von Überlegung und Begierde beherrscht wird (wo die Überlegung versagt), ist ihr Bild unsympathisch-verständig, ja beinahe (scheinbar) berechenbar eindeutig. Die Geschichte der Künste dagegen, im einzelnen voll hohen Sinns (oder zumindest Absicht) wird im ganzen Unsinn, weil dem ungeregelten Spiel der höheren Affekte überlassen.

13) *Zur Abschreckungstheorie:* Trotz Wiedereinführung der Todesstrafe, ja Standrecht zwei brutalste Raubmorde an einem Tag! (der eine, aufgeklärte, von einem Sechzehnjährigen und einem Achzehnjährigen began-

gen.) Wie vereint man: a) das Gefühl, das jeder hat, daß schwere Strafdrohungen auf ihn abschreckend wirken, b) daß sie die Verbrechen doch nicht verhindern? – Weil die Verbrechen aus der großen Zahl kommen. Unter einigen Millionen Menschen finden sich jederzeit ein paar, die der kausierenden Wirkung der Drohung nicht zugänglich sind, zum Beispiel rohe Jugendliche, und gerade die kommen für die Taten in Frage. Die Abschreckungswirkung besteht nur für die Norm, nicht für den Abnormen (abnorm in diesem Fall pathologisch).

14) *Zu: Eitelkeit des Künstlers:* Eine Anekdote nach bekanntem Muster (Tag): Ein berühmter Tenor sagt in Gesellschaft: «Ein Genie ist immer bescheiden. Es gibt Stunden, in denen ich mich frage, ob ich wirklich der größte Sänger der Welt bin.»

Nun: der größte Sänger, Dichter und so weiter zu sein oder zumindest (in der Jugend) zu werden, ist ein Gedanke, der vielleicht alle berührt. Daß einer sagt: Ich bin nur ein kleiner Mann – wenn es nicht aus Resignation nach Mißerfolg geschieht – ist geradezu ein besonderer Fall. Aber es fiel mir dabei diese Seite der Frage auf: Soll man nicht, wenn eine Antwort so sinnlos wie kaum vermeidlich ist, darauf schließen, daß die Frage falsch gestellt ist?! Also daß «der Größte», der «Erste» und dergleichen die unterschobene Frage für «groß?» wäre. Man kann groß sein, aber nicht der Größte (siehe Rilke-Rede Skalar und ähnliches). Die Schuld liegt am Betrieb und den übrigen sozialen Verhältnissen.

15) *Auch schlechte Künstler haben gute Gründe und Absichten.* Siehe Band I «Mann ohne Eigenschaften». Fürst erwähnte Semper als Beispiel. Ältere Notizen über Charlemont und über eine Anthologie – wo?

16) *Applaus.* Ich habe von Anfang an das Gefühl gehabt, daß Applaus nicht mir gilt, nicht die direkte Beziehung zwischen mir und denen ausdrückt, zu denen ich gesprochen habe, sondern, daß ich auf einen Knopf drücke und den Applaus öffne. Zu Goethes Zeit dachte man doch wohl eher: Kontakt mit den Guten oder mit dem Guten in der Brust, und ergänzte es bloß durch Klage über Wankelmut und ähnliches. Heute sehen

wir eine soziale Erscheinung darin (allerdings wohl nicht alle): so drückt sich der Wandel zum neuen Verhältnis von Individuum und Masse auch darin aus.

Form für Aphorismen: kann fallweise auch so sein. Zum Beispiel. Ich und Gesellschaft. I. Der Künstler und die Eitelkeit. 1. ... 2. ... Und schon in der Einzelveröffentlichung nummerierte (oder nicht) Unterteilung mancher Fragen.

Aphorismengruppe: Rasse des Genies und der Dummheit. Kann man zur Genialität erziehen? Zur Dummheit kann man es.

17) *Frage:* Steckt nicht ein Problem darin, daß sich die schlechten Künstler einer Zeit die guten Maler der Vorzeit zum Muster nehmen, und nicht deren schlechte? Es sind allerdings zugleich die berühmten. Es sind also auch die äußerlichen Schüler.

Die Abneigung der Zeitgenossen gegen das Eigenartige ist weggefallen. Das Berühmtwerdenwollen des jungen Menschen ist ein starker Motor. Die Formen und Inhalte sind inzwischen dargelebt geworden. Mit solchen einfachen Gründen läßt sich das wohl erklären.

Es ist also vielleicht kein Problem, wohl aber ein eigentümlicher und unvorteilhafter Gang der Geschichte. Ein Verlust an Genialität, die zum Zeitausdruck wird.

18) *Zu den zwei Reden:* Alle «Eisenbreiten» und Eisenfresser gehen von der Erscheinung aus, daß wir zuviel Kultur gehabt hätten, das heißt schon in einer Phase der Überkultur und ihres Verfalls gewesen wären, während wir in Wahrheit zu wenig Kultur hatten.

Statt Frauenmißhandlungen kann auch das Beispiel schlechte Behandlung der Tiere gebraucht werden, wie in Italien. Schwer zu sagen, warum das ein Kulturhindernis sein soll: Versuchsweise könnte man aufs «Ganze» gehen. – Eine gewisse inkohärente Naivität gehört dazu wie bei Kindern, wie tatsächlich in Italien; und zwar innerhalb eines allgemeineren Kulturzustands, es bedeutet ja als Symptom heute nicht das gleiche wie im Mittelalter. Man kann über ein Volk nicht schlechtweg den Stab brechen; auch die Fehler haben funktionale Zusammenhänge; es wird sich ein Analogon der moralischen Bewertung des Einzelnen als nötig zeigen, die ja eigentlich nie zu einem Ende kommt, das heißt nie apodiktisch sein kann, nach Häufigkeiten und Relationen entschieden wird. Letzten Endes wird die Bewertung innerhalb eines Ganzen «gesetzt». Wie ist es dann mit dem Genie im einzelnen und der fruchtbaren Revolution im Ganzen?

19) *Die historische Gerechtigkeit setzt eine historische Klugheit voraus.* Letztere wirkt höchst geheimnisvoll, ist aber zum Teil nichts als erstere. Die Affekte, die das Leben treiben und verhüllen, sind zur Ruhe gekommen. Soweit ist das sehr verständlich, aber ein Weniges läßt sich noch dazu beitragen: die Klugheit und Gerechtigkeit trauen sich nämlich nur über dauernd Vergangenes zu sprechen. Trachtet einer sie auf das Mitlebende anzuwenden, wie ich zum Beispiel, so gilt er als Querkopf, Außenseiter und ärgerlicher Störenfried der «Weltanschauung».

20) *Stehr, Kolbenheyer* würden nicht genug geschätzt, klagt der Völkische Beobachter, man lese noch immer Thomas Mann. Mit Recht, glossiert der Tag. An mich denkt keiner.

21) *Die Irrealität des Films* wird mit der des Märchens verglichen. Das sich über die dringendste Wahrscheinlichkeit Hinwegsetzen. Es ist Logik des Gefühls, der Wünsche. Aber heute sind es die Wünsche von Mittelständlern.

22) *Geistreich und gemütvoll* kann man (im Deutschen) oft loben hören, ohne daß bemerkt wird, daß es das gleiche sein sollte.

23) *Kulturpolitisches Wirken* nannte man es früher, wenn beispielsweise ein Schleiermacher als Rat im preussischen Ministerium Denkschriften verfaßte, eine Analogie zum kirchenpolitischen Wirken, der Organisation des Kirchentums.

24) *Wir als Übersetzervolk.* Man leitet unsere Aufgeschlossenheit davon ab und manchmal auch ein mystisches Psychologem. Aber gibt es nicht auch eine handfeste und nüchterne Erklärung, die wir soeben erleben?! Der deutschen Literatur mangelt es nicht an bedeutenden Männern, aber es kommen immer wieder die andern über sie. Meine Altersgenossen und ihre unmittelbaren Anrainer haben sich selbst an der skandinavischen, russischen, französischen Literatur entdecken müssen, weil die deutsche Tradition so ihren eigenen Geist verloren hatte. Unseren Nachfolgern wird es wieder so ergehn!

25) *Wie sagt Lichtenberg?* «Mich dünkt, der Deutsche hat seine Stärke vorzüglich in Originalwerken, worin ihm schon ein sonderbarer Kopf vorgearbeitet hat; oder mit andern Worten: er besitzt die Kunst, durch Nachahmen original zu werden, in der größten Vollkommenheit. Er besitzt eine Empfindlichkeit, augenblicklich die Formen zu haschen, und kann sein Murki aus allen Tönen spielen, die ihm ein ausländischer Originalkopf angibt.» Vor rund 150 Jahren! Und wie auf Im- und Expressionismus abgesehn!

Ist das ein Erbstück? Ich glaube es ist der Mangel am Eines-aufs-andere-Baun, die völlig geistlose Tradierung unserer Literatur. Wir sind bedeutend, aber wir wissen nichts davon!

26) *Unsterblichkeit der Kunstwerke, Die:* Ist ihre Unverdaulichkeit.

Führe das aus! Ebenso Geschichte noch im Stadium der Bilderschrift (siehe heute die zahllosen biographischen Romane und romanhaften Biographien).

27) *Wie wird man aufs einfachste Prophet?* Indem man die Zukunft voraussieht? Nein. Indem man ihr einen Weg weist? Nein. Wenn man eine Dummheit ausspricht und andere sie nachmachen. (Es ist das sicherste, einen Unsinn zu sagen, irgendwann geschieht er!) (Es genügt, eine Dummheit auf den Markt zu werfen.)

28) *Nur für Feinschmecker (auf mich angewandt!):* sagte die Sau zu den Säuen, als an Abfälle gewöhnt sie ein Stück echtes Brot fand.

29) *Zu jeder kräftigen künstlerischen Bewegung gehört es,* daß auch Werke gut (schlecht) gefunden werden, die es nicht verdienen. Was Bewegung macht, macht auch dies. Aber gehört es nicht auch zum Ende, das jede Bewegung vorzeitig findet?

30) *Internationalität der Kunst.* Ist es so oder nicht? Daß die Kunst immer an der Berührung günstiger nationaler Umstände mit einer andersnationalen Überlieferung entstanden ist. Griechenland. Renaissance. Deutschfranzösische Gotik. Die «Moderne». Der Geist (Fortschritt, die Kunst dem Wesen nach) ist nur international; national ist das Hegende und das Einengende (Besondernde).

31) *Der voll entwickelte Antisemit* ist eine vollkommen paranoide Geistesverfassung. Sieht in allem Bestätigungen; ist nicht zu widerlegen .. Man darf es nicht dahin kommen lassen! Die Wurzeln des Antisemitismus sind: Unkenntnis des Begriffs der Objektivität. Glaube, daß alles Höhere falsch oder verdorben sei (Respektlosigkeit des Unwissenden). Nichtbesitz der Kulturhemmung …

32) *Man bemüht sich* um ein Ideal des heroischen Geistes. Man macht es sich und anderen nicht leicht beim Schreiben. Und die Unverschämtheit ist wahrhaft grenzenlos, mit der sie Schriftsteller, die so schreiben, wie sie sind, für große Dichter (Geister) erklären.

33) *Österreich als Wildgansgesellschaft.* Ein Dr. IR, der im Tag vom 24. Mai 1936 über Nahum Sokolow (Präsident der Zionistischen Weltorganisation) (†) schreibt: «Als einer der ersten, die schriftlich ihre Zustimmung zu der Gründung [eines Österreichischen Pro-Palästina-Komitees] gaben, befand sich der große österreichische Dichter Hofrat Anton Wildgans, damals Direktor des Burgtheaters.»

34) *Ich bin überzeugt, daß man mit der Kielfeder* ein besseres Deutsch geschrieben hat als mit der Stahlfeder, und mit der Stahlfeder ein besseres als mit der Füllfeder. Wenn einmal das Parlophon ausgebildet sein wird, wird man überhaupt kein Deutsch mehr schreiben.

Das Seitenstück dazu: daß man schon heute bei Dummköpfen für einen klassischen Dichter gilt, wenn man bloß ein halbwegs postklassisches Deutsch schreibt. Ich will keine Beispiele nennen, aber täte ich es, so wiese ich auf Stoessl, L. Frank und … Joseph Roth hin.

35) *Der Dichter eilt der politischen Entwicklung voraus.* (Was Dichtung ist, ist etwas später Politik.) In Deutschland suchen sie noch den Dichter, der Ausdruck der politischen Errungenschaft ist, in Österreich hatten sie ihn schon vor dieser: Anton Wildgans! Der Als-ob-Dichter des zur absoluten Regentschaft gekommenen Durchschnittsmenschen. Die Spießbürger aller Parteien, die heroisch sein wollten, vereinigten sich in ihm.

36) Beim Lesen von George Meredith, Der Egoist, deutsch von Hans Reisiger, Paul List Verlag Leipzig, Stelle (Seite 135) «… Wie Vernon sagt: ‹Ein Nichts, von den Geiern aufgelesen und in der Wüste gebleicht› …»: fiel mir zum Stil einer überschwänglichen Zeit ein: der Satz will tatsächlich nur «nichts» ausdrücken (vielleicht, da von einem nichtssagenden Gesicht gemeint, ist auch weiß, hell .. dabei; wahrscheinlich aber nicht, da das Zitat gar nicht stimmen soll); aber er umgibt das «nichts», er drapiert es, er nimmt es zum Anlaß, etwas Schönes zu sagen, wenn es auch kaum eine Beziehung dazu hat. Unerträglich in belangloser Ausführung, ist das doch recht schön, wenn mit Talent geübt. – Erschienen 1877, war es nicht die Zeit der großen Tüllmaschen unter dem Frauenkinn? Als meine Eltern ein junges Ehepaar waren.

37) Zu scharfen Strafgesetzen sind zwei Betrachtungsweisen zulässig: 1. Der Spießbürger ist scharf, weil er sich den andern nicht vorstellt. Darum ist er grausam. (Burcardus berichtet, daß man einen Attentäter auf den spanischen König so verurteilt hat, daß man ihm ein Glied – selbst Fingerglied – nach dem andern abschlug. Auf Intervention der Kö-

nigin wurde er vorher durch einen Schlag auf den Kopf betäubt.) (Dieses Beispiel beweist aber wohl etwas anderes.) 2. Der selbstbewußte Staat, der glühende Staatsbürger muß es unerträglich fühlen, daß ein Dieb oder ähnlicher den Namen Deutscher trägt. – Wie ist zwischen dem Einwand 1) und der Forderung 2) der Ausgleich zu finden?

38) Nebenbei: Der neue Mensch will nicht das Recht, sondern das Rechte.

39) Als Lyriker hat der Mensch größere Frühreife denn als Erzähler; es scheint nur, daß die Kindergedichte denen der Erwachsenen näher stehn als die Geschichten, die sich Kinder erzählen. Diese seien denn Märchen, von denen ich zu wenig Erfahrung habe. Es mag sein, daß sich die Form, und das gilt bestimmt vom Märchen, leichter einprägt als die Form des Erzählens einer Geschichte, die ja auch dem Erwachsenen selten klar ist. Kindergeschichten haben sogar eine eigene Form. Meine Geschichten waren alle endlos.

40) Naive Begehrlichkeit des Denkens. Ein Prominenter (Frank II) schreibt heute, neben Hitler gebe es nur noch einen zweiten Mann von weltgeschichtlicher Bedeutung: Marschall Pilsudski. Bisher war es Mussolini (nach dem Neuen Wiener Tagblatt vom 20. März 1934.) Es geht also bis zum Selbstdésaveu.

41) Nach dem gleichen Blatt erzählt Landeshauptmann Reither, daß die Sozialdemokraten in diesem Jahr immer wieder einen Weg zu Dollfuß gesucht hatten, um eine Koalition herbeizuführen. Noch am 12. Februar haben sie von Reither verlangt, er möge in einer Proklamation an die Bauern diese auffordern, gemeinsam mit den Arbeitern die Republik zu schützen.

42) Neue Ausdrucksweise: die Ältesten der Studentenschaft Köln tadeln den Leiter der medizinischen Fachschaft, weil er es zugelassen habe, daß unter den Hörern wieder die Disziplinlosigkeiten einreißen wie unter den früheren Systemzeiten. Dabei wird angeordnet, daß sich die nichtari-

schen Studenten erst nach den Ariern setzen dürfen. (Nebstbei ist diese Rangfolge des Niedersetzens der Gäste nach dem Hausherrn alter – heute bäuerlicher und königlicher Gebrauch.)

43) Man wird in Deutschland auf Jahre hinaus immer wieder sagen müssen, daß Biologie eine Naturwissenschaft und kein Spielzeug für … ist.

Wahrscheinlich, daß die Biologie dereinst die Bedingungen des Alterns von Rassen erforscht, der Nationalsozialismus wird dann möglicherweise den Ruhm haben, die Stelle eines Problems gesehen zu haben.

44) Das Zeitalter des Schauspielers, sagt Nietzsche. Der göttliche X und Hitler. Welches Bedürfnis?

45) In der Literatur spielt die Konkurrenz zweier Ideale eine große Rolle: das des Dichters, der dem Form gibt, was seine Zeitgenossen fühlen, und das des Dichters, der seinen Zeitgenossen vorangeht.

46) *Aber ich liebe Dich:* «Was ist eigentlich ? und ?» (ein Energie- oder anderer naturwissenschaftlicher Begriff)

«Ach, das ist umständlich.»

«Und ?»

«Ich weiß es nicht mehr, ich habe es vergessen. Aber ich liebe Dich!»

Mit diesem einfachen Dialog ist die Welt in Ordnung gebracht. Er wird in ungezählten Exemplaren täglich geführt. Und aus ihm ist der Schluß zu ziehen, daß es für die Seele, für die Zufriedenheit, für das Selbstbewußtsein und für die «Geschlossenheit» der Welt um den Menschen auf das Wissen nicht ankommt.

Es ist aber auch der Schluß aus ihm zu ziehen, daß es sich die Menschen (nach einer Weile) ohne Auflehnung gefallen ließen, wenn man ihnen den Apfel der Erkenntnis wieder verböte! Möglichkeit eines raschen Abstiegs der Kulturstufen.

(Nachtrag: Auf längere Zeit ist aber auch das ‹.. ich liebe Dich› unerträglich. So fängt dann wieder die Erkenntnis an.)

47) *Naturschilderer.* Die schreiben, daß der Buchfink schlug und gerührt die Zoologie und Botanik der Gegend aufzählen, um sich und den Leser in Stimmung zu versetzen, verfahren genau so und mit der gleichen Rührung wie Herr Meseritscher, der aufzählt, wer da war und welche Kleider die Damen anhatten. Es ist ein asyntaktischer Geisteszustand mit Arriviertheit des Betrachters. Etwa ein gesunder Mensch, ein Naturliebhaber sein. Der nächste Schritt ist, die Bäume und Tiere zu anthropomorphisieren. Der letzte: sich von Gott angeredet fühlen (oder von den Göttern). Es sind Zustände mit einem Minimum von Realität. Im allgemeinen führt das dann auf das notwendige Verhältnis von Rausch und Nüchternheit. Es könnte sein, daß zuletzt etwas Rausch nötig war, aber das ist ein Rausch, dem man, zur nächsten Läuterung, keine Nüchternheit zusetzen kann, weil er sie nicht verträgt. Es wäre auch noch zu fragen, ob dieses Verhalten vielleicht zu Massen-Erhebungen geeignet sei. Für den Geländesport geeignet? Der Mensch wird innerlich gewaschen wie die Wagen in einer Groß-Garage. Aber warum sollte nicht mehr erreichbar sein? Oder ist es nicht wünschbar?

48) *Über das Geniale oder können Götter Feinde sein? (einander widersprechen?)* Borchardt – Rilke, Hofmannsthal – Stehr – Musil, vielleicht habe ich George Unrecht getan: das gesteigert Persönliche steht in Widerspruch seiner Verkörperungen zu einander, oft in Kampf. Die, denen es gefällt, die das Vorbild wählen, bilden dann die Epochen, die einander überwinden. Die Urvölker haben ihre Götter Feinde sein lassen.

49) *Säkulare Eintagsfliegen:* Stendhal hat ziemlich richtig prophezeit, daß er in hundert Jahren berühmt sein werde. Aber dauert es noch lange vor? Dauert es noch vor? Das Los scheint also zu sein: hundert Jahre später einige Jahre berühmt zu sein. Zu welchem Zweck schreibt man dann und in welcher Absicht? Schwer zu beantwortende Frage. Vielleicht ist man nur dazu da, eine Funktion am Leben zu erhalten. Die Gemeinschaft bedient sich unser aller Jubelzeiten. So gesehn wären Homer, Dante, Shakespeare weniger durch ihre Größe als durch ihren «Zeitpunkt» zu kennzeichnen, ihre Konjunkturerfüllung. Wozu es stimmt, daß Dante bewun-

dert wird, obwohl man ihn zum Teil unmöglich mehr verstehen kann, Homer vielleicht nie gelebt hat, und Shakespeare samt seinen Abschreibfehlern zitiert wird. Auch das Phänomen Jesus, wenn man es nicht als göttlich ansieht, erführe diese Erklärung.

50) *Eine Anknüpfung:* Bedeutet es nicht etwas, daß von den sozialistischen Parteien es heute einzig und allein die militanteste zur Herrschaft gebracht hat, wogegen der arrivierte militante Faschismus in vielen Tönen vom Frieden spricht? Es bedeutet, daß in dem Problem kriegerisch-friedlich etwas noch nicht zur Diskussion Gelangtes steckt.

51) Daß deutsche Privatdozenten und Professoren in den *Geländesportlagern* von 25-jährigen SA-Männern weltanschaulich ausgebildet werden, ist nur dem Grad nach davon verschieden, daß in Österreich auf fünf Vertreter des Volksbildungswesens (und x Geistliche) ein Vertreter der Wissenschaft kommt. *Sieg der Welträtsel und ähnlicher Bildungsvorstellungen!*

52) *Fahrlässige Menschengeschichte.* Auf Regen folgt Sonnenschein und auf Sonnenschein Regen: Das ist ungefähr die populäre Auffassung unserer Geschichte. Ich habe das im Ersten Buch des ‹Mann ohne Eigenschaften› ähnlich wie Historische Fahrlässigkeit genannt. Ich habe auch die Ideen des Generalsekretariats und der Partiallösungen angekündigt, doch sind das nicht viel mehr als Gleichnisse: welches sind die wahren Ursachen und Bedingungen dieser Fahrlässigkeit? Doch wahrscheinlich die «Affektpsychologie» der Machtmenschen, das Zufriedenheitssystem des Einzelnen, das Ephemere der Leitvorstellungen und dergleichen.

53) *Zu vornehme Literaturwissenschaft.* Beim Lesen von Peter Altenberg: ist er ein großer Dichter? Gefühl: meist nein, manchmal ja. Aber solche Skizzenbücher ermüden; siehe Polgar. Warum ermüden sie mehr als Romane? Man könnte auch das Gegenteil erwarten. Ermüdet Baudelaire, poèmes en prose? Ja, auch Gedichte kann man nicht der Reihe nach lesen.

54) *Psychoanalyse*. «Denn viele Menschen sahen auch in Träumen schon Sich zugesellt der Mutter; ….». Sophokles, König Ödipus, deutsch von J. J. C. Donner, 8. Auflage, Leipzig und Heidelberg, C. F. Wintersche Verlagshandlung 1875, Zeile 954, 955. (Ein Vorfahre Freuds.)

55) *Ethik*. Meine Ethik hat, was ich gern übersehe, ein «höchstes Gut», es ist der Geist. Worin unterscheidet sich das aber von der mir wenig sympathischen Vorstellung der Philosophen, daß die Vernunft das höchste Gut sei?

56) *Geschichte:* Besteht aus den andauernden Anstrengungen die ebenso andauernden Verfallstendenzen nicht gewähren zu lassen. Jede historische Tat kommt in der mehrfachen Zeit ihrer eigenen Andauer auf nichts hinaus. Dieses Gesetz scheint im engeren Rahmen die historischen Geschehnisse zu beherrschen. Auch auf Jahrtausende? Der erste historische Zustand sind verhältnismäßig große und geordnete Staaten. Vom Mittelalter zur Neuzeit muß das aber neu geschaffen werden. Spirale? Oder Verdichtung und Verdünnung des Ergebnisses? Es scheint mir, daß es ein Ausdruck des nur von Affekten geleiteten Handelns ist. Affekt ist aber da nur ein Sonderfall von ungeregeltem Handeln bzw. einem Handeln gemäß den Voraussetzungen eines Wahrscheinlichkeitskalküls? (Bei der Anwendung des naturwissenschaftlichen Denkens handelt es sich nicht darum, das «geisteswissenschaftliche» zu verdrängen. Auch «ergänzen» ist nicht das richtige. Wohl so: überall, wohin man naturwissenschaftlich kann, dies anwenden; das spezifisch Geisteswissenschaftliche-Nichtnaturwissenschaftliche hängt mit dem Nicht-Ratioïden zusammen.)

57) *Romankrisis.* Das schlechte Gewissen des Romans, es ist das schlechte Gewissen der Liebe (und des Helden. Darum der mehr oder minder wurmstichige Held). Nimmt man noch die Problematik des «Helden» hinzu, so hat man die Krisis des Romans.

58) *Titel einer Überlegung:* Der ernst zu nehmende Staat und die Literatur. Angeregt von einer approbierten Literaturgeschichte und bisher haben wir all das nicht ernst genommen, aber heute müssen wir schon bitten.

59) *Katholizismus:* Gewissensnot, in die der gegenwärtige Mensch durch die Kirche gebracht wird. So kann er nicht glauben, wie sie es von ihm verlangt, wie es gegen die geistige Natur und ihre Entwicklung ist.

60) *Unzeitlichkeit ohne Ewigkeit.* Wollen denn die Schriftsteller nicht für die Zeit schreiben? Haben sie nicht die Illusion in ihr zu sein wie in etwas Aufsteigendem, das den persönlichen Aufstieg erleichtert? Gewöhnlich ist es so, auch große Begabungen teilen die Zeitillusion eine schöne Zeit zu sein. Relativ frei von seiner Zeit sein, ist relative Überzeitlichkeit (Ewigkeit). (Ist auch für Vorrede wichtig, zur Rechtfertigung der Bedeutung dieser kontemplativen Arbeit in einer aufgeregten Zeit.)

61) *Arabische Geschichte* wäre das beste Beispiel, daran zu studieren, wie ein großes Kulturvolk herabsinkt. Gute Kaufleute sind sie heute noch.

62) *Happy end in höherem Gebrauche:* Ich liebe keine Romane, in denen der Held sein Geld verliert oder sonstwie vom Schicksal geschlagen wird. Dieser Roman (Tampico) ist, soweit die Übersetzung ein Urteil zuläßt, der unkultivierteste, den ich von seinem Autor kenne, aber der packendste. Und der Teufelskerl, sein Held, unterliegt gegen einen kalten blassen Schurken. Hätte er ihn entlarvt und zerschmettert, es gäbe den lieben alten Zeitungsroman mit Sieg der Kraft oder Tugend; das aber ist nicht fein genug. Ist es nun fein, das umzukehren? Es ist nicht einmal die unterste Stufe der Feinheit, es ist eher die höchste der Roheit, nach meinem Geschmack. Warum? Wollte man ernst sein und sich nicht nach dem schlechten Gebrauchsmuster richten, so müßte das Ganze anders verlaufen.

Ich hätte beinahe gesagt, Sieg und Niederlage verschwänden dann aus dem Gesichtskreis. Aber das ist einseitig gedacht. Hingegen träten sie in eine andere Beziehung zueinander. Es ist also eine weitere Frage: wie stellt man die erfolgreichen Menschen der Tat dar?

63) *Habe* in den Antworten das Anspruchsvolle des Philosophen und die Fragestellung des Dichters! So könnte ich mich idealisieren.

64) *Mythos* des 20. Jahrhunderts: Ein Buch, das so heißt, hätte früher im voraus nicht für ganz seriös gegolten. Ausgenommen höchstens, dieser Mythos wäre der der Maschine. Mit Recht, mit Unrecht? Kein Mensch hat sich die Mühe genommen, eine Frage daraus zu machen.

65) *Rechtspflege* war ohne Zweifel mechanisiert, rezeptartig geworden. Nun ist mit einemmal Seele dabei: das Erziehungslager, die Ächtung, die Prügel …

66) *Frage an die Musik und Psychoanalyse:* Ist die Symbolik der Musik nicht von der gleichen Primitivität wie die von der Psychoanalyse aufgedeckte?

67) *Charitas:* «Durch Warjenka war ihr das Verständnis dafür aufgegangen, daß es nur darauf ankomme, sich selbst zu vergessen und andere zu lieben, um ruhig, glücklich und gut zu sein. Und das wollte Kitty werden.» (Anna Karenina I 344.) Siehe auch Lindner: Ist dieses zweifellos wirksame Rezept nicht verwandt mit der Gepflogenheit der .. Sekte: Kastriere dich, um die Unruhe des Geschlechts los zu sein?!

68) *Eine Entwicklungslinie:* Zuerst hat man das Theater ruiniert. Es ist heute schon so weit gekommen, daß mit wenigen Ausnahmen einer ein Bühnendichter ist, ohne ein Dichter zu sein. Sie bilden eine eigene Gilde, und herüber wie hinüber gehen fast keine Verbindungen. So wird man morgen von einem Filmdichter sprechen. Man gewöhnt sich bereits allmählich daran. (Vgl. Bundeskultur) (Kulturpolitikkultur).

69) *George:* Er ist von neuer Wichtigkeit. (Aber vergiß nicht, daß er fast der einzige war, der die Autonomie der Kunst wirklich vertreten hat.)

70) *Dichter und Schriftsteller.* Mein Standpunkt: Gleich Genie und Talent. Man kann ein kleines Genie sein. Ein großes Talent ist unter Umständen vorzuziehen. Vgl. dazu aber Thomas Mann. Leiden und Größe der Meister, Seite 54, eine Stelle, die eine andere Antithetik gibt.

71) *Ansichtskarten* von Ringkämpfern hat es gegeben, als noch kein Film war. Überdies auch von Opernsängern und Schauspielern. Beispiel eines Bedürfnisses, das unter besonderen Umständen übermächtig angewachsen ist.

Welches Bedürfnis? Dabeisein, Berühren, Aufbewahren einer aus dem Strauß gefallenen Blume, Museum der Matterhornopfer usw.

72) *Großschriftsteller.* Zu diesem Gegenstand wäre auch die Steigerung der Auflageziffern zwischen 1890 und 1930 zu erheben. Dadurch wurde er wirtschaftliches Objekt. Heute muß der gute Schriftsteller wohl wieder in die Einsamkeit. Es ist vorderhand ein Nachruf.

73) *Der vollkommene Staat* und die Kunst. Ist jetzt aktuell. Kunstliebe und Kunstschadchen Staat.

74) *Literatur wird in Masse erzeugt.* Insoweit ist es auch richtig, sie als Masse zu behandeln: Rußland, Deutschland.

75) *Held und Genie:* Während sonst vom Genie Pilsudskis die Rede war, hieß es in einer Zeitung wohltuend Held der Nation. Vielleicht hätte es wirklich Held heißen sollen, denn Held der Nation ist eine Einschränkung, wie man von einem Mädchen sagt: «Ihr Held»; und vielleicht war er wirklich auch ein Genie, ich weiß es nicht: aber gut ist es, zwischen Genie und Held zu trennen. Könnten es die Deutschen, vieles wäre ungeschehen geblieben.

76) *Karl Kraus und Hitler.* Wenn Karl Kraus den Vorlesungssaal betritt, steht das Publikum solange, bis er sich setzt. Und das, obzwar er völlig versagt hat. Sie lieben ihn «erst recht». Ähnlich wirken die Mißerfolge Hitlers Liebe vergrößernd. Das ist das verheerende an der Krausianerei. Es war alles schon vorgebildet, was geschehen ist. Sie halten ihm Treue, auch wenn er es nicht verdient. Ist das einfach Schaltungs- und Ausschaltungswirkung? Blindes Liebesbedürfnis? Bedürfnis nach Illusionen?

77) *Wie Schriftsteller sind:* In der Autographensammlung des Herrn Blaschik hat sich Paul Frank so eingezeichnet: «Höchste Kunst: Das Tiefste auf die planste Art zu sagen. Wien 3. Dezember 1928.»!

78) *Verwechslung mit Klassikern:* Ich lege eine Äußerung Auernheimers über Mann bei. (Ich habe es nicht beigelegt.) Die Mitglieder der Familie Mann scheinen Thomas auch dafür zu halten. Das gehört teils zum Typus Große Wortbälge und Ausfüllung a la Primanerdrama, teils ist Folgendes zu bemerken: Auch Wildgans zeigte Anlage zum Klassiker. Wenn der bessere Durchschnittsmensch sich ausgedrückt fühlt, wenn man auf höhere Art in seiner Art schreibt, dann findet er einen klassisch. (Bestenfalls eine Eigenschaft statt aller, die nötig sind). Man rümpft die Nase über die Nazis, aber mit Kernstock ist lange vorher das gleiche geschehn. Er sprach so wie sie, er war so undichterisch wie sie. Thomas Mann ist bloß nicht Ausdruck einer Partei, sondern einer unpolitischen Geistesdurchschnittlichkeit. Deshalb für alle. Deshalb der eigentliche Klassiker.

79) *Sonderbare Bettgenossen:* Es ist doch eine der merkwürdigsten Fragen: Götz «verehrt» Stoessl und mich, Schönwiese Broch und mich, viele Thomas Mann und mich. Thomas Mann nennt Nietzsche und Fontane Väter. Und was tut ein Verleger? Was der ideale Leser? Ist ein Leser, der nur einen Autor liebt, nicht verdächtig, daß seine Leserqualitäten nicht ganz so sind, wie sie könnten? Es wäre als nächstes Thema geeignet!

80) *Wurzel des Romans.* Eine sehr gute Kennzeichnung unserer Literatur findet sich schon bei Thomas a Kempis in der Nachfolge Christi im Kapitel von der Vermeidung überflüssiger Worte: «Aber warum sprechen wir so gern und erzählen einander, da wir doch selten zum Schweigen zurückkehren ohne unser Gewissen verletzt zu haben? Darum sprechen wir so gern, weil wir durch wechselseitige Reden einander zu trösten trachten und unser von verschiedenen Gedanken ermüdetes Herz zu befreien wünschen. Und sehr gern möchten wir von diesen Dingen reden und denken, die wir sehr lieben und begehren oder die uns zuwider sind. 2. Aber ach! oft umsonst und vergeblich. Denn diese äußere Tröstung ist

nicht geringer Schaden der inneren und göttlichen Tröstung. Daher muß man wachen und beten, daß nicht die Zeit müßig verstreiche.» (Seite 18) (Deutsch von Felix Braun. Alfred Kröner Verlag: Kröners Taschenausgabe, Band 126) Das ist Ursprung und Kritik des Erzählens!

81) Es ist manchmal eine *Unbescheidenheit nicht von sich zu sprechen,* sondern über allerhand objektive Probleme objektiv zu urteilen. So von den Irrtümern und Verfehlungen der Zeit zu sprechen, statt zu sagen, sie verstünde den Dichter nicht und das andere sei die Staffage dazu. Male also dich und deine Sache auf dem Hintergrund der Zeit, statt vorzugeben, daß du ein Zeitbild malen kannst!

82) *Schopenhauer* hat in seinem Testament die Soldaten bedacht, die 1848 die Revolution in Berlin niedergeschlagen hatten. Ohne Frage ist er reaktionär gewesen. Aber ist er es noch heute, wo dieser von ihm gehaßte neue Geist einem neueren als Abhub gilt? Das Genie irrt, aber in der Zukunft. Wenigstens sehr oft. Das ist ein Musterbeispiel seiner kollektivistischen Funktion.

83) *Wie sich die Zeiten ineinanderschieben:* Ich habe mit Schopenhauer noch Millionen Zeitgenossen gemeinsam gehabt, da ich zwanzig Jahre nach seinem Tod geboren bin. Goethe hat mit ihm intensive Briefe über die Farbenlehre gewechselt. Er hat unter Fichte gelitten. Wagner hat ihm den Nibelungen Ring übersandt. Nietzsche ihm den Hymnus «Schopenhauer als Erzieher» in seiner Jugend gewidmet. Er selbst ist vor der französischen Revolution geboren worden.

84) *Gegen Demokraten helfen nur Soldaten:* Buchmann 148 unten.

85) *Wie unzeitgemäß meine Kunst ist,* ist mir aufgefallen. Meine Nation ist vom Frieden in den Krieg übergegangen, ja von der Unvorstellbarkeit, daß es etwas anderes für uns als Frieden geben könne, zu dem bleibenden Zustand, daß man für den Krieg lebe. Von der Monarchie zur Republik, von dieser zur Tyrannis. Von den Vaterlandsverrätern zu einem Kompro-

miß mit dem Sozialismus usw. Das interessiert sie so sehr, sie macht sich alles selbst, vor allem die Grundsätze, und es ist begreiflich, daß sie für einen Dichter, der sagt, wie etwas jenseits aller dieser Vorgänge und in einem Zustand sein soll, an den sie nicht herankönnen, kein Interesse hat. Je lebhafter es wurde, desto mehr tritt auch die Unterhaltungsliteratur vor. Woran sollen denn die Dichter glauben, die es nicht an sich selbst können?! Rußland bietet die Stabilität des Rahmens an.

86) *Man muß unterscheiden zwischen Genie*, Geniewilligen und gewöhnlichen Menschen. Die Geniewilligen, sehr nützlich, sind dennoch oft ärgere Feinde des Genies als die Banausen. Wer ein treffendes neues Ersatzwort für Genie erfände, leistete der Menschheit heute den größten Dienst.

87) *Frau Jacobi und Konsorten:* Es hat sich im Lauf vieler Erfahrungen herausgestellt, daß ich ein vortreffliches Probierelement für alles Halbgute bin, das sich mit einer gewissen Feinheit paart: es lehnt mich ab. Kulturbund, Verlag Zsolnay, Concordia, Frau Mahler, Akademie, Stefan Zweig und Herbert Reichner. Man kann solchen Gebilden die Prognose stellen.

Zu Frau Jacobi überdies: Kann ein Mensch, der keine oder falsche Beziehungen zur Kunst hat, Gutes für sie wirken? Das ist allgemein zu bejahen, wenn er sich beraten läßt. Im tiefsten wird er schaden; aber das bemerken die wenigsten.

88) *Grausamkeit* entsteht durch Domestikation. Der Trieb dient nicht mehr seinem naiven Zweck.

89) *Polgar:* Das Muster eines geistvollen Journalisten. Da kaum ein deutscher Journalist Geist hat – gescheit sind viele – wird er für einen Dichter oder gar Philosophen gehalten.

Auch Fontana, wenn er zu seinem 60. Geburtstag einen Aufsatz schreibt, lobt ihn ohne Distanz und Kritik. Das entsteht in unseren Kritiken typisch so: 1) In welcher Richtung müßte sich die Kritik ausdrükken? 2) Unter Einhaltung dieser Richtung wird ein Lyrismus steigen gelassen. – Das ist einfach grobe und ungenaue Arbeit.

Zum Beispiel: «Polgar sieht die kleinen Dinge, und sie werden unter seinen Augen zu großen Bildern der inneren Welt.» «Seine Improvisationen ... japanisch zart im Einfall» «Wir leben in einer zerstörten Zeit und ihr Lyriker .. ist Alfred Polgar.» «Seine Stimme, zwischen Skepsis und Wehmut, zwischen Zartheit und Bosheit, zwischen Erkenntnis irdischer Unzulänglichkeit und Liebe zum Leben, ist eine, die *uns* aussagt, in der wir, Menschen einer Zwischenzeit, eines unendlichen Übergangs, Gesang werden.» «Wir finden bei ihm so ziemlich alles, was wir sind und nicht sind»: Welches Armutszeugnis, dieses letztere!!

90) *Kulturpolitik.* Es wäre abstrus, zu denken, daß Pächt für seine Tätigkeit und den deutschen Verlust den Professortitel bekommen könnte. Schreyvogl und Nüchtern haben ihn dagegen. Ohne auch nur zu fragen, hat der Staat darin immer das Verkehrte gemacht. – (Zum Kulturproblem, daß er plötzlich autoritär wird.)

91) *Beliebter Gedanke:* «... (auch ein armer und einfacher vermag ein reicher und ganzer Mensch zu sein) in das Werk strömen, in ihm vollendet er sich selbst. Das Universum seines Ich gibt dem Bild die Geschlossenheit, aus der die Wege nicht hinausführen ..» H. F. Kraus über Henri Julien Rousseau. Schiefe Bildung eines Paradoxons, das an sich nicht unberechtigt ist.

92) *Ein Unterschied:* Nicht das Genie ist um hundert Jahre seiner Zeit voraus, sondern der Durchschnittsmensch ist um hundert Jahre hinter ihr zurück. Ein Beispiel: Günther – Linné.

93) *Broch:* Er macht den philosophischen Roman suspekt. Er hat nicht recht, aber wenn ich dagegen polemisiere, ist es entweder ein philosophischer Streit oder ich müßte persönlich angreifen. Kann ich diesen Roman immanent kritisieren? Ist ein Gedankenroman schlecht, wenn seine Gedanken falsch sind? Und von welchem Grad an? Ist er schlecht, wenn die Form Mängel hat? Aber warum entschuldigt man diese nicht?

94) *Nationalsozialismus.* Eine mögliche Form der Kritik: Ihr könnt nichts dafür, Ihr meint es gut, es hat euch etwas geschwant; aber in diesem Deutschland, wo die Verleger so schlecht sind wie die Autoren und das Publikum, nach dieser Demokratie ist auch nichts anderes möglich!

95) *Ich und Wir I:* sind die Ausgangspunkte eines jeden geistigen Menschen einer jeden Generation. Wo befinden wir uns? Was sollen wir tun? Was werde ich innerhalb tun? usw. Man darf sich keinen Illusionen hingeben: die Toten sind immer nur Geräte der Lebenden. (Hiezu: das Ineinanderschieben der Zeiten.)

96) *Politik* und Zeitungsromane rechnen mit der «kleinsten individuellen Fassungskraft»; hat ebensoviel gemeinsam auf dem «größten gemeinschaftlichen Nenner» wie mit dem «kleinsten gemeinsamen Vielfachen» (Der größte Gedanke, der noch in jedem Kopf Platz hat. Die kleinste umfassende Idee.) Auf das geistige Niveau ihrer Ideen müssen die Affektwirkungen gerade noch die meisten hinaufziehen können. Diesen Ausdruck gilt es zu finden. (Politik packt die Affekte. Kunst erzieht sie.)

Kann man auch nur mit der Dichterakademie Politik machen?! Eine gewisse Rechtfertigung des Nationalsozialismus.

97) *Aus der Gesellschaft:* Schon bringen die Wiener Zeitungen mit mehr oder weniger Aufmachung solche Nachrichten! Ist das Mangel an Charakter? Nein, es ist ein Zuviel an (gewesenem) Charakter und ein Zuwenig an Intelligenz. Sie haben es verachtet und haben sich darüber lustig gemacht: das nutzt ihnen nichts, sie können es!

98) *Das Schicksal eines Buchs* drückt weder das Verhältnis zum Volk aus noch das zu den Besten, sondern das Gefallen oder Mißfallen und die Interessen einer Schicht mehr oder weniger mittelmäßiger Begabungen.

99) *Ich und Wir II.* Für den jungen Menschen ist zunächst nur die Gegenwart wichtig, die ganze Vergangenheit ist ein Friedhof. Statt ihm dessen Lebens- und Sterbedaten einzupauken, müßte man ihm erst begreiflich

machen, daß sein wahres, heißes Leben dort ruht, unendlich mal dichter als in der Gegenwart.

100) *Neuer Geist:* Laßt euch nicht auslachen! Der Geist ist seit ? der gleiche, wenn auch seine Art sich zu stellen, wechselt, nur hat der einzelne mehr oder weniger von ihm!

101) *Anfang und Ende* des hochgespannten europäischen Begriffs von der Persönlichkeit fallen in eine Zeit der Tyrannis! Wie merkwürdig. Wie sehr Vollzug und nicht Ursprünglichkeit. (Aber persönliche und kollektive Tyrannen?)

102) *Die Jugend* überschätzt das Neueste, weil sie sich mit ihm gleichaltrig fühlt. Großes Unglück, wenn ihr Neuestes schlecht ist!

103) *Dem Humanismus* war der römische Redner im Senat Vorbild: Burckhardt, Die Kultur der Renaissance in Italien. Band I, Seite 261 (III. Abschnitt, 7. Kapitel). In der Gegenwart endete das bei den Advokaten. Auch die einzelnen Kriterien der Rede pflanzten sich fort. Es ist ein Bestandstück des Parlamentarismus als Ideal.

104) *Lesen.* Daß man es einmal beschreiben müßte. Wichtig am Romanlesen ist doch: in einer andern Welt leben. Welt für alle, Welt für wenige sind Unterkategorien.

105) *Politik* ist Wille und nicht Wahrheit. Eine sehr primitive Formulierung, aber folgenreich. Zwischen Politik und Geist bestehen ähnliche Zusammenhänge wie zwischen Wille und Wahrheit. Historisch pflegt man geistige und politische Entwicklung einer Zeit als Einheit zu behandeln; es ist bloß eine gegenseitige Abhängigkeit, aber die Funktionen sind zu trennen.

106) *Politik.* Die grundlegende Erkenntnis der neuen Zeit ist, daß man, im Besitz der Brachialmittel, nichts zu fürchten hat.

Als zweites müßte wohl der nicht-individuelle Heroismus zur Spra che kommen. Das Davonlaufen im Krieg und im Frieden. Das führt vielleicht auf einen Begriff: Passivität als moderne Waffe. (unter anderem: Wer im Leben aushält, bringt es zu etwas.)

In merkwürdigem Gegensatz dazu steht dann die Romantik, in die sich diese Entwicklung in Deutschland kleidet. Der Götterschutt und die Meistersingerei.

107) *Heroisch:* Nachdem das Heroische in der Kunst beinahe ausgestorben ist (sein letzter Vertreter Robert Musil, vor ihm die Duse), ist es auf Hitler gekommen.

108) *Zur Psychologie des Traums:* Das Primäre ist die Auflockerung des Vorstellens, das allseits Gleitende, das Denken, wie man es im Halbschlaf erfaßt. Dessen bemächtigt sich erst unter Umständen eine affektive Tendenz und macht eine Geschichte daraus.

109) *Schlechte Gesellschaft.* Kann man die Entwicklung eines durchschnittlichen Menschen nicht auch unter die Kategorie stellen: In schlechte Gesellschaft geraten, nämlich in die anderer Durchschnittsmenschen?! (zum Beispiel ich wäre Couleurstudent geworden)

110) *Thomas Mann.* Daß er so viele Schriftsteller loben kann, nicht bloß mag, hängt mit seinem Erfolg in der Zeit zusammen; denn die Zeit liebt, nebeneinander, ja auch die meisten von ihnen. Auch Kritiker, Literarhistoriker, Verleger müssen viel lieben können. Aber da gäbe es auch die Möglichkeit, die Literatur zu lieben, selbst wenn man sie schlecht vertreten wähnt! Ich bin das extreme Gegenteil mit meiner Kritik gegen beinahe alles. Teils bedeutet das den Unzeitgemäßen, teils vielleicht eine Unart? Es bieten sich dar: Autismus, Negativismus, Fanatismus mit seinen Varianten (System, Beschränktheit, schizothyme Komponente usw.). Wahr ist es, daß ich zwar selten «warm» werde, aber warm werden kann und dann eine Auflockerung fühle; aber es ist auch wahr, daß ich zum Beispiel im Falle Thomas Mann das Urteil nicht eigentlich änderte, son-

dern nur anders ausstattete. Ebenso urteile ich über Anfänger und ähnliches leicht zu gut, fühle mich selbst unobjektiv, aber geht das tief?

111) *Politische Fragen*, soweit sie in Notizen und Fragmente hineinspielen, haben vorderhand die Einteilung in: Macht (und anderer Zustand) und Kollektivismus-Individualismus. Zu letzterer Alternative:

1) Auf der flachen Hand, daß Kollektivismus das Individuum braucht. Dann handelt es sich um Unterschiede der Verwertung des Individuellen. Was liquidiert wird, ist das Zeitalter des Genies. Und zwar des kulturellen. Diese ersterbende Geschichte seit der Renaissance. Wie Gebirge manchmal ihre höchsten Erhebungen am Ende haben: Kant, Goethe…; die eigentliche Gipfelung aber Hegel, Fichte, die Konkurrenten der System-Totalität zu Gott. Zum Kollektivismus gehört auch schon die Entwicklung der gesteigerten Auflagenzahlen, die Ullsteinisierung. Damit wurde dem Genialen seine eigentliche Position genommen. Kann ich diese wiederherstellen?

2) Von der Masse die neue Leistung zu erwarten ist aber vielleicht doch nicht bloß Mystik. Siehe die Geschichtsphilosophie in Krieg und Frieden. Die Masse schafft sich ihre Führer. Man könnte es statistisch auf den Begriff der Chance stützen. Bestimmte Typen haben in bestimmten Situationen erhöhte Chance, und aus den möglichen Führern bildet sich der wirkliche. Das Genie wäre das «Unzeitgemäße».

112) *Architektur:* Repräsentative Verwirklichung eines auf die Zukunft gerichteten Willens. – Schlecht der auf die Vergangenheit gerichtete Wille; kann aber reizvoll sein. Moderne Bauweise: Gegenwartswille, aus den Bedingungen geschaffen, durchaus richtig als Zeitstil. Der Zukunftswille hat natürlich kein Ausdrucksmittel als die bauliche Mimik, also ein sehr beschränktes und eigentlich das, was der Dilettant überschätzt.

113) *Bei Betrachtung der Handwerker- usw. Politik:* Natürlich fordern auch wir Geister ganz naiv ein Standesinteresse, wenn wir vom Staat Kultur verlangen. Namentlich so bei der Utopie des geistigen Staats. Wie, zum Teufel, soll das also in Wirklichkeit aussehen?

114) *Ruhm.* Zu O.'s. Bemerkungen über mich: Es gibt zwei grundlegend verschiedene Arten berühmter Leute: die man kennt und: die man kennen soll. Die zweiten kommen und verschwinden mit der Kultur. (Die zweiten verschwinden und kommen aber auch. Beispiele bei Burckhardt, daß selbst die Renaissance große Fehlwertungen hatte.) (Es hat sehr viel Unheil gestiftet, daß man die Technik verfolgte: Tun, als ob alle sie kennten.)

115) *Beachtenswert:* Um 1900 kleine Auflagen. Nach 1919 große. Scheinbar ein Fortschritt. Der Kaufmann bemächtigte sich der Literatur, dann das Kriegspressequartier, und zuletzt der Staat. Eine folgerichtige Entwicklung. Ironische Gegenparallele: das Kino war anfangs reine Industrieangelegenheit und wurde später zur «Kunst».

116) *Ewigkeitscharakter* von Dichtungen. Gibt es einen besonderen, auch abgesehen vom überhohen Wert, der nicht ganz einwandfrei abzugrenzen ist? Verhältnismäßige Einfachheit der Vorstellungen bei starker Bildlichkeit und ähnliches dürfte eine dauernde Vorzugsstellung begünstigen. (Entscheidend ist aber der Start.)

117) *Bundeskulturrat.* Ein neuer Begriff, die Bundes-Kultur. Hängt zusammen mit Kulturpolitik.

118) *Lesen:* Viele Menschen haben die Neigung, was sie nicht erreichen können, zu entwerten (Fuchs – Trauben – sauer!), in der Anlage haben sie vielleicht alle. Verschollene Bücher, auch nur entlegene oder nicht bei seinen Freunden befindliche sind einem jungen Menschen unbequem erhältlich. Preise sie ihm an als etwas, das zu Unrecht vergessen sei, und er wird eine Abneigung gegen sie fassen! (Warum Bücher, die in Vergessenheit geraten sind, darin bleiben.)

119) *Ungewißheit und Erwartung:* zarteste Zustände. Wir erfahren meist im voraus, was in Romanen steht, aber wie schön muß es gewesen sein, als Anna Karenina in der Zeitschrift erschien; wie wird das weitergehn?

wie wird das enden? An diesem Kunstmittel ist etwas. Und wie ist es zur Neugierde industrialisiert worden, modo Wallace und Doyle. Diese Leute gehörten wahrhaftig geächtet in einem Staat, der ein Kulturstaat wäre.

Und was ist dieses «was wird geschehen?» ästhetisch?

120) *Mehrmals gelesen:* Das Phänomen, daß mir Vanity Fair zweimal gefallen hat und ich es das drittemal trotz fehlender Erinnerung nicht lesen konnte? Daß ich Lichtenberg ohne Interesse anlas und vierzehn Tage später verschlang? Gewiß, was daran persönliche Zustände sind, das ist bald verstanden; aber was ist objektiv am Buch? (Zusammen mit: Es ist schlechte Art zu kritisieren, ich war hingerissen usw.)

121) *Führertum.* Ausgehend vom Übergriff des Politischen auf die Dichtung, und deren Autonomie festgestellt: Wie gibt sich da aber der Führer zu erkennen? In der Politik ist seine Herrschaft seine Legitimation, in der Dichtung doch sicher nicht. Nicht einmal der sichtbare Ausdruck seiner Zeit ist er; diesen Dichter hat er schon hinter sich gelassen. Gibt es nicht bei Kant eine politische Parallelstelle?

122) *Loerke:* Ist dieser Dichter nicht tief unmusikalisch? Denn er erlebt die Musik so, wie ich es tue.

123) *Publikum:* Das wirklich Bedeutende erkennen zu können, bedeutet noch nicht, es sicher unterscheiden zu können. Siehe die Kombinationen Stoessl – ich und ähnliches.

124) *Staatslose:* Leben wir nicht – zum Beispiel Blei in Spanien – in Ländern, von deren Gesetzen usw. wir gar nichts wissen, so gut wie im eigenen?! Eine gewisse allgemein europäische Moral zu beobachten, genügt für den einzelnen, um nicht in Konflikt zu kommen.

125) *Ruhm.* Es gibt zwei von Grund aus verschiedene Arten Berühmtheiten: solche, die man kennt, und solche, die man kennen soll. Der Ruhm der einen folgt aus den natürlichen Neigungen, der der andern aus den

Forderungen der Kultur. Und eigentlich ist das der Unterschied zwischen berüchtigt und berühmt oder, weniger alt ausgedrückt, zwischen in Ruf und in Ruhm stehen. Man sollte auf ihn achten; aber es geschieht nicht, weil die Berüchtigten ruhmvoll sein wollen und die Ruhmreichen gern auch berüchtigt sein möchten.

126) *Der Eklektizismus* gibt fast ein Scherzrätsel auf, wenn man die Frage so stellt: Wovon kommt es, daß sich die schlechten Künstler einer jeden Zeit die guten der Vorzeit zum Muster nehmen, und nicht deren schlechte? Allerdings leuchtet es irgendwie ein, daß einem Nachahmer Originale gefallen können und einem schwachen Menschen starke. Das kehrt bloß die unsichere Menschlichkeit des Eklektikers hervor. Und auch daß die schwächere Begabung den Erfolg dort suchen muß, wo er schon zu finden gewesen ist, ja daß für sie der Erfolg eine größere Rolle spielt als für den Schicksalserwählten, ist natürlich. Auch gibt es eine Hörigkeit im Verhältnis zu den vorgebildeten Ausdrucksmitteln, die ganz abzustreifen, weder möglich noch wünschenswert wäre, und der Eklektiker ist ihr bloß allzu widerstandslos verfallen. Diesen Eklektiker, der reinen Herzens ist, genau zu beschreiben, könnte den schmalen Weg der Kunst sehr deutlich machen. Sein Seitenstück, der industriöse Künstler, ist nicht so sehr in der Anlage als bloß in der Nutzanwendung von ihm verschieden. Mit alledem ist aber nur die persönliche Bedingung des Eklektizismus berührt, der außerdem auch eine überpersönliche hat. Denn er setzt voraus – nur so ist Eklektizismus als gewählter Geschmack ja möglich! – daß der nachlebende Erfolg den bedeutenden Künstlern gehöre, daß die überschätzten falschen Meister mit der Erneuerung der Zeit ihre Anziehungskraft verlieren, und daß die natürliche Lockung, die das Mittelmäßige auf den Mittelmäßigen ausübt, von irgend etwas anderem überwunden wird. Es setzt also eigentlich voraus, daß sich der schlechte Geschmack früher ändere als der gute; ja, es setzt sogar voraus, daß er das von selbst tue, etwa wie das Sternlicht nach dem Untergang der grellen Tagessonne hervortritt. Es ist die sogenannte historische Gerechtigkeit, was sich einstellen soll, wenn die Dinge vorbei sind.

Gibt es sie? Zum Teil ist sie natürlich bloß eine Erfindung der Historiker, die einstens ihre Tyrannen damit geschreckt haben, daß die Weltgeschichte das Weltgericht sei, zu einer Zeit, wo die Tyrannen noch nicht selbst Schriftsteller waren. (In dieser guten alten Zeit standen Politik und Kultur noch zueinander in Gegensatz; es gab nicht einmal eine Kulturpolitik und ihr mögliches Ergebnis, die Kulturpolitik-Kultur.) Zum andern Teil gibt es aber, wenn auch eingeschränkt, eine historische Gerechtigkeit und Klugheit wirklich, und sie ist beständig am Werk, und sogar die übliche Erklärung, die ihr gegeben wird, ist richtig, daß sie mit der «Distanz von den Ereignissen» zusammenhänge, die sich mit der Zeit von selbst einstellt. Was bedeutet also diese Distanz?

ICH STELLE ZUSAMMEN

[Ende 1935 oder Anfang 1936]

Neros Unsterblichkeit. Die Pistolenschüsse eines Verse schreibenden Gymnasiasten, des Schülers Princip, haben den Weltkrieg zur Entzündung gebracht. Der wohlmeinende Universitätsprofessor Wilson ist unfreiwillig die Ursache davon geworden, daß dieser Krieg bis heute noch kein Ende gefunden hat. Georges Clémenceau, der siegreiche Advocatus diaboli in den Prozessen von Versailles, St. Germain, Trianon u.s.w., die Wilson als Advocatus dei verloren hat, ist ein an der Antike orientierter Geist gewesen, der manchmal zu seinem Vergnügen dichtete. Das schriftstellerische Werk Lenins und Trotzkis ist weltbekannt geworden, Lunatscharski hat Dramen geschrieben und Mussolini außer Dramen auch Romane. Warum sollte es da in Erstaunen versetzen, daß auch die deutsche Revolution als einen Nebenerfolg die Erscheinung gezeitigt hat, daß bald nach ihrem Sieg Dramen und Romane, die man bis dahin nicht gekannt hat, an die Öffentlichkeit gekommen sind?!

Da es aber den Geschichtsschreibern immer natürlich gewesen ist, ihre Helden mit Tugenden zu begünstigen, so hat es sie selten gewundert, daß die Helden der Politik auch auf anderen Gebieten, die in Ansehen stehn, nebenbei noch etwas leisteten, oder es wenigstens zu leisten bestrebt waren; sie haben es vielmehr ganz in Ordnung gefunden, und das darin liegende Problem ist ihnen entgangen. Dieses besteht aus der Frage, warum für die Menschen, die Geschichte machen, nur gewisse Richtungen der Nebenbeschäftigung in Betracht zu kommen scheinen und andere nicht.

Spur des Verständnisses: «Weichensteller- und Nachtwächterstaat» nennt einer die Staatsauffassung, der durch die Kriegs- und Nachkriegsgeneration ein Ende bereitet sei. Er zielt damit auf das freie Kräftespiel der Wirtschaft, das der Staat nur dämpfte, und verspricht ein neues Verantwortungs und Gemeinschaftsgefühl durch die Neuorganisation der Arbeit. Richtig ist, daß der gemeinsame Krieg völlig desavouiert wurde dadurch, daß nach ihm das Feilschen und Drücken zwischen Arbeitgeber und -nehmer wieder weiterging. Verständlich ist, daß der Nationalsozialismus die Gesinnung ändern will; sie mußte in der Tat von Grund aus anders werden. Und auch als Reaktion der «Front» gegen die Wirtschaft ist er Gesinnung. So rückt auch das Kriegerische in den Mittelpunkt, und zwar sogar ohne Kriegswille. Das Rassische erhält Verständnis aus dem Bedürfnis des Zusammenschlusses, aus einem überempfindlichen Bedürfnis etwa. Auf ein schwieriges Unternehmen nimmt man nur nächste Gefährten mit.

Gleichschaltung. Wie merkwürdig das ist, was heute mit dem deutschen Geist vor sich geht, läßt sich auch daran erkennen, daß für einen großen Teil dieser Vorgänge ein Wort in Gebrauch gekommen ist, das dem Sprachkundigen keine geringere Schwierigkeit bereitet als dem Fremden. Das zugrundeliegende Tätigkeitswort «schalten» gehört der älteren Geschichte der deutschen Sprache an und hat in der Gegenwart nur noch abgeschwächte Lebendigkeit besessen, so daß von ihm wohl viele Ableitungen in Gebrauch sind, es selbst aber ein wenig erstarrt war und nur in bestimmten Verbindungen benutzt wurde. So kann man beispielsweise wohl sagen, einer schalte frei oder nach Gutdünken mit etwas, aber der einfache Satz, man schalte, hat keinen ganzen Sinn mehr. Beiweitem am häufigsten kommt das Wort überhaupt in der Formel «schalten und walten» vor, die dem Sinn nach soviel besagt wie to manage und to have a free hand, aber ein wenig von poetischem Moos übersponnen ist. Man halte fest, daß in dem Einfall, das Wort schalten zu benutzen, Romantik enthalten ist. Sein ursprünglicher Sinn bedeutete stoßen, schieben, in Bewegung setzen, treiben.

Dieses romantische Wort hatte die neuzeitlichsten Kinder. Ein Schalter ist etwas bei der Eisenbahn, nämlich ein ticket-office, und etwas bei der elektrischen Zimmerbeleuchtung, bedeutet ein Fensterchen, das man auf- und zuschieben kann, aber auch in einem Elektrizitätswerk das große «Schaltbrett».

Nach dem Tag vom 24. Dezember 1935 schreibt die «Nationalsozialistische Parteikorrespondenz»: «Das Urteil im Reichtagsbrandstiftungsprozeß, demzufolge Torgler und die drei Bulgaren aus formaljuristischen Gründen freigesprochen wurden, ist nach dem Rechtsempfinden des Volkes ein glattes Fehlurteil. Wenn das Urteil nach dem wahren Recht, das in Deutschland wieder seine Geltung haben soll, gesprochen worden wäre, hätte es anders gelautet. Dann wäre allerdings auch schon die Prozeßanlage und die Prozeßführung, die vom ganzen Volke mit wachsendem Unwillen verfolgt wurde, eine andere gewesen.» Die «formaljuridischen» Gründe bestanden darin, daß der Staatsgerichtshof nicht die Überzeugung gewinnen konnte, daß die Belastungsgründe ausreichen.

Jedes Gefühl, jeder ungehemmte Mensch ist radikal. Eine Komponente des Rechts tritt hier heraus: Das Recht muß auch den Rechtsbrecher schützen! Sonst folgt noch auf eine Lüge Todesstrafe. Siehe zum Beispiel Entmannung für Exhibitionisten zugelassen (nach Der Tag 24. Dezember 1935) und ins Ermessen des Richters gestellt.

Dagegen: Gesetzliche Strafe ist eigentlich eine Tolerierung des Verbrechens; dieses bekommt seinen Preis. Man muß das Verbrechen «verfolgen»: so verlangt es der starke Staat; jedes Mittel anwenden, bis es ausgerottet ist. (Und die Behauptung, daß mit der Grausamkeit der Strafe nicht die Prohibitivwirkung steigt?)

Die Gefährlichkeit des Dichters

Die Phantasie eines Gymnasiasten, des Schülers Princip, hat den Weltkrieg zur Entzündung gebracht. Der wohlmeinende Universitätsprofessor Wilson ist unfreiwillig die Ursache davon, daß dieser Krieg (heute noch) kein Ende gefunden hat. George Clémenceau, der siegreiche Advocatus diaboli in den Prozessen von Versailles, St. Germain und Trianon, die Wilson als Advocatus dei verloren hat, ist ein an der Antike orientierter und zuweilen dichtender Geist gewesen. Lenin hat beständig geschrieben. Und Mussolini ..... Wundert es da noch ../ ohne Hitler, dafür aber der «geistige Charakter» dieser Revolution / (Eventuell bis daher: Ein auffallender Tatbestand)

Anders: Diese Revolution hat zweierlei gelehrt: 1) daß es Politik gibt (Vorderhand beiseite) 2) Das Umfallen des Geistes. Hat das ganz merkwürdige Schauspiel gezeitigt, daß Gelehrte, Denker von großer Bedeutung, Dichter .. weggewischt wurden, und die übrigen nicht nur nichts sagten, sondern sich nach kürzerem oder längerem Zögern zur Verfügung stellten. Verdient nähere Betrachtung, dieses geisterschütternde Schauspiel. I. der Geist war schon vorher politisiert. Zum Teil eine spezifische deutsche Erscheinung? Was sich schlechtweg der Geist nannte, war liberal demokratisch oder durch Mißverständnis dafür beansprucht.

Dichtende Politiker

1) Neros Unsterblichkeit. Man übersieht darüber, daß Nero geisteskrank war, als er Rom angezündet hat, den prophetischen Gehalt, daß er es angezündet hat, weil er ein Dichter war. Die Geschichte hat das aber längst darin symbolisiert, daß Nero ein dichtender Dilettant war und die Leier schlug als er dem von ihm angezündeten Brande Roms zusah. Sie hat es bloß dadurch abgeschwächt, daß sie ihn geisteskrank sein ließ und damit einen grundlegenden Zusammenhang, der anscheinend ganz dem Bereich des Normalen angehört, zwischen Dichtung und Weltgeschichte ins Illegitime rückte. (Überlieferungen wurden immer korrumpiert.)

2) *Hitler, der unbekannte Soldat.* Ein zukünftiger Kritiker wird auch diesen scheinbar nebensächlichen Zug nicht übersehen: ...

3) *Der unbekannte Dichter.* Ausgehn von den Dichtern der Demokratie,

die jetzt verschwunden sind und einer andern Schicht Platz gemacht haben. Gleichschaltung ist eine Erfindung des Mittelstandes. Gleichschaltung....

4) Man kann auch so fragen: Die Politiker sind Dichter, Soziologen, Geisteswissenschaftler (mit den moralischen Wissenschaften), Rhetoren, Advokaten, Geistliche, Kaufleute! (indirekt) Soldaten? Napoleon, Cromwell (Soldaten- und Predigernatur) Gustav Adolf. Warum sind sie nicht oder selten: Musiker, Bildhauer, Physiker, Philosophen (Marc Aurel), Zahnärzte. Zum Teil scheint das ganz natürlich zu sein. Zum Teil hat diese Frage ihre Tiefe. Es besteht eine gewisse zentrale Stellung des Dichterischen. Das Affektive, der Motor des Politischen, fehlt der einen Gruppe, die andere hat es. Im Dichter besitzt es gewissermaßen die am leichtesten auf das Politische umbaufähige Form.

Vielleicht darf man sagen: Dichtende Schauspieler. Das mißliche Verhältnis des Dichters zum Schauspieler übrigens auch hier (Aber Shakespeare?) Theorie und Praxis. Aber: Wehe, wenn er glaubt, er könne aus seiner Dichtung seine Politik machen; er entwickelt sich vielmehr als Politiker und nicht als Dichter weiter. Man wird auch fragen müssen: wie stellt sich der Politiker nachträglich zu seinen Dichtungen. Hält er sie noch für gut? Wenn er sie für gut hält und sie sind es nicht, was bedeutet das für seine Politik?

Gleichschaltung

  1) *Das Wort*

Es kennzeichnet die Merkwürdigkeit dessen (es wird Ausländern zu verstehen schwer gefallen sein), was heute zwischen Deutschen vor sich geht, daß jenes Wort Gleichschaltung, das dabei eine große Rolle spielt, in andere Sprachen nicht ohne weiteres übersetzt werden kann. Dieses Wort ist eines Tages dagewesen – aus dem Nichts für den noch nicht nationalsozialistischen Deutschen. Gleichgeschaltet werden Lampen, Maschinen und – Deutsche. Unterschied von Normen und Ähnlichkeiten. Aktive und passive Bedeutung hat es in der Psychiatrie. Hebel und ähnliche Mechanismen, elektrische Ströme ein- und ausschalten. Schaltwerk. Schalthebel.

Rund herum: Gleichstrom: Strom dessen Richtung gleichbleibt. Es gibt eine Batterieschaltung galvanischer Elemente, neben- und hintereinander. Man spricht von (verschiedenen) Schaltungsweisen bei der Dynamomaschine. Ebenso bei einer elektrischen Beleuchtungsanlage.

Schalten, mhd. stoßen, schieben (bes. ein Schiff), in Bewegung setzen, treiben. Wird nhd. zu = lenken; ahd. scaltan = stoßen nhd. Schalter = Schiebefenster von mhd. schalter (schelter) = Riegel. Schaltjahr schon ahd. wegen eingeschobenen Tages. (Stoßen ist Grundbedeutung auch von schalten) [Walten eigentlich = stark sein] siehe Gewalt.

Vereinheitlichung der Verwaltung. Durchdringung mit nationalsozialistischem Geist und nationalsozialistischer Form. Durchdringung mit einem Geist (Und da liegt der Unterschied von Normen).

> Der Dichter spricht: Ich war nie Partei. Ich war immer einsam. Ich habe meine Pflicht getan. Aber jetzt will man mich hindern, sie zu tun. Darum stehe ich da.

Goebbels: Der Intellekt kann nie schöpferisch sein, bringt nichts Neues hervor. Verstand sieht alles von zwei Seiten. Eventuell Fortsetzung: Vernunft und Affekt in der Politik. Auch Disziplin gehört hierher, zum Teil auch Retourkutsche. Daß sie überhaupt von einer nationalsozialistischen Weltanschauung sprechen. (Gruppenmeinung wäre besser!)

Zum Ganzen: Philosophische Strenge, philosophisches Pathos (Nietzsche) versagen! Ich bin nicht Philosoph. Sondern Dichter.

Die Ausführung spricht gegen die Machtphilosophie. Alle Ausführung spricht gegen das Auszuführende. Loblied auf die Demokratie à la Kakanien. Propaganda für Germany, aber in Germany nicht möglich. Tun und Denken. Ab Goethe. Machtphilosophie eine Partiallösung. Wissen von ihr einbeziehn, aber nicht sie verwirklichen.

Das Land ohne Nein. Das Volk, wo man nicht nein sagt. Frage: Was muß entstehn, wenn der Geistige alles, was von oben kommt, positiv aufnimmt und weitergibt? Oben heißt? Zufällige persönliche Äußerungen und Neigungen der Führer. Propagandaminister. Geist der Partei, der Kampfbünde usw. Gesetzte Institutionen.

Bei Betrachtung eines großen dicklichen Herrn mit Mappe in der Elektrischen 6 Uhr abends: Er kommt aus der Schule oder dem Büro. Er will sich nicht nochmals anstrengen. Der Nationalsozialismus gibt ihm das Gefühl, es geschehe etwas und sei auf dem guten Wege, Deutschland sei in starker Hand, während er verdient ausruhe. Das ist eigentlich natürlicher, als die Zeitung zu nehmen, Meinungskämpfe zu studieren und dergleichen. Der Parlamentarismus mit seiner Journalistik usw. wollte athenisisch sein und hat doch nur eine Karikatur zustandegebracht.

Der unaussprechliche literarische Gehalt einer Malerei, ich wollte auf ihn die Bildwirkung reduzieren, ihn wieder zu Ehren bringen. Kann es aber etwas Unaussprechliches = Literarisches geben? Contradictio in adjecto? Das Lyrische ist es. Schlachtenbilder, Genreszenen haben einen rationalen Gehalt. Über den sterbenden Fechter kann man nur ein Gedicht oder Circumskriptionen machen. Darum auch die mißliche Rolle vertonter Gedichte; da sind zwei Gestalten: Gedichte lassen sich höchstens in einem halb abgebauten Zustand vertonen.

Arithmetisches Gleichnis: Menschliche Einheit und Kooperation hat zwei Formen: Man bringt alle auf das kleinste gemeinschaftliche Vielfache oder sucht den größten gemeinschaftlichen Nenner. Ersteres strebe ich an, letzteres haben schon die demokratischen Zeitungen versucht, als sie ihren Romanteil nach dem dümmsten Leser richteten. Man kann auch sagen: Ein Ganzes aus den Menschen, eventuell der Nation machen oder ihr ein Gefühl, eine Idee geben.

Notiz zur Kulturpolitikskultur

[Nach dem 16. 10. 1935]

Kulturpolitikskultur.
   Zeitungsausschnitt über Vortrag Pernter beigelegt.
   Wir wollen nicht, daß Ihr glaubt, wir tun der Kultur etwas zuleide.
Wir trennen nur von allem einen Vor-Teil für das Katholische ab, und den
Rest teilen wir zu zwei gleichen Teilen zwischen dem Katholischen und
dem Übrigen.
   Wie sie die katholische Baukunst fördern, fördern sie den Schriftstel-
lerverein.
   Der alte Gedankengang: Sie bereichern nicht das Katholische, indem
sie die Kunst / das Große / darin aufnehmen; sondern sie anerkennen nur
das katholische Lippen- und Vereinsbekenntnis.
   [Was nützt es der Vaterländischen Front, wenn ich ihr beiträte? Einer
mehr wäre darin. Aber was nützte es, wenn sie mir beiträte! Darum
meine Zurückhaltung.]
   Sie nehmen alles Mittelmäßige, wenn es sich politisch bekennt, und
versuchen nun, darauf den Begriff eines Neuen Österreichers zu errichten. Sie haben ihn nicht; sie können das Mittelmaß nicht zwar aufnehmen, aber bloß dienen lassen: sondern sie müssen ihn nach dem Mittelmaß bilden.
   Letzten Endes kommt alles auf die Frage hinaus: was ist an der Kunst
und überhaupt am Geist objektiv?
   Sehr ungünstige Verteidigungsposition. Nicht zu sagen. Dennoch
kann man das nur festhalten.
   Ihr müßt daran glauben, daß das Geniale nicht so aussieht wie ihr.
   Was man den Stellenwert nennt! Auch die Nullen haben ihren Wert.
Aber wenn sie vor den Zählern stehn, verkleinern sie deren Geltung / Wirkung / und nur, wenn sie nach ihnen folgen, vergrößern sie
ihn!

Reden

Der Dichter in dieser Zeit

Vortrag zur Feier des zwanzigjährigen Bestehens des ‹Schutzverbandes Deutscher Schriftsteller in Österreich›
[16. Dezember 1934]
Meine Verehrten!

I.

Zu meinem Bedauern muß ich, ehe wir beginnen, wie der Regisseur, der den Sänger entschuldigt, vor Sie treten und meine Unpäßlichkeit ankündigen, weil sie mich nicht nur am Sprechen beeinträchtigt, sondern es auch verhindert hat, daß ich diesen Vortrag so vorbereite, wie es der Würde des Gegenstands und der Ihrer Anwesenheit entspräche. Immerhin hoffe ich, Ihnen wenigstens die Anregung zu einigen Gedanken vermitteln zu können, die es wert sind, heute gedacht zu werden.

II.

Und weil ich von dem Dichter und dem Heute zu sprechen habe, wird mir der Anfang leicht, denn ich darf ruhig von beiden behaupten, daß wir nicht wissen, was sie sind.

Vielleicht darf ich das zuerst am Dichter ausführen. Ich habe vor einigen Jahren eine kleine Lächerlichkeit veröffentlicht, worin ich beschrieb, welche große moralische, aber auch wirtschaftliche, Bedeutung der Annahme zukommt, daß es, irgendwo, den Dichter gebe. Verlagswesen und Buchhandel; Druckereien, Bindereien und Papierfabriken; Korrektoren; das Feuilleton der Zeitungen; Theater und Film; Büros, die Manuskripte verschicken, Büros, die Mattern verschicken, Büros, die Bilder verschicken; die staatlichen Aufsichts- und Leitungsbehörden; die Anstellung von Gymnasial- und Universitätslehrern; Kartelle, Genossenschaften, Bi-

238

bliotheken mit ihrem Personal, nicht zuletzt die Existenz einer einträglichen Unterhaltungsschriftstellerei: dieses große, unabgrenzbare über dem Lesen und Schreiben errichtete Gebilde, das so vielen Menschen einen auskömmlichen oder reichlichen Lebensunterhalt gewährt, beruht ganz und gar auf der Erhaltung des Gefühls, einer großen Sache zu dienen, denn ohne dieses Gefühl könnten beiweitem nicht so viel Menschen leichten Herzens die schlechten Bücher lesen, die sie vorziehen, und dadurch das Lesen zu einem würdigen Teil des nationalen Lebens machen. Dabei weiß kein Mensch, wer wirklich ein Dichter ist, wenn man diesen Begriff so hochschraubt, wie es einer solchen Bedeutung entspricht, und was ein Dichter ist. Vielleicht gibt es unter den Lebenden ein Dutzend dieser Karyatiden, die einen ungeheuren Wirtschaftsapparat mit ihren Schultern stützen, es soll auf die Zahl nicht genau ankommen; aber sicher ist es, daß es ihnen dabei größtenteils schlecht geht.

Sie werden nur von einem verhältnismäßig kleinen Kreis Verständiger gekannt, ihr Einkommen ist in einigen bekannten Fällen das von Bettlern, und das Widerspruchsvollste ist, daß alles, was von ihnen lebt, es sich scheinbar angelegen sein läßt, sie raschestens zu töten. Ihretwegen bekommen Schriftsteller Preise, die es nicht verdienen; ihretwegen veranstalten die Sender Würdigungen für andere; und am klarsten hat das einmal eine Geist durch öffentliche Veranstaltungen verbreitende Dame ausgesprochen, als man sie fragte, weshalb sie eigentlich einen Dichter übergehe, dem zu dienen, ihr so naheliegen müßte. «Was soll ich Ihnen sagen?» erwiderte sie. «Ich bin so feinfühlig. Er stört mich!»

Ist diese Darstellung Übertreibung? Sie drückt eine Wahrheit aus, die so nackt ist, daß sie, wenn schon von keinem anderen, so wenigstens von einem Nuditätengesetz verboten werden müßte!

III.

Ebensowenig weiß man vom Heute. Einesteils versteht sich das von selbst wie immer, weil man der Gegenwart zu nah ist; andernteils darf man aber in dem besonderen Fall wohl auch sagen, daß wir in dem Heute, in das wir fast schon vor zwei Jahrzehnten hineingefallen sind, ganz besonders tief darinstecken.

Dennoch möchte ich versuchen, einige Haupteigentümlichkeiten dieses Zustands hervorzuholen. Ob es eine gewaltige Zeit ist, in der wir leben, diese Frage möchte ich bescheiden unbeantwortet lassen; eine gewalttätige Zeit ist es bestimmt. Begonnen hat sie, ziemlich überraschend, im Sommer 1914. Mit einem Mal war die Gewalt da und hat die Menschheit seitdem nicht wieder verlassen, und ist ihr in einem Maße zu eigen geworden, das vor jenem Sommer als uneuropäisch gegolten hätte. Und ihr erstes Auftreten war schon damals unverkennbar von zwei merkwürdigen Gefühlen begleitet: Zum ersten, einem lähmenden Gefühl einer Katastrophe. Was man europäische Kultur nannte, hatte plötzlich einen Riß erhalten, war Friedensplunder geworden. Zum zweiten trat gleichzeitig damit das noch erstaunlichere Gefühl einer neuen festen Zusammengehörigkeit im kleineren Rahmen der Nation auf, und tat dies mit einer Stärke und Unkritisierbarkeit wie ein aus Urtiefen aufsteigendes, vergessen gewesenes, mythisches Gefühl. Ich habe das schon damals ausgesprochen, habe auch nach dem Zusammenbruch davor gewarnt, dieses Gefühl leicht zu nehmen; und andere unbefangene Beobachter haben sein erstes Auftreten ähnlich wahrgenommen wie ich.

Unschwer läßt sich in diesen beiden Gefühlen die affektive Triebkraft von vielem erkennen, was seither große Wichtigkeit gewonnen hat.

Und diese Entwicklung seit dem Kriege, die sowohl eine neue Zusammengehörigkeit in sich schließt als auch die Zweifel an der vergangenen, möchte ich die kollektivistische nennen, um das, was den «freien Geist» am meisten angeht, an ihr hervorzuheben. Mussolini soll dieses Wort als erster vom Totalen Staat gebraucht haben. Aber der Kollektivismus ist nicht nur als staatlicher Anspruch aufgetreten, sondern auch als nationaler und als Klassenanspruch und hat je nach den historischen Umständen in Italien, Rußland, Deutschland verschiedene Formen angenommen, ja sogar solche, die im schärfsten Gegensatz zueinander stehn. Gemeinsam ist ihnen allen aber das Übergewicht kollektiver, gesamtheitlicher, Interessen gegenüber den individuellen, und ihre mehr oder weniger rücksichtslose Geltendmachung in unserem Zeitalter.

Der Anspruch als solcher ist nicht neu, nur seine Mannigfaltigkeit und Stärke und eine gewisse Einseitigkeit seiner Argumente sind es.

Weil der Mensch von Natur ein ebenso kollektives wie individuelles Wesen ist, ja gerade weil das wissenschaftliche Denken, unerachtet der Bedeutung des Persönlichen, vielleicht das Kollektivste ist, was es gibt, war der Gedanke der Kollektivität in der Sittenlehre natürlich längst schon vorgebildet, ehe er seine neue Form bekam. Lessing zum Beispiel forderte in der Erziehung des Menschengeschlechts, die Menschheit als Ganzes solle in der Unendlichkeit ihres Seins zu einem Endzustand der Vollkommenheit erzogen werden. Kant sah bloß in der unendlichen Entwicklung der Menschheit die Möglichkeit einer Erfüllung des Sittengesetzes. Und nach Schiller war der große Mensch der Repräsentant der Gattung.

Angesichts solcher Aussprüche drängt sich freilich die Bemerkung auf, daß der Kollektivismus seither aus der Unendlichkeit ordentlich in die Nähe gerückt ist! Und es kann wohl auch nicht verschwiegen werden, daß er sich in der Zeit unserer Klassik auf die «Humanität» und auf die «Persönlichkeit» verlassen hat, wogegen er heute antiindividualistisch und antiatomistisch auftritt und nicht gerade ein leidenschaftlicher Verehrer der Humanität ist.

Wir werden darauf noch zurückkommen müssen –

IV.

– wollen aber vorher zur Erholung einen kleinen Seitenblick auf unseren nächsten Kreis, den der Literatur, werfen.

Wir sehen dort einen Zug der geschilderten Entwicklung darin, daß man in der Erzählung, namentlich im Roman, schon seit geraumer Zeit Einzelschicksale nicht mehr so wichtig zu nehmen vermag wie früher. Denken wir etwa zum Vergleich an Dickens oder Meredith.

Allerdings, das behagliche Erzählergewissen hat sich auch deshalb verschlechtert, weil die geistige Gesamtentwicklung vom Dinglichen fort auf Gesetz, Statistik und anderes geht. Der Hauptgrund bleibt aber wohl der, daß die soziale Entwicklung das Einzelwesen schon längst nicht mehr so wichtig nimmt wie zur Biedermeierzeit der Klassik. Der Einzelne weiß sich wirtschaftlich und beruflich ins Ganze verflochten. Der Gedanke, daß es – irgendwie – nicht mehr so sehr auf ihn ankomme, liegt schon in ihm selbst, und ist vom Krieg noch dazu sehr eindringlich doziert worden.

V.

Ein zweiter Seitenblick: Das äußert sich auch als Charakterschwäche. Ich möchte dafür auf einige sehr lebendige Beispiele hinweisen:

Vergegenwärtigen wir uns den Kriegshelden, wie ihn unsere Zeit hervorgebracht hat. Im Ganzen hat er die ungeheuerste Opferbereitschaft und Widerstandskraft bewiesen, aber seine Tapferkeit war – wenn man, wie billig, von den Ausnahmen absieht – nicht individualistisch. Die Massenform im Krieg war eine große Tapferkeit, die durchaus auch feig sein konnte. Man lief heute davon, und zwar so weit wie möglich, und griff morgen wieder mutvoll an. Man könnte es vielleicht Homerisch nennen (denn der Homerische Held konnte vor Angst schreien, gehorchte aber doch seinem heldischen Sittengesetz). Wie immer dem sei, und wieweit man es vergleichen oder nicht vergleichen kann: Was wir im Krieg erlebt haben, war unsere Unselbständigkeit und Abhängigkeit in einer Masse, von der wir vor- und zurückgerissen wurden, und mit der wir Befehlen gehorchten, in die wir keine Einsicht hatten, deren Berechtigung wir aber summarisch anerkannten.

Das wird verdeutlicht durch das Schauspiel, das der letzte Umsturz in Deutschland dargeboten hat. In jenen Tagen zeigte eine große und tapfere Nation zur Hälfte das Bild stürmischer Sieger, zur anderen Hälfte das von verschüchterten, ratlosen Menschen. Man muß sagen: sogar von Feiglingen; denn gerade darin liegt das Problem, daß solche Feiglinge Helden gewesen sein und auch wieder werden können. Der heutige Mensch erweist sich als noch unselbständiger, als er es selbst meint, und wird erst im Verband zu etwas Festem.

Dazu gehört endlich auch das «Umfallen» des Geistes, ein bemerkenswert zu Tage getretener Mangel an «Zivilcourage». Was haben Menschen nicht bereitwillig oder zögernd in diesen Jahren abgeschworen oder preisgegeben, das zuvor zu ihren unveräußerlichen Überzeugungen und tiefsten Grundsätzen gehört hatte! Es gibt keinen Grundsatz der Humanität, der Sittlichkeit, des Rechts, der Wahrheit, der nationalen Gemeinsamkeit, der Achtung vor anderen und ihrer Leistung, der sich nicht darunter fände. Man wartete auf die «Göttinger Sieben» des Jahres 1837, aber sie kamen nicht. Der Mensch, die «Persönlichkeit», der Geist verhielt sich so, wie sich der Körper im Artilleriefeuer verhalten hatte, er duckte sich. Es erschien zwecklos, aufzuspringen und die Arme gegen Himmel zu heben. Und wahrscheinlich wäre es auch wirklich zwecklos gewesen. Aber welcher Unterschied ist es, der sich da seit den klassischen Tagen des Geistes in Deutschland ausgebildet hat!

Bezeichnenderweise ist dann das einzige gewichtige Selbstbeharren nicht vom «freien Geist», sondern von den religiösen Verbänden ausgegangen, also, von dem besonderen Geiste der Religiosität abgesehen, von organisierten Verbänden, was wieder auf die Unselbständigkeit, das Führungsbedürfnis, die äußere und ihr folgende innere Abhängigkeit des heutigen Menschen hinweist.

VI.

Es waren somit doch etwas mehr als Seitenblicke, die wir getan haben und von denen wir etwas mitbringen von der Art, daß sich von einer dämmernden Erkenntnis der notwendigen Charakterlosigkeit des heutigen Menschen sprechen ließe, ohne daß damit etwas über das Maß ihrer Erlaubtheit gesagt sein soll.

Darüber hinaus ließe sich aber vielleicht auch etwas Allgemeines behaupten. Ich habe einmal – noch ehe es die bürgerlichen politischen Bewegungen gab oder als sie gerade erst anfingen – einen Gedankengang niedergeschrieben, der ungefähr so lautete: das Wachstum der in einem gemeinsamen Wirkungskreis vereinigten Menschenanzahl und das Wachstum der sie verbindenden Kräfte und Einrichtungen müssen miteinander Schritt halten, wenn nicht allmählich ein Zerfall beginnen soll. Man kann das unter Umständen nicht sich selbst überlassen. Die Not des Kriegs und der Zeit nach ihm hatte das fühlbar gemacht und die Entwicklung gezeigt; aber irgendwann hätte auch ohne sie eine Reaktion auf die «liberale» Behandlung der menschlichen Angelegenheiten eintreten müssen. In diesem Sinn wäre also der Kollektivismus als ein Inbegriff disziplinärer Versuche zu verstehen, so wie seine Neigung zu gewaltsamem

Eingreifen durch die Erschütterung der es verbietenden Kulturbegriffe verständlich wird.

Das ist natürlich nur zum kleinsten Teil eine ursächliche Erklärung. Eine solche müßte die konkreten Umstände anführen, aus deren Verschiedenheit die unterschiedlichen Kollektivismen entstanden sind und die Entwicklung ihrer Ideologien berücksichtigen. Was ich mir anzudeuten erlaubt habe, ist bloß und ist gleichsam die Schnittlinie, wo die allgemeine geistige Entwicklung mit diesen besonderen Entwicklungen zusammentrifft. Und dahinter verbirgt sich keinerlei Geschichtsmythologie. Solange die weiße Menschheit noch Zukunft vor sich hat, wird sie immer im kritischen Augenblick das kritische Mittel gebären: Das ist nicht Metaphysik, sondern ein analytischer Schluß aus der Annahme, daß es noch nicht und nicht so bald abwärts geht. Es ist allerdings Optimismus; und heute, wo es soviel Optimismus gibt, mag es manchem schwer erscheinen, ein optimistisches Bekenntnis abzulegen: aber das Verstehenwollen gehört zu den wenigen unbestrittenen Funktionen, die dem Geist noch geblieben sind, und er wird meistens annehmen, daß die Menschheit irgendein Ziel, irgendeine Aufgabe, irgendein sinnvolles Vorsich besitzt, das wir weder sehen, noch aber auch gar nicht sehen: mit einem Wort, sein Optimismus ist, wenn er die Welt betrachtet, ungefähr in die Worte zu fassen: wir irren vorwärts!

Darüber darf man aber nicht vergessen, daß sich aus der moralischen Lage, die wir dem Kollektivismus vorausgesetzt haben, verschiedene Schlüsse ziehen lassen. Wenn die sittlichen Kräfte des Einzelnen im Verhältnis zur Umwelt zu schwach sind, so läßt sich nicht nur die äußere Fassung verstärken, sondern es bestünde auch die Möglichkeit, auf den Einzelnen erhöhend einzuwirken, und eine dritte Möglichkeit ist es, beides zu tun. Es gehört nun zur Gegenwartsgeschichte, wie sie sich zu dieser Alternative verhielt, und es bestimmt auch die Lage, die der Dichter in ihr gefunden hat. Natürlich ist es immer die dritte Möglichkeit, Einwirkung von innen und außen, wovon in Wirklichkeit Gebrauch gemacht worden ist und Gebrauch gemacht wird; aber der Unterschied von Einst und Jetzt ist der, daß seit den Tagen der Klassik das richtige persönliche Verhalten das Ziel des Geistes war, und daß ihm auch von der Gesetzgebung ein weites Feld überlassen blieb, und daß in diesem richtigen persönlichen Verhalten das richtige Verhalten zum Ganzen größtenteils inbegriffen sein sollte, während es heute umgekehrt hergeht. Es ist das also ein Wechsel der Hauptrichtung, die gleiche Sache wird am entgegengesetzten Ende angepackt.

Führt man den Antiindividualismus und die mit ihm eng zusammenhängende Abneigung gegen die Demokratie bloß darauf zurück, so sollte man meinen, daß die Grundsätze nicht gar weit auseinander liegen müßten. Der Kollektivismus ist in keiner seiner Formen undemokratisch zu nennen, er ist eher eine neue Form der Demokratie oder hat wenigstens das Streben danach neben anderen Bestrebungen an sich, oder vielleicht gibt es überhaupt keine Regierungsform, die nicht in irgendeiner Weise demokratisch sein muß. Und es ist auch ein merkwürdiger Gegensatz, der niemand entgehen kann, daß alle kollektiven Formen mit einem gesteigerten Bekenntnis zum großen Individuum, zur genialen Persönlichkeit, verbunden sind und das im Führer-Prinzip und dem dazugehörigen pyramidenartigen Aufbau des Staates auch ausdrücken. Also müßte auch die große wissenschaftliche und künstlerische Individualität damit vereinbarlich sein, aber bekanntlich haben sich da erstaunliche Schwierigkeiten ergeben.

An sich sind ausgeprägte Machtformen durchaus verträglich mit dem Kultus des Geistes und der Individualität, wie das Beispiel der Renaissance lehrt, in der die Vorstellungen des Genies und der großen Person überhaupt entstanden sind, deren Anfang und Ende also möglicherweise mit einer Gewaltherrschaft zusammenfiele.

Wie immer man aber philosophieren mag, die Geschehnisse sind nicht theoretisch entstanden, sondern wirklich und vieldeutig, wie es alles Wirkliche ist. Wir müssen den harmlosen Satz, daß im Kollektivismus die menschenbildende Einwirkung von außen überwiege, darum in der Weise ergänzen, daß der Mensch als Staatsbürger mancherorts heute so organisiert wird, daß von ihm beinahe nichts übrigbleibt als der unendlich kleine Schnittpunkt der verschiedenen öffentlichen Ansprüche. Der individuellen Sphäre wird die Mehrzahl der Rechte entzogen und der öffentlichen überantwortet, und daraus erst ist ein etwas fragwürdiges

Verhältnis der Politik zu den schöpferischen Kräften außerhalb der Politik entstanden, das wohl allen Formen des Kollektivismus gemeinsam ist, wenn auch die angewandte Gewalt nicht nur so verschieden ist wie Windstärke Zehn und eine angenehme Brise, sondern auch mit einer Auffassung verknüpft erscheint, die alle Stufen zwischen der ehrlich bedauernden Einsicht in die Unentbehrlichkeit des Zwanges und der blanken Anbetung der Gewalt einnimmt.

Wahrscheinlich ist der Mensch keine Ameise und deshalb wird schließlich auch der Träger der Kollektivität der Einzelne sein; wenn sich der Geist aber darauf vorbereiten will, so gerät er manchmal in eine bedauernswerte Unsicherheit, denn er weiß noch nicht, wo er anfängt und wo er aufhört.

VII.

Mit unseren Ausführungen über diese Dinge sind wir längst in das Verhältnis des Dichters zur Gegenwart verwickelt worden. Aus politischen Gründen sind vielerorten die Begriffe der Humanität, der Internationalität, der Freiheit, der Objektivität und andere mißliebig geworden. Sie gelten als bourgeois, als liberal, als abgetan. Sie werden unterdrückt, aus der Erziehung ausgeschaltet, ausgehungert. Nicht alle auf einmal; die einen da, die andern dort. Es sind aber für den Dichter die Begriffe seiner Überlieferung, mit deren Hilfe er sein persönliches Selbst mühsam gefestigt hat. Er braucht ihnen gar nicht allen beizupflichten, er kann bestrebt sein, sie zu verändern, so bleibt er ihnen doch allen verhaftet, weit mehr, als man dem Boden verhaftet ist, auf dem man wandelt. Der Dichter ist nicht nur der Ausdruck einer augenblicklichen Geistesverfassung, mag sie selbst eine neue Zeit einleiten. Seine Überlieferung ist nicht Jahrzehnte, sondern Jahrtausende alt. Der Liebesbrief eines phönikischen Mädchens könnte heute geschrieben sein. In einer ägyptischen Skulptur liegt Tieferes von der deutschen Seele ausgedrückt als in allen deutschen Kunstausstellungen. Und die Geschichte des Geistes bewahrt durch die politischen Umgestaltungen hindurch ihren eigenen Gang.

Schließlich drückt sich das alles ja auch in einer gar nicht aufzulösenden Paradoxie aus: Denn wenn man den verschiedenen Ansprüchen, die darauf hinauskommen, daß sich der Dichter so völlig wie möglich der herrschenden Ideologie einer Gemeinschaft angleichen müsse, alles zugestünde, so wäre schließlich das Ergebnis, daß jedes Land nicht etwa nur seine Heimatdichter besäße, sondern mit dem Namen Dichtung überhaupt ganz verschiedene Gebilde bezeichnet würden.

Beinahe ist man aber schon so weit, wenn über Nacht der literarische Himmel umgewälzt wird und Dichter, deren Platz man in irgendeinem Sternnebel kannte, plötzlich zu Sternen erster Ordnung werden, nach denen der erstaunte Wanderer aufblickend seinen Weg richten soll.

VIII.

Und dabei muß natürlich zugegeben werden, daß die Kunst immer Einwirkungen von der politischen und wirtschaftlichen Verfassung ihrer Zeit empfangen hat. Wir können an Goethe sehr gut unterscheiden, daß etwas Goethe und etwas Biedermeier ist; und ein antikes Gedicht unterscheidet sich von einer Goethischen Nachdichtung als Gattung. In das Persönliche ist da etwas Unpersönliches oder Überpersönliches gemengt.

Anderseits ist uns (allerdings einem besonderen Uns) auch dieses Überpersönliche zum Teil noch erreichbar. Ein chinesischer Spruch, tausend Jahre vor unserer Zeitrechnung entstanden, ist uns keineswegs nur Sache einer fremden Zeit, und es gibt ganz abseitige Mönchsgedichte des Mittelalters, in denen eine dem Europäer kaum noch verständliche Religiosität glüht, deren Aufflammen man sich doch jeden Augenblick vorstellen könnte.

Das Problem der Internationalität der Kunst und das der Überzeitlichkeit der Kunst sind uns nur zwei Ausdrücke der gleichen Eigenschaft, und man kann wohl Hofmannsthal in eine solche Reihe einordnen, nie aber einen Dichter, der seinen Stellungswert nur einer Konstellation kunst-äußerer Umstände verdankt. Unsere Erfahrung hat uns also – eine politisch ganz vorurteilslose Erfahrung! – an ein Spezifikum, ein Aroma «Kunst» oder «Genialität» glauben gelehrt, von dem der Einzelne mehr oder weniger haben kann, das aber ganz unabhängig von Ort, Zeit, Nation und Rasse ist. Wir glauben es sofort zu fühlen, und nichts ist so sicher wie der übereinstimmende Spürsinn der Bedeutenden, des «auserlesenen Zirkels», von dem Schiller gesprochen hat, der «kleinsten Schaar» Goethes. Auf ihr ruht heute vielleicht die Zukunft unserer Kultur.

Aber freilich, nicht immer ist die Übereinstimmung verläßlich, auch im kleinsten Kreise. Und vielleicht wäre einzuwenden, daß gerade unsere Zeitspanne historisch sehr rezeptiv ist, und leicht einer solchen Täuschung unterliegen könnte. Man wirft ihr vor, daß ihre Aufnahmefähigkeit bis zur Negerkunst hinabgestiegen ist, und es soll anders werden mit ihr. Unsere Eltern haben über einen Greco oder van Gogh noch gesund gelacht. Und sie haben sogar über Ibsen gelacht. Dafür Hamerling groß gefunden, wenn sie ihm auch noch nicht ein Denkmal errichteten!

Man könnte manchmal schwindlig werden wie auf einem schmalen Brett über unerschöpflicher Tiefe.

IX.

Unsere Begriffe leisten uns dabei noch keine verläßliche Hilfe. Es gibt ästhetische und kritische Begriffe, die für die zukünftige Anwendung, wenn sie selbst genauer durchgearbeitet sein werden, sehr viel in Aussicht stellen. Aber dazu bedarf es noch allerhand Arbeit. Ich darf ja wohl sagen, daß noch nicht einmal das Wesen der Wahrheit genügend beschrieben ist; und das Wesen der Schönheit wird ihr erst in respektvoller Entfernung folgen. Manchmal kommen einem indirekte Hinweise zu Hilfe. So zum Beispiel der auf die Literaturgeschichte, die eine merkwürdige Belohnungsanstalt für Tote ist, da sich an diesen ganz von selbst ein gewisser Zug von Größe heraushebt, sofern sie ihn besitzen, wobei sich, trotz aller Irrtümer, die auch der Literaturgeschichte anhaften, doch merkwürdig übereinstimmend zeigt, daß die gute Gesinnung auf ihn keinen Einfluß hat.

Auf dem Gebiet der ästhetischen Werte kann leicht ein Kind mehr fragen, als neun Weise beantworten können. Trotzdem ist es vielleicht empfehlenswert, wenn das Kind fragt – und nicht selbst die Antworten dekretiert.

X.

Eigentlich kann man die Dichtung nur der Nachsicht empfehlen, und da unser kleines Österreich ja jetzt eine Art Arche Noah der deutschen Kultur geworden sein will, darf man das pflegliche Zartgefühl auch erwarten. Ein Herabmindern der Schädigungen, ein bedachtsames Trennen des Guten vom bloß Gutwilligen – nun, es wäre wohl einiges anzuführen, aber viel läßt sich überhaupt nicht tun. Es ist vielleicht das Wichtigste, sich einigermaßen ungetrübte Vorstellungen von dem, was da gegeneinanderwogt, zu verschaffen.

Unsere Literatur wäre eigentlich gar nicht vorbereitet darauf, wenn sie jetzt plötzlich zu Ehren kommen sollte. Sie hat keine übermäßig gute Zeit hinter sich. Sie war um 1900 morbid, aristokratisch, psychologisch, aber auch sozial und analytisch; und um 1920 geistgezielt, chaotisch, drangvoll, dynamisch und dergleichen. Ihre kritische Betreuung war entweder eine Sammlung der herrlichsten Lobsprüche, oder es schienen besondere Vokabeln die Kritik anzuziehen wie der Strudel den Schiffer, wobei sie ungefähr alle zehn Jahre gegen eine andere Wortgarnitur ausgewechselt wurden. Im äußerlichen wandelte sich diese Literatur nach dem geheimnisvollen Gesetz der Hunderassen, Bargetränke und Tanzarten. Die geistige Produktion war in hohem Grade merkantilisiert. Anstelle des Bildungsideals der Klassik war in hohem Grade das Ideal der Unterhaltung getreten, wenn es auch künstlerisch angehauchte Unterhaltung war. Trat man aber abseits davon, in die stillen Haine des «Seriösen», so staunte man über die große Anzahl derer, die eigentlich nicht hingehört hätten.

Diese Literatur richtete sich alles in allem immer mehr nach den Gesetzen der kleinsten menschlichen Fassungskraft.

Zwischen diesem Getriebe gab es aber viel Gutes und Ernstes und viel, worin Gutes und Ernstes lag; doch ist es begreiflich, daß dieses auch von denen weniger beachtet wurde, die gegen das Ganze einen «Kulturprotest» im Herzen trugen.

Um es kurz zu machen, auch in den Protest, der als berechtigt gelten mag, haben sich allerhand verfälschende Bestandstücke eingemischt, die ihn um die richtige Wirkung bringen. Ich will einige davon herausgreifen.

XI.

Irgendwann hat es sich bei uns Deutschen eingebürgert, daß – sagen wir beispielsweise die Gendarmen sogleich protestieren, wenn sich ein Dichter einfallen läßt, etwa einen Gendarmen als Mörder auf die Bühne zu bringen. Woher kommt das? Es erinnert an die beliebte Anekdote vom naiven Zuschauer, der den Intriganten des Stücks verhaften lassen will; und wenn sich nicht seit je hoch- und höchstgestellte Kreise davor geschützt hätten, daß ihresgleichen auf der Bühne erschiene, dürfte man sagen, daß es von ungenügendem Verständnis komme. Die Trennung von Wirklichkeit und Schein, oder vielleicht richtiger gesagt, von Leben und Betrachtung des Lebens, von der Bewegung im inneren und im äußeren Raum, diese Trennung, die so grundwichtig für die Dichtung ist, ist bei uns niemals anerkannt worden. Nicht nur von den Großen nicht, wo das vielleicht eine auf jeden Fall angewandte Vorsicht war; sondern auch von den Kleinen nicht, denn wie oft haben hinwieder Volksfreunde vom Dichter verlangt, daß er Aktion ausstrahle, und nicht Erlebnisse für wenige gestalte: die Fürsten wollten nicht einmal ihre Uniformen getreu wiedergegeben sehen, die anderen dagegen verlangten sogar die Wiedergabe ihrer Gedanken!

Diese zweite Verwechslung ist ungleich einflußreicher geworden, man braucht sich nach großen Beispielen nicht lange umzusehn. Sie findet ihre Stütze darin, daß sowohl die Politik wie die Dichtung einen weltanschaulichen Teil enthalten. In den seltensten Fällen erzeugt diesen die Politik selbst, sie entnimmt ihn anderswo, und später entsteht dann daraus der Irrtum, daß schon der Geist – will sagen, daß bestimmte Positionen des Geistes politische seien. Als Beispiel sei etwa an den Begriff des Liberalismus gedacht: Sein Ursprung ist die Liberalität, eine große Geistestugend; und Goethe sagt: er war ein liberaler Mann, ohne natürlich das zu meinen, was man einen Liberalen nennt. Auf diese Weise sind die meisten Ideen aus ihrem freien Element in das der Politik versetzt worden und haben für viele Menschen so sehr deren Aussehen angenommen, daß diese Menschen an ein unpolitisches Fühlen und Denken gar nicht mehr glauben wollen. Es ist aber für die Politik sehr wichtig, dieses Fühlen und Denken sich als ihr Reservoir zu erhalten.

Nun ist aber eine gegenstandsmäßige Trennung der Bereiche von Literatur und Politik kaum noch durchzuführen und besteht potentialiter überhaupt nicht; desto lebendiger muß darum die Verschiedenheit der Funktion dem Gefühl aller werden.

XII.

Ich erinnere an das alte Beispiel vom schön gemalten Bild eines abscheulichen Gegenstands: es darf als Binsenwahrheit gelten, daß es ein schönes Bild ist. Wie ist das aber, wenn ein schönes Gedicht eine verwerfliche Gesinnung enthält? Natürlich ebenso. Es enthält diese Gesinnung nicht mehr als Gesinnung, sondern als Rohstoff, als gänzlich unselbständiges und irreal gewordenes Moment. Es kann vorkommen, daß ein Dichter plötzlich einmal mit der größten Liebe das darstellt, was er als Privatperson haßt. Man könnte geradezu sagen, daß sein Geist zu allem fähig sei, aber auch fähig sei alles aus der gewöhnlichen Bedeutung zu lösen, während sich der Dilettant durch ein beständiges Gefühl auszeichnet und darum auch leicht von Zeiten der Eingeistigkeit in die Höhe getragen wird.

Hier möchte ich daran erinnern, daß es ebenso, wie es schöne Bilder häßlicher Gegenstände gibt, auch wertlose Bilder schöner Gegenstände geben kann. Es sei den Natur- und Gesundheitsschilderern ins Ohr gesagt, die schreiben, daß der Buchfink schlug.

Das Kunstwerk ist eine Abstraktion vom Leben und seinen Bindungen, sein Genuß und Verstehen setzen ein Abstrahierenkönnen und -wollen voraus, das auch bei Kunstmenschen nicht allezeit anzutreffen ist; es stellt sich aber immer ein, sobald sie «etwas» wittern. Erst auf dieser Abstraktion baut sich das in Wahrheit Dargestellte auf. Alle unsere höheren Gefühle sind wahrscheinlich daraus entstanden, daß sich die einfachen und triebhaften zuweilen entgegenstehn und an der unmittelbaren Befriedigung hindern. Ähnlich setzt es die Kunst fort und erhält das Nochnicht-zu-Ende-Gekommene des Menschen, den Anreiz seiner Entwicklung am Brennen.

Ich möchte behaupten, wer nicht sogar die böseste, aber geistvolle Karikatur seiner selbst mit Vergnügen ansehen kann, hat das doch noch nicht ganz verstanden!

XIII.

Dieser Geist – und er ist ja nur ein Glied der geistigen Familie – kann sich natürlich nur bis zu einem gewissen Grad unterordnen und angleichen, ohne sich aufzugeben. Daß man ihn zerstören kann, dafür bildet der Brand der Alexandrinischen Bibliothek das geläufigste Beispiel, und die Umstürzung der heidnischen Bildwerke ist der vollkommenste Ausdruck dafür, wie man den Geist in Einklang mit der allgemeinen Entwicklung bringen kann. Auf der hohen Stufe seiner damaligen Ausbildung war der Geist der Antike abhängig von Einrichtungen, wie es Bibliotheken und Schulen sind; und die Personen, die ihn verkörperten, waren auf Duldung und Wohlwollen ihrer Zeitgenossen angewiesen. Eine Änderung des Zeitwillens (summarisch gesprochen) genügte, alles das wegzufegen. Aber einige Jahrhunderte später: ein Kind von Geist war da. Unähnlich dem Vorfahren. Merkwürdig pathologisch und tief im Gesichtsausdruck. Noch einige Jahrhunderte später zum Mann erwachsen, hätte dieses Kind viel darum gegeben, mehr von seinem Vater zu wissen.

XIV.

Aber es ist nicht dieses bedrohliche Bild, womit ich schließen möchte.

Wilhelm von Humboldt hat die bedeutende Individualität als eine Geisteskraft bezeichnet, die ohne Beziehung zum Gang des Geschehens aufspringt und eine neue Reihe beginnt. Er sah in den schöpferischen Menschen Knotenpunkte, Quellstellen, die Vergangenes in sich aufnehmen und aus sich entlassen in einer neuen Gestalt, die über ihren Ursprungspunkt hinaus nicht mehr abgeleitet werden kann.

Dieses Bild ist individualistisch von Natur, aber es stellt diesen Individualismus auch völlig in das Ganze. Ich möchte hoffen, und nehme es auch an, daß sein Besitz an Wahrheit in angepaßter Form und auf das rein Geistige angewandt, noch ein zweitesmal in der europäischen Entwicklung zur Wirkung kommen werde!

Schutzverband Deutscher Schriftsteller I.

Sein Sinn: Von ihm haben viele Gegner profitiert. Ich selbst bin nicht immer mit ihm einverstanden gewesen. Man war es auch nicht immer mit mir. Aber das berührt nicht den Kerngedanken des Schutzverbands: Wenn es ihn nicht gäbe, müßte man etwas Ähnliches schaffen.

Die Fläche, auf der alle Schriftsteller gleiche Interessen haben. (Der Bücherzoll, die schlechten Zeitungshonorare, die Streitigkeiten mit Verlegern, die subtile Existenz des nicht erfolgreichen Schriftstellers, des Nachwuchses usw.)

Es hat niemals an der Möglichkeit persönlicher Vorteile für den Prominenten gefehlt. Aber hier haben alle ein verbundenes Schicksal.

Der Gedanke eines solchen Verbandes schließt das Bestehn anderer Verbände nicht aus. Mein Bestreben, die Basis zu erweitern.

Solche Verbände können landsmannschaftlicher Natur sein, Arbeitsgebiete umfassen, «Richtungen» darstellen, im Prinzip auch weltanschaulicher Natur sein, obgleich das ein sehr großes Wort ist. Jeder solche Verband kann die gemeinsame Sache fördern wie aufhalten. Und ich möchte ein paar Worte darüber sagen, wovon das abhängt. Es hängt vom Verständnis für das Phänomen des Dichters und der Dichtung ab. (Wenn ja, so werden wir daraus gewisse Schlüsse zu ziehen haben.)

Die Sache erscheint retrospektiv einfach. Die Literaturgeschichte ist zwar voll, aber es sind wenige, die sich hervorheben. Es kommen Ungerechtigkeiten vor, aber nicht allzuviele. Es scheint so zu sein wie: Von der Parteien Haß und Gunst ... Das fällt ab; es hebt sich ein gewisser Zug von Größe heraus, ganz gleichgültig, welcher Richtung oder Färbung.

Vielleicht darf man auch sagen: Später weniger und ernstere Interessenten. Keine Gruppierung nach der politischen Gesinnung.

Der Dichter ist also eine seltene Erscheinung, und der Schluß, den wir daraus zu ziehen haben, ist der: er tritt nicht in Verbänden auf. Ein zweiter: er ist unabhängig vom Parteiwesen. Er ist übrigens auch unabhängig vom Religiösen, wenn man sich nichts vorschwindelt. (Gute Katholiken können schlechte Maler lieben, was sie nicht dürften.)

Wir müssen aber auch eine positive Bestimmung wenigstens andeuten. Sollen wir sie aus dem Inbegriff des Kulturellen oder dem engeren Inbegriff des Religiösen nehmen?

Die Forderung, daß sich der Dichter der Gemeinschaft angleiche. Er soll es aber anders in Rußland, Deutschland, in Spanien und in Österreich tun. Daraus die Frage, was soll er nun wirklich tun, wenn er in erster Linie auf seine eigene Aufgabe hört? Ganz gutes Experiment: die Vorstellung, der russische Dichter soll russisch bodenständig schreiben. Es wäre ihnen selbst ganz wurst und höchstens käme eine Folklore heraus.

Liberalismus und Liberalität – das verbotene Wort – Goethe: ein liberaler Mann – Herder usw. Tradition, Pflicht. Große katholische Kunst war immer liberal? (Ravenna?) Wir waren keine Gegner, eher solche des Liberalismus. Unrecht: man habe sie unterdrückt, nun sei ihre Zeit da. Uns hat man unterdrückt. Das erschütternde Beispiel von Hitlers Wiener Eindrücken.

Es gibt keine russische usw. Geometrie. Nicht ganz ebensowenig, aber ähnlich Dichtung. Nicht die «Gesinnung» entscheidet in der Kunst. (Weil die «Gesinnungen» kunstfremd sind?)

Leider haben oft kunstfremde Menschen einen sehr starken Hang sich künstlerisch zu betätigen.

[…]

Enthält die Encyclica etwas über Kunst? Enthält das Programm der Vaterländischen Front etwas über Kunst? Mantel nach dem Wind drehend. Ungesättigte Ehrgeizige. Anschlußversäumer. […]

Österreichs «Sendung». Was hat dieser deutsche Splitterstamm zu tun? Welche Art Leute bei Umwälzungen oben auf kommt. Krisis der deutschen Kultur am Ende des Goethejahres. Goethe gegen die Vaterländischen. Die Unebenheit der deutschen Kulturgeschichte. Wenn man die Bedeutung des Individuellen ablehnt: daß Österreich nur ..% des Gesamtdeutschtums ausmacht! Das heißt beinahe ein Individuum ist. Die Epoche: eine Spießer-, Knaben- und Literateneinbildung (14 Jahre. In Österreich anders?) […] Arche der Kultur. Alle Österreicher sollen gesammelt werden; was ist in unserem Fall dazu nötig? Wie es einem Dichter heute erginge (wenn wir annehmen wollen, daß es einen gebe).

Wille und Willensziele (Tatmenschen und Menschentaten). Eine gegenstandsmäßige Trennung der Bereiche von Literatur und Politik ist kaum durchzuführen; desto deutlicher muß die verschiedene Bedeutung von der Methode her gemacht werden. Überlassen wir es der Filmindustrie aus dem alten Österreich einen Zaubergarten der Geistigkeit zu machen, und dem Finanzministerium, Schubert durch viele Schillinge zu ehren, von denen der tausendste Teil genügt hätte ... Die Leser der Neuen Freien Presse: die Liberalität werden sie mit Vergnügen aufgeben (und Irrationalisten, Intuitionisten werden), das Chaos des Liberalismus wird ihnen bleiben. [...]

Schutzverband Deutscher Schriftsteller II.

I) [...] Katholizismus: Es genügt, daß Österreich sich als Hort der deutschen Kultur lanciert, nicht bloß der katholischen Kirche!

Der Dichter ist unter anderem der ewige Lehrling des Lebens und politisch neutral.

Nicht die Schwierigkeit aller Schriftsteller, wohl aber die des Schriftstellers im allgemeinen ist heute besonders groß. Seine Tätigkeit wird teils durch spezielle Anforderungen eingeengt. Teils hat man ihm die Grundlagen der materiellen Existenz entzogen. Teils versichert man ihm, daß er eine ungeheuer anregende Zeit vor sich habe.

II) Ich habe mir als Gegenstand des Vortrags gewählt, ein paar Worte zu sagen über: die Aufgabe des Dichters in der Gegenwart, die Lage des Dichters in der gegenwärtigen Zeit, die Schaffensbedingungen und Aufgaben.

III) Dazu ist es vor allem nötig, einige richtige Kennzeichen der Zeit zu gewinnen. Ob es eine gewaltige Zeit ist, in der wir leben, diese Frage möchte ich bescheiden unbeantwortet lassen; aber eine gewalttätige Zeit ist es bestimmt. Begonnen hat es im Jahre 14. Wie? Ich glaube wirklich, daß es nicht viele Menschen gibt, die das wissen. Anscheinend ein Concursus auf vielen Wegen (Lunten). Man kann Komponenten isolieren und verfolgen; im Ganzen machte es den Eindruck einer Katastrophe. Der Eindruck der Gewalt lag damals in der Stimmung und als zweites ließ sich damals der Ansatz zum Kollektivismus bemerken.

Ich möchte diese beiden herausheben: Gewalt, daß es ein Kulturzusammenbruch war, eine Katastrophe, etwas Unerwartetes, und Kollektivismus, als drittes. Diese drei haben ihr Wirken fortgesetzt. Seit dem plötzlichen – und in vieler Bedeutung kann man sagen: unerwarteten – Ausbruch im Jahre 14 ist sie nicht wieder zur Ruhe gekommen. Die beiden andern Kennzeichen, die ich hervorheben möchte, sind: Ein Versagen der bindenden Kräfte, was in gewissem Sinn gleichbedeutend ist mit dem Auftreten der Gewalt; und die Ansätze zu einer Neugestaltung, das man zusammenfassend kollektivistisch nennen kann, eine Erscheinung, die natürlich mit dem Versagen ... zusammenhängt

Als besondere Erscheinung muß man noch anfügen, daß wir als Nation schon beschädigt worden sind. Gewalt: Um es kurz zu sagen: Allenthalben ist eine Weile nach dem Krieg diese Komponente mehr oder minder stark hervorgetreten.

IV) Es ist nicht meine Aufgabe, hier und heute diese Analyse fortzusetzen, die sich überdies durchaus nicht leicht auf einfache Formeln bringen läßt; ich beschränke mich auf das, was unmittelbar in die Existenz, das Schaffen des Dichters eingreift. Und da ist von dem Prinzip der Gewalt zu sagen, daß es seit dem Krieg in einem Maße, das man noch zu Anfang des Kriegs für uneuropäisch erklärt hätte (ich spreche ohne Gefühl), die Welt beherrscht. Man sieht es auftreten: dumpf-scheinheilig legiert und ohne Selbstbekenntnis.

offen widerwillig – und offen zum Prinzip erhoben. [...] Offen-prinzipiell: die Aktualität Nietzsches und Macchiavellis in bedeutsamen Teilen der Welt. Offen-widerwillig: wo man auf etwas Höheres als Gewalt hinstrebt, aber einsieht, daß man ohne sie nicht auskommen könne. [...]

V) Gibt es ein im Wesen des Dichters liegendes festes Verhältnis zur Gewalt? Unmittelbar nach dem Krieg hat die deutsche Dichtung der Bruderliebe gehuldigt und die Gewalt in Acht getan. Aber allein, daß ich vorhin zwei Dichter nennen konnte, zeigt, daß wir hier nicht bei der Substanz sind, sondern bei einer Erscheinung.

In Wahrheit ruht das menschliche Leben so sehr auf Gewalt – in roher wie in verfeinerter Weise – daß es ein verwickeltes Problem ist, sie herauszulösen, und eine beinahe utopische Zukunftsaufgabe, sie abzuschaffen. Sie abschaffen oder wenigstens einschränken, wollen alle. Von den Schwierigkeiten kann ich ein Lied singen. Die Entwicklung hat mir bisher recht gegeben, aber es liegt mir ferne, gute Lehren zu erteilen. Ich begnüge mich mit der Feststellung: Das herrschende Prinzip ist: offenwiderwillig. So auch bei Nietzsche und Macchiavelli.

Der Dichter hat das Problem der Gewalt zu behandeln; es ist ein offenes Problem.

Daneben aber auch ein drittes: Um das zu können, bedarf er selbst der Ruhe. Im Waffenlärm schweigen die Musen noch schneller als die Gesetze. Und sowohl Nietzsche wie Macchiavelli haben ihre Bücher ... und unangefochten verfaßt. Der Friede, den der Dichter braucht, ist zu unterscheiden von dem Frieden, für oder gegen den er dichtet.

VI) 1) Schon dem Wesen nach untrennbar vom Problem der Gewalt ist das des angespannten Kollektivismus. Die hauptsächliche Begründung der Gewalt ist die, daß nur durch sie der (innere und äußere) Friede zu erreichen sei. Man kann es einen gesellschaftlichen Pessimismus nennen, und er hat gute Gründe.

Das kollektivistische Problem brennt den Dichtern schon weit ärger auf den Nägeln als das der Gewalt. Es ist unablösbar von dem Problem der Kultur, weil es deren Neugestaltung verlangt. Es ist nicht ein Einzel- sondern ein Rahmenproblem.

2) Wie das Wort gemeint ist: Wir sehen allenthalben in der notleidenden Zeit das Bestreben nach strafferen Zusammenfassungen der Sozietät. So wie es jedem verständlich ist, daß im Krieg oder auf einem Schiff eine straffere Disziplin herrscht, lernen wir es jetzt auch für das gewöhnliche Leben verstehen. Hier haben die nötigenden Umstände bloß eine Entwicklung rascher gezeitigt, die auch ohne dies unvermeidlich wäre. Ich habe einmal, noch ehe es einen Faschismus gab, oder als er gerade erst begann, folgendes angemerkt: das Wachstum der Menschenzahl und die bindenden Einrichtungen müssen im Verhältnis zueinander stehn. Nun wächst die eine automatisch und wenn die andern sich gleich bleiben

muß ein Zerfall eintreten. Das Verhältnis war schon vor dem Kriege ein Mißverhältnis; aber verdeckt. Heute haben wir sowohl im Faschismus der verschiedenen Arten wie im Bolschewismus disziplinäre Versuche.

Der mehr lockere Zusammenhang der Einzelpotenzen soll weniger locker werden. Das ist der eigentliche Sinn kollektiver Tendenzen.

3) Es ist der Sinn der Behauptungen, daß das Zeitalter der Demokratie und des Individualismus zu Ende sei.

Praktisch ist keine Rede davon. Die Faschismen lassen sich als Formen der Demokratie auffassen und bezeichnen sich auch selbst so. Ihre unerbittliche Gegnerschaft richtet sich nur gegen den Parlamentarismus, der nicht notwendig zur Demokratie gehört. Und das Führerprinzip ist an und für sich eine Rehabilitation des Individualismus, wenn es auch außerhalb des Politischen nicht oder falsch angewendet wird.

Dem Mittel nach: es wird an der alten Demokratie mehr oder weniger herumgeflickt. Es erscheint nicht unmöglich, daß auch dies genügt, aber immerhin ist es wahrscheinlich, daß andere Mittel gebraucht werden müssen. Diese Mittel: a) Suggestionsmäßige und streng disziplinierte Parteiherrschaft. b) Unterdrückung alles Entgegenstehenden. c) Versuch, auf diese Weise einen einheitlichen Staat zu bilden.

VII) Fassen wir das jetzt zusammen. [...] Das Geschichtliche am Augenblick. Der Versuch, die bestehenden Staaten straffer zu organisieren. Das Mittel dazu: Beherrschung. Der europäische Mensch vor 1914 ist nicht beherrscht worden. Die Mittel der Beherrschung: Gewalt, Suggestion, Überredung.

Wir müssen hinzufügen: Gewinnung. Überall will man die Widerstrebenden und Zögernden auch gewinnen.

Wir müssen aber auch hinzufügen: es handelt sich nicht um die Herrschaft eines einzelnen über alle, sondern um die einer Gruppe über eine gestern noch rivalisierende Gruppe. Die Herrschaftsgruppen wissen, daß sie keine Augenblicke der Schwäche haben dürfen.

Hauptsächlich deswegen: Soweit die Hoffnung darauf nicht besteht, werden die Heranwachsenden angepackt.

Nachtrag: die Art wie organisiert wird, ist nicht etwa in einem geistig-diskursiven Prozeß entstanden, sondern durch Gewalt.

VIII) Man kann das auch als eine Hypertrophie der Politik bezeichnen. Wenn ein Herrscher sich unsicher fühlte, wurde er ein Tyrann. Wenn eine Politik sich unsicher fühlt, macht sie alles zu Politik. Unterschied zwischen: es gibt nichts, was nicht politisch wäre.

An der Wirtschaft rächt sich das bald, am Geist hat man es noch nicht begriffen. (Es nutzt nämlich nichts zu sagen, es gibt keine Politik mehr, weil es nur eine gibt; die menschlichen Tätigkeiten sind heteronom.) Und: Politik ist Zusammenfassung und Lenkung aller Funktionen.

Wir haben bis vor kurzem nicht gewußt, was Politik ist. (Sie ist nicht Gleichgewicht, sondern Herrschaft.)

IX) Gehen wir nun zum Geist. Der Versuch straff zu organisieren kann ihm nur sympathisch sein, er wird ihm höchstens skeptisch gegenüberstehen. Gegen die Formen ist er indifferent, bei den Mitteln der Durchführung fühlt er sich aber berührt. Denn die Politik monopolisiert Teilgebiete des Geistes, Anschauungen, sie greift weit über, und meiner Ansicht nach begeht sie Übergriffe. Denn das ist so geworden, aber nicht notwendig. Wie soll man überall eine einige Nation werden. (Ich habe das Eingeistigkeit genannt.)

Das Übergewicht der Politik als Ergebnis des Vorstehenden. Aber schon immer das Übergreifen der Politik. Beispiel etwa: wenn man einen Gendarmen als Mörder auf die Bühne bringt, protestieren die Gendarmen. Das Beispiel Sombart und die Friseure.

Woher kommt das?: Ungenügendes Verständnis für das Wesen des Dichterischen. Ohne daß sie es merkten, wie die beliebte Anekdote vom naiven Zuschauer, der den Intriganten des Stückes verhaften lassen will. Die Trennung Schein und Wirklichkeit ist nicht genügend. Dichtung ist nicht Schein, sondern Betrachtung des Lebens. Sie hat nicht die unmittelbar wirkende Tateinstellung. Aber wie oft wurde von den an ihr Beteiligten selbst dagegen verstoßen! Aktivismus. Es müßte heute, beim Anwachsen der Propagandamittel deutlicher werden. Selbst wenn Dichtung auch propagatorisch ist: wie gering ist dieser Effekt! Er kann vernachlässigt werden.

Anderseits kommt es davon, daß die Politik ebenso wie die Dichtung einen weltanschaulichen Teil enthält. In den seltensten Fällen erzeugt ihn die Politik selbst, sie adoptiert ihn und adaptiert ihn ihren Bedürfnissen. Späterhin entsteht daraus der Irrtum, daß der Geist, daß bestimmte Positionen des Geistes politische seien. Beispiel Liberalismus und Liberalität. Goethe, Herder; aber auch schon mit dem Aufkommen der Vorstellung des großen Menschen in der Renaissance. Das wunderliche Beispiel der Weimarer Republik und der folgenden Vernichtung der Humanität, gestützt von Argumenten, die aus ihren Winkeln stammen.

Zugrunde liegt der wichtige Satz, daß der Geist Freiheit und Liebe braucht, um überhaupt zu funktionieren; Freiwilligkeit. Geschichte des Geistes. Eigengesetzlichkeit. Es gibt keine bolschewistische Geometrie und keine bolschewistische Dichtung.

Dieser Satz ist aber nicht ganz richtig. Die Ideen eines Zeitalters werden natürlich auch von anderswo her beeinflußt und oft sehr materiell. Das Gesamtbild der Literatur war noch vor kurzem entschieden ein kapitalistisch-liberales. Ähnliches sehen wir aber auch in der Physik: Physik und Kriegswesen, Industrie … standen schon oft in einer Beziehung zueinander, aus der die Fragestellungen hervorgegangen sind. Eine gegenstandsmäßige Trennung … Ebensowenig wie die völlige Scheidung von anderen Bereichen. Desto klarer muß man die Verschiedenheit der Funktion, der Methode hervorheben.

Kann es ein schönes Bild von einem häßlichen Gegenstand geben? Der Impressionismus hat es bejaht. Außerdem sind aber viele der schönsten Porträts von häßlichen Menschen. Man kann auch sagen: der Gegenstand wechselt. Jedenfalls im zweiten Fall, wenn wir fragen, ob es ein schönes Gedicht von einer verwerflichen Gesinnung geben könne? Wer da wider Willen tolerant ist, wird sich auf das Terrain des Formalen zurückziehn. Kann man eine unmoralische Tendenz haben und große Dichtung schaffen? Hier möchte ich auf Nietzsche hinweisen. Man hat sogar Goethe bekämpft wegen leichtfertiger Äußerungen (teils über Katholizismus). Der Genuß, das Verstehen des Kunstwerks setzt ein Abstrahierenkönnen und -wollen voraus. Ebenso ist das Kunstwerk selbst ein Abstrahieren von Realitäts- (richtiger: Gewohnheits-)bindungen und ein Schaffen neuer. Diese Toleranz ist nicht Duldung, sondern Erfüllung eines Bedürfnisses. Gewiß werde selbst ich es schwer haben, etwas, das mir gegen den Strich geht, zu rezipieren; aber sowie man das Genie wittert, geht es gar nicht anders.

Ich will nicht nur sagen: die Sphäre der Kunst ist eine andere als die der Wirklichkeit. Sondern: die Kunst bildet die Wirklichkeit, indem sie ihr Para-Bilder liefert. Nicht Vorbilder; sie bleibt irreal (auch im Realismus). Sie ist von höchster Wichtigkeit und Ungreifbarkeit. Wer das nicht versteht, trocknet die Gesellschaft aus. Die Kunst kann nur mit größter Vorsicht gefördert werden. Nicht sie muß zum Staat kommen, sondern der Staat zu ihr. Oder wenn das zu ausschweifend erscheint: man liebe sie, aber man erziehe sie nicht. Man lerne das Ernste vom Geschäft scheiden und man wird das gewinnen, was das Leben groß macht.

[...]

Schutzverband Deutscher Schriftsteller IV

Neuer Geist? Laßt mich nicht auslachen. Der Geist ist seit ... Jahren der gleiche, nur hat man mehr oder weniger von ihm! Die Jugend überschätzt das Neueste, weil sie sich mit ihm verwandt fühlt; großes Unglück, wenn das Neueste schlecht ist!

Der unbekannte Dichter des Anfangs. Das Genie als der unbekannte Soldat, den eine spätere Zeit ehrenvoll begräbt. Eventuell: Auch außerhalb der Leistung fühlt man ja, ob an einem Menschen etwas Eigenartiges und Ehrliches ist.

Oder ein Ideal der Integration, der (wenn auch mit Verlusten) fortschreitenden Neubildung auf Grund des Geleisteten. Man kann auch ausgehn von einem Ideal der Dichtigkeit, des Reichtums an Intentionen, des Grades und Zusammenhangs ihrer Erfüllungen ...!

Wir sind weit entfernt von einer Ästhetik. Wir brauchen wahrscheinlich Fortschritte auf vielen andern Gebieten dazu. Erkenntnistheorie. Wir können noch nicht einmal das Wesen der Wahrheit befriedigend beschreiben. Hoffnungen. [...]

Hier kann wahrhaftig ein Kind mehr fragen, als neun Weise beantworten können.

Was wir verlangen können ist nur, das Kind soll auch wirklich fragen, es soll nicht die Antworten dekretieren.

[...] Auf dieser Voraussetzung dürfen wir fußen. Ein vorsichtiges Sich-selbstüberlassen (wenn auch manchmal Fehler begangen werden), ein Bekämpfen des Konjunkturellen, ein Fördern des Ernsten – Unsicherheit des Geistes: Er besitzt keinen Ausweis. Er ist eine lockere Summe, eine keineswegs durchsichtige Integration vom Höchsten bis zum Albernsten. In der fühllosen Wissenschaft hat er wenigstens das Kriterium der Wahrheit (Aber selbst da siehe Rußland, Deutschland kaufmännisch.) In der Kunst sind selbst eklatante Fragen schwer zu beantworten.

Die Dichtung hat vieles mit der Erkenntnis gemeinsam, vieles mit der Liebe, manches mit der Mode. Der Zustand der Literatur in fünfzig Jahren ist so schwer vorauszusagen wie der der Welt in fünfhundert Jahren. Schon wenn ein Stück wieder gespielt wird, das vor zwanzig Jahren ... einst unvergeßliches Erlebnis ... heute mürrisch ... verstaubt. Parallele Jugendliebe und Superlative der Liebe überhaupt ... der Kritiker: was ich einst empfunden habe, war eben Gold ... Vertrauen der Kritik, die vier-fünfmal jung gewesen sind ... – Man kann künstliche Leistungen nicht integrieren. Sie haften an der Person und an der Zeit, die Gefühle, die auch sonst zwischen zwei Menschen selten die gleichen sind, ändern sich [...].

Klassik – Epigonen Warum? Warum müssen es Spätere schlechter machen? Auf anderen Gebieten doch nicht. Wo bleiben die großen Leute in einer kleinen Zeit? Generationen. Abwechslungsbedürfnis. Hunde-rasse, Bargetränk, Tanzarten. Grundgesetz der Kunst: sie macht es ewig falsch? Anstelle des Bildungsideals ist das der Unterhaltung getreten. Es gibt aber noch kunstmäßig aufgemachte Unterhaltung. Kunst als Baustein und als Lust und Mode nie ganz zu trennen. Das Gebilde ist ein Einmaliges, bezogen auf Oftmaliges. Die Gestalt einer Musik, augenblicklich verklungen, doch ein Einmaliges unter den Gestalten der Erde. [...]

Unter dieser Voraussetzung läßt sich auch einiges Weitere ausmachen: 1) Situation vorher und ihre zu vermeidenden Fehler. 2) Die Freiheit des Geistes. 3) Literatur – Politik [...]. Zuletzt kommt alles darauf hinaus: In der Literatur spielt die Konkurrenz zweier Ideale eine große Rolle: das des Dichters, der dem Form gibt, was seine Zeitgenossen fühlen, und das des Dichters, der seinen Zeitgenossen vorangeht. [...] Die Politik adoptiert die frei gebildeten Begriffe (Beispiel Liberalität – liberal). [...]

1) Einige Züge der Situation, die von der Gegenwart angetroffen wurde: Die geistige Produktion war in hohem Grade merkantilisiert. Vergnügungsindustrie und Dichtung ineinander verwirrt. Ein Schätzen nach dem Erfolg vermischt mit einer davon unabhängigen Schätzung, deren Kriterien nicht feststehen. Das Theater beinahe ganz ausgeschaltet. In Film und Tonfilm die verflachende, verkitschende Wirkung der Operette vervielfacht. Wegen der Beschmeichelung des Wählers das Flache vielfach auch von oben gefördert. Ein Dichter war ein «Autor, der einige ungewöhnliche Bücher geschrieben hat, die nie ins Volk dringen werden». Ein Kritiker von Namen findet die Verfilmung der Karamasows dichterischer als diese selbst. Dazu die Redensart: das Genie sei seiner Zeit voraus. Das ist nicht wahr. Der Durchschnittsmensch ist hinter seiner Zeit zurück. Und obwohl sie ihn selbst schaffen, machen sich Zeitung und Politik von ihm abhängig, rechnen mit «der kleinsten individuellen Fassungskraft». Der Durchschnittsmensch gerät dadurch in schlechte Gesellschaft, nämlich in die, die auf ihn spekuliert. Man kann auch sagen: Es läßt sich das kleinste gemeinschaftliche Vielfache anstreben, das gerade Umfassende, oder der größte gemeinschaftliche Nenner, das was Genie und Dummkopf gemeinsam haben. Darin liegen zwei Begriffe der Nation oder des Staates! Immer wieder werden vom so behandelten (geistigen) Publikum mittelmäßige Schriftsteller für groß gehalten. Man denke an das Beispiel der Sektenliteratur, die jetzt als Rassenideologie …!

Das Leben könnte an Genauigkeit und Strenge der Form von der Kunst lernen.

Früher sagte man noch: dieses Buch gefällt mir nicht; vielleicht auch: es ist unsittlich. Gestern der gleiche: dieses Buch ist nicht deutsch, oder: es ist bürgerlich, oder: der Autor ist ein Judenknecht. So gespalten war auch das Zeitungs-, Buchhandels- und Volksbildungswesen. Wir besitzen unzählige Lese-, Vortrags-, Theatergemeinden, Volksbildungs- und Kulturvereine, die von großem Nutzen sein könnten, wenn sie wirklich so geleitet würden, daß sie der Literatur dienen. […] Bloß daß in der deutschen Literatur vor Nationalsozialismus alles falsch bewertet gewesen sein soll, mußte die Künstler so erschüttern, daß sie schwiegen.

Menschen von einigem Alter haben drei «Epochen» der deutschen

Literatur miterlebt. Abbröckelungs- und Abtragungsprozeß. Amerikanisiertem und journalisiertem Wildenbruchzeitalter entgegen. Dann standen die Grabredner und Bereuer des Expressionismus an allen Ecken und Enden ordre, contreordre, désordre. Der Mann mit der fünften Jugend fragt: wann kommt endlich eine neue Umwälzung? Er erinnert sich, wie rückständig die alten Leute gegenüber Hauptmann und Ibsen waren, und hat sich fest vorgenommen, nichts sinnlos, widernatürlich, übertrieben oder häßlich zu finden. Es verlangt ihn nach Betätigung dieser Grundsätze an neuem Material. Gerade seine bürgerliche Beziehungslosigkeit zur Kunst ermöglicht es seinem Willen, zum wilden und vorurteilslosen Revolutionär zu werden. Dieser Mann ist der Herold neuer Bewegungen, die er herannahen sieht, wenn sie auch niemals ganz ankommen. Er entdeckt Herkules in den Windeln und bleibt ihm solange treu, bis sich allgemein gezeigt hat, daß es ein Irrtum war.

Gewisse Vokabeln schienen die Kritik anzuziehen wie der Strudel den Schiffer. Ungefähr alle zehn Jahre wurde die Garnitur Worte gegen eine andere ausgewechselt. So war man um 1900 morbid, aristokratisch, psychologisch – aber auch sozialistisch, analytisch, um 1920 geistgerichtet, chaotisch, drangvoll, kosmisch, synthetisch, dynamisch, wesenhaft, intuitiv. Wäre es nur das erste kritische Sicheinschießen, machte es nichts. Aber es bleibt dabei und wird dann durch etwas ganz anderes abgelöst.

In diese Gesellschaft gehört auch: das heimatlich und bodentreu alpenländische, westfälische, waterkantische usw. Die deutsche Kritik ist eine Sammlung der herrlichsten Lobsprüche. Selten ging der Sinn der Urteile über das elementar-ästhetische das gefällt mir oder nicht hinaus. Unser Zeitalter hat von dem vorhergegangenen den Schreck vor der ästhetischen Regelatrie davongetragen. Ästhetik: das gebrannte Kind will nicht mehr normativ sein.

[...] Das Kunstwerk ordnungswidrig, einzigartig und so wie der lebende Organismus, der sich nicht aus Einzelheiten aufbauen läßt. Denkt man an ein schönes Gedicht, so weiß man, daß alle Erklärungsversuche von einer gewissen Grenze ab ohnmächtig sind. In dieser Hinsicht ist das Kunstwerk irrational. Dennoch unterscheidet sich ein antikes Gedicht von einem der Biedermeierzeit als Gattung, und zwischen Gilm und Hebbel besteht eine Gemeinsamkeit: jener Zwerg und dieser Riese werden einander ähnlich, wenn sie Gedichte machen. Wenn es aber zwischen Unvergleichlichem diese eine Gemeinsamkeit gibt, weshalb nicht andere? In der Zeitgebundenheit steckt eine Menge typischer Empfindung, Reflexion, geistiger Haltung. Aber das so Abgegrenzte ist auch Teil einer überpersönlichen und überzeitlichen Linie. Das Ethos eines chinesischen Gedichts tausend Jahre vor Christus ist keineswegs ganz Sache einer versunkenen Zeit. Und das uralte Gedicht an Grinog eines irischen Mönchs an seine kleine Seelengeliebte lebt heute noch: nicht so wie damals, aber doch wie ein eingesunkenes Feuer, dessen Aufflammen man sich jeden Augenblick vorstellen könnte. Kritik könnte auch ohne Wissenschaft Ordnung lebendiger Werte bedeuten.

Das Höchste hat schon für dumm, das Mittelmäßige sehr oft für bedeutend gegolten. Die einfachsten Fragen gehören zu den schwierigsten. Es hat immer nur ein sehr lockeres Einverständnis über den Geist bestanden.

[...]

Wie kommen die Ideen in die Politik? Im großen gesehn, aus dem Geist. Der Geist hat die Idee der Freiheit, die der Humanität usw. lange ehe sie zu politischen Forderungen geworden sind. Die Politik nimmt sie auf, bildet sie um und entfremdet sie ihnen selbst. (Wenn sie sie unterdrückt, verdurstet sie.) Das Nationale, Soziale, Religiöse soll Kunst enthalten, nicht umgekehrt. Oder: Kunst ist immer national usw. Auch l'art pour l'art.

Etwas anders ist das Zusammenfallen mit Gruppenstimmungen, das Emporgetragenwerden. Die liberalen Ideen hatten ihre große Stunde. Seine Lebensflamme kam aus dem Feudalsystem, der gräfliche Gärtnerssohn (und aus dem voreiligen Willen der unterdrückten Juden).

Die Freiheit des Geistes: Der Geist kann sich nur bis zu einem gewissen Grad unterordnen und angleichen, ohne sich aufzugeben. Es ist eine ganz gute Prüfung, daß heute eine Art Sondergerichtsbarkeit über ihn verhängt ist. Der Geist braucht Freiheit und Liebe (Freiwilligkeit), um überhaupt zu funktionieren. (Man weiß es schon als Schüler.)

Die Stabilität des Geistes durch zwei Jahrtausende.

Der Geist ist moralisch unbestechlich; er kann zugrunde gehn, aber er kann sich nicht ändern.

Der Brand der Alexandrinischen Bibliothek, die Umstürzung der griechischen Bildwerke bilden die vollkommensten Beispiele dafür, wie man den Geist in Einklang mit der allgemeinen Entwicklung bringen kann. Auf seiner hohen Entwicklungsstufe war er abhängig von Einrichtungen, wie es Bibliotheken und Schulen sind; und die Personen, die ihn verkörperten, waren auf Duldung und Wohlwollen durch die Allgemeinheit angewiesen. Eine Änderung des Zeitwillens (summarisch gesprochen) genügte, alles das wegzufegen. Einige Jahrhunderte später. Ein Kind von Geist war da. Unähnlich dem Vater. Merkwürdig pathologisch und tief im Gesichtsausdruck. Noch einige Jahrhunderte später zum Mann erwachsen, hätte dieses Kind viel darum gegeben, mehr von seinem Vater zu wissen. Tragen wir nichts bei zur Reue der Jahrhunderte!

Geist aus Liebe, enthält auch einen Unterschied vom Dilettanten.

Aus dem Roman: Die geistigen Funktionen ruhn auf Freiwilligkeit.

Schluß: Der Habitus der Zeit ist induktiv (ins Unbekannte hinein). Wilhelm von Humboldt bezeichnet die (große) Individualität als eine Geisteskraft, die ohne Beziehung zum Gang des Geschehens aufspringt und eine neue Reihe beginnt. Er sieht in den großen Menschen Knotenpunkte, Kraftquellen, die Vergangenes in sich aufnehmen und aus sich entlassen in einer neuen Gestalt, die über ihren Ursprungspunkt hinaus nicht mehr abgeleitet werden kann.

Zu allem: Nietzsche.

Überblick über die aufgestellten ästhetischen Behauptungen: Wir können sehr gut unterscheiden, was Goethe und was Biedermeier ist, ohne es trennen zu können. Es gibt eine überzeitliche und übernationale Kunst. Sicherheit der Auserlesenen. Anderseits ist diese Übereinstimmung gar nicht so groß und vielleicht ist unsere Zeit sehr rezeptiv. Kapazitätsideal – aber Eklektizismus. Der Geist ist immer der gleiche. Integrationsideal. Ideal der Dichtigkeit. Gesinnung kommt in der Kunstgeschichte nicht aus Wesen. Wir verlangen nur: nicht den Antworten vorgreifen. Der Geist kann sich nicht von heute auf morgen ändern! (Arche

Noah als Ausweg für mich.) Der Geist ist völlig unsicher. Dichtung: Erkenntnis, Liebe, Mode. Man kann künstlerische Leistungen nicht integrieren, sie haften an der Person und an der Zeit. Warum gibt es Epigonen? Wo bleiben die großen Leute in einer kleinen Zeit? Grundgesetz der Kunst: sie macht es ewig falsch (Alles andere ändert sich aber auch. Ehrfurcht! Behutsamkeit!) In der Kunst: Sinn Baustein, Erlebnis Mode, nie ganz zu trennen. Das Gebilde: ein Einmaliges, bezogen auf Oftmaliges (das gestalthaft Bedeutsame). Das einmalige Sein hinterläßt eine Veränderung an allem. Das Kunstwerk ist unendlich wie der Organismus, läßt sich nicht aus Einzelheiten aufbaun. Insoweit ist es irrational. Es ist zeitgebunden und überzeitlich. Das Höchste hat schon für dumm, das Mittelmäßige für groß gegolten. Dichtung ist nicht Schein, sondern Betrachtung (Gestaltung) des Lebens. Abstraktion von der Tateinstellung. Das Kunstwerk ist eine Abstraktion vom Leben, von den Realitäts-, richtiger Gewohnheitsbindungen, sein Genuß und Verstehen setzen ein Abstrahieren-Können und -Wollen voraus. Das ist oft auch für den Kunstmenschen schwer, er tut es aber doch leicht, sobald er das Genie wittert. Die Kunst gibt dem Leben Bilder, nach denen es sich richten, bilden, kann; sie selbst bleibt irreal auch im Realismus. Sie ist von höchster Wichtigkeit und Ungreifbarkeit. Wer das nicht versteht, trocknet das Staatliche und Nationale aus. Ablösung von allen Verhaftungen des wirklichen Lebens. Aber nicht zur Erholung oder Zerstreuung, sondern um das Nicht-zu-Ende-Gekommene im Menschen, den Anreiz seiner Entwicklung wachzuhalten. In diesem Sinn hebt sie die Tendenz der Triebe auf unmittelbare Verwirklichung auf.

Vielleicht anfügen: der Staat, der die Kunst verdorren läßt, zwingt, gleichschaltet, und sei es auch mit feinen Mitteln, versteinert.

Die Liebe des Dichters ist multivalent. Widerspricht oft ihm selbst. Der Dilettant hat das beständige (und verläßliche) Gefühl. Zeiten der Eingeistigkeit tragen ihn darum in die Höhe. […] Relativ frei sein von seiner Zeit ist relativ überzeitlich sein.

[Vor dem 17. 11. 1935]

Meine verehrten Damen und Herren!

Als mir vor kurzem der Wunsch übermittelt worden ist, daß ich vor Ihnen und in dieser gedeihlichen, ihre großen Überlieferungen fest besitzenden Stadt einen Vortrag wiederholen solle, den ich fast ein Jahr früher in meiner Heimat gehalten habe, bin ich sehr unschlüssig gewesen, ob ich dieser Einladung folgen dürfe. Ich bezweifle, daß sich die einstmals frische Frucht in getrocknetem Zustand ausführen läßt, ohne das Bessere von ihrem Geschmack zu verlieren; und weil ich mir das Vergnügen, vor Ihnen zu sprechen, trotzdem nicht habe versagen können, und die Zeit, das zu entscheiden, sehr kurz bemessen war, büße ich es jetzt mit einem bedrückten Gewissen.

Der Vortrag, um den es sich da handelt –: da ich seine allzu sehr auf örtliche Verhältnisse bezogene ursprüngliche Einleitung ohnehin fortlassen muß, bitte ich Sie um die Erlaubnis, einige Worte über die Umstände seiner Entstehung voranschicken zu dürfen, aus denen auch seine skizzenhafte und doch zugleich beschränkte Natur hervorgehen wird. Dieser Vortrag also ist vor ungefähr elf Monaten bei der Feier des zwanzigjährigen Bestehens des Schutzverbands Deutscher Schriftsteller in Österreich gehalten worden, eines übriggebliebenen Zweiges des untergegangenen, einst einflußreichen Schutzverbands Deutscher Schriftsteller und des Schriftstellervereins, der in Österreich die größte personelle Überlieferung besitzt, der aber, obwohl er seinem Wesen nach unpolitisch war, beim Beginn der neuen politischen Zeit kaltgestellt worden ist.

Wir haben uns damals alle in Ungewißheit befunden, wie der Begriff des Autoritären – eigentlich verlangt ja die Sprache zu sagen: der Autorität; aber da das auf geistigem Gebiet eine geistige Autorität sein müßte, hat die Sprache zur Bezeichnung der übergeordneten Autorität aus Macht anscheinend eine unwillkürliche feine Unterscheidung gemacht, der zufolge man nun freilich geradezu von einer Autoritärität sprechen müßte! – Viele haben sich also in Unsicherheit befunden, wie der im

Lande noch neue Begriff des Autoritären ausgelegt werden wird. Das deutsche Vorbild lag trotz aller Gegensätze scheinbar doch nicht so ganz ferne, auch eine Restauration der Monarchie befürchteten viele; und außerdem waren, wie das immer bei solchen Gelegenheiten ist, mit der politischen Macht unmittelbar verbündete Gruppen von Intellektuellen aus dem Hintergrund in den Vordergrund gekommen und zeigten, ja befriedigten teilweise, ihren frischen Appetit.

So gab es damals viele Befürchtungen, die nicht ausgesprochen wurden, und ich glaube, der Erfolg dieses meines Vortrags hat hauptsächlich darin bestanden, daß ich überhaupt gesprochen habe; und dann auch darin, daß ich, ohne an dem politischen Geschehen freundlich oder feindlich teilzunehmen, unbefangen darauf hingewiesen habe, daß es auch noch anderes zu gewinnen oder zu verlieren, und jedenfalls zu bedenken, gibt, als das, was politisch bewegte Zeiten in den Vordergrund stellen. Der Erfolg ist überraschend gewesen, nicht nur der unmittelbare an Ort und Stelle, sondern auch der weiter wirkende; es ist mir angeboten worden, meinen Vortrag zu wiederholen, zu veröffentlichen, an andern Orten zu wiederholen, übersetzen zu lassen. Aber – mit dieser einen Ausnahme heute – habe ich dem immer widerstanden, und zwar aus dem lebhaften Gefühl, daß ich diese Wirkung mehr den Umständen zu verdanken habe als dem Inhalt meiner Worte. Wenn einer zum Beispiel bei einem Heiratsantrag Ja oder Nein sagt, so sind das Worte, die fürs Leben entscheiden, wollte man sie aber gedruckt herausgeben, so wäre ihr Gewicht nicht zu fühlen!

Ich muß übrigens auch einflechten, daß die Befürchtungen, von denen ich gesagt habe, daß sie damals sehr verbreitet gewesen waren, nicht eingetroffen sind. Das in Österreich seither gehandhabte politische Regiment darf sich mit Recht ein tolerantes nennen; obwohl natürlich auch ein tolerantes politisches Regiment mehr oder weniger immer in der gleichen Weise vorgeht: Es trennt in allen Kulturfragen einen Vor-Teil für sich ab, und den Rest verteilt es dann mit großer Gerechtigkeit auf sich und alle. Ich will damit sagen, daß der Freie Geist – das ist heute in deutschen Bereichen längst nicht mehr jenes «Wir freien Geister» mit dem einst Nietzsche bezaubert hat, sondern in größter Bescheidenheit bloß

Geist, der keiner Korporation angehört – ich will nur sagen, daß ihm wirklich kein Haar gekrümmt worden ist, daß er aber auch nicht gerade der staatlichen Haarwuchsmittel teilhaftig wird.

Ich räume auch ein, daß er in Überperson nicht schuldlos daran ist, daß er heute nicht größere Achtung genießt; denn er hat sein Ansehen in den ihn begünstigenden Zeiten zu einem großen Teil selbst verwirtschaftet. Damit bin ich aber auch schon bei dieser Frage, die «der Geist und die Gegenwart», in etwas engerer Form auch «der Dichter und diese Zeit» heißt, und noch in dieser engeren Form einen viel zu großen Titel für meinen kurzen Vortrag abgegeben hat. Wir sehen heute den Geist an vielen Orten der Entmündigung durch die Politik, oder wenigstens ihrer Führung, ausgesetzt, und wir wissen nicht, ob das morgen nicht an den meisten Orten der Fall sein wird. Die Art, wie das geschieht und die Zukunftsaussichten für ihn sind dabei sehr verschieden. Wenn ich auch soeben von der Entmündigung des Geistes durch die Politik gesprochen und zuvor etwas gesagt habe, das man als seine Unberührbarkeit durch die Politik auslegen könnte, so meine ich doch nicht im mindesten, daß diese beiden ohne Zusammenhang seien. Mir selbst sind keineswegs alle politischen Systeme Europas gleichgültig, und ich beurteile die Zukunft der Kultur in ihnen nicht als die gleiche. Aber ich möchte so sagen: das Übergewicht der Politik, mag es sich zum Guten oder zum Barbarischen neigen, versetzt den unpolitischen Geist, oder – diese wird es wenigstens geben! – die unpolitischen Bezirke des Geistes, in die gleiche Schwierigkeit der Selbstbesinnung und der Geltendmachung des eigenen Selbst.

Mit den goldenen Redensarten wird man nicht mehr weit kommen. Es wird notwendig werden, sich in vollem Umfang auf die Wahrheit zu besinnen, ja diese Wahrheit neu zu entdecken. Der Augenblick, wo man zu zweifeln begonnen hat, ob eine gerade Linie wirklich die kürzeste Verbindung zwischen zwei Punkten sei – etwas, woran man scheinbar nie hätte zweifeln dürfen! – ist für die Mathematik zum Ausgangspunkt einer neuen Entwicklung geworden; und in einer ähnlichen Nötigung, uns nach unseren Grundlagen zu fragen, befinden wir uns, Dichter, Maler, Philosophen, überall dort, wo der Staat selbst unter die Künstler und Philosophen gegangen ist!

Diese Nötigung umfaßt ungeheuer viel. Das darf ich wohl vorausschicken. Und nur ein winziges Stück von ihrem Gebiet umfaßt dieser Vortrag, der aus den Besonderheiten eines Tages und dem, was damals nahe lag, entstanden ist. Er stellt eine Kette von Zusammenhängen dar, und das einzige, was ich glaube, ist, daß sie sich brauchbar mit den vielen andren verketten läßt, die noch herzustellen sind.

Ich habe damals nach den einleitenden Worten so begonnen:

REDE AUF DEM ‹ INTERNATIONALEN SCHRIFTSTELLERKONGRESS ZUR VERTEIDIGUNG DER KULTUR › IN PARIS

[22. Juni 1935]

Die Frage, wie Kultur zu schützen sei und wogegen Kultur zu schützen sei, ist unerschöpflich. Denn das Sein und Werden der Kultur ist es und ebenso sind es die Schädigungen, denen sie von Freund und Feind ausgesetzt ist.

Was ich hier und heute darüber sagen will, ist unpolitisch.

Ich habe mich zeitlebens der Politik ferngehalten, weil ich kein Talent für sie spüre. Den Einwand, daß sie jeden für sich anfordere, weil sie etwas sei, das jeden angehe, vermag ich nicht zu verstehen. Auch die Hygiene geht jeden an, und doch habe ich mich niemals über sie öffentlich geäußert, weil ich zum Hygieniker ebenso wenig Talent verspüre wie zum Wirtschaftsführer oder zum Geologen.

Ich setze also, wenn ich jetzt zur Grenze zwischen Politik und Kultur gehe, einen unproblematischen Untertanen voraus, und doch befindet sich auch ein solcher – wobei ich an den Dichter deutscher Zunge als das mir nächste Beispiel denke – in einer nicht unproblematischen Lage der politischen Repräsentanz seiner Nation gegenüber. Ihre politische Hauptrepräsentanz verlangt bekanntlich derzeit von ihm noch jene völlige Unterordnung, die mit einem Wort, dem anscheinend die deutschen Großeltern erlassen worden sind, eine «totale» genannt worden ist. Diese Unterordnung wird ihm aber nicht nur begreiflicherweise verboten, wenn er einem andern Staat als dem deutschen Reich angehört, sondern es wird dann von ihm auch eine besondere kulturelle Unterordnung verlangt. So erwartet zum Beispiel meine österreichische Heimat von ihren Dichtern mehr oder minder, daß sie österreichische Heimatdichter seien, und es finden sich Kulturgeschichtskonstrukteure, die uns beweisen, daß ein österreichischer Dichter immer etwas anderes gewesen sei als ein deutscher.

In andern Ländern ist Ähnliches im Gange und es haben sich die Ansprüche der verschiedensten Vaterländer und ihrer politischen und sozialen Zweckgesinnung dem Begriff der Kultur übergeordnet.

Das ergibt eine Frage, die verschiedene Formen hat, im Grunde aber immer die gleiche ist: Gewinnt man den Begriff der Kultur daraus (und gleichsam als das, «was übrig bleibt»), daß man von der nationalen, bürgerlichen, faschistischen, proletarischen Kultur das abzieht, was an ihr national, bürgerlich und so weiter ist oder ist ihr Begriff etwas Selbständiges, das sich auf vielerlei Weisen verwirklichen kann?

Ich glaube, daß sich eine unbefangene Überlegung aus allerhand methodischen Gründen für die zweite Auffassung entscheiden muß.

Die Geschichte unseres Zeitalters entwickelt sich in der Richtung auf einen verschärften Kollektivismus. Ich brauche nicht zu sagen, wie sehr sich dieser Kollektivismus in seinen Formen unterscheidet und wie verschieden sein Zukunftswert wahrscheinlich zu beurteilen ist. Politiker pflegen eine herrliche Kultur als die natürliche Beute ihrer Politik anzusehen, so wie früher die Frauen den Siegern zugefallen sind. Ich meine dagegen, daß es für die Herrlichkeit sehr von seiten der Kultur auf die edle Kunst der weiblichen Selbstverteidigung ankommt.

Man kann die Idee einer vielwegigen Geschichtsentwicklung in kollektivistischer Richtung weiter ausführen: aber manchmal drängt sich die einfachere und engere Auffassung auf, daß das Ganze nichts ist als ein Übergreifen und Übergriff der Politik. Alles fühlt sich heute bedroht und mobilisiert alle Mittel.

Zu den Einberufenen gehört auch die Kultur.

Und nicht nur, daß uns der Staat, die Klasse, die Nation, die Rasse und das Christentum reklamieren, sondern diese sind auch selbst unter die Künstler und Gelehrten gegangen.

Die Politik holt sich heute nicht die Ziele bei der Kultur, sondern bringt sie mit und teilt sie aus. Sie lehrt uns, wie wir einzig und allein dichten, malen und philosophieren sollen.

Wir fühlen natürlich auch das Recht des Ganzen und die Pflicht des Einzelnen zur Einordnung. Um so wichtiger ist die Erkenntnis der Grenzen. Die Vorstellung, was zur Kultur gehöre und was nicht, ist dabei umso leichter, je mehr man eine bestimmte Kultur vor Augen hat, und umso schwerer, je mehr es sich um das handelt, was noch Kultur sein oder fähig sein soll, Kultur hervorzubringen.

Kultur ist an keine politische Form gebunden. Sie kann von jeder spezifische Förderungen oder Hemmungen empfangen. Es gibt keine kulturellen Axiome (und namentlich nicht solche des Gefühls), die nicht durch andere ersetzt werden könnten, so daß auf der neuen Basis wieder eine Kultur möglich ist. Das Entscheidende liegt am Ganzen, wie man denn auch nach einzelnen Grundsätzen oder Handlungen von einem Menschen nicht sagen kann, ob er ein Narr oder ein Genie oder ein geborener Verbrecher ist. Ich erinnere zumal an die Bemerkung Nietzsches in den nachgelassenen Fragmenten: «Der Sieg eines moralischen Ideals wird durch dieselben unmoralischen Mittel errungen wie jeder Sieg: Gewalt, Lüge, Verleumdung, Ungerechtigkeit.»

Wir verstoßen gegen diese Beobachtung jedes Mal, wenn wir uns über eine Roheit und Verkehrtheit des Neuen nicht nur empören, sondern diese persönliche Empörung auch mit den Gesetzen der Schöpfungsgeschichte verwechseln. Es liegt ja nahe, das Gewohnte für das Notwendige zu halten.

Ein Teil der Abneigung gegen stark autoritäre Staatsformen, Bolschewismus und Faschismus, geht bloß auf die Gewöhnung an die parlamentarisch-demokratischen zurück. Diese rufen die gleiche Anhänglichkeit hervor wie ein vielleicht ein wenig abgetragener, aber bequem gewordener Anzug. Sie gewähren der Kultur ein großes Maß an Freiheit. Aber das gleiche Maß gewähren sie dann auch ihren Schädlingen. Eine Notwendigkeit, das Wesen der Kultur ihnen auf Gedeih und Verderb gleichzusetzen, ist nicht vorhanden. Auch der aufgeklärte Absolutismus ist gut, bloß muß das Absolute aufgeklärt sein.

Wenn man also nicht von einem überlieferten Kultur-Ideal ausgehen kann und sogar annimmt, daß es heute heftigen Umbildungstendenzen ausgesetzt ist, und wenn man noch dazu nicht genau weiß, was Kultur ist, – denn für uns Schaffende ist Kultur etwas Überliefertes, etwas Erlebtes, durchaus nicht in allem Sympathisches, also eher ein Wille, der in uns und über uns lebt, als eine definierbare Vorstellung, – wonach soll man sich dann richten?

Ich glaube nicht, daß damit alles dem Gutdünken freigegeben ist.

Kultur setzt eine Kontinuität voraus und Ehrfurcht selbst vor dem, was man bekämpft. Schon das ist schwer außer Acht zu lassen.

Sodann darf wohl auch behauptet werden, daß Kultur immer übernational gewesen ist. Die Geschichte der Künste und Wissenschaften ist ein einziges Beispiel dafür. Sogar die Kultur der Primitiven zeigt diese Erscheinung. Namentlich in ihren höchsten Schichten ist die Kultur von übernationalen Beziehungen abhängig, und auch die Genialität ist so verteilt, wie es das Vorkommen anderer Seltenheiten ist.

Und wenn die Kultur selbst nicht übernational wäre, so wäre sie doch sicher noch innerhalb des eigenen Volkes etwas Überzeitliches, das oft große Senkungsstrecken überspringt und sich an weit Zurückliegendes anknüpft. Daraus ist zu schließen, daß es denen, die der Kultur dienen, verboten ist, sich restlos mit einem Augenblickszustand ihrer nationalen Kultur zu identifizieren.

Und die Kultur ist nicht eine Überlieferung, die einfach von Hand zu Hand gegeben werden kann, wie die Traditionalisten meinen, sondern dabei ist ein merkwürdiger Vorgang im Spiel: die schöpferischen Menschen übernehmen nicht sowohl das aus anderen Zeiten und Orten Kommende als daß es vielmehr in ihnen neu geboren wird.

Wir wissen ferner, daß die Träger dieses Vorgangs einzelne Personen sind. Die Gemeinschaft wirkt auf das wichtigste mit, aber das Individuum ist zumindest ihr selbsttätiges Instrument. Damit eröffnet sich aber ein großer und recht wohl bekannter Kreis von Bedingungen für das Werden einer Kultur, nämlich alle die, denen die persönliche Schöpfungskraft unterworfen ist. Ohne daß ich das näher ausführen möchte, kehren hier viele politisch mißbrauchte, abgenützte und dann verworfene Begriffe, vom Geschichtlichen gereinigt, als unerläßliche psychologische Voraussetzungen wieder. So beispielsweise Freiheit, Offenheit, Mut, Unbestechlichkeit, Verantwortung und Kritik, diese mehr noch gegen das, was uns verführt als gegen das, was uns abstößt. Auch die Wahrheitsliebe muß dabei sein, und ich erwähne sie besonders, weil das, was wir Kultur nennen, wohl nicht unmittelbar dem Kriterium der Wahrheit untersteht, aber keinerlei große Kultur auf einem schiefen Verhältnis zur Wahrheit beruhen kann.

Ohne daß solche Eigenschaften von einem politischen Regime in allen Menschen unterstützt werden, kommen sie auch in den besonderen Begabungen nicht zum Vorschein.

Auf die Erkenntnis solcher sozialen Bedingungen hinzuwirken, dürfte für die Selbstverteidigung der Kultur das einzige sein, was sich mit unpolitischen Mitteln erreichen läßt. Für die Beurteilung politischer Formen in ihrem kulturellen Wert und ihren kulturellen Aussichten ist es jedenfalls das Wichtigste.

Erste Fassung

Besondere Umstände haben es mir nicht gestattet, eine der vielen Fragen, die von der Kongreßleitung so umsichtig zusammengestellt worden sind und von denen mich die meisten schon beschäftigt haben, von neuem zu studieren und auf diese Weise einen Beitrag zu erstatten, der lange überlegt und sorgfältig geprüft worden ist.

Ich tröste mich damit, daß es schon ein großer Vorzug dieses Kongresses ist, Schriftsteller und Dichter, denen die Dichtung, und weiterhin das diese umfassende ein wenig ungewisse Etwas, das Kultur genannt wird, dauernd ein Problem und doch auch wieder Gegenstand vertrautesten Verkehrs ist, zum erstenmal zu einer Aussprache über diesen so vom

Sturz bedrohten Gegenstand zusammengeführt zu haben. Es scheint mir, daß man bei einem solchen Versuch anfangs kaum darüber hinausgelangen kann, von der Vielgestaltigkeit der Meinungen gegenseitig Kenntnis zu nehmen, so daß es ohnehin fürs erste mehr auf deren Plan und Anlage ankommt als auf die «letzte Fassung».

Plan und Anlage dessen, was ich zu sagen fand (als ich daran ging, mich mit Rücksicht auf die Erfordernisse einer großen Aussprache gleichsam auf den kleinsten einzunehmenden Raum zusammenzuziehen), ist im wesentlichen unpolitisch. Ich schicke das als Entschuldigung voraus. Einesteils, weil es unbeschreibliches Leid und unverdiente Schmach gibt, die von der Politik zugefügt worden sind, andernteils weil es Menschen gibt, die sagen, man dürfe sich der politischen Forderung nicht entziehen. Ich habe mich ihr zeitlebens entzogen, weil ich kein Talent für sie spüre. Den Einwand, daß sie etwas sei, das jeden angehe, vermag ich nicht zu verstehen. Auch die Hygiene geht jeden an, und doch habe ich mich niemals über Hygiene öffentlich geäußert, weil ich zum Hygieniker ebenso wenig Talent spüre wie zum Politiker oder Geologen.

Ich setze also, wenn ich jetzt zur Grenze zwischen Politik und Kultur und zur Lage der Kulturbringer, allzumal zu der des Dichters übergehe, einen willigen Untertan voraus. Und auch ein solcher befindet sich, wobei ich als das mir nächste Beispiel an den deutschen Dichter denke, in einer nicht unproblematischen Lage der politischen Repräsentanz seiner Nation gegenüber. Ihre politische Hauptrepräsentanz verlangt bekanntlich derzeit noch von ihm jene völlige Unterordnung, die mit einem Wort, dem offenbar die deutschen Großeltern erlassen worden sind, eine «totale» genannt worden ist.

Diese Unterordnung wird ihm aber nicht nur begreiflicherweise verboten, wenn er einem andern Staat als dem deutschen Reich angehört, sondern es wird dann von ihm auch eine besondere kulturelle Unterordnung, oder doch Einordnung, verlangt. So erwartet etwa meine österreichische Heimat von ihren Dichtern, daß sie österreichische Dichter seien; nicht etwa Dichter und Österreicher, sondern Dichter mit einem besonderen Wohlgeruch, und es finden sich Kulturgeschichtskonstrukteure, die uns beweisen, daß ein österreichischer Dichter immer etwas anderes gewesen sei als ein deutscher. Das hat rasch dazu geführt, daß der Begriff des österreichischen Dichters an die zweite Stelle getreten ist hinter dem des dichtenden Österreichers.

In anderen Ländern ist ähnliches im Gange, und es haben sich die Ansprüche der verschiedensten Vaterländer und ihrer politischen und sozialen Zweck-Gesinnung dem Begriff der Kultur übergeordnet.

All das ergibt schon hier eine Frage, die verschiedene Formen hat. Auf das Nationale und den Dichter beschränkt, etwa diese Form: Gewinnt man den Begriff des Dichters daraus (und gleichsam als das, «was übrigbleibt»), daß man vom russischen, deutschen, englischen usw. Dichter den Russen, Deutschen usw. abzieht, oder ist der Begriff des Dichters der übergeordnete, auch auf anderen Wegen gewonnene Begriff, der sich national bloß spezialisiert? Ich glaube, daß es aus verschiedenen Gründen keine Wahl gibt, und daß auch wenige bei unbefangener Überlegung zögern werden, sich für das zweite zu entscheiden.

Dann darf man aber auch ohne Zweifel überall an die Stelle des Wortes Dichter das Wort Kultur setzen und an die Stelle der nationalen Kennzeichnungen die politischen: proletarisch, bürgerlich, faschistisch usw.

Ich fürchte, daß dies nicht die gleiche Übereinstimmung vorfinden wird. Aber es ist eine denkmethodisch notwendige Antwort, und so kann sie nur nutzen und niemand beeinträchtigen.

Daß ihr die Unbefangenheit verlorengegangen ist, hat zweierlei Gründe:

Der umfassendere ist dadurch gegeben, daß sich die Geschichte unseres Zeitalters in der Richtung auf einen verschärften Kollektivismus entwickelt hat. Ich brauche gewiß nicht zu sagen, wie sehr sich dieser Kollektivismus in seinen Formen unterscheidet, und wie verschieden seine geschichtliche Stunde da und dort gewesen ist, und wie verschieden sein Zukunftswert zu beurteilen wäre. Der Engel der Vernichtung, der so bodennah über allen Böden der Erde schwebt wie noch nie, läßt keine Voraussicht zu.

Sieht man allerdings von Unberechenbarkeiten ab, so ist es sehr wahrscheinlich, daß eine verschieden fortschreitende Entwicklung zum

Kollektivismus das Bild der Welt bestimmen wird. Die wachsende Anzahl der Menschen spricht für sie, das heißt, diese verlangt, wenn auch nur der bisherige Zusammenhalt auf der Höhe der Leistung bewahrt werden soll, straffere Bindungen.

Diese Bindungen werden natürlich auch das Gebiet der Kultur umfassen, wie sie es heute schon tun. Ob ihre Umarmung diese vernichten oder befruchten wird? Politiker pflegen eine herrliche Kultur als die natürliche Beute ihrer Politik anzusehen, so wie die Frauen früher den Siegern zugefallen sind. Ich meine dagegen, daß es für die Herrlichkeit sehr von seiten der Kultur auf die edle Kunst der weiblichen Selbstverteidigung ankommt.

Manchmal sträubt sich alles in mir gegen die Ehre, Gewälztes einer großen geschichtlichen Umwälzung zu sein. Dann drängt sich die einfachere und engere Auffassung auf, daß das Ganze nichts ist als ein Übergreifen und Übergriff der Politik. Imperialistischer Entscheidungskampf, Todeskampf der Bourgeoisie, herbe Jugend der proletarischen Machtform: egal, was es ist, alles fühlt sich bedroht und mobilisiert alle Mittel.

Zu den Einberufenen gehört auch die Kultur.

Und nicht nur, daß uns der Staat, die Klasse, die Nation, die Rasse und das Christentum reklamieren, sondern diese sind auch selbst unter die Künstler und Gelehrten gegangen. Sie hat die Not nicht nur (wie ein deutsches Sprichwort sagt) beten gelehrt, sondern auch dichten, malen und philosophieren. Wenigstens lehren sie uns mit unverrückbarer Geduld, wie wir es zu machen haben.

Die Politik holt sich heute nicht die Ziele bei der Kultur, sondern bringt sie mit und teilt sie aus.

Ob wir nun gegen diesen Strom oder mit ihm schwimmen wollen: Schwimmen ist nicht Treibenlassen. Wir fühlen wohl das irgendwie zu begrenzende Recht des Ganzen und die Pflicht des Einzelnen sich einzuordnen, fühlen aber doch auch eine ähnliche Verpflichtung, wie sie Priester gegen ihren Gott haben. Und wie sie bewegen wir uns als Fachleute unter Laien. Aber da wir ohne Mystik und Offenbarung auskommen müssen, sind die Fragen, worauf wir unseren Auftrag gründen, wie wir ihn abgrenzen und wie ihn ausführen wollen, recht verfänglich. Sie münden schließlich in die Frage, wer wir denn eigentlich seien, und wenn wir uns diese auch nicht selbst stellen wollten, sie wird uns heute gestellt, und nicht gerade immer mit freundlicher Betonung!

Diener der Kultur, Helfer, Bringer! So müssen wir uns wohl im Rahmen dieser Versammlung ansehn. Die Vorstellung davon wird leicht, wenn man eine bestimmte Kultur vor Augen hat, sei es eine bestehende oder eine herbeizuführende. Aber was ist Kultur, wenn es sich darum handelt, ob das oder jenes Ungewollte und Ungewünschte noch Kultur sei? Diese Frage ist ungefähr so wie die, unter welchen Umständen sechs Wände noch ein Zimmer bilden. Wir sind es bloß gewohnt, innerhalb der Wände und in bestimmten, mehr oder weniger einzelnen Beziehungen, die zwischen den Einrichtungsstücken bestehn, Ordnung oder Unordnung anzurichten! Wir wissen wirklich wenig davon, wie Kulturen werden und zugrundegehn.

Gehört beispielsweise – und das Beispiel kommt nicht von ungefähr – friedliebende Gesinnung zur Kultur? Wer die Kultur liebt, liebt den Frieden; denn ein Volk im Krieg (und ebenso auch auf die Dauer heftiger innerer Umschichtungen) bringt so wenig an Kultur hervor wie ein Einzelner in Augenblicken der Lebensgefahr. Es gibt also einen gewissen natürlichen Pazifismus, aber auch einen von Natur apolitischen Charakter derer, denen es um Werke der Kultur ernst ist. Und es ist sogar eine Behauptung Nietzsches, daß politisch starke und kulturell bedeutende Zeiten nicht zusammenfallen können. Dabei sehe ich noch ganz davon ab, daß Krieg aus Handlungen besteht, die auch im einzelnen verworfen werden.

Anders steht es nach dem Siege. Im großen und ganzen sind es siegreiche Staaten gewesen, die große Kulturen hervorgebracht haben. Es läßt sich zur Begründung sagen: weil sie durch Kriege reich geworden sind, und das ergibt ein merkwürdiges Paradoxon, das den Wert des Kriegführens auf die Vorzüge des Nichtkriegführens gründet. Es läßt sich aber auch sagen: weil sie stark waren: wobei dann die Kultur gleichsam als der psychologische Lohn des Kriegs erscheint oder als seine zartere Schwester. Es ist eine bekannte Kulturphilosophie, die solche Gedankengänge lehrt.

Von dieser Kulturphilosophie und der Tatsache, daß weitaus die meisten Menschen überhaupt nicht über den Heroismus philosophieren, wohl aber sich vor ihm fürchten, führt dann ein kurzer Weg zur «Weltanschauung der Ertüchtigung», die mit der «natürlichen» Liebe zum Frieden und seinen Werken ungefähr so streng umgeht, wie es Jäger tun, wenn sie Jagdhunde erziehn.

Mit einem Wort, es gibt keine kulturellen Axiome (und namentlich nicht solche des Gefühls), die nicht durch andere ersetzt werden könnten, so daß auf der neuen Basis wieder eine Kultur möglich ist. Das Entscheidende liegt am Ganzen, wie man denn auch nach einzelnen Grundsätzen oder Handlungen von einem Menschen nicht sagen kann, ob er ein Narr oder ein Genie oder ein geborener Verbrecher ist.

Darüber gibt es – in den Nachgelassenen Fragmenten – eine grauenvolle und weit voraus blickende Bemerkung Nietzsches (ich führe diesen großen Analytiker nun zum zweitenmal an, weil er auch ein großer Prophet gewesen ist), und diese Bemerkung lautet: «Der Sieg eines moralischen Ideals wird durch dieselben unmoralischen Mittel errungen wie jeder Sieg: Gewalt, Lüge, Verleumdung, Ungerechtigkeit.»

Wir verstoßen gegen diese Beobachtung von großem Wahrheitsgehalt jedesmal, wenn wir uns über die Roheit und Verkehrtheit des Neuen nicht nur empören, sondern diese persönliche Empörung auch mit den Gesetzen der Schöpfungsgeschichte verwechseln. Es liegt dabei nahe, das Gewohnte für das Notwendige zu halten.

Ein Teil der Abneigung gegen autoritäre Staatsformen geht bestimmt bloß auf die Gewöhnung an die parlamentarisch-demokratischen zurück. Sie rufen die gleiche Anhänglichkeit hervor wie ein etwas abgetragener, aber bequem gewordener Anzug. Sie gewähren der Kultur ein großes Maß an Freiheit. Aber das gleiche Maß gewähren sie dann auch ihren Parasiten. Ich will auch nicht sagen, daß sie nicht noch entwicklungsfähig seien; aber auf Gedeih und Verderb das Wesen der Kultur mit dem ihren gleichzusetzen, ist keinesfalls berechtigt.

Kultur ist an keine politische Form gebunden. Sie empfängt von jeder spezifische Antriebe und Hemmungen. Der einzelne ihrer Träger kann sich wohl wegen eines Teils seiner Bedürfnisse für eine bestimmte politische Form als die ihm gefälligste oder auch als die aussichtsreichste entscheiden, aber er tut es mehr oder weniger als Privatperson. (Wenigstens empfinde ich es an mir so). In Ausübung seiner wesentlichen Mission wird er sich mehr oder weniger ergeben gegen die politische Form zu wehren haben.

Er kann dabei nicht von einem überlieferten Ideal ausgehen, denn er weiß selbst, daß es soeben durch die Entwicklung des Ganzen umgebildet wird; und er kann nicht ein persönliches, sozusagen komplettes, Zukunfts-Kulturprogramm aufstellen, denn er besitzt in dieser Sache das Sokratische Vielwissen, das ihm nicht die Einbildung gestattet, alles zu wissen.

Ich muß es noch einmal sagen: Für uns ist Kultur etwas Überliefertes, etwas Erlebtes, eher ein Wille, der in uns oder auch durch uns hindurch lebt, als eine definierbare Vorstellung. Sie ist ein Inbegriff von Werken und Tätigkeiten, die man aufzählen kann, ohne ganz damit zu Ende zu kommen; und wenn einer oder der andere selbst an die Stelle dieser lockeren Erfassung eine bestimmte, gedanklich einheitliche setzt, so hat er damit bloß ein Werk mehr geschaffen.

Das ist aber kein Grund zur Schwäche. Es handelt sich eben nicht darum einen Begriff, sondern darum, eine menschliche Fähigkeit zu erhalten, und von den Bedingungen ihres Daseins und ihrer Entwicklung weiß man so viel, als man von den letzten Zielen der Kultur wenig weiß.

So ist Kultur doch beispielsweise, selbst wenn sie nichts Übernationales wäre, doch sicher etwas Überzeitliches. Gewöhnlich werden sogar in einem und demselben Volk nach Senkungslücken bei der Wiederanknüpfung große Zeitstrecken übersprungen. Daraus ist zu schließen, daß es denen, die der Kultur dienen, verboten ist, sich restlos mit einem Augenblickszustand ihrer nationalen Kultur zu identifizieren.

Kultur ist aber auch immer mindestens ebenso international wie national gewesen. Die Geschichte der Künste und Wissenschaften ist ein einziges Beispiel dafür. Und selbst die Kultur der Primitiven zeigt diese Erscheinung.

Namentlich in ihren höchsten Schichten ist die Kultur voll übernationaler Beziehungen. Die Genialität ist so verteilt wie das Vorkommen anderer Seltenheiten.

Und sie ist nicht eine Überlieferung, die einfach von Hand zu Hand gegeben werden kann, sondern dabei ist ein merkwürdiger, vorderhand nicht aufgeklärter Vorgang im Spiel: Die schöpferischen Menschen übernehmen nicht sowohl das Vergangene (oder von anderen Orten Kommende) als daß es vielmehr in ihnen neu geboren wird, wodurch uralte Geschichte immer wieder sowohl neu belebt als auch persönlich verändert wird.

Wir wissen ferner, daß die Träger dieses Vorgangs einzelne Personen sind. Die Gemeinschaft wirkt sehr wichtig mit, aber selbst die extremste Betonung ihrer Rolle muß einräumen, daß das Individuum das Instrument der Kultur ist. Damit eröffnet sich aber ein großer und ziemlich wohlbekannter Kreis von Bedingungen für das Werden einer Kultur, nämlich alle die Bedingungen, die zum persönlichen Schaffen gehören.

Wissen, Freiheit – nicht als politischer, sondern als psychologischer Begriff, Kühnheit, Unruhe des Geistes, Forschungslust, Offenheit, Verantwortung – ohne daß solche Eigenschaften in allen unterstützt werden, kommen sie auch in den besonderen Begabungen nicht zum Vorschein.

Wir können den Bereich der Eigenschaften, aus denen ein großer Geist besteht, ungefähr beschreiben. Ein solcher Geist ist reich, genau, abstraktionsfähig, klar, unablenkbar, aber beweglich u.s.w., er muß viele Erfahrungen und ein Mindestmaß an Vorurteilen besitzen und anderes mehr, das alles sich angeben läßt und das natürlich nicht alles auf einmal dazusein braucht, aber doch in solchen Maßen, daß die Fehler aufgewogen sind.

Auch die Wahrheitsliebe muß dabei sein, und ich möchte sie erwähnen, weil sie gegenwärtig nicht allzu groß ist, und weil das, was wir Kultur nennen, wohl nicht unmittelbar den Begriff der Wahrheit zum Kriterium hat, doch aber keine Kultur auf einem schiefen Verhältnis zur Wahrheit ruhen kann.

Es entspricht der Natur meines bescheidenen Beitrags, daß ich ohne Schluß schließe. Ich bezweifle, daß man die Welt durch Beeinflußung ihres Geistes bessern kann; die Motoren des Geschehens sind von gröberer Natur. Aber man muß sich auf die Forderungen besinnen, die der Geist an sich selbst zu stellen hat, soll sie aufstellen und, nach Vermögen, denen zu Bewußtsein führen, die den Auftrag zur Macht besitzen oder zu besitzen glauben.

Notizen und Vorarbeiten

Entwurf C. Vortrag Paris
Zurückhaltung des Staats, aber nicht ... Positive Signale des Geistes. Als ... aber die ernste Richtung auf den Geist. Grundgefühl: die Erweiterung des Blickes. Das in die Zukunft Gerichtete ohne überflüssige Bindungen.

160 Schilling tour : retour (156 III), 29 Schilling ab hier, 59 Schilling ab Schweiz.

à la longue Wissen Freiheit Forschung Organisation der Ergänzung Ansehen (damit Nachwuchs kommt) Ruhe. Und eine Tendenz zum Geistigen, die schwer zu definieren ist.

an den Bedingungen des Schöpferischen zu diesen gehört aber auch Bindung.

Entlastung ...? [...]

Das Individuum muß schöpferisch sein, die Gemeinschaft kann ihm nur helfen (die Gemeinschaft kann durch ihre Individuen schöpferisch sein) die Entdeckung, das Gedicht usw. kann immer nur einer machen.

Ubi bene ...

[...] Vergleiche es gibt keine bolschewistische Geometrie und es gibt darum auch keine politische Dichtung.

Die Kultur ist an keine politische Form gebunden. Wohl aber an gewisse Voraussetzungen wie Selbstbewußtsein des Künstlers oder Gelehrten, Freiheit. Nicht zwei Dichter sind aus sich selbst der gleichen Meinung.

1) Überzeitlich, wenn schon nicht übernational. 2) Man hat die Kultur nicht nur gegen die Politik zu verteidigen.

1) Wir wollen Kultur. 2) Kultur ist ein unbestimmter Wille (keine

Vorstellung). 3) Kultur ist eine sich erneuernde Überlieferung. 4) Kultur ist an keine politische Form gebunden. 5) Wohl aber an gewisse Voraussetzungen, die von jeder Form respektiert werden müssen.

Paris. Aktuelle Frage: Antisemitismus Rassentheorie abzulehnen samt ihren Konsequenzen, er ist schlechter geistiger Abkunft. Kultur kann nicht auf Unwahrheit ruhen, aber sie ruht auch nicht auf Wahrheit. Totalität und absolute Unterordnung des Individuums (aber wie in Notfällen?). Krieg oder Pazifismus. (Wir gedeihen nur im Frieden. Aber auch nur in Wohlstand und Macht). Macchiavellismus oder Geist der (fragwürdigen) Zusammenarbeit (Humanität). Verstärkung oder Ablösung der Humanität. Nationalismus und Internationalismus. Antimarxismus und Rußlandfreundschaft. Faschismus oder Demokratie (sie ist wie ein bequemer, abgetragener Anzug. Nicht ganz sicher, wie lange er noch halten wird). Sind wir ein moralischer Weltgerichtshof? sind wir die rechtgläubige Kirche? […] Wir stehen im Gegensatz zur göttlichen Gleichschaltung und zur nationalen. Die induktive Gesinnung (die des Geistes) ist eine Utopie, wie hat sie sich in der Realität zu verhalten? Mit einer Machtrichtung zu verbinden?

Vorausgesetzt, wir könnten uns ausnehmen. Aber unsere Leser, die auf ein Zeichen von uns warten? Sie können sich nicht ausnehmen. Sollen wir Wahlparolen geben? Eindeutig eine Regierungsform empfehlen? Oder sie im Stich lassen und ihnen sagen: tragt euer Los und empfangt unsere Anregungen?!

Wenn man es überlegt: die Macht muß führen. Aus dem Geist der Macht der mächtige Geist – wie bei Nietzsche. Aber es gibt verschiedene Mächte, und es ist nicht ausgemacht, welche Sieger bleiben wird. Bisher ist es allen schlecht gegangen. Aber solange auch nur eine drohend dasteht, gibt es höchstens Kompromisse. Bolschewismus: Gegen die Reform vom Geist aus, zuerst muß man siegen. Der Kapitalismus muß vernichtet werden. Einseitig und eingeschränkt auch in Rußland. Wir sind in einer jener Untergangsperioden. Samenkorn bewahren.

? Rußland, das unkapitalistische, mit dem Ideal der Arbeit favorisieren, dem Ich Chance lassen. Es ist und bleibt. Es hat umfängliche ideologische Grundlagen, aber sie können sich verändern.

Mit Verteidigung der Kultur weiß ich nicht viel anzufangen. Wohl aber mit der Verteidigung des Einzelnen als ihrer Quelle.

Wir sind ein von der Politik abhängiger, aber zu ihr in Gegensatz stehender Teil des Ganzen. Wir sind gegen Politik, aber in der Utopie des vollendeten und infolgedessen politiklosen Staats haben wir keinen Platz (?) Sollen wir immer nur sagen dürfen, was sein könnte, und nie, was sein soll?!

(An der Grenze der Dichtung) Über die Grenze zwischen Dichtung und Politik.

Eine auf Handel, Wohlstand und Kultur aufgebaute Welt, ist sie wünschbar? Der Begriff der Nation ist nicht aus der Politik zu bestimmen, zu füllen. Totalität und Gleichschaltung, das ist Affekt. Kultur, das ist Einfließen des Verstandes. Bin ich in meiner Ratlosigkeit nicht ein abschreckendes Beispiel?! Der Glaube ist mir nicht gegeben.

Défense ...: die Kultur, im Liberalismus darf sie sich selbst zugrunderichten. Sie darf sich aber auch selbst erhöhen (mit Schwierigkeit). Im autoritären Staat wird sie von Außenseitern kommandiert.

Vielleicht liegt hier das zu Tuende. I. Ihre Notwendigkeiten ergeben sich aus der Kooperation der Geister, II. bewirken, daß ihr überall der Lebensraum gegeben wird. III. Die Machtgegensätze aus dem Weg räumen (die über die Kultur weggehn).

«Der Sieg eines moralischen Ideals wird durch dieselben unmoralischen Mittel errungen wie jeder Sieg: Gewalt, Lüge, Verleumdung, Ungerechtigkeit». [...] Wie wenn wirklich der Kapitalismus die Ursache des heutigen Zustands wäre? Aber doch auch die á-la-baisse-Triebe. Immerhin, der Kapitalismus nutzt dem sehr.

Entwurf A

[...]

Kuh auf Muh reimen.

2) Wir deutschen Dichter befinden uns gegenwärtig in einer schwierigen Lage der politischen Repräsentanz (Hauptrepräsentanz) unserer

Nation gegenüber. Ihre Hauptrepräsentanz verlangt bekanntlich von ihm jene völlige Unterordnung, die mit einem Wort, das, wie ich glaube, nicht genug deutsche Großeltern hat, eine totale genannt wird. Außerdem verlangt aber beispielsweise das österreichische Vaterland von uns, daß wir österreichische Dichter seien, und es gibt Kulturgeschichtskonstrukteure, die uns beweisen wollen, daß ein österreichischer Dichter immer etwas anderes gewesen sei als ein deutscher. Wir haben in Österreich nicht die Begriffe Totalität und Gleichschaltung, aber wir haben den Begriff Kulturpolitik; er ist sanfter, aber doch auch ein wenig zu anspruchsvoll, und vor allem ist nicht recht klar, wie eigentlich eine Kulturpolitikkultur aussehen wird. Nicht weniger schwierig sind jene Dichter daran, die tschechoslowakische Dichter, (aber weder Tschechen noch Slowaken sind, sondern deutsche Dichter); sie sollen Dichter deutscher Nation und tschechoslowakischen Staatsfühlens sein. Auch an die russischen Dichter werden, soviel ich weiß, Ansprüche gestellt oder von ihnen freiwillig übernommen, die ein völliges Primat der Politik voraussetzen. In einer ganz besonders schwierigen Lage befinden sich bekanntlich die Dichter und Schriftsteller jüdischer Abstammung, obwohl viele von ihnen und viele ihrer Vorfahren sich große und kleine Verdienste um die deutsche Kultur erworben haben.

3) In der geistigen Auseinandersetzung mit diesen Erscheinungen bin ich (wie auch andere) zunächst auf den Begriff Kollektivismus geführt worden, als einen Gegensatz zu dem, was man einen mehr oder weniger liberalen Individualismus nennt. Die Form, in der sich mir das aufgedrängt hat, war die eines Organisationsproblems. Eben das, was man Kulturpolitik nennen könnte, eine Politik mit dem Ziele der Kultur. Bekanntlich kommt das in allen staatsmännischen Redensarten vor und ist ein ewiges Bestandstück der staatlichen Rhetorik. Die Stellung des Problems konnte also nur eine negative sein. Die Kultur wird nicht verwirklicht und sie wird es immer weniger. In diesem Immerweniger habe ich einen Ausgangspunkt gefunden.

Die Anzahl der Menschen und der neu entstehenden menschlichen Beziehungen wächst in einer enormen Proportion, sie wächst den überlieferten Bindungsmitteln des Gesellschaftlichen und des Geistigen davon, und wenn nicht organisatorische Gegenmaßnahmen ergriffen werden, so muß automatisch ein geistiger Zerfall eintreten. Die Aufgabe, den sozialen Zusammenhang zu stärken, sozial im weitesten Sinne, ebenso wie das mehr oder weniger instinktive Ergreifen dieser Aufgabe, beides möchte ich bis auf weiteres gemeinsam in dem Begriff Kollektivismus zusammenfassen.

Ersichtlich greift diese Aufgabe auch aufs Politische über, ich habe sie aber zunächst nur als geistige bestimmt, ja anfangs bloß so erkannt. Wir finden ihre Vorgeschichte auf dem Gebiet der Wissenschaft durch das immer weiter getriebene Spezialistentum bezeichnet, das den einzelnen Geist vor die Wahl stellt, sich für Enge des Blickfelds oder Ungenauigkeit des Erfassens entscheiden zu müssen. Wir treffen die gleiche Vorgeschichte an als eine Auflockerung der Maschen des moralischen Gewebes, ein Nachlassen und Lässigwerden der Moral, für das nicht die großen, sondern die kleinen Abweichungen kennzeichnend sind. Es ist eine Freigeisterei mit mehr Freiheit als Geist. (Ein ebenso großer Gegensatz zu dem, was Nietzsche unter den «Freien Geistern» verstanden hat, wie bürgerliche Dumpfheit). Scheinbar in der verhältnismäßig üppigen Zeit vor 1914 wurzelnd, erhält das in der dem Krieg folgenden Zeit die höchste Ausbildung und weckt die Reaktion. Wir finden damals schon ein unbefriedigendes Funktionieren des Parlamentarismus. Auf unserem eigensten Gebiet, dem der Dichtung und Schriftstellerei, auch in den übrigen Künsten, darf man hinzuzählen – im Vergleich mit der energischeren Vorzeit (von 1880–1910): wachsende Dezentralisierung und Unsicherheit des Geschmacks (in Deutschland war gute Kunst auf eine dünne Abnehmerschicht beschränkt), wachsende Kommerzialisierung (auch Auflagehöhen). [Wird später noch ausgeführt.]

Schon wenn diese Erscheinungen aufgezählt werden, zeigt sich, daß sie mit Wirtschaft und Politik zu tun haben. Aber sie haben ihre Ätiologie auch im eigenen Bereich. Es ist das Nächstliegende an dem Zustand des Geistes zuerst den Geist verantwortlich zu machen: also beispielsweise veraltete Grundsätze, falsche Anschauungen, unordentliche Kritik, Unverständnis für besondere Probleme usw. Man sucht Ordnung im eigenen Haus zu machen. Ich möchte – mit Einschränkungen und bis zu einem gewissen Grade, die noch zu erörtern sein werden, – auch heute daran festhalten. Jedenfalls erklärt sich so eventuell: auf eine weniger ehrenrührige Weise, als es unsere marxistischen Kollegen tun, die uns bourgeois heißen und höchstens als etwas Unvollständiges.

4) Es scheint mir aber manchmal, was ich soeben als Kollektivismus zu kennzeichnen versucht habe, viel zu pompös zu sein oder doch zu weit, und ich möchte denn die einfachere und engere Auffassung vorziehen, daß wir es hauptsächlich mit einem Übergewicht der Politik zu tun haben. Wann und wodurch das geschehen ist, brauche ich wahrhaftig nicht zu erörtern.

Zusammenfassen möchte ich es in die bekannte Formel, daß die eng zusammenhängenden (wenn auch nicht identischen) Mächte des Imperialismus und Kapitalismus (Begriffe, die für mich allerdings keine marxistische Eindeutigkeiten haben) alle Kräfte zu den schon im Gang befindlichen Entscheidungskämpfen mobilisieren.

Zu den Einberufenen gehört auch die Dichtung.

Entwurf B. Kürzer:

1) und werde mich bemühen, was mir dabei wesentlich erscheint, so kurz wie möglich zusammenzufassen.

2) Ich sehe mich, wenn ich zurückblicke, bis zu einem gewissen Zeitpunkt, der zwischen 1914 und den Jahren nach dem Kriege liegt, innerhalb von vier festen Wänden, zwischen denen es mir nicht sonderlich gut gefallen hat und zwischen denen ich mich anders einzurichten getrachtet habe, als es üblich war. Genauer gesagt, die Wände sind mir gleichgültig gewesen, interessiert haben mich gewisse Einrichtungsverhältnisse. Später habe ich erkennen müssen, daß sich diese Wände bewegen.

Ich darf annehmen, daß es den meisten Dichtern so ergangen ist, die sich heute in den Jahren der höchsten Reife befinden, wenige ausgenommen, die durch ihre Natur oder Herkunft von Anfang an eine direkt oder indirekt politische Gedankenrichtung zeigten.

3) Daraus folgt: Wir haben unsere Begriffe – dabei auch den der Kultur und ihrer Pflege oder Verteidigung – intrasozial gebildet, das heißt, in-

nerhalb einer Nation, eines Staates, einer Klasse, auf Grund einer anscheinend festen Lage, allerdings gewöhnlich im Gegensatz zu diesen Gegebenheiten, und sehen uns jetzt vor Schwierigkeiten gestellt, die uns neu
sind.

4) Ich möchte das noch so ergänzen: Wir haben die nötigen Begriffe
unseres Tuns oft im Gegensatz zum Vorhandenen ausgebildet, mehr aber
noch – soweit die im weitesten Sinn politische in Frage steht – unter Vernachlässigung dieser Gegebenheiten.

Entgegen einer oft und mit Macht vertretenen Auffassung möchte
ich betonen, daß eine solche Vernachlässigung keine Nachlässigkeit ist!
Wer sich überhaupt Probleme stellt, muß verstehen, von Problemen abzusehen. Das ist ein heuristisches Grundgesetz des Geistes, das für die
Dichtung im Grunde ebenso gilt wie für die Physik oder Mathematik.

Es ist unmöglich, daß ein Dichter, der nicht bloß ein begabter Geisteskranker ist, keinerlei soziale Verantwortung fühlt; aber die Arten dieser
Verantwortung sind sehr verschieden.

> Ich möchte auch noch daran erinnern, daß sich ein Dichter die
> Leitlinien seines Tun nicht nur aus der Gegenwart holt und nicht
> nur aus seinem Volk, sondern mehr aus der Geschichte und aus
> dem, was ihm bei allen Völkern am meisten zusagt.
> Man muß da eine teilweise Äquivokation aufhellen. Ein Dichter
> gehört in Wahrheit zwei Kulturen an: der seines Volks und der
> europäischen. Das war nie identisch und beide Teile sind von
> Wichtigkeit.

5) Wir bekommen aber heute gerade die Probleme zu fühlen, die wir
vernachlässigt haben. Der Staat reklamiert uns, die Klasse tut es, die
Nation, die angebliche Rasse, ja sogar mit großem diplomatischen Geschick die Religion. Richtiger gesagt, der Staat, die Klasse, die Nation, die
Rasse und die Religion sind unter die Künstler gegangen. Sie wissen besser als wir, wie es zu machen ist; sie haben unter uns zwischen weißen und schwarzen Schafen geschieden; und sie haben ihre eigenen
Künstler mitgebracht, von denen viele es nur dank ihnen sind, denen

plötzlich ein Stellenwert vorgesetzt wird, wie die Arithmetiker so etwas ausdrücken.

6) Gegen diese Zugriffe verteidigen wir uns, das ist die schlichteste Formel; aber wir sind überzeugt, daß wir mit uns ein wesentliches Stück dessen, was Kultur zu heißen hat, verteidigen; wir tun es ja auch nicht unserer Person, sondern dieses Höheren willen, und wir sehen uns gezwungen, manches als «kulturwidrig» zurückzuweisen, was uns im engeren persönlichen Sinn nichts anzugehen braucht.

Woher nehmen wir diesen Auftrag und warum besteht er und wie können wir ihn ausführen. Wer sind wir denn? Wenn wir uns diese Fragen nicht selbst stellten, sie würden uns gestellt!

7) Sie sind nicht ad hoc zu lösen und nicht mit dem zu beantworten, was selbstverständlich geschienen hat. Sie legen dem Dichter einen neuen Ernst auf und verheißen ihm ein neues Selbstbewußtsein.

Entwurf D.

1) ja sogar je lebhafter ich mich bemühte, kurzerhand meine eigene Meinung in einigen knappen, handfesten Überzeugungen zusammenzufassen, desto mehr verflüchtigte sie sich mir. Damit darf ich kaum hoffen, eine gute Figur auf diesem Kongreß zu spielen, zumindest keine energische; trotzdem scheint es mir auf seiner Linie zu liegen, daß auch das zur Überlegung gestellt wurde, was mit Zögern vorgebracht wird.

2) Man kann es in die Frage zusammenfassen: Ist der Dichter das, was übrigbleibt, wenn man vom russischen, deutschen, österreichischen usw. Dichter den Russen, Deutschen, Österreicher usw. abzieht (also das Gemeinsame sucht), oder ist der Begriff des Dichters durchdringlicher? Ich glaube, daß im ersten Fall nicht viel übrig bleiben wird, und daß es sich schon deshalb methodisch empfiehlt, von der zweiten Fassung auszugehen. (Wie man das ja in der Tat auch immer getan hat.) Überhaupt sind Allgemeinbegriffe nicht bloß Abgezogenes oder Durchschnitte, sondern haben ihren eigenen Gehalt, der aus den Einzelerfahrungen wohl gewonnen wird, aber nicht nur aus ihnen.

3) Die geschilderte Erscheinung läßt (mindestens) zwei Auffassun-

gen zu, die einander ergänzen (übergreifen), die Politik holt sich nicht ihre kulturellen Impulse, sondern sie gibt und sie …

a) Kollektivismus, b) Übergriff der Politik.

Zu a) Die schwer zu lösenden Existenzfragen seit dem Kriege – die eben daher entkleidete Rücksichtslosigkeit – gültig sowohl für Gruppen oder Klassen als auch für ganze Staaten – haben zu der bekannten Krisis des mehr oder weniger individualistischen Liberalismus geführt und zu machtfähigeren Kollektivbildungen und Lösungen (?) Der gleiche Erfolg hätte mit der Zeit auch durch das Wachstum der Zahl eintreten müssen.

Möge man es dabei also auch in erster Linie mit Klassen- und daraus folgenden staatlich-imperialistischen Gegensätzen zu tun haben (Ich bin kein Marxist, aber ich glaube, daß man sich schwer dem Eindruck entziehn kann, daß er in dieser Frage recht behalten hat), so doch auch mit etwas, das weiter ist, eine geschichtliche Bewegung in verschiedenen Erscheinungsformen.

Da dies ins Unabsehbare führt, muß ich es beiseitelassen und will nur vormerken, daß man dennoch nicht davon absehen kann.

Zu b) Zu den Einberufenen gehört auch die Dichtung. (Kultur?) Der Staat usw. reklamieren uns nicht nur, sondern sind auch selbst unter die Künstler gegangen (und sagen uns, wie wir es zu machen haben.) Ob wir es verteidigen oder nach Kräften (aber wirklich nach besten) mithelfen wollen.

4) Gegen diese Zugriffe verteidigen wir uns: schlichteste Formel. (Zweite Frage ist aber: sind wir verpflichtet, gegen das Unrecht zu Felde zu ziehn? Gehört es zum Begriff des Dichters?)

Wir sind überzeugt, es um eines Höheren willen tun zu dürfen und zu müssen. Wir tun es als Fachleute gegen Laien. Wir fühlen aber auch ein irgendwie zu begrenzendes Recht des Ganzen gegen die Teile, ja es anzuerkennen gehört zu unseren Überlieferungen.

Dem drängenden Anderen gegenüber stehen wir nun vor der Frage: Woher nehmen wir unseren Auftrag? Wie grenzen wir ihn ab? Wie können wir ihn ausführen? Ja wer sind wir denn eigentlich? Wenn wir uns diese Fragen nicht selbst stellten, sie würden uns gestellt! Sie sind auch nicht aus einer selbst schon politisierten Auffassung zu beantworten.

Eventuell: Wir müssen dabei Dichter sein und nicht interessierte Privatpersonen. Eventuell: Sie sind nicht mit dem zu beantworten, was das Selbstverständlichste zu sein scheint. Wir müssen geradezu ein neues Selbstbewußtsein finden.

5) Wir fühlen uns genötigt, die Kultur zu verteidigen. Ich will nun niemand durch die Frage erschrecken: Was ist Kultur?! Denn ich kann gleich hinzufügen: Wir wissen es nicht zu sagen! Sie ist etwas Überliefertes, sie ist etwas Erlebtes, sie ist ein Wille, der in uns und durch uns lebt: all das aber, ohne daß man in gewöhnlichen Zeiten genötigt gewesen wäre, daraus eine Frage zu machen. Sie hat die vier festen Wände gebildet, zwischen denen man gelebt hat und die man – das darf auch nicht verschwiegen werden! – meistens gar nicht so schön gefunden hat!

Das Politische, das Soziale hat für die namhaftesten der Menschen, die zu den sogenannten «kulturellen Werten» etwas beitrugen, in weitaus den meisten Fällen einen Teil der Wand gebildet. Daraus ist nun ein Vorwurf gebildet worden. Man hat diese Ruhe, dieses nicht umfassende, aber die Umfassung bildende, Ruhebedürfnis, bürgerlich genannt. (Der Kommunismus hat es getan und nach ihm der Nationalsozialismus.) Mit Recht, weil es etwas mit dem «bürgerlichen Gedeihen» gemeinsam hat (das aber nicht das schlechteste ist). Mit Unrecht – wenn Kultur ein hoher Wert ist – denn … (große Kunstwerke sind nur in Ausnahmefällen aus der politischen und sozialen Auseinandersetzung entstanden).

Das hat auch seine guten Gründe, von denen ich wenige, und diese kurz, erwähnen will, da sie doch bekannt sind.

[Silent leges inter arma (Cicero). Auch die Musen schweigen, auch die Gelehrten usw.] Im Krieg bringt ein Volk so wenig Kultur hervor wie ein Einzelner während einer Lebensgefahr und deren Abwehr. Das gleiche gilt von heftig absorbierenden politischen Auseinandersetzungen, wenn sie keine Unbeteiligten übriglassen. Es ist eine Behauptung Nietzsches, daß die politische Energie auf Kosten der kulturellen auftritt. Daraus folgt ein gewisser natürlicher Pazifismus und natürlich-apolitischer Charakter derer, die in eine kulturelle Betätigung wirklich eingeschlossen sind. Sollen sie sich in die Flammen stürzen, damit Phönixe einer späteren Zeit aus ihrer Asche auferstehn?

Anders steht es nach dem Siege: Nur siegreiche (starke) Staaten haben Kulturen hervorgebracht. Man kann zur Antwort geben: 1) weil sie reich wurden, das führte wieder auf die Vorzüge des Nichtkriegführens zurück. 2) Man hat gesagt: weil sie stark waren, so als ob die Kultur auch der psychologische Lohn der Kriege wäre. Das ist ja eine bekannte Kulturphilosophie. Ich persönlich glaube nicht, daß sie falsch ist, wohl aber daß sie überflüssig gemacht werden könnte. Außerdem:

Und ich muß von mir auch sagen, daß ich einen Teil meiner Bemühungen auf den Nachweis gerichtet habe, daß man die zum Bösen drängenden großen Kräfte, die sozusagen ewig sind, umlenken müsse, daß man mit ihnen rechnen und ihnen andere Ziele geben und Verlockungen zeigen müsse, und daß es nicht genügt, dem Menschen zuzureden, daß er gut sein solle. Ich fürchte, daß es eine Utopie ist. Aber das Zureden, der Appell an die Güte, ist auch eine Utopie.

Ist der Friede ein Selbstzweck, ein höchstes Gut? Ich glaube, er ist ein Mittel zum Zweck. Und mit Ausnahme radikaler Pazifisten denkt niemand anders. Aber fast alle fühlen anders. Sie wünschen nicht den Krieg. Nun es gibt in der menschlichen Natur viele Widerstände, die überwunden werden müssen. Ein preussisches Offizierswort nennt das den «Schweinehund im Menschen». Eine einigermaßen bekannt gewordene Ideologie stellt die Ehre an die erste Stelle. Von den scheinbar zu allgemeinen Fragen führt ein kurzer Weg ins Aktuelle.

Ich wünsche, daß diese Ideologie nicht nur als die Romantik eines Kleinbürgers angesehen wird. Man muß ihr eine andere entgegenstellen.

Ich muß in dem Zweifeln und im Zweifelhaften weitergehn: Ich führe wieder ein Nietzschezitat an (dieses großen Moralisten und Untersuchers, aber auch Voraussagers): es ist ein furchtbarer Ausspruch, aber einer, der sich nicht nur im zweiten Teil bewährt hat. Es kann kaum eine Frage sein, daß es auch im ersten geschehen kann. Es gibt keine kulturellen Axiome, die nicht durch andere ersetzt werden könnten, so daß auf der neuen Basis wieder eine Kultur möglich ist. Wir verstoßen jedesmal (alle) dagegen, wenn wir uns über die Roheit und Verkehrtheit des Neuen nicht nur empören, sondern diese Empörung mit den Gesetzen der Schöpfungsgeschichte verwechseln. Was gegenüber dem Bolschewismus und Faschismus recht war, gilt auch vom Nationalsozialismus.

Die Kultur ist an keine politische Form gebunden.

Man muß sich namentlich vor der Verwechslung von Kultur mit Demokratie, Liberalismus, Parlamentarismus hüten. Es ist ein Schluß aus dem Gewöhnten auf das Nötige: Die faschistischen Staatsformen sind nicht notwendig undemokratisch. Verwaltungskontrolle in Italien.

Eine auf Handel, Wohlstand und Kultur aufgebaute Welt, ist sie wünschbar? So wie man Liberalität gegen den autoritären Staat verteidigen muß, muß man sie auch gegen den Liberalismus verteidigen. Die Kultur im Liberalismus darf sich selbst zugrunderichten. […]

In summa: Ich weiß wenig davon, wie Kulturen werden. Ich glaube, daß ich jetzt so weit gegangen bin, als man nur wünschen mag.

6) Es ist aber nicht nötig, in solchen Zweifeln stecken zu bleiben. Kultur ist sowohl national als übernational. Es gibt eine europäische, es gibt eine Weltkultur. Zu ihrem Begriff gehört zumindest der des Austausches, der fremden Anregung. Die bolschewistische Kultur geniert sich dessen nicht. Selbst primitive Kulturen zeigen weitverbreitete Einflüsse. Eventuell: der kulturellen Gemeinsamkeit der Gegenwart ist die nicht geringere des Mittelalters vorangegangen. Namentlich in ihren höheren Schichten ist die Kultur ganz international. Man merkt es ja auch an den Schwierigkeiten des Nationalsozialismus, eine Formel für den Ausgleich zu finden.

Wenn Kultur selbst nicht übernational wäre, wäre sie doch überzeitlich. Schon das verbietet dem ihr dienenden, sich restlos mit einem Augenblickszustand zu identifizieren. Gewöhnlich werden bei Wiederanstiegen im selben Volk sogar große Zeitlücken übersprungen (siehe die deutsche Klassik, siehe die Platon- und Aristotelesrenaissance). Und zwar bildet hier nicht Blut und Rasse die Wahl, sondern die geistige Affinität.

Genauer gesagt vielleicht sogar: Kultur ist eine sich selbst erneuernde Überlieferung. Wir übernehmen nicht eigentlich das Vergangene, es wird neu in uns geboren. Siehe wieder Blut und Rasse. Wie jede geistige Aufnahme geht sie sowohl vom Alten zum Neuen als auch umgekehrt. Wir wissen nicht viel vom Prozeß.

Wir wissen aber, daß das Individuum sein Träger ist, das Ganze nur sein Förderer (oder Hinderer). Das Individuum ist jedenfalls das Instrument und dann noch mehr. Oft das Individuum contra das Ganze. Vielleicht immer. Die Entdeckung, das Gedicht kann nur einer machen. Die Gemeinschaft wirkt durch Antriebe, Institution usw. mit. Diese Kooperation ist zu klären. Über den Einzelnen läßt sich aber schon vieles ausmachen:

Was ist Kultur und wie schützt man sie?

Wenn die Kultur auch an keine politische und Wirtschaftsform gebunden ist, so doch an gewisse persönliche Voraussetzungen wie: Wissen – Freiheit (nicht zuviel, aber genug; keine Lebensangst) – also auch Kühnheit – Forschungsgeist (statt Dogmatik) – helfende Gemeinschaftsinteressen – eine gewisse Nobilität – Es sind die Voraussetzungen, die das Individuum schöpferisch sein lassen – ohne Anspruch auf Vollständigkeit – Wir kennen sie besser als die Politiker und politikgeförderten Dichter.

Wir können die Größe eines Geistes nur integrieren: reich, genau, abstraktionsfähig, klar, unablenkbar, bedächtig, schnell, tief, vielseitig, beweglich, Ichvoll, tapfer, nicht einfach, sondern vereinfachend, geradlinig, ohne Übertreibung und Zerfahrenheit. Affektstark – dienende Affekte. Gut ausgebildete und viele Erfahrungen, ein Mindestmaß von Vorurteilen. Nicht eitel. Nicht billig und nachbetend. Keine Romantik. Analytisch und synthetisch und vor allem exakt, der Grenzen der eigenen Fehler bewußt. Eng zusammenhängend mit dem Charakter: Offenheit, Mut usw...: Offizierstugenden wie Nietzsche (zwar nicht) gesagt hat. Aus allen diesen Gründen auch an die Wahrheit. Kultur kann nicht auf Unwahrheit ruhen, wenn ein Teil ihrer Werke auch nicht direkt dem Kriterium der Wahrheit untersteht.

Selbst wenn man die militärischen als die höchsten Tugenden setzt, gilt das. Es verbietet keine Einschränkungen, aber sie dürfen das Ganze nicht verzerren und müssen kompensibel sein.

Nachtrag: Zur Kultur gehört wesentlich auch das Staatsleben. Der Staatsmann erfaßt die Vielen, der Geist die Wenigen. Etwa: Jeder ist einseitig, je weniger, desto besser. Die beratende Ergänzung in finanziellen, wirtschaftlichen, militärischen Fragen versteht sich von selbst. Nur in kulturellen: der Staatsmann – Dilettant.

Zum Ganzen: Ich bezweifle, daß man die Welt durch Beeinflußung des Geistes bessern kann, bei bleibenden Formen. Aber man kann die Forderungen aufstellen und sie denen vorhalten, die die Macht ausüben.

BERICHTIGUNG EINES BERICHTS

Ansatz 1

In seiner Darstellung des .... in Nr .. dieser Zeitschrift hat Egon Erwin Kisch in nachsichtiger Kürze auch meiner gedacht, und zwar mit den Worten: «Robert Musil meint, das kulturelle Schaffen sei an das Individuum gebunden. An wen und was das Individuum gebunden sei, wollte er nicht sagen. Statt zu erklären, daß die Bedingungen der persönlichen Schaffenskraft von der Kultur abhängig sind, erklärte er das Gegenteil, oder behauptete wenigstens, für das Werden einer Kultur seien die Bedingungen wirksam, denen die persönliche Schöpfungskraft unterworfen ist. ‹Manche geschichtlich mißbrauchte Begriffe kehren hier in ihrer Ursprünglichkeit, als psychologische, wieder.› Man sieht, das soziale Problem ist dem, der bisher ein asozialer Problematiker war, vollkommen neu. Aber er kann ihm nicht entrinnen ...». Dabei ist es Kisch, sicher im guten Glauben, mich verstanden zu haben, bei dieser vermeintlichen Wiedergabe der von mir geäußerten Bemerkungen widerfahren, daß er etwas von mir erzählt, das völlig falsch ist, denn ich habe zwar das gesagt, was er von mir anführt, aber ebenso auch über das gesprochen, was er an mir vermißt, und sogar an zwei Stellen meiner Ausführungen und ganz in dem vermißten Sinn. Sein Schluß «Man sieht .. entrinnen» beruht also auf einem Irrtum, oder genauer gesagt auf mindestens einem, denn der zweite ist, daß ich ein asozialer Problematiker sei.

Ich bin überzeugt, daß mein Kritiker diesen zweiten selbst berichtigen wird, sobald er einmal meine Bücher unbefangen liest, aber an dem ersten Mißverständnis fühle ich mich nicht unschuldig, ja ich bin Kisch dankbar dafür, weil er mich daran erinnert, daß ich durch eine den Umständen und Erwartungen nicht genügend angepaßte Art zu sprechen sicher zu allerhand Mißverständnissen Anlaß gegeben habe. Ich will daher kurz den Sinn meiner Ausführungen wiederholen und auch darlegen, warum ich mir gerade dieses Thema gewählt habe.

Notizen im Anschluss an Ansatz 1

1. Ein richtiger, aber umständlicher Titel wäre: Über das Verhältnis der Kultur zur Politik jeder Art, wie letztere auch sei.

2. These I. Es ist eine notwendige Aufgabe das Verhältnis .. zu untersuchen .. (Titel)

These II. Die beiden sind voneinander teilweise abhängig, teilweise unabhängig.

These III. Die Abhängigkeit ist gegenseitig. Im einzelnen derzeit unbestimmt. Die Politik allein kann uns nicht die Kultur gewährleisten. Umgekehrt kann Kultur auch unter einer verabscheuungswürdigen Politik entstehen. Kultur ist an keine politische Form gebunden.

These IV. Es gibt überhaupt keine kulturellen Axiome, die nicht durch andere ersetzt (zum Beispiel antike Kulturen / Grund der Sklaverei) werden könnten, so daß auf der neuen Basis wieder eine Kultur möglich ist. (Also muß die Einengung zur Realität durch die Politik erfolgen. Namentlich das Gefühl mit seinen Axiomen ist unverläßlich. Das Entscheidende liegt am Ganzen. / An einem eigentümlichen, vielgestaltigen, Verhältnis /

These V. Kultur ist eher ein Wille als eine definierbare Vorstellung.

These VI. Es lassen sich gewisse Bedingungen ihres Wachstums erkennen. Übernational, überzeitlich, Nichtidentität mit dem Augenblickszustand der nationalen Kultur, weniger Überlieferung als Wiedergeburt. «Wir wissen ferner .. Instrument». Insofern auf dem bekannteren Boden der Bedingungen persönlicher Schöpfungskraft. «Ohne daß ich das näher ausführen möchte ... nicht zum Vorschein».

Erläuterungen:

? Zusammengefaßt: Die Politik kann der Kultur den Weg bereiten, so wie die Kultur eine gewisse Politik heranreifen lassen kann. Via facti haben aber beide außerdem ihr Eigenleben (eigene Ursachen). Das der Kultur darf sich nicht abhängig machen von dem der Politik, solange die Politik auch aus außerkulturellen Ursachen entsteht. (Eine Politik aus kulturellen Ursachen ist eine Utopie.) (Kultur hier im engeren Sinn der geistigen Schöpfung) (Von den kulturellen Grundsätzen, auf denen sich eine Politik aufbaut, gilt These III und IV.)

Ich habe eine Sache vertreten, die es mir wert zu sein scheint, und das in einer Weise getan, daß sie unverständlich geblieben ist.

Ich will darum auch heute nicht meinen Kritikern den Wortlaut meiner Rede entgegensetzen und finde es völlig nebensächlich, ob sie in allen Einzelheiten recht hat oder nicht. Ich habe mich aber doch fragen müssen, ob man in der Art sprechen kann, wie ich es getan habe, ohne daß Gedanken von der Art wie ich sie vorgebracht habe als überflüssig oder störend betrachtet werden.

Korrektur:

Ich habe aber verschiedentlich gehört, daß meine Worte nicht nur ..
schlimmere, und es gibt Gründe anzunehmen, daß ich recht gehört habe. Ich bedaure das sehr; von der Leitung des Kongresses persönlich eingeladen, empfinde ich es schmerzlich, auch ihn enttäuscht zu haben. Noch dazu ist ... Ich will darum auch heute nicht .. Aber ich möchte in Kürze darlegen, von welcher Art das war, was ich gesagt habe, und die Frage erörtern, ob man in solcher Art sprechen dürfe, ohne als abwegig oder störend zu gelten. Vor allem wäre zu sagen, daß diese Art «theoretisch» war.

Ansatz 2

Robert Musil schreibt uns:

In einer Darstellung des «Internationalen Schriftstellerkongresses für die Verteidigung der Kultur», die Egon Erwin Kisch im Augustheft dieser Zeitschrift gegeben hat, ist meiner mit den Worten gedacht worden: «Robert Musil meint, das kulturelle Schaffen sei an das Individuum gebunden. An wen und was das Individuum gebunden sei, wollte er nicht sagen. Statt zu erklären, daß die Bedingungen der persönlichen Schaffenskraft von der Kultur abhängig sind, erklärte er das Gegenteil, oder behauptete wenigstens, für das Werden einer Kultur seien die Bedingungen wirksam, denen die persönliche Schöpfungskraft unterworfen ist. ‹Manche geschichtlich mißbrauchte Begriffe kehren hier in ihrer Ursprünglichkeit, als psychologische, wieder.› Man sieht, das soziale Problem ist dem, der bisher ein asozialer Problematiker war, vollkommen neu. Aber er kann ihm nicht entrinnen ...»

Zu dieser Wiedergabe dessen, was ich gesagt haben und sein soll, möchte ich nur kurz etwas bemerken: 1) daß das Individuum und daß die Bedingungen der persönlichen Schaffenskraft von der Kulturgemeinschaft (nicht: Kultur) abhängig seien, habe ich an zwei Stellen meiner kritisierten Bemerkungen ausgesprochen. Aber ich hätte das auch unterlassen können, denn es versteht sich von selbst. 2) Über die erforderliche Vorsicht im Gebrauch des Begriffs «asozialer Problematiker» kann Kisch das Nötigste bequem in der Rede André Gides finden, die im gleichen Heft abgedruckt ist.

Leider habe ich Grund anzunehmen, daß meine Worte nicht nur diese beiden oberflächlichen Mißverständnisse hervorgerufen haben, sondern auch tiefere; und weil sie niemals vollständig wiedergegeben worden sind (worauf die verschiedensten Ursachen hinwirkten), ist es mir auch nachträglich noch wichtig, das aus ihnen klarzulegen, was ihnen anscheinend eine andere Bedeutung und Wirkung gegeben hat als gemeint und erwartet war. Ich will nicht den Wortlaut meiner Ausführungen hierher setzen (wozu kein Anlaß vorliegt), wohl aber die vermutlich schlimmsten Äußerungen daraus selbst hervorheben. Dabei handelt es sich nicht um mich, ja nicht einmal um den Kongreß der Schriftsteller, sondern um die Frage, ob man so, wie ich es mir vorstelle, den Zwecken dienen darf, die diesen Kongreß hervorgerufen hatten.

[Es kann der Augenblick kommen, vorübergehend, wo man Partei nehmen muß.]

Auf dem Kongreß herrschte eine bestimmte Meinung vor, sowohl von dem, was die Kultur mit Verderben bedroht, als auch von dem, was ihr eine schöne Zukunft eröffnet; und beides geschah in Verbindung mit politischen Systemen. Dem entgegen habe ich Gründe dafür angeführt, daß zwischen Kultur und Politik durchaus kein einfacher Zusammenhang besteht, der die gewünschte Eindeutigkeit besäße. Habe ich mich geirrt, so will ich es bedauern; habe ich recht, so bedeutet es einen Einwand, der jede Berücksichtigung verdient.

(Nieder mit dem Kulturoptimismus. Auch: die Unerträglichkeit der Versprechungen.)

Ich habe Gründe dafür vorgebracht, daß durchaus nicht dieser einfache Zusammenhang besteht. Das ist nicht so aufzufassen, daß ich mich für indifferent erklärt habe oder allen politischen Systemen die gleichen kulturellen Chancen gebe. Es widerspricht nur dem Kulturoptimismus. Der heutige politische Kulturoptimismus ist unerträglich. Vielleicht bemerkt man den Balken im Auge der andern, wenn man den Splitter im eigenen nicht sieht. Wer weiter in der Handhabung dieser Erkenntnisse ist, wird etwas voraushaben.

Notizen im Anschluss an Ansatz 2

Trotzdem möchte ich kurz einiges bemerken und stelle es Ihrem Gleichgewichtssinn anheim, es zu veröffentlichen.

1) Gesagt 2) Unterlassenkönnen 3) daß für das Werden einer Kultur .... habe ich gesagt; aber nicht weil mir das soziale Problem so neu ist, sondern weil mir der Optimismus ein Greuel ist, der ... 4) Ich möchte daran erinnern, daß das heute jeder sagt. 5) Ich erkläre, daß ich keineswegs meine, daß das jeder mit gleichem Recht sagt. 6) Ich füge hinzu, daß es keineswegs klar ist, welche Bedingungen man erfüllen muß, damit eine politische Bewegung ... aber ich erwarte mehr von der Klarheit als von der guten Gesinnung. Vielleicht sagte ich richtiger, ich sehe eher den spezifischen Beitrag des Schriftstellers in ihr. 7) Ich habe dazu einen Beitrag leisten wollen. 8) Der Stimmung der Mehrheit des Kongresses gemäß war er deplaziert. 8') Soweit ich an Mißverständnissen schuld bin, ist es (in der Hauptsache) dies.

Es kann sein, daß es unter Umständen unerlaubt ist, solche theoretische Fragen zu stellen, statt ~ mitzumarschieren (in Augenblicken, wo Gefühl und Wille erwünscht ist) (Ich will zugeben, daß ich mich frage, ob dieser Augenblick nicht schon überschritten ist)

Dann bin ich aber nicht Schriftsteller, sondern der private X. Als der bin ich gekommen, als Schriftsteller habe ich gesprochen. Vielleicht habe ich die Überzeugung vermissen lassen. Aber ich habe mich bemüht etwas anzuregen, das wertvoller ist als meine Überzeugungen. Mit einem

Wort: Ich sehe dort eine Aufgabe, wo andere keine sehen. Das ist in der Hauptsache der Unterschied.

Theoretische Überlegungen (Menschen) in Augenblicken von Nöten sind unsympathisch, aber sie sind auf die Dauer unentbehrlich und das gibt kein Recht, ihren Urhebern zu mißtrauen.

Ich gebe dem, was man die bürgerliche Welt nennt, kaum noch eine Chance, diese Aufgabe zu lösen. Aber damit ist nicht gesagt, daß sie auf andere Weise schon gelöst sei.

Ansatz 3

Robert Musil schreibt uns:

In einer Darstellung des «Internationalen Schriftstellerkongresses für die Verteidigung der Kultur», die Egon Erwin Kisch im Augustheft dieser Zeitschrift gegeben hat, ist meiner mit den Worten gedacht worden: «Robert Musil meint, das kulturelle Schaffen sei an das Individuum gebunden. An wen und was das Individuum gebunden sei, wollte er nicht sagen. Statt zu erklären, daß die Bedingungen der persönlichen Schaffenskraft von der Kultur abhängig sind, erklärte er das Gegenteil, oder behauptete wenigstens, für das Werden einer Kultur seien die Bedingungen wirksam, denen die persönliche Schöpfungskraft unterworfen ist. ‹Manche geschichtlich mißbrauchte Begriffe kehren hier in ihrer Ursprünglichkeit, als psychologische, wieder.› Man sieht, das soziale Problem ist dem, der bisher ein asozialer Problematiker war, vollkommen neu. Aber er kann ihm nicht entrinnen ...» Ich hoffe, daß diese kritische Wiedergabe dessen, was ich gesagt haben und sein soll, unglaubwürdig genug aussieht; denn wie könnte jemand übersehen, daß die persönliche Schaffenskraft sehr von den Bedingungen abhängt, die ihr die Kulturgemeinschaft darbietet. Und wirklich habe ich das sogar an zwei Stellen meiner kritisierten Bemerkungen besonders erwähnt, aber ich hätte es ebensogut unterlassen können, denn es versteht sich von selbst.

Dessen ungeachtet, – oder vielleicht sage ich richtiger: je sorgloser somit über mich geurteilt wurde, desto eher, – muß ich wohl annehmen, daß meine Worte nicht nur dieses eine Mißverständnis hervorgerufen haben. Sie sind nirgends vollständig wiedergegeben worden; ich selbst habe von einer Veröffentlichung abgesehen, weil ich sie zuvor bei Gelegenheit noch genauer ausarbeiten möchte; und es kann auch sein, daß ich selbst durch den Mangel an Ausführlichkeit Anlaß zu Mißverständnissen geboten habe. Ich möchte darum wenigstens in Kürze verdeutlichen, wie der Sinn dieser vorläufigen Bemerkungen zu verstehen gewesen ist:

1) Der oben mißverständlich wiedergegebene Satz hatte den Wortlaut: «Wir wissen ferner, dass die Träger dieses Vorgangs» (Entstehung einer Kultur) «einzelne Personen sind. Die Gemeinschaft wirkt auf das wichtigste mit, aber das Individuum ist zumindest ihr selbsttätiges Instrument. Damit eröffnet sich aber ein großer und recht wohl bekannter Kreis von Bedingungen für das Werden einer Kultur, nämlich alle die, denen die persönliche Schöpfungskraft unterworfen ist.»

2) Ihm vorausgegangen war die Bemerkung, daß es keineswegs klar sei, und darum eine wichtige Frage einschließe, welche Bedingungen erfüllt sein müßten, damit ein bestimmter politischer und gesellschaftlicher Zustand zu einer bedeutenden Kulturentwicklung führe. Eben von diesen Bedingungen glaubte ich dann wenigstens einige zeigen zu können.

3) Jene Bemerkung aber war von der geschichtlichen Beobachtung ausgegangen, daß schon sehr zweifelhafte politische Zustände mit sehr hohen Kulturleistungen verbunden gewesen sind. (Vielleicht darf ich noch nachträglich daran erinnern, daß der russische Roman zu einer Zeit seine höchste Höhe hatte, wo man das von dem Gesellschaftszustand Rußlands gewiß nicht behaupten kann).

4) Diese Beobachtung ist keine Ausnahme. Man denke an die Renaissance oder die Sklavenkulturen Ägyptens und Griechenlands. Daraus ist zu schließen, daß es für die Kultur eine gefährliche Illusion ist, wenn man einen zu einfachen Zusammenhang annimmt und sich in dem Glauben wiegt, weil …

5) Von dieser Illusion bin ich ausgegangen und von ihr habe ich – abgesehn von meinem bescheidenen Beitrag zu ihrer Lösung – in der Hauptsache gesprochen. Sie ist heute allgemein verbreitet … Dadurch wird die Kultur ins Schlepptau genommen …

6) Kehrt man nun den Gedankengang um, so daß er seinen natürlichen Ablauf wieder gewinnt, so ist sein Sinn natürlich nicht im mindesten der, die gegenseitige Abhängigkeit von Politik und Kultur zu leugnen, vielmehr empfiehlt er sie gerade der Erforschung und der Handhabung. Er kann allerdings von keinem politischen System ausgehn (anders als die Wirklichkeit), sondern muß den Kulturbegriff unabhängig
davon bilden. (Fehlerquelle: partielle Vernachlässigung!) Ausgleich mit
dem gegeben, das dazu geeignet sein muß; Korrektur im Rahmen von …
Solche Untersuchungen der Grundzusammenhänge – deplaziert … unentbehrlich.

Je mehr man von einer Politik erwartet, ein desto schlechteres Argument dafür, sich dem zu verschließen, wäre es!

VORSPRUCH ZÜRICH

Meine Damen und Herren. Ich werde zwei Kapitel aus dem noch unge-
druckten Teil des Romans «Der Mann ohne Eigenschaften» vorlesen und
zwei ganz kleine Geschichten aus dem in Kürze in dem Zürcher Verlag er-
scheinenden Buch «Nachlaß zu Lebzeiten». Mein Hauptvortragsstück
handelt von der Liebe. Das ist ein bißchen unzeitgemäß. Wenn man aber
hinzurechnet, daß auch die Liebe zur Gemeinheit und Grausamkeit,
ebenso die Liebe zum Fischen, Lieben sind, läßt sich wohl sagen, was ich
in einem anderen Kapitel behaupte, daß die Weltgeschichte mindestens
zur Hälfte eine Liebesgeschichte ist. Ich habe also kein schlechtes Gewissen, damit vor Sie zu treten, ja ich werde in dem zu vollendenden Buch
mit Absicht große Teile der höchst unglücklichen allgemeinen Liebesgeschichte erzählen, woraus sich erst das Verständnis für die besonderen ergeben wird.

Etwas anderes, das der Wahl eines einzelnen solchen Kapitels unab-
sichtliches Fernbleiben von der Gegenwart unterlegen könnte, dort nämlich wo sie brennt, ist dies: Man hat mich darauf vorbereitet, daß ich es
hier mit einer besonders intelligenten und vielseitig wachsamen Zuhörerschaft zu tun haben werde, und daß mir der Ruf eines Anti-Politikers

voran gehe, ja geradezu der eines Saboteurs, seit ich in diesem Sommer in Paris auf dem Kongreß zur Verteidigung der Kultur in Paris nicht so gesprochen habe wie die anderen. Ich weiß nicht, ob diese Befürchtung, daß viele unter ihnen davon gehört haben, zutrifft oder nicht; aber ich möchte beinahe sagen, ich wünsche mir, daß es zuträfe, weil ich nun erklären könnte, daß das auf alle Fälle ein Mißverständnis ist, mag ich auch selbst wie andere daran schuld haben. Die Wahrheit ist, daß ich sowohl im Interesse der Politik wie der geistigen Entwicklung verlange, daß man ihre Notwendigkeiten dort getrennt behandle, wo sie getrennt zu behandeln sind. Die Unwahrheit wäre, anzunehmen, daß ich behaupte, geistige und politische Entwicklung hätten nichts, oder auch nur wenig, miteinander zu tun. Mir selbst sind keineswegs alle politischen Systeme Europas gleichgültig, und ich beurteile die Zukunft der Kultur in ihnen nicht als die gleiche!

Meine Damen und Herren! Die Mitteilung, daß ich einen Vortrag halte, beruht, wie ich leider richtigstellen muß, auf einem Irrtum. Ebenso leider auch die Ankündigung, daß ich mir mit Autogrammen nachzuhelfen beabsichtige. Es möchte leicht sein, daß ich es nötig hätte, aber ich tue es nie. Wo ich beständig lebe, habe ich mir einen Stempel machen lassen, der meine Auffassung ausdrückt und was er stempelt, hat den Wortlaut: das Autographensammeln ist die Heiratsschmiede der Kunstliebe. Das muß nicht immer zutreffen, und man kann auch anderer Meinung sein, aber ich habe auf die meine schon zu viel gesündigt, als daß ich noch von ihr abweichen könnte.

Als ich von Ihrem Wunsch erfuhr... Einerseits nicht das Vergnügen versagen, vor Ihnen zu sprechen... Anderseits Abneigung auf diesen Vortrag zurückzukommen... das Rednerische, die Konstellation läßt sich nicht wiederholen. Dabei bin ich aber auf etwas merkwürdiges Zweites gekommen: Ich habe in diesem Jahr zwei Vorträge gehalten .. den einen mit Erfolg, den andern mit Mißerfolg. Und – was ich selbst nicht wußte – in beiden habe ich vom gleichen gesprochen. Es ist die Frage: wie verhält sich der Kollektivismus zum Individualismus.

Es gibt Moralen (wie Logiken). Wir machen es ja selbst. Der hohe Grad der Abweichung (des Verbrechens) ist nur indirekt ein Hinderungsgrund. In Jahrhunderten wächst es zu; aber vielleicht ist die Störung zu groß (die Zerstörung des Gewebes). Vielleicht ist das Verbrechen Symptom einer Minderwertigkeit. Dann muß man konservativ sein (konservieren).

Grundthese? Der heutige politische Kulturoptimismus ist unerträglich. Man muß den Ernst des Problems erfassen. (Und es darf nicht geschwiegen und nicht zum Mund geredet werden.) Das Problem existierte auch schon früher; in der Form: wie verhalte ich mich zu Gesetz und Moral. Universitätswissenschaft: verherrlichend, freier Geist: passiv.

Kulturpolitik – Kulturpolitikskultur.

Das für uns Entscheidende sind die kleinen Niedrigkeiten und Dummheiten. Die entstehende Atmosphäre.

Gibt es nicht Dinge, die jeden Menschen angehn? Und weil man ein Dichter ist, sollen sie es gerade nicht tun?! Aber es ist so. Es liegt in der Künstlerschaft etwas Unmenschliches.

Der .. Dichter. Großes Format – Gewicht, diesmal klein. Manches davon im Spiel variiert. Beobachter von Dingen, an denen man vorbeikommt. Satiren auf gewesene Verhältnisse, die noch lebendig sind, obgleich die gezeigten Erscheinungen nicht mehr da sind. Halb im Ernst, halb im Scherz, immer etwas unheimlich. Bitternis und Leichtigkeit.

AUS DEN MITTEILUNGEN DER DEUTSCHEN FREIHEITSBIBLIOTHEK

Zum Thema Verteidigung der Kultur
    (Auszug aus dem Manuskript)

Die Geschichte zeigt, dass Kultur an keine politische Form gebunden ist. Es gibt keine kulturellen Axiome, die nicht durch andere ersetzt werden könnten.

Man muss sich vor der instinktiven Verwechslung der Begriffe Kultur und gegenwärtige Kultur hüten. Es gibt aber auch keine Definition dessen, was Kultur ist; am wenigsten für die Schaffenden. Trotzdem ist nicht alles dem Gutdünken freigegeben.

Es lässt sich zeigen, dass Kultur Kontinuität voraussetzt und Ehrfurcht auch vor dem, was man bekämpft. In jeder nationalen Kunst- und Wissenschafts-Entwicklung finden sich entscheidende übernationale Abhängigkeiten. Das kulturelle Schaffen ist in seinen Anknüpfungen auch überzeitlich, woraus zu schliessen ist, dass sich die Schaffenden nie mit dem Augenblickszustand der Kultur identifizieren können. Es ist endlich an das Individuum gebunden, wodurch für das Werden einer Kultur die Bedingungen wirksam werden, denen die persönliche Schöpfungskraft unterworfen ist. Manche geschichtlich missbrauchte Begriffe kehren hier in ihrer Ursprünglichkeit, als psychologische, wieder. So Freiheit, Wahrheit, Offenheit, Mut.

Wenn solche Eigenschaften von einem politischen Regime nicht gefördert werden, gehen sie auch den kulturellen Leistungen verloren.

Auf solche Erkenntni[s] hinzuweisen, ist das einzige, was sich für die Selbstverteidigung der Kultur mit unpolitischen Mitteln erreichen lässt. Für die Beurteilung politischer Formen in ihrem kulturellem [sic] Wert und ihren kulturellen Aussichten ist es jedenfalls das wichtigste.

EDITORISCHE NOTIZ

Die *Mitteilungen der Deutschen Freiheitsbibliothek* erschienen 1935 bis 1937 in Paris, die ersten Hefte, so auch die Nr. 4 mit dem Text Musils, in maschinenschriftlich vervielfältigter Form.[1] Die ‹Deutsche Freiheitsbibliothek› wurde am 10. Mai 1934, dem ersten Jahrestag der nationalsozialistischen Bücherverbrennung, in Paris gegründet. Sie sammelte die in Deutschland verbotenen oder totgeschwiegenen Bücher zum Thema Nationalsozialismus. Die ‹Freiheitsbibliothek› war, auch personell, eng mit dem Schutzverband deutscher Schriftsteller (SDS) im Exil verbunden. Alfred Kantorowicz, einer der Initiatoren der Neugründung des SDS im französischen Exil, war Sekretär der ‹Freiheitsbibliothek›, Heinrich Mann, der Ehrenpräsident des SDS, war ihr Präsident. Das ab 1935 in unregelmäßiger Folge erscheinende Mitteilungsblatt berichtete über Akquisitionen und Neuzugänge der ‹Freiheitsbibliothek›, über Veranstaltungen mit exilierten deutschen Autoren und stellte eine Plattform für aktuelle politische Diskussionen (Kulturverfall in Deutschland, Bildung einer deutschen Volksfront etc.) zur Verfügung. Ab der Nummer 6 bringen die Hefte nur noch selten Originalbeiträge. Es überwiegen Nachdrucke aus deutschen Exilzeitschriften und aus französischen, tschechischen und schweizerischen Zeitungen.

Die Nummern 3 bis 5 der *Mitteilungen* waren teilweise oder ausschließlich der Dokumentation der Reden und Diskussionsbeiträge des ‹Internationalen Schriftstellerkongresses zur Verteidigung der Kultur› gewidmet. Heft 3 brachte die erste deutsche Übersetzung der Rede André Gides, eines der Präsidenten des Kongresses. Heft Nr. 4 trug als ‹Sonderausgabe› den Titel ‹Erste umfassende Zusammenstellung der Reden der deutschen Schriftsteller›. Auf dem Titelblatt genannt wurden «Ernst Bloch, Joh. R. Becher, Bert Brecht, Lion Feuchtwanger, A. Kantorowicz, Egon Erwin Kisch, Klaus Mann, Hans Marchwitza, Ludwig Marcuse, Robert Musil, Anna Seghers, Erich Weinert, U. A.». Eine redaktionelle Mitteilung am Ende des 21 Seiten starken, unpaginierten Hefts informierte darüber, dass diese «erste zusammenfassende Veröffentlichung der Reden deutscher Schriftsteller» auf dem Kongress einen Tag nach Kongressende erschienen und anlässlich eines gemeinsamen Empfanges des SDS und der Deutschen Freiheitsbibliothek den deutschen Delegierten sowie der Presse übergeben worden sei. «Die Texte sind nach der besten, im Augenblick erreichbaren Form, zum Teil gekürzt, wiedergegeben. Leider waren einige Manuscripte, bezw. Stenogramme in der Eile der Arbeit nicht erreichbar (z. B. die Reden von Max Brod, Rudolf Leonhard, Heinrich Mann, Gustav Regler). Wir werden sie so rasch als möglich folgen lassen. Diese Veröffentlichung, die ohne die Redaktion der Autoren durchgeführt werden musste, soll als Informationsmaterial dienen. Sie kann und will in keiner Weise den offiziellen Publikationen der Kongress[-] Leitung vorgreifen.» Die Form der redaktionellen Bearbeitung wird bei den Reden einzeln vermerkt. Bei Klaus Manns Beitrag wird angegeben: «Zusammenfassung des Autors», bei Bertolt Brecht: «Entwurf zu der französischen Rede», bei Johannes R. Becher: «Auszug nach Stenogramm». Die Textform des Musil'schen Beitrages ermöglicht zwei Feststellungen:

1. Der in den *Mitteilungen* publizierte ‹Auszug aus dem Manuscript› versetzt uns in die Lage, aufgrund sprachlicher und inhaltlicher Kongruenzen die Textgrundlage der Pariser Rede Musils eindeutig zu identifizieren. Es ist, im Gegensatz zu Frisés Vermutung, nicht die von ihm so bezeichnete ‹Korrigierte Reinschrift› (GW 8, 1259–1265; vgl. A 275–285), sondern die als «Korrigierte Maschinenabschrift» (GW 8, 1266–1269; vgl. A 271–275) klassifizierte Version.

2. Der Vergleich des Redetextes mit dem ‹Auszug aus dem Manuscript› zeigt, dass die Bearbeitung durch die Redakteure der *Mitteilungen* tendenziöse Züge trägt. So wurde alles gestrichen, was in Musils Redetext in Richtung einer Kritik am Kollektivis-

mus, an den autoritären Staatsformen unter Einschluss des Bolschewismus und der Instrumentalisierung («Einberufung») der Kultur ging. Schwerer wiegt, dass Musils Text auf weniger als eine halbe Seite gekürzt wurde. Zwar mag es überraschen, dass das zentrale Argument Musils, dass nämlich kulturelle Leistungen erst im Rahmen politisch garantierter und unantastbarer Freiheitsrechte des Einzelnen möglich seien, in der Wiedergabe des Textes durch Unterstreichung besonders hervorgehoben wurde. Dieses von Musil als Kritik an allen autoritären Systemen intendierte Argument wurde von den Redakteuren offenbar nur auf den Nationalsozialismus bezogen, da ja auch einem beträchtlichen Teil der Kongressteilnehmer die Sowjetunion als Garantin von «Freiheit, Wahrheit, Offenheit, Mut» galt. So auch Bodo Uhse, dem schärfsten Kritiker Robert Musils auf dem Kongress, der, aus welchen Gründen auch immer, auf dem Titelblatt der *Mitteilungen* zwar nicht genannt ist, dessen Entgegnung auf die Rede Musils, die er auf dem Kongress vorgetragen hatte, in den *Mitteilungen* Musils stark gekürztem Redeauszug vorangestellt wurde, und zwar in überwiegend wörtlicher Wiedergabe und nur geringfügig gekürzt. Der Kritik an Musil, die seines Textes offenbar nicht mehr bedurfte, wurde damit in den *Mitteilungen* zumindest dreimal so viel Platz eingeräumt wie Musils Redeauszug.

Anmerkung

1   Die Wiedergabe dieses in der Musil-Forschung bisher nicht bekannten Textes, der die einzige (Teil-)Veröffentlichung der Pariser Rede Musils zu seinen Lebzeiten darstellt, folgt in Orthographie, Hervorhebung und Anordnung der Vorlage in den *Mitteilungen der Deutschen Freiheitsbibliothek*, Nr. 4, Paris, 27. Juni 1935.
Eine Rückvergrößerung vom Mikrofilm des Hefts wurde mir freundlicherweise vom Exilarchiv der Deutschen Bibliothek, Frankfurt am Main, zur Verfügung gestellt, wofür ich mich herzlich bedanke.
Vgl. zum Folgenden Lieselotte Maas: Handbuch der deutschen Exilpresse 1933–1945. Bd. 4 (Die Zeitungen des deutschen Exils in Europa von 1933 bis 1939 in Einzeldarstellungen), hrsg. von Eberhard Lämmert. München/Wien: Carl Hanser 1990, S. 484 f.

ANHANG

ZUR NEUEDITION

Die vorliegende Textsammlung stellt die Äußerungen Robert Musils zu
Fragen der Literatur- und Kulturpolitik der Jahre 1933 bis 1936 dar. Das
wichtigste Ziel der Neuedition ist es, die in den Mappen und Heften des
Nachlasses verstreut überlieferten, größtenteils unvollendeten Versuche
Musils, über Literatur und Politik zu schreiben, zusammenhängend einer
Lektüre zuganglich zu machen. Bei der Auswahl der Texte wurde darauf
geachtet, Vortragsmanuskripte und Entwurfsfassungen zu Essays und
zur Aphoristik vollständig und ungekürzt zu bringen. Vorbereitende Notizen in den Heften und auf den sogenannten Schmierblättern Musils
werden auszugsweise wiedergegeben, um auch die Richtungen seines
Schreibens zu dokumentieren. Eine vollständige Wiedergabe des Notiz-
materials würde die Lesbarkeit enorm belasten.

Die Anordnung der Texte folgt zunächst der Einsicht, dass Robert Musil in den Jahren 1933 bis 1936 parallel drei Möglichkeiten vor Augen
hatte, seine politischen Auffassungen und Einsichten in die Öffentlichkeit zu bringen, nämlich in Gestalt von Essays, in Form von Aphorismen
und durch öffentliche Vorträge. Während die geplante Essay-Publikation
scheiterte, gelangte ein kleiner, ‹entpolitisierter› Teil der Aphoristik zur
Veröffentlichung in Zeitungen in der Schweiz und in Wien; seine beiden
kulturpolitischen Reden hielt Musil in Wien und in Paris (die Wiener
Rede möglicherweise ein zweites Mal in Basel); überliefert sind zu den
Reden weitere Fassungen sowie vorbereitende und begleitende Materialien. Innerhalb der Dreigliederung in Essay – Aphorismen – Reden bringt
die Edition bei den Essayprojekten und den Reden an erster Stelle jeweils
den elaboriertesten Text (im Fall der Reden das Manuskript des tatsächlich gehaltenen Vortrags), dann vorbereitende Entwürfe und Notizen
und dann noch Materialien, welche die weiterführende Beschäftigung

Musils dokumentieren. Im Fall der Aphorismen sind die Texte nach dem genetischen Prinzip angeordnet.

Die vorliegende Sammlung bietet einen *Lesetext*, der auf der Basis der Originalmanuskripte im Rahmen der Klagenfurter Digitalen Robert Musil-Ausgabe neu konstituiert ist. Die Transkriptionen der Rowohlt-CD-ROM-Ausgabe von 1992 wurden herangezogen (Robert Musil: Der literarische Nachlaß. Hrsg. von F. Aspetsberger, K. Eibl und A. Frisé), überprüft und nötigenfalls korrigiert. Im Lesetext sind Abkürzungen im Manuskript ausgeschrieben, Sonderschreibweisen Musils (z. B. bei Namen) normiert und Hervorhebungen kursiv gesetzt. Randnotizen sind (in Klammern) in den Text integriert. Er ist bei den Entwürfen Musils mit dem Lesetext-Segment der Klagenfurter Digitalen Ausgabe identisch. Von den ausgewählten vorbereitenden und begleitenden Notizen Musils wurde für die vorliegende Edition eigens ein Lesetext entwickelt. Er weicht in Auswahl und Anordnung stellenweise von den Texten ab, die in Adolf Frisés Ausgabe der Gesammelten Werke Robert Musils von 1978 abgedruckt sind. Im anschließenden Quellennachweis wird jedoch sowohl auf die Frisé-Ausgabe verwiesen wie auch auf die Textgrundlage im Nachlass, womit Interessierten der Vergleich und ab 2008 die weitere Nachforschung anhand der publizierten Manuskripte der Klagenfurter Digitalen Edition möglich ist.

Klaus Amann / Walter Fanta

QUELLENNACHWEIS

REFERENZPUBLIKATIONEN

Nachlass, Klagenfurter Digitale Ausgabe
Robert Musil: Kommentierte digitale Edition sämtlicher Werke, Briefe und nachgelassener Schriften. Hrsg. von Walter Fanta, Klaus Amann und Karl Corino. Klagenfurt: Robert Musil-Institut der Universität Klagenfurt 2008.

Frisé, Gesammelte Werke
Robert Musil: Gesammelte Werke. Hrsg. von Adolf Frisé. Reinbek bei Hamburg: Rowohlt 1978. Bd. I: Der Mann ohne Eigenschaften. Roman. Bd. II: Prosa und Stücke, Kleine Prosa, Aphorismen, Autobiographisches, Essays und Reden, Kritik. (Seitenidentisch mit der Taschenbuchausgabe in neun Bänden.)

Frisé, Tagebücher
Robert Musil: Robert Musil: Tagebücher. Hrsg. von Adolf Frisé. Bd. 1: Tagebücher. Bd. 2: Anmerkungen, Anhang, Register. Reinbek bei Hamburg: Rowohlt 1976

ESSAYS

Bedenken eines Langsamen
Nachlass: Ein stark korrigierter Entwurf ohne Titel befindet sich in Mappe VI / 3 («Aufsätze»), S. 124 – 130, auf vier beidseitig beschriebenen Zetteln; auf dem Umschlagblatt steht: «N[eue]-R[undschau]-Aufsatz» und in der Schrift von Martha Musil hinzugefügt: «(abgebrochen, ungedruckt)»; Textstufe: Entwurf in schwarzer Tinte; Entstehungszeit: Frühjahr bis Herbst 1933.
Frisé, Gesammelte Werke, Band 8, S. 1413 – 1415.

Zwei Vorüberlegungen, Notizen, Gliederungsversuch

Nachlass: Mappe VI/3, S. 139–142, auf zwei vor- und rückseitig beschriebenen Kanzleiblättern; unterstrichen sind die Stichwörter «Rollentausch» und «Abhängigkeit des Geistes»; in den Lesetext sind die ausformulierten Notizen nach den beiden Stichwörtern, inkohärente Notizen, die Musil nicht gestrichen hat, sowie die Gliederung in neun Punkte aufgenommen; weggelassen wurden die gestrichenen Notizen und die sehr inkohärenten Notizen S. 142; Textstufe: großteils inkohärente Notizen in schwarzer Tinte; Entstehungszeit: Frühjahr 1933 vor den Entwürfen.
Frisé, Gesammelte Werke, Band 8, S. 1423–1427.

Erste Fassung: Bedenken eines Langsamen

Nachlass: Mappe VI/3, S. 131–134, auf zwei beidseitig beschriebenen Kanzleiblättern; der Entwurf trägt den Titel «Bedenken eines Langsamen von Robert Musil»; er bricht auf der zweiten Rückseite ab und geht in Notizen über; Textstufe: Entwurf in schwarzer Tinte; Entstehungszeit: Frühjahr 1933 nach den Vorüberlegungen und vor der Reinschrift.
Frisé, Gesammelte Werke, Band 8, S. 1415–1419.

Skizze zur Fortführung

Nachlass: Mappe VI/3, S. 135–138, auf zwei beidseitig beschriebenen Kanzleiblättern; enthält als Fortsetzung der ersten Fassung die Abschnitte 5–9 einer Gesamtgliederung des Essays; Textstufe: Entwurf in schwarzer Tinte; Entstehungszeit: Frühjahr 1933 an den Beginn der ersten Fassung anschließend.
Frisé, Gesammelte Werke, Band 8, S. 1419–1422.

Notizen zu einer Neufassung

Nachlass: Mappe VI/3, S. 143–144, auf einem beidseitig beschriebenen Kanzleiblatt, unter dem Titel «Material zu Aphorismen»; S. 145–148, auf zwei beidseitig beschriebenen Kanzleiblättern, die Abschnitte 1–18 einer Neugliederung des Essays; S. 149, ein auf der ersten Seite oben beschriebenes Kanzleidoppelblatt («Adolf-Hitler-Lied»); S. 150, ein beidseitig mit Tinte beschriebener Zettel («These: Das Nationale soll Kunst enthalten..»); Textstufe: Notizen in schwarzer Tinte; Entstehungszeit: wahrscheinlich Sommer bis Herbst 1933.

Frisé, Gesammelte Werke, Band 8, S. 1427–1433 (ohne die ersten und die letzten beiden Manuskriptseiten).

Vorrede zu einer zeitgenössischen Ästhetik

Nachlass: Mappe III/5 («Aphorismen»), S. 47–49, drei beschriebene Seiten eines Kanzleidoppelblatts mit dem gestrichenen Titel «Die Gefährlichkeit des Dichters», korrigiert zu «Vorrede zu einer zeitgenössischen Ästhetik»; Textstufe: Entwurf in schwarzer Tinte; Entstehungszeit: Ende 1935 oder Anfang 1936.

Frisé, Gesammelte Werke, Band 8, S. 1435–1437.

Aphorismen

Stichwort ‹Germany› in den Heften

Nachlass: Heft 34, S. 21, S. 28 und S. 37–38, sowie Heft 31, S. 22 und S. 29; Textstufe: Eintragungen ohne Datumsangabe in schwarzer Tinte; Entstehungszeit: von Ende 1933 bis Ende 1935 (die Eintragungen sind in der Neuedition chronologisch angeordnet).

Frisé, Tagebücher, Band 1, S. 850, 856, 863; 827, 832.

Das Konvolut ‹Germany›

Nachlass: Mappe III/5 («Aphorismen»), S. 19–38; 5 Kanzleidoppelblätter, 1 Kanzleiblatt, insgesamt 20 beschriebene Seiten; Textstufe: Entwurf in schwarzer Tinte; Entstehungszeit: 1934 bis 1936. Die einzelnen Aphorismen sind zur besseren Orientierung durch die Herausgeber nummeriert. S. 19: 1–8; S. 20: 9–11; S. 21: 12–15; S. 22: 16–18; S. 23: 19–28; S. 24: 29–34; S. 25: 35–43; S. 26: 44–47; S. 27: 48–52; S. 28: 53–60; S. 29: 61–70; S. 30: 71–78; S. 31: 79–84; S. 32: 85–90; S. 33: 91–98; S. 34: 99–107; S. 35: 108–112; S. 36: 113–122; S. 37: 123; S. 38: 124

Frisé, Gesammelte Werke, Band 7, S. 830–856.

Ich stelle zusammen

Nachlass: Mappe III / 5, S. 67 – 73, zwei Zettel und zwei Kanzleiblätter, jeweils beidseitig beschrieben; aus dem Kontext der Aphorismenproduktion, für das Essay-Projekt herangezogen, beginnend mit «Ich stelle zusammen»; Textstufe: Entwurf (S. 67–69) und Notizen in schwarzer Tinte; Entstehungszeit: Ende 1935 oder Anfang 1936.

Frisé, Gesammelte Werke, Band 8, S. 859 – 861 (ohne S. 70 – 71).

Notiz zur Kulturpolitikskultur

Nachlass: Mappe VI / 1 («Aufsätze», SDS- und Paris-Vortrag), S. 210, S. 218; einseitig beschriebener Zettel, im Original nicht erhalten (Kopie von Adolf Frisé), und ein Zeitungsausschnitt mit dem Artikel «Die Kulturpolitik, Vortrag des Staatssekretärs Dr. Pernter» aus dem ‹Wiener Tag› vom 16. 10. 1935; Textstufe: Entwurf in schwarzer Tinte; Entstehungszeit: nach dem 16. 10. 1935.

Frisé, Tagebücher, Band 2, S. 1242.

REDEN

Der Dichter in dieser Zeit

Nachlass: Mappe VI / 1 («Aufsätze», SDS- und Paris-Vortrag), S. 43 – 56; Manuskript des Festvortrags zum zwanzigjährigen Jubiläum des Schutzverbandes deutscher Schriftsteller in Österreich am 16. 12. 1934; 14 beschriebene Seiten auf 12 Kanzleiblättern; Textstufe: Entwurf in schwarzer Tinte; Entstehungszeit: vor dem 16. 12. 1934.

Frisé, Gesammelte Werke, Band 8, S. 1243 – 1258.

Notizen und Vorarbeiten

Nachlass: Mappe VI / 1, S. 19 – 42; in sieben Abschnitte gegliederte (SDS I – SDS VII) 23 beschriebene Seiten auf fünf Kanzleidoppelblättern und vier Kanzleiblättern; Textstufe: Notizen in schwarzer Tinte; Entstehungszeit: 1934 vor der Abfassung des Redemanuskripts. – Die Neuedition bringt eine Auswahl aus den sich stark wiederholenden Notizen.

Frisé: nicht enthalten.

Einleitung Basel

Nachlass: Mappe VI/1, S. 17–18; Manuskript des Baseler Vorspruchs auf beidseitig beschriebenem Kanzleiblatt; Textstufe: Entwurf in schwarzer Tinte; Entstehungszeit: vor dem 17.11.1935. In Mappe VI/1, S. 57–59, findet sich unter dem Titel «Basel, Ergänzung zum Vortrag» eine Vorstufe der Baseler Einleitung; S. 60 enthält Notizen zur Korrektur des Vortragstexts. Ein Redemanuskript für den Vortrag Musils im Pen-Club in Basel am 17.11.1935 ist nicht erhalten. Falls Musil die Rede tatsächlich in Basel wiederholt hat, darf angenommen werden, dass er das Wiener Manuskript vom 16.12.1934 verwendete. In einer Abschriftenmappe des Nachlasses existiert eine leicht abweichende maschinenschriftliche Fassung, die aber erst nach Musils Tod von Martha Musil angefertigt worden sein dürfte.

Frisé: nicht enthalten.

Rede auf dem Internationalen Schriftstellerkongreß zur Verteidigung der Kultur in Paris

Nachlass: Mappe VI/1, S. 89–95; maschinenschriftliches Vortragsmanuskript auf einseitig beschriebenen linierten Querblättern mit handschriftlichen Korrekturen in schwarzer Tinte; Textstufe: Entwurf, Typoskript; Entstehungszeit: vor dem 22.6.1935. Es existieren zwei Typoskript-Abschriften des Vortragsmanuskripts, beide wahrscheinlich von Martha Musil angefertigt (Mappe VI/1, S. 96–99, vermutlich noch 1935 entstanden; Mappe Vortrag, S. 61–64; posthum).

Frisé, Gesammelte Werke, Band 8, S. 1266–1269.

Erste Fassung

Nachlass: Mappe VI/1, S. 65–71; korrigierte Reinschrift auf einseitig beschriebenen karierten Kanzleiblättern; Textstufe: Entwurf in schwarzer Tinte; Entstehungszeit: vor der Abreise von Wien nach Paris am 20.6.1935.

Frisé, Gesammelte Werke, Band 8, S. 1259–1265.

Notizen und Vorarbeiten

Nachlass: Mappe VI / 1, S. 64 und 72 – 79; auf drei Kanzleidoppelblättern; «Entwurf C» enthält eine Stichwortsammlung, «Entwurf A» einen Rohentwurf in vier Abschnitten, «Entwurf B» Notierungen bis Punkt 7 und «Entwurf D» Notierungen bis Punkt 6 f; Textstufe: Notizen und Entwurf in schwarzer Tinte; Entstehungszeit: vor der Reinschrift der «Ersten Fassung». – Das Material ist entstehungschronologisch angeordnet, daher kommt «Entwurf C» an erster Stelle.
Frisé: nicht enthalten.

Berichtigung eines Berichts

Nachlass: Mappe VI / 1, S. 82 – 88; Versuche Robert Musils, eine Replik auf die Vorwürfe von Egon Erwin Kisch und Bodo Uhse in den ‹Neuen Deutschen Blättern› in Prag zu formulieren; auf vier beidseitig beschriebenen Kanzleiblättern. Gliederung: S. 82 oben: «Studien über die Dummheit»; S. 82 unten und S. 83: «Berichtigung eines Berichts» = Ansatz 1, Notizen zu Ansatz 1; S. 84 – 85: «Berichtigung eines Berichts. Robert Musil schreibt uns» = Ansatz 2, Notizen zu Ansatz 2; S. 86: Ansatz 3 a / b (Wiederaufnahme Ansatz 2 in Rotmarkierung, 6 Punkte); S. 87: Stichwort «Verteidigung der Kultur» (Einzelnotiz); S. 88: Stichwort «Friede» / Fortsetzung der Studien über die Dummheit; Textstufe: Entwurf und Notizen in schwarzer Tinte; Entstehungszeit: ab Ende August 1935.
Frisé, Tagebücher, Bd. 2, 1255 – 1261 (umfasst nicht das gesamte Material).

Vorspruch Zürich

Nachlass: Mappe VI / 1, S. 61 – 63; Versuche Robert Musils, eine Begründung dafür zu formulieren, warum er den Pariser Vortrag im Rahmen einer geplanten Lesung in Zürich am 16.11.1935 nicht wiederholen wird; auf der vierten beschriebenen Seite eines Kanzleidoppelblatts mit dem Titel «Basel, Ergänzung zum Vortrag» und einem angeschlossenen beidseitig beschriebenen Zettel; Textstufe: Entwurf in schwarzer Tinte und Notizen in Bleistift; Entstehungszeit: vor dem 16.11.1935.
Frisé: nicht enthalten.

Aus den Mitteilungen der Deutschen Freiheitsbibliothek
In: Mitteilungen der Deutschen Freiheitsbibliothek Nr. 4, Paris, 27. Juni 1935. Siehe ‹Editorische Notiz›, A 306–308.

DANKSAGUNG

Ich danke Walter Fanta für seine Mitwirkung bei der Konzeption und Gestaltung des Editionsteils.

ZWEI ESSAYS UND REDEN S
LICHTE TEXTE aus dem Nach
im Zusammenhang und im H
Selbstverständnis als Schriftsteller analysiert wurden,
bilden das Rückgrat dieses Bandes. Sie dokumentieren
Musils Reaktionen auf die politischen Veränderungen
in den 1930er Jahren und die persönlichen Konsequenzen, die er aus diesen Erfahrungen zog; sein Nach-
denken über seine Rolle als Schriftsteller und seine
Anstrengungen, sich über die Funktion der Literatur
im Angesicht der Diktaturen von links und rechts
klarzuwerden.

Mit einer umfassenden Einführung von Prof. Amann,
dem Leiter des Robert-Musil-Instituts für Literaturforschung an der Universität Klagenfurt.

www.rororo.de

ISBN 978-3-499-55685-2   € 12.90 (D)

9 783499 556852